管理学讲义

经典与当代

吕力 ◎ 主编

北京大学出版社
PEKING UNIVERSITY PRESS

图书在版编目(CIP)数据

管理学讲义:经典与当代/吕力主编.—北京:北京大学出版社,2020.6
ISBN 978-7-301-22575-2

Ⅰ.①管… Ⅱ.①吕… Ⅲ.①管理学 Ⅳ.①C93

中国版本图书馆 CIP 数据核字(2020)第 071033 号

书　　　名	管理学讲义:经典与当代 GUANLIXUE JIANGYI: JINGDIAN YU DANGDAI
著作责任者	吕　力　主编
责 任 编 辑	赵学秀
标 准 书 号	ISBN 978-7-301-22575-2
出 版 发 行	北京大学出版社
地　　　址	北京市海淀区成府路 205 号　100871
网　　　址	http://www.pup.cn
微信公众号	北京大学经管书苑(pupembook)
电 子 信 箱	em@pup.cn
电　　　话	邮购部 010-62752015　发行部 010-62750672　编辑部 010-62752926
印 刷 者	北京飞达印刷有限责任公司
经 销 者	新华书店
	787 毫米×1092 毫米　16 开本　25.5 印张　557 千字 2020 年 6 月第 1 版　2020 年 6 月第 1 次印刷
印　　　数	0001—3000 册
定　　　价	66.00 元

未经许可,不得以任何方式复制或抄袭本书之部分或全部内容。
版权所有,侵权必究
举报电话: 010-62752024　电子信箱: fd@pup.pku.edu.cn
图书如有印装质量问题,请与出版部联系,电话: 010-62756370

前　言

教育部的系列会议提出要建设"一流本科"。要建设一流本科,一流的教材建设是关键的一环。然而,纵观目前的管理学原理或管理学概论教材,大部分存在如下问题:

(1) 知识陈旧。相比于其他社会科学,管理学本身就是一门新兴的学科,它随着管理实践的迅速发展而发展。从20世纪中后期至今,企业管理领域的发展日新月异,新的理论与新的工具不断出现,原有的理论不断推陈出新。而这些内容完全没有或很少反映到目前的管理学原理教材中。当然一种观点认为这些内容应放到专业课上去讲,但笔者认为,如果那样的话,"管理学原理"这门重要的基础课程就很难反映甚至脱离了管理学和管理实践的最新进展。本书认为,适当选取管理实践的前沿内容、全面把握管理思想的发展,正是"管理学原理"这门课程应该达到的教学效果。

(2) 组织"粗枝大叶"。当前流行的教材结构基本采用法约尔的管理职能结构来组织内容——这没有问题。但大部分教材中内容涵盖面参差不齐,有的管理职能如"管理控制"只有一到两个章节,仅从内容分量来看,是严重不平衡的。事实上,现实的管理实践中,包括质量控制、绩效考核等在内的管理控制手段极其丰富和重要。

(3) 管理工具的介绍严重不足。管理学的一个重要内容就是管理工具,一些经典、重要的管理工具是管理学这门课程的核心与精髓所在。脱离了工具,管理学就会等同于社会学、经济学或心理学。但恰恰在对这些工具的介绍、使用时,大部分教材只是采用辅助阅读材料的方式一笔带过。甚至很多标明"实践型"的教材也是如此。

(4) 教学内容太少、难度完全达不到标准。"管理学原理"这门课程在很多学校安排了两个学期的学时数,然而现有的教材根本无法达到上述学时数,甚至满足一学期的学时数都存在问题。造成这个问题的原因是两方面的:一是知识点的绝对数量偏少;二是难度完全达不到标准,很多内容不需要教师讲解,学生完全可以自学——这也是很多教师不愿意担任"管理学原理"这门课程教学任务的重要原因。

基于此,笔者尝试在保证其基本结构不变的情况下,针对现有教材体系补充了大量新鲜、生动、适用、具有一定深度的内容,编写了这本教材。总体而言,本教材具有如下特点:

(1) 增加了当代管理研究和实践的内容。例如,对服务质量、组织承诺、流程管理、供应链、企业文化测评、跨文化、绩效管理等的介绍。事实上,这些内容对于一名当代管理学类的本科生而言,是必须知道的。

(2) 增加了管理工具的介绍。例如,实践中使用较多的"平衡计分卡"在本书中专门有一章的篇幅来介绍,此外国内外使用很多的"OKR""KPI"等也利用完整的一节篇幅加以介绍。当然,在实际教学过程中,教师可以根据实际情况加以选用。

(3)增加了当代管理理论。例如,"人力资源的三支柱模型""高绩效工作系统""人力资源成熟度模型""沟通效果模型""MBTI 人格测量""六西格玛质量管理""顾客满意度指数"等,同样可供教师们选用。

(4)强调实践性。管理学与其他社会科学的一个重大区别是管理学强调实践性,因此,一种理论在何种情境下使用?如何使用?这是管理学教学尤其是本科教学的重点——无论是否"实践型教材",都应突出实践性——这是管理学这门学科而不仅是高校分类所要求的。基于此,本教材的每一部分的编写都考虑了"如何在实践中使用"这一问题。例如,"决策"一章,本教材就重点强调了在不同情境下针对不同的企业类型与决策类型,如何优化组织决策的问题,而不止步于"决策的有限理性"。

正因为如此,本教材也非常适合 MBA 教学和管理实践者参考。MBA 或 EMBA 学员在实践中积累了大量管理知识,但缺乏一本系统的、融合了经典与当代理论的管理学书籍,这本教材正好能够满足上述要求。

虽然本教材内容较广、难度较大,但结合笔者的教学经验,经过精心组织,全部内容仍然控制在中等篇幅以内,与目前国内的绝大部分同类教材的篇幅持平。本教材在实际教学过程中,可能还有以下特点:

(1)结构清晰、简明扼要。根据笔者的长期教学经验,对大量内容一再精炼,对于重要的基本概念、基本操作讲深讲透,突出管理学发展"从经典到当代"的内在逻辑线索。

(2)任课教师可以根据教学要求和个人研究专长选择某些内容,也可以略讲部分内容,本书宽广的知识涵盖面足以满足教师的上述愿望。

(3)本教材既突出管理学本身所固有的实践性,也是一本研究型教材。从研究的视角来看,本教材的观点综述较为全面,对于初学者而言,在教材学习的基础上再深入文献是一个不错的选择。也正是从这点考虑,本教材有一个"管理实证研究方法"的附录,供有志于管理学术研究的学生参考。同时,一些学校开设的"管理类实验班"也可以此为基础,进入到主流的实证研究。

本教材在结合经典与当代管理理论方面进行了一个初步尝试,效果如何,还希望各位使用本教材的老师和学生们提出宝贵的建议。任何关于本教材的批评和建议请发至 allan.li.lu@163.com,编者将不胜感激。

吕 力
2019 年 9 月

目 录
CONTENTS

导　论 ··· 001
 第一节　管理的定义和职能 ·· 001
 第二节　管理者类型、角色和技能 ·· 003
 第三节　管理理论的演进 ·· 006

计 划 篇

第一章　计划、战略与目标管理 ·· 023
 第一节　计划概述 ·· 023
 第二节　企业的使命和愿景 ·· 026
 第三节　企业战略：外部环境分析 ·· 029
 第四节　企业战略：资源、能力与价值链分析 ···································· 032
 第五节　企业战略：SWOT 分析 ··· 036
 第六节　基本战略 ·· 039
 第七节　目标管理和目标与关键成果法 ·· 041

第二章　决　策 ··· 050
 第一节　决策概述 ·· 050
 第二节　个人决策 ·· 056
 第三节　群体决策 ·· 060
 第四节　组织决策（Ⅰ） ·· 064
 第五节　组织决策（Ⅱ） ·· 068

组 织 篇

第三章　组织结构 ··· 079
 第一节　组织概论 ·· 079
 第二节　组织结构设计 ··· 085
 第三节　职能型、事业部型和地区型结构设计 ···································· 088
 第四节　矩阵型、横向型和混合型结构设计 ······································· 091

第四章　组织中员工的行为动力学 …… 098
- 第一节　个体的智力与智能 …… 098
- 第二节　个性 …… 101
- 第三节　个体的态度与行为 …… 113
- 第四节　组织行为研究的一般框架 …… 115
- 第五节　工作绩效和组织承诺 …… 116
- 第六节　工作满意度 …… 120
- 第七节　自我效能感 …… 124
- 第八节　组织中的认知和学习 …… 125
- 第九节　价值观与跨文化 …… 130

第五章　群体与团队 …… 136
- 第一节　群体的定义、分类和属性 …… 136
- 第二节　团队的类型、属性与构成 …… 142
- 第三节　团队发展和团队进程 …… 147

第六章　企业文化 …… 152
- 第一节　企业文化的元素、模式与表现 …… 152
- 第二节　企业文化测评 …… 156
- 第三节　企业文化的生成及其机制 …… 158
- 第四节　企业文化冲突 …… 159

第七章　流程设计、调度与供应链 …… 162
- 第一节　流程的基本概念 …… 162
- 第二节　服务与制造流程设计 …… 165
- 第三节　综合计划与调度 …… 174
- 第四节　流程整合与供应链管理 …… 177
- 第五节　流程改造与再造 …… 179
- 第六节　精益系统 …… 182

第八章　人员配备与人力资源管理 …… 188
- 第一节　人员配备与人力资源管理概述 …… 188
- 第二节　人力资源甄选 …… 193
- 第三节　员工培训与开发 …… 200

领 导 篇

第九章　领导理论概述 …… 205
- 第一节　领导理论及其主要研究视角 …… 205

第二节　领导特质理论 …………………………………………………… 208
　　第三节　领导行为理论 …………………………………………………… 212
　　第四节　领导权变理论 …………………………………………………… 215
　　第五节　追随者、交易型领导与变革型领导 …………………………… 217

第十章　领导：权力和影响力
　　第一节　权力和影响力的来源 …………………………………………… 221
　　第二节　组织中的权力与政治 …………………………………………… 224
　　第三节　组织政治行为的原因和后果 …………………………………… 230

第十一章　领导：激励和教练
　　第一节　内容型激励理论 ………………………………………………… 234
　　第二节　过程型激励理论 ………………………………………………… 239
　　第三节　调整型激励理论 ………………………………………………… 242
　　第四节　领导与工作场所的教练 ………………………………………… 245

第十二章　沟通、冲突管理与谈判
　　第一节　沟通概述 ………………………………………………………… 249
　　第二节　基于沟通的领导者类型 ………………………………………… 252
　　第三节　组织沟通与战略沟通 …………………………………………… 253
　　第四节　冲突管理 ………………………………………………………… 256
　　第五节　谈判 ……………………………………………………………… 263

控 制 篇

第十三章　管理控制概述
　　第一节　管理控制的观点、时机与过程 ………………………………… 271
　　第二节　产出（结果）控制 ………………………………………………… 276
　　第三节　行为控制、规范与引导 ………………………………………… 278
　　第四节　组织文化控制 …………………………………………………… 281

第十四章　平衡计分卡：战略视角的管理控制
　　第一节　概述 ……………………………………………………………… 285
　　第二节　平衡计分卡的指标系统 ………………………………………… 291
　　第三节　平衡计分卡的实施 ……………………………………………… 297

第十五章　质量管理：产品与服务视角的管理控制
　　第一节　质量的定义、质量成本与质量改进 …………………………… 301

第二节　质量管理的历史和质量管理理论的发展 …………………………… 306
第三节　顾客与质量管理 …………………………………………………… 315
第四节　员工与质量管理 …………………………………………………… 319
第五节　过程管理与质量管理Ⅰ：质量计划和设计 ………………………… 321
第六节　过程管理与质量管理Ⅱ：质量测量和控制 ………………………… 326
第七节　过程管理与质量管理Ⅲ：质量改进与六西格玛管理 ……………… 329

第十六章　绩效管理：员工视角的管理控制 …………………………………… 334
第一节　绩效管理概述 ……………………………………………………… 334
第二节　绩效的决定因素与维度 …………………………………………… 337
第三节　绩效衡量的方法与过程 …………………………………………… 338
第四节　绩效管理的实施 …………………………………………………… 341
第五节　关键绩效指标评价 ………………………………………………… 345

第十七章　项目管理：目标、时间和成本约束视角的管理控制 ……………… 351
第一节　概述 ………………………………………………………………… 351
第二节　项目计划编制 ……………………………………………………… 355
第三节　项目的范围管理、时间管理与成本管理 …………………………… 357

创 新 篇

第十八章　组织变革 ……………………………………………………………… 371
第一节　组织变革概述 ……………………………………………………… 371
第二节　组织变革的实施步骤 ……………………………………………… 375

附　录　管理实证研究方法 …………………………………………………… 383

参考文献 …………………………………………………………………………… 399

导 论

第一节 管理的定义和职能

一、管理的定义

管理有多种定义。罗宾斯认为,管理就是指通过与其他人的共同努力,既有效率又有效果地把工作做好的过程。孔茨认为,管理是设计并保持一种良好的环境,使人们在群体状态下高效率地完成既定目标的过程。

所有的组织都要使用环境中的四种资源:人力资源、财务资源、物质资源和信息资源。人力资源包括劳动力和员工才能,财务资源包括组织保持运营和长期运营所需要的资本,物质资源包括原材料、办公场所和制造设施与设备,信息资源是制定有效决策所必需的有用数据。

管理者们的责任是将上述各种不同的资源加以组合和协调,以实现组织的目标。管理者们如何将各种资源进行组合协调呢?他们通过执行四种基本的管理职能或活动来完成这一工作:计划、组织、领导和控制。因此,我们可以将管理定义为对组织资源(人力、财力、物质和信息)进行组合和协调,设计并保持一种良好的环境,使用计划、组织、领导和控制等手段,通过群体的共同努力,以有效果和有效率方式实现组织的目标或所期望的未来结果。

我们可以将效率和效果认为是组织绩效的两个方面。其中效率是衡量为了达到一定目标而利用资源的情况和产出能力的尺度。当管理者使资源投入(如人力、原材料、零部件等)的数量和生产一定数量的产品或服务所需要的时间最小化时,组织是有效率的。简单地说,效率是指"正确地做事"。

效果是衡量管理者所选择组织目标的适宜程度以及组织目标实现程度的一个尺度。当管理者目标选择正确并得以实现时,组织是有效的。简单地说,效果是指"做正确的事"(见表 0-1)。

表 0-1 管理的效果和效率

	效率低	效率高
效果高	低效率/高效果 管理者目标选择正确,但不善于利用资源以实现组织目标 结果:产品是顾客需要的,但因太贵而买不起	高效率/高效果 管理者目标选择正确,并充分利用资源以实现组织目标 结果:产品是顾客需要的,且质量、价格都合适

（续表）

	效率低	效率高
效果低	低效率/低效果 管理者目标选择不正确,利用资源不充分 结果:产品质量低且顾客不需要	高效率/低效果 管理者目标选择不当,但资源利用充分有效 结果:产品质量高,但顾客不需要

二、管理职能

（一）计划

计划是管理者用来识别并选择恰当的目标和行动方案的过程,包括三个步骤:(1)决定组织将要追求的目标;(2)决定实现这些目标所要采取的行动方案;(3)决定如何分配组织资源以实现组织目标。管理者计划的优劣决定着组织的效率和效果,也就是组织的绩效水平。战略是计划最重要的结果之一。战略是一组关于组织追求什么样的组织目标,采取什么样的行动方案,以及如何使用资源实现组织目标的决策。

计划是一项有很高难度的活动,因为一般来讲,组织应该追求什么样的目标以及如何最有效地去追求这些目标,也就是组织应该采取什么样的战略并不是一下子就能弄明白。当管理者运用组织资源去追求某个特定目标时,他们是冒着风险的,因为实施一个计划的结果有可能成功,也有可能失败。

（二）组织

管理的组织职能是指管理者建立一个成员之间能够互动和合作的工作关系结构以实现组织目标的过程。组织的职能之一就是根据员工各自承担的特定工作任务,将他们分配到各个部门工作。在组织过程中,管理者还要在不同的个人和部门之间分配职权和职责。此外,还要决定如何最有效地协调组织资源,尤其是人力资源。

组织的结果是创设组织结构———一种能够协调和激励组织成员,使之协同工作以实现组织目标的正式工作及其报告关系体系。组织结构决定了一个组织能在多大程度上充分利用自身资源创造产品和服务。随着组织的成长,组织结构可能需要不断地调整。

（三）领导

在领导过程中,管理者不仅要为组织成员清楚地描述一个明晰的发展前景,还要激发他们的活力,使员工明白自己在实现组织目标的过程中所发挥的作用。对于"领导",有多种定义,本书认为,领导是指运用权力、影响力、观察力、说服力以及沟通技巧来协调个人和群体的行为,使他们的活动和努力步调一致。领导者还要鼓励员工向高层次发展。领导的结果是培养高度积极主动和服从指挥的组织成员。

（四）控制

在控制过程中,管理者要评估组织完成目标的程度,并采取相应的行动以保持或者改善组织的业绩。例如管理者要对个人、各个部门以及作为整体的组织业绩进行监控,以确定他们是否达到了期望标准。

在履行控制职能的过程中,管理者首先要确定测评的目标(目标可能涉及生产力、产品质量、对顾客需求的反应等),然后,必须设计出信息和控制系统,以便为评估绩效提供所需要的数据。控制还可以帮助管理者对执行其他三项职能(计划、组织和领导)的有效程度进行自我评估,并进行必要的修正。

计划、组织、领导和控制这四项管理职能是管理者工作的本质。不论在管理等级的哪个层次,还是在组织中的哪个部门,有效的管理都意味着成功地进行决策并履行这四项职能。

第二节 管理者类型、角色和技能

一、管理者类型

为了使经营活动既有效率又有效果,组织一般需要三种类型的管理者,即基层管理者、中层管理者和高层管理者,三个管理层从下到上排列成一个层级结构。一般而言,基层管理者要向中层管理者报告,而中层管理者要向高层管理者报告。在利用组织资源、提高组织的效率和效果方面,处在不同等级上的管理者担负着各不相同但又相互关联的职责。

(一)基层管理者

处于管理层底层的是基层管理者,通常称之为主管。他们的主要职责是对从事产品生产和服务等特定活动的非管理层员工进行日常的监督管理。基层管理者遍布于组织的各个部门。

基层管理者的例子很多,例如汽车工厂生产车间的一个工作小组的主管、医院妇产科的护士长、汽车经销商客户服务部门管理多名技师的首席技师等。

(二)中层管理者

为了提高效率,中层管理者要想方设法帮助基层管理者和非管理层员工更好地利用资源,以降低生产成本或者改进顾客服务。因而,中层管理者监督基层管理者,他们的主要职责是寻找一个组织人力和其他资源的最佳方式来实现组织目标。

为了改进效果,中层管理者还要评估组织所追求的目标是否适当,并向高层管理者建议改变目标的方法。通常,中层管理者向高层管理者提出的建议能够显著地提高组织绩效。

中层管理者工作职责的另一个主要部分就是发展、改进工作中的某项专长和技能,如生产专长、营销专长等,使组织具有更高的效率和更好的效果。中层管理者需要就产品和服务的生产做出成千上万的具体决策:哪些基层管理者可以负责某个特定的项目?哪里可以找到质量上乘的资源?如何组织员工才能最充分地利用资源?

(三)高层管理者

与中层管理者相比,高层管理者要对组织所有部门的绩效负责,他们担负着跨部门的职责。高层管理者负责设定组织目标(比如公司应该生产何种产品、提供何种服务),决定不同部门之间应该怎样进行互动,监督各个部门的中层管理者如何有效利用资源以实现组织目标。高层管理者对组织的成败承担最终责任,他们的工作绩效始终受到组织内外相关人员的细致审查,如组织内的其他员工和组织外的投资者。

首席执行官(CEO)是一个公司最重要的管理者,所有其他的高层管理者都要向他报告。首席执行官的中心任务就是要建立一支运作良好的高层管理团队,这个团队由组织的首席执行官、高级副总裁和各部门主要负责实现组织目标的最高管理人员组成。

计划、组织、领导、控制这四种管理职能对某一特定管理者的相对重要性,取决于该管理者在管理层级中所处的位置。管理者在管理层级中所处的位置越高,他用于计划、组织资源以保持或提高组织绩效的时间就越多。高层管理者花费他们绝大部分的时间进行计划和组织,因为这两种管理职能对于组织的长远绩效水平具有至关重要的决定作用。相反,管理者在管理层级中所处的位置越低,则用于领导和控制基层管理者或非管理层人员的时间就越多。

最近一些年来,处在不同层级的管理者所承担的任务和职责发生了巨大的变化。引起这些变化的主要因素有两个:一是全球性的竞争,二是 IT 技术(信息技术)的不断进步和电子商务的兴起。国内外各种组织之间激烈争夺着有限的资源,管理者提高效率、效果和组织绩效的责任越来越沉重,压力也越来越大。高层管理者越来越倾向于鼓励低层管理者超越本部门的目标,用跨部门的眼光去寻找提高组织绩效的新机遇。信息技术使各个层级的管理者能够获得更多、更准确的信息,从而提高计划、组织、领导和控制能力;信息技术还引发了管理层及运作方式的变革,如扁平式组织、学习型组织、无边界组织等的出现。

二、管理者角色

管理者角色是指处于组织中特定位置的管理者被期望完整的一系列特定任务。最著名的一个管理者角色模型是明茨伯格提出的有效管理者的十种角色。尽管明茨伯格的角色理论与法约尔的模型有所重叠,但这种角色划分确实有用,因为它们集中分析了当一个组织的管理者进行实际的管理工作时,他们在每一个小时、每一天、每一周都做些什么。

明茨伯格将管理者在计划、组织、领导和控制组织资源过程中所要履行的职责简化为10 种角色。管理者扮演各种角色来影响组织内外个人和群体的行为。组织内部的人员包括其他管理者和非管理层员工,组织外人员包括股东、客户、供应商、组织所在地的公众,以及任何与组织及其活动有关的政府和当地机构。明茨伯格把这 10 种角色组合为三大类:决策角色、信息角色和人际关系角色。在参与计划、组织、领导、控制这些更为基本的职能的同时,管理者经常不断地扮演其中的一些角色。

(一) 决策角色

决策角色与管理者进行战略规划及利用资源所使用的手段密切相关。在企业家角色中,管理者决定启动哪些项目和计划,以及怎样利用资源来提高组织绩效。在混乱应对者角色中,管理者处理威胁组织的突发事件或危机,迅速实施应对措施。在资源分配者角色中,管理者决定如何最有效地利用人力和其他资源以提高组织绩效。在谈判者角色中,管理者与对资源有优先权的其他管理者或群体达成一致,与组织和组织外群体(例如供应商和顾客群)达成相关协议。

（二）信息角色

管理者扮演着信息传播者角色,迅速有效地把信息传递给员工,从而影响他们的工作态度和行为。例如,沃尔玛使用视频会议,加强高层管理者与单个商店的联系,利用互联网向员工提供最新的培训项目。管理者扮演发言人角色,促使组织内部和外部的人员都能对组织做出积极的反应。

（三）人际关系角色

管理者担任人际关系的角色的目的是为员工和作为整体的组织提供方向和监督。作为一个组织或部门象征的首脑,首席执行官可以向员工和股东等其他相关群体传达组织的使命和组织正在追求的目标。不仅CEO,各领导者角色各层次的管理者都可以报名首脑角色,并成为组织中树立恰当行为方式的典范。管理者还必须为下属提供培训、建议和指导,帮助他们充分发挥自己的潜力,担任领导者角色。最后,管理者扮演联络人角色,联系和协调组织内外各类人员和团体的活动。

我们就管理者角色进行了讨论,似乎表明管理者的工作是高度协调的,管理是一个有逻辑、有规律的过程。在这个过程中,管理者能够理性地进行计划,最有效地使用资源,最终实现组织目标。而实际上,管理者也常常会有一些情绪化的举动和临时行为。对情况做出快速及时而非经过深思熟虑、反复斟酌的行为是管理行为的一个重要方面。这是因为,通常,管理者承担着过量的职责,他们没有时间去分析每一种情况的细枝末节。因此,管理者做出的决策多是在不能确定最优结果的不确定状态中进行的,对高层管理者而言尤为如此。情况随时都在发生变化,今天看似正确的决策,明天就有可能被证明是错误的。

管理者所面临的问题是十分庞杂的(高度多样化),管理者不得不经常同时处理大量的问题(碎片化),做出迅速的决策(简洁化),许多时候不得不依靠自己的职业生涯中积累的经验进行工作,以最好地发挥自己的能力。难怪许多管理者感慨如果自己有一半时间做对了,就能把工作做得更好,也不难理解为什么经验丰富的管理者把下属犯错误看作一个正常的学习过程。管理者及其下属既要从成功中收获经验,更要从失败中吸取教训。

三、管理技能

教育和经验都可以使管理者认识和培养起充分利用组织资源所需要的技能。研究表明,教育和经验有助于管理者获得三项技能:概念技能、人际技能和技术技能。管理者需要掌握这三种技能的水平取决于他们所处的管理层级。一般来讲,计划和组织对概念技能水平要求更高,而领导和控制则需要更好的人际技能和技术技能。

（一）概念技能

概念技能是分析判断一种状况并能够识别其因果的能力。概念技能一般表现为良好的判断力、远见、直觉、创造力以及在含糊、不确定事件中找出意义和条理的能力。高层管理者的主要职责是计划和组织,所以他们要有最好的概念技能。正规的教育和培训对于帮助管理者发展概念技能相当重要。管理学本科、工商管理硕士(MBA)阶段的专业培训,能够为管理者有效地做出管理决策提供所需要的多种概念性工具(如营销、财务和其他领域的理论和技术)。管理学帮助管理者培养理解一个组织面临的前景的能力。对组织前景的注重使得管理者能够超越眼前形势,在时刻铭记组织长远目标的前提下进行决策。

今天,由于以提高组织效果为目的的新理论和新技术的不断出现,持续的管理教育和培训成为培养管理技能的一个必要步骤。一些管理培训和教育(如 EMBA、EDP 等)分别针对处在组织不同管理层的管理者,上至最高执行官下至中层管理者。微软、IBM、摩托罗拉和其他许多组织都明确指出,在每一个管理者的个人预算中要有一部分用于参加管理培训项目。此外,许多工作表现突出的非管理层员工会被送去参与相关的管理培训项目以发展他们的管理技能,为将被提升为基层管理者做准备。

(二)人际技能

人际技能是指理解、改变和控制其他个人和群体的能力。是否具备沟通、协调、激励员工的能力和把个人组成核心团队的能力,是区分有效管理者和无效管理者的一个标志。

像概念技能一样,人际技能可以通过经验来培养,也可以通过教育和培训进行学习。在试图充分利用自我管理团队的优势时,组织越来越注重运用先进的领导技能和团队领导技能培训项目。为了有效管理人际的互动活动,组织中的每一个人都要学习如何与他人形成默契,都要去理解他人的观点和他们面对的困难。管理者明了自己的长处与不足的方法之一,就是参考上司、同事以及下属针对自己在明茨伯格定义的角色中表现的反馈信息。全面直接的反馈能够帮助领导者提高自己的人际技能。

(三)技术技能

技术技能是指为完成管理者所在组织单元的专门活动,所需具备的关于方法、流程和设备的知识。有效的管理者需要掌握一系列技术技能,管理者所需要的技术技能取决于他们在组织中的地位。

有效管理者必须具备三种技能——概念技能、人际技能和技术技能。任何一种管理技能的缺失都有可能导致管理失败。小型公司的创办者面临的一个最大问题就是缺乏恰当的概念和人际技能,具有技术技能的创业者往往不知道如何成功地进行风险管理。同样,科学家和工程师从研究工作向管理职能转换过程中面临的一个最大问题就是他们缺乏有效的人际技能。管理的技能、角色和职能紧密相关,明智的或者有抱负的管理者总是在不断接受最新的教育培训,发展自己所需要的概念、人际关系和技术技能,以适应这个充满变化、竞争也越来越激烈的全球化环境。

第三节 管理理论的演进

一、科学管理理论

现代科学管理理论的演进始于 19 世纪末产业革命席卷欧美大陆之后。蒸汽机的发明和精密复杂的机械设备的发展改变了产品生产方式,尤其是在纺织业和服装业,用熟练工人进行的手工生产的小作坊被大工厂所取代。在大工厂里,成千上万的非熟练工人和半熟练工人操纵着复杂精密的大机器进行生产。这些新式工厂所有者和管理者发现,在由小规模手工生产向大规模机器制造转变的过程中出现了一些问题,而他们对此却毫无准备。而且,这些车间和工厂的管理者和监管人员大多是工程技术人员,他们只对技术方面的问题比较精通;但在工厂或车间系统等大群体中如何协调工作,他们都束手无策。于是,管理者开始探索管理组织资源的新技术,开始专注于提高工人—任务组合效率的方法。

(一) 工作专业化与劳动分工

亚当·斯密是 18 世纪的一位著名经济学家,他考察整个英格兰,对产业革命的影响进行研究。在对生产不同种类的针、钉等产品的工厂进行研究时,斯密指出两种不同的生产方法。其中一种方法以手工生产方式类似,这种生产方式下每一个工人都要负责生产一根针的 18 道工序;另一种方法是,每个工人只负责生产一根完整的针所需要的 18 道工序中的一道或者少数几道。

通过比较这两种不同生产方法的绩效,斯密发现,与每一个工人都参与制造过程所有 18 道工序的工厂相比,工人专门从事一道或少数几道工序的工厂绩效要好得多。斯密据此推断,造成这种绩效差异的原因在于专门从事一项工作的工人会变得越来越熟练。因此,作为一个整体而言,就能比那种每位工人从事多种工作的群体更快地生产产品。斯密由此得出结论,通过提高工作专业化水平,可以提高效率和组织绩效。工作专业化是指不同的工人在一定时期内专门从事特定的工作,从而实现劳动分工的过程。

在斯密观察发现的指引下,其他的管理者和研究者开始探索如何提高工作专门化程度以增加组织绩效。管理的实践者和理论家都致力于研究管理者应当如何组织和控制工作过程,以最大程度地利用工作专业化和劳动分工带来的好处。

(二) 弗里德里克·W. 泰勒与科学管理

弗里德里克·W. 泰勒(Frederick W. Taylor)(1856—1915 年)因提出科学管理技术而享誉世界。所谓科学管理技术,是指以提高效率为目的,重新设计工作过程,对员工与工作任务之间的关系进行系统的研究。泰勒曾经是一位制造业管理者,后来成为专门教授其他管理者如何应用及科学管理技术的顾问。泰勒相信,如果通过提高专业化程度和劳动分工,能够减少每个工人花费在单位产出上的时间和精力,生产过程就会变得更有效率。他还认为,创造最有效率劳动分工的方法很可能取决于他的科学管理技术,而不能靠直觉或者非正式的经验法则。基于自己作为一名制造业管理者在多种环境中的试验和观察,泰勒提出了工厂提高效率的原则。

原则一:泰勒认为管理的中心问题是提高劳动生产率。为了改善工作表现,他提出要制定有科学依据的工人的合理日工作量,就必须通过各种试验和测量进行时间—动作研究。其方法是选择合适且技术熟练的工人,研究这些人在工作中使用的基本操作或动作的精确序列以及每个人所使用的工具。用秒表记录某一基本动作所需时间,加上必要的休息时间和延误时间找出做每一步工作的最快方法,消除所有的错误动作、缓慢动作和无效动作。这样,最快、最好的动作和最佳工具组合在一起成为一个序列。

泰勒还尝试用不同的方法来划分和协调生产产品所必需的多样的任务。通常,这意味着让每一位工人承担更少的工作种类和从事更高频率的工作,就像福特公司汽车装配线的情形。泰勒还致力于寻找各种方法,以提高每一位工人完成某一特定工作的能力。例如,减少工人完成一项工作所需要的动作数量,改变工作场地的布局或者工人使用的工具类型,或者用不同规格的工具进行实验。

原则二:将完成工作的新方法编纂成书面的规则和标准操作程序。泰勒指出,一旦确定了完成工作的最好方式,就要将其记录下来,以便向从事相同工作的工人传授这些工作程序。这些新的方法可以进一步对工作进行标准化和简化,实际上就是使工作规范化。通过这种方式,整个组织的效率都可以得到提高。

泰勒认为,在科学管理的情况下,要想用科学知识代替个人经验,一个很重要的措施就是实行工具标准化、操作标准化、劳动动作标准化、劳动环境标准化等标准化管理。这是因为只有实行标准化,才能使工人使用更有效的工具,采用更有效的工作方法,从而达到提高劳动生产率的目的。只有实现标准化,才能使工人在标准设备、标准条件下工作,才能对其工作成绩进行公正合理的衡量。泰勒不仅提出了实行标准化的主张,而且也对标准化的制定进行了积极的试验。在搬运生铁试验中,泰勒得出一个适合做搬运工作的工人,在正常情况下,一天至少可以搬47.5吨铁块的结论。在铲具实验中,他得出铁锹每次铲物重21磅时劳动效率最高的结论。在长达26年的金属切削试验中,他得出影响切割速度的12个变量及反映它们之间的相关关系的数学公式,为工作标准化、工具标准化和操作标准化的制定提供了科学的依据。

原则三:仔细地挑选工人,使其拥有的技术和能力与工作需要相匹配;按照已建立的规则和程序来训练他们使其完成工作。所谓"技术与岗位相匹配",按泰勒的原话来说,就是"挑选第一流的工人",即在企业人事管理中要把合适的人安排到合适的岗位上,只有做到这一点才能充分发挥人的潜能,才能促进劳动生产率的提高。泰勒所说的第一流的工人就是指那些最适合又最愿意干某种工作的人。

至于如何使工人成为第一流工人,泰勒不同于传统的由工人挑选工作并根据各自的可能进行自我培训的方法,而是提出管理人员要主动承担这一责任,科学选择并不断地培训工人。泰勒指出:"管理人员的责任是细致地研究每一个工人的性格、脾气和工作表现,找出他们的能力;另外,更重要的是发现每一个工人向前发展的可能性,并且逐步地、系统地训练,帮助和指导每个工人,为他们提供上进的机会。这样在公司里,工人能承担最感兴趣、最有利、最适合他们能力的工作。这种科学选择与培训工人并不是一次性的行动,而是每年都要进行的,是管理人员要不断地加以探讨的课题。"

原则四:设立一个公平的或者可以接受的工作绩效水平,建立起一个薪酬管理系统,对超出既定水平的工作绩效给予奖励。为鼓励工人高效率地从事工作,激励他们主动去发现完成工作最有效的技术,泰勒主张,应当让工人从任何绩效的提高中获益。如果通过更高效率的工作程序实现了绩效的提高,工人就能够得到奖金和一定比例的绩效收益。

为了鼓励工人努力工作,泰勒提出了一种具有很大刺激性的报酬制度——差别计件工资制。这种工资制度包含的主要内容有三点:①通过计件和工时的研究,进行科学的测量和计算,制定出一个标准制度,以确定合理的劳动定额和恰当的工资率。②制定差别工资率。即按照工人是否完成定额,采用不同的工资率。如果工人能够保质保量地完成定额,就按高的工资率付酬以资鼓励;如果工人的生产没有达到定额,就将全部工作量按低的工资率付酬,并给予警告,如不改进就要被解雇。③同时也是为了调动工人的积极性,要对每一个人在准时上班、出勤率、诚实、快捷、技能及准确程度方面做出系统和细微的记录,然后根据这些记录不断调整他的工资。

原则五:将计划职能与执行职能分开。泰勒指出,"在老体制下,所有工作程序都由工人凭他个人或师傅的经验去干,工作效率由工人自己决定,由于这与工人的熟练程度和个人的心态有关,即使工人十分适应科学管理,但要他同时在机器和写字台上工作实际上是不可能的"。泰勒深信,这样不会取得最高效率,必须用科学的方法来改变。为此,泰勒主张由资方按科学规律去办事,均分资方和工人之间的工作和职责,要把计划职能与执行职能分开,并在企业设立专门的计划机构。泰勒所谓计划职能与执行职能分开,实际上是把管理职能与执行职能分开。所谓设置专门的计划部门,实际上是设置专门的管理部门。所谓均分资方和工人之间的工作和职责,实际上是指让资方承担管理职责,让工人承担执行职责。这就进一步明确了资方和工人之间、管理者与被管理者之间的关系。泰勒把计划职能和执行职能分开,改变了凭经验工作的方法,而代之以科学的工作方法即找出标准、制定标准,然后按标准办事。要确保管理任务的完成,应由专门的计划部门来承担找出和制定标准的工作。

原则六:劳资双方的密切合作。泰勒认为资方和工人之间、组织和个人之间的紧密合作,是现代科学或责任管理的精髓。他认为,没有劳资双方的密切合作,任何科学管理的制度和方法都难以实施,难以发挥作用。那么,怎样才能实现劳资双方的密切合作呢?泰勒指出,必须使劳资双方实行一次"完全的思想革命"和"观念上的伟大转变":即要使劳资双方密切合作,关键不在于制定什么制度和方法,而是要实行劳资双方在思想和观念上的根本转变。如果劳资双方都把注意力放在提高劳动生产率上,劳动生产率提高了,不仅工人可以多拿工资,而且资本家也可以多拿利润,从而可以实现双方最大限度的富裕。例如,在铁锹试验中,每个工人每天的平均搬运量从原来的16吨提高到59吨,工人每日的工资从1.15美元提高到1.88美元,而每吨的搬运费从3.3美分降到2.5美分。对雇主来说,关心的是成本的降低,而工人关心的是工资的提高,所以他认为这就是劳资双方进行"精神革命"、从事合作的基础。

(三) 从科学管理原则到福特制的演变

到1910年,泰勒的科学管理原则已经享誉全国,并在许多方面都得以广泛、忠实地推广、使用,但是还是有不少组织的管理者对这一全新的科学管理原则进行了有选择性的实施,最终引发了诸多问题。例如,一些管理者运用科学管理原则实现了绩效的提高,却没有像泰勒所倡导的那样与工人共享绩效收益,反而是仅仅增加了每个工人承担的工作量。许多参加工作系统重组实践的工人发现,随着他们绩效的提高,管理者要求他们做的工作也更多了,而薪水却一点没有增加。工人们还意识到,工作绩效的提高意味着更少的就业机会和更大的失业威胁,因为需要的工人数量减少了(马克思关于绝对剩余价值、相对剩余价值、资本主义社会化大生产的内在矛盾等学说曾揭示过上述内容)。此外,专业化、简单化的工作往往是重复性的,很是单调乏味,许多工人对此日益厌烦。

科学管理使工人的工作更加辛苦,而收入却没有相应的增加,因此,他们越来越不信任那些看起来对他们的福利漠不关心的管理者。这些不满的工人拒绝使用新的科学管理技术,有时甚至向管理者隐瞒他们的工作知识,以保护自己的工作和收入。对于工人们来说,为保护自身的利益,隐瞒工作系统的真实潜在效率并不是什么难事。例如,经验丰富的机器操作员能够通过调整传送带的松紧或者故意不把齿轮对准这样难以觉察的方式放慢机器运转的速度。当工作小组试图设定一个可接受的、公平的绩效水平时,工人有时甚至会建立起非正式的阻碍高绩效、鼓励偷懒的工作规则。

由于无法鼓动工人在工作中接受这种新的科学管理技术,一些组织提高了工作过程的机械化程度。例如,亨利·福特在他的工作场所中引入传送带装置的原因就是,他认识到,当传送带不是由工人自己控制的时候,工人们就会被推动,以他们认为自己达不到的高效率进行工作。查理·卓别林在其著名的电影《摩登时代》中形象地描绘了这种大批量生产的特征。在这部影片中,卓别林采用滑稽的手法表演了一个敢于反抗福特制,但最终失败的工厂工人的形象。亨利·福特同样是使用科学管理原则来确定每一位工人在生产线上应该承担的任务,并由此决定最高效的劳动分工方式,以适应机械化生产系统的要求。

从绩效的角度把下面这两种管理实践结合起来:①建立起恰当的"工人—工作专业化"组合;②靠生产线的速度把工人和工作任务连接起来。在大型的有组织工作场合下,这种结合能够极大地节约成本,增加产出——这就是从科学管理演化而成的"福特制"。1908年,富兰克林汽车公司运用"福特制"对工作过程进行了重新设计,结果汽车产量由以前的每月100辆提高为每天45辆,而工人的工资却只增加了90%。

尽管福特汽车公司确实存在工人流失、旷工以及不满等问题,然而通过应用新的管理原则,福特汽车公司确实提高了效率,并从中获得了巨大的收益。其他汽车公司的管理者也看到了这一点,他们确信,如果自己的企业要想在竞争中生存,就必须模仿福特汽车公司的做法。

(四)科学管理理论的深远影响与局限性

泰勒所做的工作对生产系统管理产生了深远的影响。现在不管是生产产品的组织,还是提供服务的组织,几乎每个组织的管理者都在对必须完成的基本任务进行仔细分析,并力图在此基础上设计出能够使组织最有效率的工作系统。

泰勒的贡献主要集中在以下三个方面:第一,使管理成为一门独立的学科。泰勒冲破了产业革命以来一直沿袭的传统的经验管理方法,第一次系统地把科学方法引入管理实践,提出科学管理原理,开创管理理论研究的先河,使管理成为一门独立的学科。第二,确立了管理工作的地位。泰勒主张将管理的职能从企业生产职能中独立出来,使得企业开始有人从事专职的管理工作,这样就提升了管理的地位,也进一步促进了对管理实践的思考,为管理理论的进一步形成和发展开辟了道路。第三,适应了当时生产力发展的要求。由于采用科学的作业程序和管理方法,泰勒的科学管理理论推动了生产的发展,使得企业的生产效率提高了2—3倍。

但是在当时特定条件下产生的科学管理理论也不免有其自身的局限性,具体有如下几点:第一,泰勒的科学管理理论是建立在经济人假设基础之上的,认为人们工作的唯一动机是经济利益,把人看成"会说话的工具",这一缺陷限制了太多的研究思路,也使科学管理理论难以解决更复杂的管理问题。第二,科学管理从技术角度研究管理,忽视了人群的社会特征。泰勒强调劳动分工,主张严格按照标准工作,并把自己的研究建立在工人个体行为上,导致泰勒的理论缺乏宽广的视角。第三,泰勒的管理理论偏重于作业管理,而没有研究组织整体经营和管理。科学管理理论主要局限于工厂内部,特别是从车间一级来研究劳动组织和生产管理问题,属于作业管理的范畴,而没有涉及组织全面发展及组织目标的管理问题,也忽视了企业整体以及组织上层管理问题。

(五)科学管理理论的发展

弗兰克·吉尔布雷斯(Frank Gilbreth)和莉莲·吉尔布雷斯(Lillian Gilbreth)夫妇是泰勒的杰出追随者。他们重新界定了泰勒的工作任务分析,极大地丰富了"时间—动作"理论与方法。他们研究的目标是:①分析完成一项特定任务所必需的每一个动作,并将其分解为单个的动作元素;②寻找完成每一个动作元素的更好方法;③把这些动作元素重新组合,使之成为一个完整的动作,完成这个动作只需花费更少的时间和精力,从而能提高效率。

吉尔布雷斯夫妇常常把工人完成一项特定任务的过程拍摄下来,然后把其中连续的动作一帧一帧地加以分解,使之成为动作元素。他们的目的是使完成每一项单独任务的效率最大化。如此一来,任务过程得以简化,从而能够节约大量的时间和精力。

后来,吉尔布雷斯夫妇对研究疲劳问题越来越感兴趣。他们研究工作场所的物理特征是如何产生工作压力、引起疲劳从而降低绩效的。他们对照明、加热、墙壁颜色、工具和设备构造等容易导致工人疲劳的因素分别进行了研究。他们开创性的研究对管理理论的新发展铺平了道路。

吉尔布雷斯夫妇、泰勒以及其他一些人的研究,对车间和工厂的管理实践产生了重要影响。与以往的手工生产系统相比,由于科学管理原则的应用,新生产系统下的工作更具重复性、更加单调乏味和令人心烦,工人们对此也日益不满。经常的,工作管理成了工人和管理者之间的一场游戏:管理者力图创新工作活动以提高绩效,而工人则千方百计地隐瞒真实的潜在工作效率以保护自身利益。

二、行政管理理论

在科学管理者研究工人—任务组合以提高效率的问题的同时,另一些研究人员正致力于行政管理理论。该理论主要研究如何创建一个能产生高效率和高效果的组织结构。组织结构是控制员工使用资源,以实现组织目标的方式的一个任务和职权关系体系。关于建立高效率的组织行政系统,在欧洲产生了两种最具影响力的观点:德国社会学教授马克斯·韦伯(Max Weber)提出了一种;法国管理专家亨利·法约尔(Henri Fayol)提出了另一种。

(一)官僚行政组织理论

韦伯的官僚行政组织(bureaucracy)原理产生于19世纪末20世纪初。所谓官僚行政组织,是指为保证效率和效果而设计的一个正式的组织和管理体系。一个官僚行政体系是建立在以下五个基本原则之上的:

原则一:在一个官僚行政组织中,管理者的正式职权来自其在组织中所处的位置。职权赋予管理者负责地使用组织资源、进行决策指导和控制下属以实现组织目标的权力。在一个官僚行政体系中,要服从一个管理者,不是因为它具有个性、社会地位以及任何的个人品质,而是因为它处在与一定的职权和责任相联系的职位上。

原则二：在一个官僚行政组织中，员工的职位应当依据各自的业绩来安排，而不应受到与管理者的个人关系等情感因素的影响。

原则三：组织中每一个职位的正式职权和工作职责范围，尤其是与其他职位的联系，都应该清楚地加以界定。当组织中不同职位的任务和职权被清楚地界定时，管理者和员工才会知道自己应该做什么，又能要求别人做什么。而且，只有当员工清楚地知道自己的职责时，组织才能确保所有的员工严格地对自己的行动负责。

原则四：当组织中的职位按等级设置时，职权能够得到有效的运用，这时，员工知道自己应当对谁负责，谁又应该对自己负责。管理者必须建立一个组织职权等级体系，明确责任关系，指明当冲突或者问题产生时，管理者和员工应当找谁解决。这一原则在军队、政府机构以及其他一些可能产生重大影响的组织中尤为重要。高层管理者要能够确保下属对他们的行动负责，这一点是至关重要的。

原则五：管理者必须创建一个明确的包含规则、标准操作程序以及相关规范的体系，便于他们能够有效地控制组织内的行为。规则（rules）是载明为实现特定目标，需要在不同环境下采取相应行动的正式的书面说明。标准操作程序（standard operation procedures, SOPs）是关于如何完成一项特定任务的详细而精确的一系列书面说明。一个规则可能规定在每个工作日结束时，员工应该保证他们及其设备处于良好的状态，而一组标准操作程序则精确、详细地说明员工应该怎么做，甚至会逐条列出哪些机器部件必须加润滑油或者需要更换。规范（norms）是描述员工在特定场合中如何行动的非书面、非正式的行动惯例。例如，一家餐馆的一条组织规范可能是在时间允许的情况下，服务员应该互相帮助。

规则、标准操作程序和规范详细说明了完成组织任务的最佳方式，从而为提高官僚行政系统的绩效提供了行为指导。麦当劳和沃尔玛等公司都已经建立了详尽的规则和程序，详细说明了对员工的行为要求。

韦伯相信，贯彻上述五条原则的组织将建立起能够提高组织绩效的官僚行政系统。岗位说明以及规定如何完成任务的规则和标准操作程序的运用，使得管理者能够更轻松地组织和控制下属的工作。同样，公正、公平的筛选和晋升系统能够提高管理者的安全感，减少压力，并鼓励组织成员采取符合道德要求的行为方式，从而进一步增进组织的利益。

但是，如果官僚行政组织没有被很好地加以管理，就会产生很多问题。有时候管理者会使规则、标准操作程序成为无比烦琐的官样文章，从而导致决策缓慢、效率低下，组织难以进行变革。当管理者过分地依赖规则解决问题，而疏于运用自己的技能和判断时，他们的行为就会变得僵化。管理者面临的一个关键性挑战是要运用官僚行政组织原理使组织获益，而不是损害组织。

（二）法约尔的管理原则

法约尔曾经是矿业公司的总经理。虽然与韦伯处在同一时代，但是法约尔提出了与韦伯不同的理论。法约尔首先指出了管理活动和经营活动的区别，并在此基础上提出了对于提高管理过程效率至关重要的14条原则。

法约尔指出，任何企业都存在着六种基本活动，而管理只是其中之一。这六种基本活动是：①技术活动（指生产、制造、加工等活动）；②商业活动（指购买、销售、交换等活动）；

③财务活动(指资金的筹措和应用);④安全活动(指设备维护和职工安全等活动);⑤会计活动(指货物盘存、成本统计核算等);⑥管理活动,主要包括计划、组织、指挥、协调和控制五项职能活动。

在这六种基本活动中,管理活动处于核心地位。法约尔对这六大类工作做了分析之后发现,随着组织层次中职位的提高,人员的技术能力的相对重要性降低,而管理能力的要求逐渐增大。对不同规模的企业也有类似的现象,即企业越小,领导人所需的管理能力所占的比例就越小;相反,企业越大,领导人所需的管理能力所占的比例就越大。

1. 劳动分工

支持工作专业化和劳动分工的原因前面已经讨论过,而法约尔是最先指出过度专业化存在弊端的人之一。他指出,厌倦是专业化催生的一种情绪状态,它可能会导致产品质量下降、工人失去主动性以及僵化的问题。因此,法约尔主张应该给予工人更多的工作职责,或者鼓励他们对工作结果承担更多的责任。今天,向员工授权这一原则已经被越来越广泛地应用于各种组织中。

2. 职权和职责

同韦伯一样,法约尔也强调职权和职责的重要性。但是,法约尔超越了韦伯提出的源于管理者等级地位的正式职权,认识到了来自个人专长、技术知识、道德价值以及领导下属和培育员工忠诚度的能力等方面的非正式职权。

3. 统一指挥

统一指挥原则的具体内容是,一个员工应该只接受一位上级的命令,并只对这位上司负责。法约尔认为,除非有意外情况发生,应当尽力避免两位上级同时向同一个下属发出命令的双重命令报告关系。因为双重命令会使下属感到迷茫和不知所措,破坏秩序和纪律,造成职权等级的混乱。在一个双重命令的体系中,评定任何一个管理者的职权和职责都是困难的。被忽视的管理者会感觉自己受到了轻视,并因此而恼怒,有可能在将来变得不合作。

4. 职权链

职权链是从组织上层延伸到底层的命令链。法约尔是最早指出通过控制管理层级的多少来限制命令链长度的重要性的管理理论家之一。层级越多,高层管理者与基层管理者进行沟通要花费的时间就越长,计划和组织的速度就越慢。限制层级数量,减少沟通障碍,组织就能够做到行动迅捷,反应灵敏。

法约尔还指出,当组织里存在多个各有其等级结构的部门时,不同部门的中层和基层管理者之间进行合作就变得相当重要了。这种互动有助于提高决策速度,这是因为管理者彼此熟悉,知道出现问题时该去找谁。对于跨部门的整合工作,法约尔强调了上级通告组织当前情况的重要性,这样组织下层的决策就不会损害到其他部门正在进行的活动。跨部门整合的另一个可选择的方法是建立一个由团队领导者控制的跨部门工作团队。

5. 集权

法约尔是最早关注集权的管理学家。集权指的是职权向管理等级高层的集中。法约尔认为,职权不应该集中在命令管理链的顶层。高层管理者面对的一个突出问题是,有多少职权应该集中在组织的高层,什么样的职权应该下放给处在等级低层的管理者和员工。这是一件很重要的事情,因为它影响到处在组织中各个等级的人们的行为。

如果职权高度集中,那么只有高层管理者可以制定重要的决策,而下属只能服从命令。这种安排赋予高层管理者控制组织活动的绝对权力,有助于保证组织有效地实施其战略。但是,它也会阻碍人们对出现的问题做出及时的反应,而且还会降低中层和基层管理者的积极性和主动性,使他们缺乏灵活性和适应性。因为在这种组织环境下,他们逐渐习惯于推卸责任,即使十分必要,他们也不愿自己独立进行决策。

今天,为增强组织的灵活性,降低操作成本,提高效率,组织开始向中层管理者授权,并积极创建自我管理团队,让团队成员对自己的活动进行自我监督和控制,当今分权化已成为一个确定不疑的大趋势。

6. 统一指导

就像需要统一指挥一样,组织也需要统一指导——确定一个统一的目标,从而制定出一个统一行动计划来指导管理者和员工使用组织资源。组织如果没有一个统一的指导计划,就会导致低效率和低效果,组织的活动也会变得没有中心可言,员工和团队就会在多重目标下工作。成功的计划应该首先由高层管理者团体共同制定一个组织战略,然后就这一战略与中层管理者进行沟通,然后共同决定如何使用组织资源来实施这一战略。

7. 公平

正如法约尔所言,"要鼓励人们忠诚而全心全意地履行职责,就必须尊重他们自己对正直的理解,以及由尊重和正义相结合而产生的公平"。公平,在今天相当受重视,它是指每一位组织成员都应该享有正义、平等和公正的权利。公平地对待员工是很多管理者关心的主要问题(例如本书将讨论的公平理论)之一。

8. 秩序

像泰勒和吉尔布雷斯夫妇一样,法约尔对于旨在确保组织提高资源使用效率的工作、职位和个人分析也很感兴趣。法约尔认为,秩序意味着对职位进行系统的安排以实现组织收益的最大化,并为员工提供满足其要求的职业机会。法约尔建议使用组织结构图来表示每一位员工现有的职位和职责。他还提倡管理者实施广泛的职业规划,以确保秩序井然的职业道路。今天,组织开始投入更多的资源来培训和发展自己的员工队伍,因此职业规划成为组织的重要工作之一。

9. 创新精神

尽管秩序和公平是激发员工责任感和忠诚度的重要途径,法约尔认为,管理者还必须鼓励员工发挥创新精神,即不依靠上级指示而独立行动的能力。只要恰当地加以运用,创新精神可以成为组织优势的一个主要来源,因为它能够带来创新和创造力。实现组织秩序要求和员工首创欲望之间的平衡不是一件容易的事。为此,管理者需要一定的技能和技巧。法约尔认为,实现这一平衡的能力是杰出管理者的重要标志。

10. 纪律

纪律是对上级职权的服从、热情、专注以及其他一些表示尊重的外部标志。法约尔对纪律重要性的强调,反映了许多早期管理者关心的问题:如何组建一支值得信赖、工作努力、愿意为实现组织目标而奋斗的员工队伍？根据法约尔的观点，纪律有助于组织员工形成相互尊重的关系，还能够反映一个组织的领导水平和一位管理者公正公平行事的能力。

11. 员工报酬

法约尔提出的报酬系统包括奖金和利润分享计划。作为组织激励员工的途径之一，它在今天越来越多地加以应用。法约尔根据自己的经验，判断组织的报酬系统对于组织的成功具有重要意义，他认为有效的报酬系统对于员工和组织双方都应该是公平的，对员工方向正确的努力给予奖励，同时又能促进生产力的提高。报酬系统应当作为制度应用于所有的员工，而不能被滥用。

12. 人员稳定

法约尔还认识到长期雇用员工的重要性。当雇员长期在组织中工作时，他们就会发展出一些技能，提高组织利用资源的能力。

13. 个人利益服从整体利益

组织要想生存，组织的整体利益必须高于任何个人利益和团体利益。组织和成员之间要建立起平等的协议，保证员工能够得到公平的对待和应得的报酬，同时维护纪律严明的组织关系，这对于一个有效的管理体系是至关重要的。

14. 合作精神

正如法约尔思想所表明的，设计恰当的组织职权等级以及正确的秩序纪律组合能够促进合作和奉献。同样，培养合作精神也是组织成功的一个重要因素。合作精神是指组织成员之间形成的共同感情，包括同事友谊和对共同事业的热爱和忠诚。合作精神可以通过鼓励管理者与员工之间进行多方面的交流获得，也可以在共同处理问题和实施解决方案的过程中沟通获得。

法约尔提出的这些管理原则中，有一些在当代管理实践中已经消失了，但大部分仍在起作用。当代管理理论表明，当年法约尔感兴趣的基本问题现在仍继续推动着管理理论发展。法约尔和韦伯提出的管理原则提供了一系列清楚恰当的指导，至今仍被当代的管理者用来创造高效率、高效果的使用组织资源的工作环境。这些原则仍然是现代管理理论的基石。

法约尔的一般管理理论是继泰勒的科学管理理论之后，管理学史上的第二座丰碑。一般管理理论对管理学的发展和人类社会的发展做出了重要贡献。第一，理论上为管理学提供了一套科学的理论架构，法约尔从分析大企业经营活动入手，对管理的一般过程和原则进行了研究，第一次创造性地提出了管理活动、管理职能、管理理论等概念，并构建出一个以命令统一、指挥统一为特征的有效组织机构框架，为后来管理学家研究管理职能、管理过程、管理组织、管理原则等问题奠定了基础。尤其是他的五大管理职能说，至今仍然是管理学体系的基本框架。因而，他被管理学界公认为是第一个提出全面管理理论的人，被誉为"管理过程理论之父"。

第二，一般管理理论为非企业组织的管理提供了有力的指导。法约尔的代表作《工业管理与一般管理》1929年才被译成英文，1949年才在美国出版。但法约尔的一般管理理论却越来越深入人心,不仅在工商业广泛使用,而且也适用于政治、宗教、慈善、军事等领域的管理。

三、行为科学理论

(一) 玛丽·帕克·福利特的著作

玛丽·帕克·福利特(Mary Parker Follett)的著作反映了对被泰勒所忽视的组织中人性方面的关注。她指出,管理常常忽略了一点:如果管理者允许员工在日常工作中积极参与并发挥主动性,员工就能以多种方式对组织做出贡献。例如,泰勒从未建议管理者应该让工人参与分析自己的工作,以确定完成任务的最优方法,甚至从未考虑过询问工人对自己工作的感受。相反,他只是使用"时间—动作"分析工人的工作。福利特则认为工人是最了解自己的工作的,自然而然,他们应当参与工作分析,管理者也应该允许他们加入到工作开发过程中来。

福利特指出,"职权应当与知识相结合,无论是在这根链条的顶端还是下端"。换句话说,如果工人具有相关知识,那么应该由工人而不是管理者来控制工作过程。管理者应该发挥教练和助手的作用,而不是成为监控者和监督者。福利特的这一观点是对当时自我管理团队和授权理论的早期预见。她还意识到,让不同部门的管理者进行直接的交流,对提高决策速度也具有重要作用。她提倡运用一种自己称为"跨部门职能"的方法:不同部门的成员在跨部门团队中共同工作,完成项目任务。如今,这种方法正被日益广泛地使用。

法约尔也曾提出专长和知识是管理者职权的重要来源,但是福利特的研究更加深入。她建议,应当根据知识和专长来决定在特定时刻由谁来领导,而不能依靠源于管理者等级地位的正式职权。像今天的许多管理理论家一样,福利特认为,权力是流动的,它应该流向能够给予组织最大帮助以实现组织目标的人。法约尔把正式的指挥链和垂直的命令链看作有效管理的本质,而福利特正好相反,她以一种横向的观点来看待权力和职权。福利特的行为管理方法在她所处的那个时代是相当激进的。

(二) 霍桑研究与人际关系

1924—1932年,在西方电气公司的霍桑工厂里进行了一系列研究,这就是现在著名的霍桑研究。最初的目的只是研究工作环境因素(尤其是光线和照明水平)对工人疲劳和绩效的影响。1927年,哈佛大学的著名心理学家埃尔顿·梅奥(Elton Mayo)应邀参加了中途遇到困难的霍桑试验,并由他主持了后来的工作,霍桑试验分为四个阶段:

第一阶段:工场照明试验(1924—1927年)。

该试验是选择一批工人,分为两组:一组为"试验组",先后改变工场照明强度,让工人在不同照明强度下工作;另一组为"控制组",工人在照明强度始终维持不变的条件下工作,试验者希望通过试验得出照明度对生产率的影响。但试验结果发现,照明度的变化对生产率几乎没有什么影响。这个试验似乎以失败告终,但得出两条结论:①工厂的照明只是影响工人工作效率的一个微不足道的因素;②由于牵涉因素太多,难以控制,且其中任何一个因素都足以影响试验结果,故照明对产量的影响无法准确测量。

第二阶段:继电器装配室试验(1927—1929年)。

该试验旨在发现各种工作条件的变动对小组生产率的影响,以便能够更有效地控制影响工作效果的因素。通过材料供应、工作方法、工作时间、劳动条件、工资、管理作风与方式等各个因素对工作效率影响的试验,发现无论上述因素如何变化,产量都是增加的。而似乎是由于督导方法的改变,使工人工作态度也有所变化,因而产量增加。

第三阶段:大规模的访问与调查(1928—1931年)。

两年内,他们在上述试验的基础上进一步开展了全公司范围的普查与访问,调查了两万多人次,发现所得结论与上述试验所得相同,即"任何一位员工的工作绩效都受到其他人的影响",于是研究进入第四阶段。

第四阶段:接线板接线工作实验(1931—1932年)。

该试验以集体计件工资制刺激,企图形成"快手"对"满手"的压力,以提高效率。公司给生产小组规定的产量标准是焊接7 312个结点,但他们完成的只有6 000—6 600个接点。试验发现,工人既不会为超定额而充当"快手",也不会因为完不成定额而成"慢手"。当他们达到自认为过得去的产量时,就会自动松懈下来。其原因是生产小组无形中形成默契的行为规范,即工作不要做得太多,否则就是"害人精",工作不要做得太少,否则就是"懒惰鬼";不应当告诉监工任何有损同伴的事,否则就是"告密者";不应当企图对别人保持距离或多管闲事;不应当过分渲染而充当"领导者"等。这样做的根本原因有:一是怕标准再度提高;二是怕失业;三是保护速度慢的同伴。这一阶段的试验还发现了,对于新环境的好奇和兴趣能够带来较佳的成绩,至少在初始阶段如此。

通过以上四个阶段,历经9年的霍桑试验使梅奥等人认识到人们的生产效率不仅受到生理、物理等方面的影响,更重要的是还受到社会环境、社会心理等方面的影响。这个结论的获得是相当有意义的,这对科学管理只重视物质条件,忽视社会环境、社会心理对工人的影响来说是一个重大的修正。

霍桑试验似乎表明:工人对管理者的态度影响着他们的绩效水平。一个尤为重要的发现是,管理者的行为和领导方式会对绩效产生影响。这一发现使许多研究者把注意力转移到了管理行为和领导方面。如果能够对管理者进行培训,使其行为方式能够激发下属的合作行为,生产率就能得到提高。基于这种观点,出现了人际关系运动,它倡导在管理下属的行为方面需要对管理者进行培训,以激发下属合作并提高其生产率的管理活动。

经过另外一些试验,行为和人际关系培训的重要性得到了进一步证实。这些试验还表明,工作群体对产出的影响丝毫不亚于管理者的影响。考虑到工作群体对其成员行为的影响,一些管理理论家提出,管理者应当接受相关培训,掌握能赢得员工友善和合作的行为方式。这样,就能由管理者而不是由工人来控制工作群体的绩效水平。

霍桑试验的主要启示之一是:在考察绩效水平的解释因素时,管理者和工人在工作中的行为与工作的技术因素具有同等的重要性。管理者必须理解非正式组织的作用。所谓非正式组织,是指当管理者试图管理或改变组织中的行为时,在小群体中产生的行为准则和规范体系。许多研究发现,随着时间的流逝,群体通常会建立详细的程序和规范,以保证成员紧密联系,一致行动。这些程序和规范要么允许成员与管理者合作,共同提供绩效;要么要求大家一致行动,限制产出,阻碍组织目标的实现。霍桑试验显示了理解工作群体成员和管理者各自的情感、思想、行为如何影响绩效的重要性。研究者越来越清楚地认识到,理解组织内的行为是一个复杂的过程,但它对于理解组织绩效是至关重要的。事实上,在管理领域日渐兴起的组织行为学就起源于这些早期的研究。组织行为学主要研究对个体和群体在组织中的行为产生影响的因素。

根据霍桑试验,梅奥在1933年出版的《工业文明中人的问题》一书中提出了与古典管理理论不同的新观点,建立了人际关系学说,主要有以下几方面观点:

(1) 工人是"社会人"。梅奥认为,工人不是单纯追求金钱收入的"经济人"。作为复杂社会系统成员,金钱并非刺激工人积极性的唯一动力,他们还有社会心理方面的需求。因此,社会和心理因素等方面所形成的动力对工作效率有更大影响。工人是社会人的观点要求人员管理按社会方式进行,这为以后沟通理论、激励理论的产生奠定了基础。

(2) 企业中存在着非正式组织。企业中除了正式组织,还存在着非正式组织。这种非正式组织是企业成员在共同工作的过程中,由于具有共同的社会情感而形成的非正式团体。这种无形组织有它特殊的感情规范和倾向,左右着成员的行为。古典管理理论仅注重正式组织的作用,这是很不够的。非正式组织不仅存在,而且同正式组织是相互依存的,对生产率的提高有很大的影响。

(3) 工人满足感对于组织绩效有重要影响。生产率的升降主要取决于工人的士气及工作的积极性、主动性与协作精神,而士气的高低则取决于社会因素,特别是人群关系对工人的满足程度,即他的工作是否被上级、同伴和社会所承认。满足程度越高,士气越高,生产效率也就越高。所以领导的职责在于提高工人的士气,善于倾听和沟通下层职工的意见,使正式组织的经济需求和工人的非正式组织的社会需求之间保持平衡,这样就可以解决劳资之间乃至整个工业文明社会的矛盾和冲突,提高效率。

人际关系学说在管理思想史上的意义主要是:

(1) 梅奥的人际关系学说重视人的因素,克服了古典管理理论的不足,奠定了行为科学的基础,为管理思想的发展开辟了新的领域,因而,它在管理思想和管理理论的发展史上具有划时代的意义。

(2) 人际关系学说补充和发展的古典管理理论,将社会学、心理学应用于分析管理问题,为以后管理问题的研究开辟了新的视角,并对管理实践变革产生了深远影响。

(3) 人际关系学说在实验中的一些管理措施,为管理方法的变革指明了方向,导致了管理上的一系列改革,其中有许多措施至今仍是管理者们所遵循的信条。

四、后期行为科学理论

梅奥之后,许多管理学家、社会学家、心理学家从行为的特点、行为的环境、行为的过程以及行为的原因等多种角度,对人的行为进行了研究,形成了一系列的理论,使行为科学成为现代西方管理理论的一个重要流派,它们大致包括人的需要和动机理论、领导行为理论、组织行为理论等,本书后续章节将详细介绍这些理论。在本节仅对X理论和Y理论进行简要的介绍。

第二次世界大战后的一系列研究揭示了关于工人态度和行为的假设是如何影响管理者行为的,在当时最具影响力的恐怕是道格拉斯·麦格雷戈(Douglas M·Mc Gregor)提出的理论。他提出了两种关于工作态度和行为方式的假设,这些假设的态度和行为不仅主导着管理者的思维方式,还影响到他们在组织中的行为。麦格雷戈把这两套相对立的假设分别命名为 X 理论和 Y 理论。

1. X 理论

根据 X 理论的假设,工人通常是懒惰的,不喜欢工作,总是尽可能地逃避工作。而且,工人没有进取心,总是希望逃避责任。因此,管理者的任务就是要竭力地抵制工人逃避工作的天性。为了使工人高效率工作,管理者必须对他们进行严格的监督,并通过"胡萝卜加大棒"的政策来奖励和惩罚他们的行为。

接受 X 理论的管理者一般会设计和调整工作环境,以实现对工人行为的最大化控制以及对工人工作速度的最小化控制。这些管理者认为工人必须做那些为保证组织成功所必要的事情,因此,他们致力于制定规则、标准操作程序以及赏罚分明的奖惩机制,以达到控制工人行为的目的。他们认为工人绝没有合作的期望和念头,因此没必要给予他们解决自我问题的自由。信奉 X 理论的管理者认为,自己的工作就是对工人进行严密的监督,以确保他们投入生产过程,并保证产品质量。对工人进行严格监督和管理的亨利·福特,就是麦格雷戈所描画的信奉 X 理论假设的管理者的典型。

2. Y 理论

与 X 理论相反,Y 理论假设工人并非天生懒惰,也不是天生讨厌工作,如果给予机会,他们将会为组织做出贡献。根据 Y 理论,工作环境特征决定工人对工作的评价——满足的源泉或者痛苦的根源。管理者不需要严格控制工人的行为以保证他们高效率工作,因为当工人致力于组织目标时,他们会进行自我控制。根据麦格雷戈的观点,管理者的任务是创造一种工作环境,这种工作环境能够鼓励员工致力于组织目标,并能为员工提供可以发挥想象力、创造性以及进行自我管理的机会。

管理者依据 Y 理论对员工态度和行为的假设所设计的组织环境特征,与基于 X 理论创建的组织环境特征截然相反。认为员工能够被激发起来,帮助组织实现目标的管理者进行分权,赋予员工和群体对工作更多的控制权力。在这种环境中,员工和群体仍然对活动负责,管理组织的任务不再是控制员工,而是提供支持和建议,保证员工完成其工作所需要的资源,并对他们帮助组织达成目标的能力进行评估。相对而言,法约尔的管理原则更接近 Y 理论,而不是 X 理论。

本章思考题

1. 本书对管理的定义是什么?
2. 什么是计划?
3. 什么是组织?
4. 什么是领导?
5. 什么是控制?
6. 基层管理者、中层管理者和高层管理者在组织中的作用有何侧重?
7. 管理者需要掌握哪三种技能,这些技能与管理的职能、层级有何关系?
8. 什么是科学管理?
9. 泰勒认为怎样才能提高劳动生产率?

10. 泰勒管理理论是如何演变为福特制的？
11. 泰勒管理理论的局限是什么？
12. 马克斯·韦伯的官僚行政组织理论的五个原则是什么？
13. 什么是组织中的规则、标准、规范？它们对于组织的运行有何作用？
14. 法约尔提出的14条管理原则是什么？
15. 法约尔管理理论的重点和意义是什么？
16. 霍桑试验的启示是什么？
17. 玛丽·帕克·福利特著作的要点是什么？
18. 自霍桑试验之后，管理学中的行为科学的要旨和分支包括哪些？
19. 什么是X理论和Y理论？

计 划 篇

第一章 计划、战略与目标管理

第一节 计划概述

一、计划的时间跨度

计划按照有效时间来进行区分,可以分为使命和宗旨、战略、行动计划。

使命和宗旨表明了企业或组织的基本作用或任务。各种有组织的活动,只要是有意义的,都应该有使命和宗旨。企业的使命是企业的根本,一旦企业的使命和宗旨发生改变,本企业也就演变成别的企业。

战略确立企业的长期目标,指导行动方案的制订和配置必需的资源以实现目标。

行动计划是在战略计划所规定的方向、方针、政策框架内,为确保战略目标的实现和资源的取得与有效运用而形成的短期的、具体的计划。

尽管行动计划相对于企业的使命和战略是较短期的,但仍然存在相对时间的长短。管理者通常会根据时间长短将计划区分开来:持续时间在五年或者五年以上的计划称为长期计划;持续时间在一年到五年之间的计划称为中期计划;持续时间在一年或者一年以下的计划称为短期计划。在实务界,有时候企业的长期计划与战略很难区分甚至混用。

二、计划的层次跨度

在大型组织中,计划通常按照覆盖范围分为公司、业务、职能三个。

处在公司层次的包括首席执行官和高管团队。公司管理层以下是业务层,这一层次由公司不同的业务单元组成。以通用电气公司为例,它一共拥有150多个业务单元,其中包括通用电气飞机发动机、通用电气金融服务、通用电气照明器材、通用电气发动机、通用电气塑料等。业务单元又称为分部。

每一个业务单元都有自己的一套职能部门——生产部门、营销部门、人力资源管理部门、研发部门等。因此,通用电气飞机发动机分部拥有自己的营销职能部门,同样通用电气照明器材、通用电气发动机等分部也都有这些部门。

像其他的大型企业一样,通用电气公司的计划在各个管理层次上进行。公司层次计划,包括高层管理者为实现组织的使命和目标、全局(公司层次)战略和结构而制定的决策。公司层次战略说明的是,组织要在哪些行业和哪些国家或地区的市场上与对手展开竞争。通用电气公司在其公司层次计划中阐述的目标就是,通用电气公司应该在自己所参与的每一个行业中都保持第一位或者第二位的市场份额,对于那些不能达到这一目标的分部,将有可能被出售给其他企业。例如,通用电气公司的医疗系统就是由于未能达到目标而被出售给法国的汤普森公司的。通用电气公司的另一个目标是通过收购其他公司来扩大本公司的市场份额。在过去的十年中,通用电气公司收购了若干金融服务公司,从而使得通用电气公司金融服务分部成为全球最大的金融服务机构之一。

公司层次计划为分部管理者制订业务层次计划提供了一个指导框架。在业务层次,每一个分部的管理者都要制定业务层次计划,对下列问题进行详细说明:①促使分部达到组织目标和长远目标;②分部自身的业务层次战略和结构。业务层次战略阐述了业务或分部在行业中与对手进行竞争时所要采用的方法。例如,通用电气公司照明器材分部制定的战略旨在夺取行业头名的宝座,从而为通用电气公司的总体目标做出更大贡献。通用电气公司照明器材分部的竞争战略可能会强调努力降低各个职能部门的成本,从而降低产品价格,从飞利浦公司手中夺取市场份额。

职能部门指的是身处其中的人们具备相同的技能或者使用相同的资源来完成工作的单位或者部门,例如生产部门、会计部门和销售部门等。业务层次计划为职能部门管理者制定计划提供了一个指导框架。职能层次计划主要描述了职能部门管理者为了帮助分部实现业务层次上的目标以最终促进组织目标的实现而追求的目标。职能层次战略阐明了管理者为帮助组织实现总体目标打算在诸如生产、营销和研发等部门层次上采取的行动。例如,为了配合通用电气公司照明器材分部削减成本的战略,生产职能部门可能为自己设定这样的目标:在3年之内把生产成本降低20%,为达到这个目标,所制定的职能部门战略可能包括投资引进欧洲最先进的生产设备、开发全球电子商务网络、努力降低投入品成品和库存成本。

在计划过程中,有一个问题需要特别注意,那就是要保证三个不同层次计划的一致性。职能部门的目标和战略要与分部的目标和战略保持一致,而分部的目标和战略要与公司目标和战略保持一致;反之亦然。一旦展开了竞争,每一个职能部门的计划都要与其所属分部的业务层次计划相联系,而业务层次计划又要与公司层次计划相关联。尽管绝大多数企业都没有通用电气公司那样庞大的规模和复杂的结构,但它们的计划和通用电气公司是相似的,都拥有指导管理决策制订的书面计划。

三、由谁负责制订计划

一般来讲,制订公司层次计划是高层管理者的主要职责。在通用电气公司,"公司应该在参与竞争的每一个行业中都位居第一或者第二"的公司层次目标是由前任首席执行官杰克·韦尔奇(Jack Welch)首先提出的。韦尔奇已经于2001年9月退休,现在他的接班人杰弗里·伊梅尔特(Jeffrey Immelt)及其领导下的高层管理团队决定着通用电气在哪些行业中参与市场竞争。在制定公司层次的战略之后,高层管理者们负责对业务层次和职能层次的计划进行审批,以确保它们与公司层次计划相一致。

公司层次上的计划和决策并不是由高层管理人员闭门造车、凭空想象出来的,其他的管理人员也要参与公司层次计划的制订。通用电气公司和其他许多公司都鼓励分部和职能部门的管理者就新出现的商业机遇向首席执行官和高层管理者提出建议,然后由这些高层管理人员对这些建议进行评价,最终决定是否对此进行投资。所以,尽管制订公司层次计划,主要是高层管理者的职责,但是低层管理人员也能够甚至是经常获得机会参与公司的计划过程。

这种方法不仅普遍存在于公司层次,也广泛应用于业务层次和职能层次的计划过程。在业务层次,计划主要由分部管理者负责,同时他们还要审查职能部门的计划。职能部门管理者一般也参与业务层次计划的制订。同样,职能部门管理者承担着制订职能层次计划的主要职责,但是他们也可以让自己的下属参与这个过程。事实上,他们也是这么做的。因此,尽管计划的最终责任要由组织内各个特定等级的管理者承担,但是几乎所有的管理人员和很多非管理层员工事实上都参与了计划过程。

四、情景计划

情景计划是最常用的计划方法之一,它可以帮助管理者制定出具备法约尔所描述的四项特征的计划。情景计划又称为权变计划,是管理者对未来情况进行多重预测并分析如何有效应对各种可能出现的情况,从而得到一系列如何应对不同情形的行动方案。

正如前面讨论的,计划试图对未来进行预测和预言,目的是能够对未来可能出现的机遇和威胁提早做好准备。然而,未来本质上是不可预知的。那么管理者如何才能游刃有余地应对这种不可预知性呢?

由于未来是不可预计的,进行计划的唯一合理方法就是要首先对未来可能出现的情况进行各种假设,并在此基础上形成一组"多样未来"或者说未来的情景,然后制订各种各样的计划,详细描述一旦假设的任何一种未来情况果真出现时,企业应该怎么做。情景计划的优点不仅在于能够形成有用的计划,还能够保证各级管理人员清醒地认识到公司所处环境的动态特征和复杂性,以及可供公司采用的战略的多样性。情景计划是一种学习工具,它能够保持计划过程的质量,并为一个组织带来实际的利益。

到1990年,财富杂志五百强企业中,有一半以上都在应用不同形式的情景计划,它也被称为权变计划。从那时起,用情景计划的企业的数量就一直在不断增加。情景计划巨大的优势在于,它不仅能够对充满不确定性的未来可能出现的挑战进行预测,还能够激励管理者从战略的角度对未来进行思考。

五、计划为什么重要

从本质上来讲,计划就是要确定组织当前的发展状况、决定组织未来的发展方向以及如何推动组织向前发展。当管理者制订计划时,他们必须对未来进行考虑,预测会出现什么样的情况,以便在当前就采取行动,调整组织资源,以应对未来可能出现的机遇和威胁。但是,正如我们在前面讨论的那样,外部环境是相当复杂的,并且充满了不确定性。通常,管理者必须在有不完全信息和有限理性的限制下进行计划工作,这也正是计划工作如此复杂和艰难的原因之一。

几乎所有的管理者都在参与计划工作,也都应该参与计划工作,因为他们必须尝试着对未来的机遇和威胁进行预测。缺乏计划通常会导致犹豫不决、采取错误的行动,或者对

发展方向做出错误的改变,而这些都有可能给组织造成损害,甚至带来灾难性的打击。计划之所以是重要的,主要有以下四个原因:

(1) 计划是促使管理者参与到为组织选择恰当的目标和战略这一决策过程中的一种有效途径。有效的计划能够为每一位管理者提供参与决策制定过程的机会。

(2) 计划能够给予组织关于方向和目的的意识。一个计划阐明了组织希望达到的目标以及为实现这些目标将要采取的战略。如果没有一项正式的计划为组织提供方向感和明确的目标,管理者可能自行其是,从自己的角度出发来理解他们的任务和角色。如此一来,很可能会导致组织追求多个常常相互冲突的目标,管理者之间也不能很好地合作和协同努力。计划明确了组织的哪些目标和战略是重要的,从而指导管理者有序地进行工作,有效地使用各自控制的组织资源。

(3) 计划有助于协调组织不同职能部门和分部的管理者,确保他们是在为同一个目标而努力工作。例如,如果没有一个好的计划,生产部门就可能生产出过量的产品,超出销售部门所能销售的最大数量,从而导致大量产品积压,产生过量的存货。

(4) 计划还可以被用作组织控制和管理其管理人员的一种工具。一个好的计划不仅确定了组织所追求的目标和采用的战略,还明确了将由谁来负责实施所采取的战略以实现组织目标。当管理者知道自己对于实现组织目标负有特定的责任时,他们就会尽自己最大的努力来确保目标的实现。

法约尔指出,有效的计划应该具备四个特征:统一性、连续性、准确性、灵活性。统一性的含义是,每次只实施一个中心指导计划,实现一个组织目标。为达到一个目标而实施一个以上的计划将会造成混乱和无序。连续性是指计划是一个连续的过程,在这个过程中,管理者需要不断地对先前的计划及公司业务职能各个层次上的计划进行更新和修改,以便使这些计划整体上与总体框架一致。准确性指的是在计划过程中,管理者要尽可能地收集和利用他们可能获得的任何信息。当然,管理者必须意识到不确定性和不完全信息的客观存在。计划需要连续和准确,但是法约尔更强调计划过程应该具备足够的灵活性,只有具备灵活性,当环境发生变化时,才能对计划进行部分修改或者彻底更新,管理者不能机械地依赖于某一项固定不变的计划。

第二节 企业的使命和愿景

一、企业使命

企业使命(mission)是德鲁克在 20 世纪 70 年代提出的。德鲁克认为,问"我们的业务是什么?"就等于问"我们的任务是什么?",以此作为使一个企业区别于其他类似企业的经营目标的叙述。使命是企业在较长一段时间内最基本的发展方向,反映了企业高层管理者对企业性质和活动特征的认识。使命陈述(mission statement)是对企业存在理由的宣言,它回答了"我们的企业是什么?"这一关键问题,明确的使命陈述对于有效地梳理战略目标和制定战略具有重要意义。

企业使命陈述了一个组织的核心意图,即它存在的理由。使命也反映了员工加入公司工作的动机。私营企业的使命通常会受股东关切点的强烈影响,但即便如此,使命也应当给出股东财富之外的其他存在理由。现今时代,资本的影响力非常大,它们通常只看是否达成预期数字,但使命陈述不应完全局限于此,它应该描述组织是如何真正服务于公众利益的,以及组织为什么要这样做。这是任何组织所应承担的真正责任。

无论是在工作中还是在生活中,我们都希望能为社会做贡献。生活不只是眼前的收入,更是去追求一份伟大的事业,做一些有意义的事情。组织使命正是反映人们的这一普遍愿望。惠普公司的创始人 Packard 对此深信不疑,他将这作为其管理哲学的基石。他说:"所谓公司,就是一群人聚集在一起组成的一个机构,以共同完成一些大家单独无法完成的事,这群人贡献于社会……做一些有价值的事。"而组织最大的价值,是给我们提供了做一些有意义的事情的良好机遇,让我们能够通过工作获得真正的意义感和满足感。

初创期的公司其实只有一种创意或信念:新企业可以利用某种技术为顾客提供或创造某种价值。这些最初的经营理念就构成了使命和愿景陈述的基础。企业在不断发展壮大的过程中,有可能对公司初创时的经营理念进行修正,但仍保留初期理念的合理内核。

总之,企业使命是要说明企业的根本性质与存在理由,说明企业的宗旨、哲学、信念、原则,根据企业服务对象的性质揭示企业长远发展的前景,为企业战略目标的确定与战略制定提供依据。企业使命是对自身和社会发展所做出的承诺,在社会进步和社会经济发展中应当担当的身份和角色。企业使命不仅回答企业是做什么业务的,更重要的是企业为什么做这个业务,表明企业终极存在的意义和目标。崇高、明确、富有感染力的使命陈述,不仅为企业指明了方向,而且使每一个企业员工都明确了工作的真正意义,激发出内心深处的正能量。柯林斯(Jim Collins)和波拉斯(Porras)建议,为了清楚组织的长期目的,管理者可以先描述性地表述组织做什么,再通过自问"我们为什么做这些"来重复深入探讨组织目的。

使命陈述应当:

(1)简单明了。德鲁克曾经说过,组织所犯的最大错误之一,就是把使命当成"好心的大杂烩"。这句话非常精准地指出了许多组织使命的问题所在。任何一件事情,要做到让所有人都满意是不现实的。你不可能在使命无所不包的同时,还能让大家保持专注。使命必须体现你所要专注的那个领域。

(2)激发改变的欲望:使命应当能在组织里激发起大家的巨大动力,而不是随时满足于现状。使命是永不可达的,它应该持续不断地推动组织前进,激发组织产生积极变化并不断成长。

(3)长期性:组织使命应当能维持很长时间,一旦组织的使命改变,这个组织也就应该发生巨大的调整。使命是组织现在和未来所有决策的基石。

(4)易于理解和沟通:使命陈述应该让所有人都明白。一个令人信服和难忘的使命应当触及人们的内心,是对他们说的,鼓舞他们为组织的目标而奋斗。

二、企业愿景

(一)企业愿景的概念

在决定了一个组织的使命之后,我们还需要一个描述能更具体地定义我们未来将往何处。愿景陈述就是要达成这个目标,它标志着从恒久不变的使命向着更加激烈动荡的战略世界的过渡。愿景陈述给出了这样的文字图像：组织将在未来 5 年、10 年甚至 15 年后成为什么样子。愿景陈述不应是抽象的，它应该尽可能具体地勾勒出期望的状态，为战略提供基础。

企业愿景（vision）是对组织未来的美好期盼。愿景陈述会激励人心，获得员工承诺，并且提高组织绩效。它要问的问题是"我们想要实现什么？"吉姆·柯林斯（Jim Collins）和波拉斯（Porras）建议，为了弄清楚这个问题，管理者应该自问："如果 20 年后坐在这里，我们会希望自己创造或实现什么？"

企业愿景是根据企业使命，在汇集企业每个员工个人心愿的基础上形成的全体员工共同心愿的美好远景。因而，愿景是企业关于未来的共识。愿景能激发出强大的力量，使每个员工都渴望能够归属于一项重要的任务和事业，它是企业战略的重要组成部分。这也将使得员工从单调的日常工作中升华，并将他们带入一个充满机遇与挑战的商业世界。

有效的愿景陈述应该：

（1）量化且有时间约束：一个组织的使命描述了一个组织存在的理由，即它的核心意图。通常这些陈述由鼓舞人心的语句组成，但不包含任何数值形式的愿望以及时间设定。然而，愿景必须包含两者以确保有效可行。愿景是未来的具体体现，它必须为公司指明可见的、将来的具体状态。

（2）简洁：最好的愿景是那种能够迅速抓住你的注意力并一下子吸引你，而不是那种连篇累牍让你感到厌倦的描述。通常越简单的愿景越强大，也越有吸引力。2008 年，可口可乐公司 CEO Kent 就任时，有人问他即将推进的首要任务是什么，他毫不犹豫地回答道："建立一个愿景……一个关于成功的共享图像。我们叫它 2020 愿景，这要求我们在 10 年内实现业务量翻番，这是勇者所为，我认为我们可以做得到"。他的愿景简洁而有力，同时，他的愿景还是量化和有时间限制的。

（3）同使命保持一致：愿景是对使命的进一步展开。愿景是为可预期的未来描绘一幅蓝图，它将促成使命的达成，所以要确保二者是一致的。

（4）可验证：过多的商业术语会让你的愿景描述变得模糊和难以理解。如何让大家知道他们已经成了"世界一流""前沿"或者"质量上乘"？愿景陈述就是要回答这些问题。

（5）可行性：愿景不应该是高管团队的梦想集合，而应该根植于现实。为确保做到这一点，必须对业务、市场、竞争者以及新兴趋势都有清晰的理解。

（6）鼓舞人心：愿景陈述代表的是组织可预期的未来的蓝图，不要错失了激发你的团队为此做出情感承诺的机会。愿景不应该只是给大家提供指导，更应该点燃大家的激情，要鼓舞人心。愿景必须让从董事会到车间的所有人都能理解它。所以要抛弃简单的词汇堆砌，聚焦对业务的深入理解，让愿景陈述对所有相关的人来说都有意义。

（二）企业愿景的作用

（1）帮助员工明确企业的发展方向，避免员工在不了解企业前景的情况下开展工作；

（2）形成战略的依据：使企业各层管理者及员工都来考虑战略性问题，并取得一致；

（3）保证企业战略目标的一致性；

（4）统一的愿景便于企业将目标转化为组织结构，为企业配置资源、分配任务提供纲领；

（5）有助于人力资源管理：通过愿景，企业帮助每个员工辨别他是否合适在本企业工作，凡在本企业工作的每位员工都会坚持这个愿景及价值观；

（6）可以有效地分权：愿景为企业的行动及决策构建了总体框架，使企业能够将一部分工作授权给基层管理者和员工，相信他们一定能把工作做好。

（7）能够把握发展和变革的方向：企业愿景概括了企业未来长远的发展目标和核心价值观，愿景为企业指明方向，是企业的灵魂，是全体员工的精神归宿，是企业力量的源泉。

三、企业使命、愿景与企业战略

（1）愿景通常和使命相伴而生，一个没有使命的愿景只是一厢情愿，它没有能和一个持久的东西联结起来。

（2）愿景和战略有具体的达成时限，但使命应该是永远不可达的。它就像工作中的灯塔，始终照亮前方。使命可以无限逼近，但永远无法到达。可以把使命当成组织的指南针，指南针可以在迷路时帮你找到正确的航线。一个强有力的使命是组织及时应对不确定性的良好向导。

（3）企业使命决定了企业的愿景，而企业愿景又决定了企业战略。先有使命，才有愿景，再有战略。

第三节 企业战略：外部环境分析

一、宏观环境分析

宏观环境是指在社会中影响各个行业的共同因素，一般包括政治法律环境（P）、经济环境（E）、社会文化环境（S）、技术环境（T）和自然环境（E）等。由于自然环境中除人口因素，其他诸如地理、气候、资源因素的变化较小，因此它只对特定的产业和企业有较大影响，一般产业或企业的宏观环境分析主要集中于政治法律环境、经济环境、社会文化环境和技术环境，就是 PEST 分析。公司通常无法直接控制总体环境，因此公司追求的是识别总体环境中，每一种因素的趋势，并预测每一种趋势对公司的影响。

（一）政治法律环境

政治法律环境是指对企业经营活动产生影响的政治力量，包括一个国家或地区的政治制度、体制、政治形势、方针政策以及对企业经营活动加以限制和要求的法律法规。

（1）国际政治法律环境。国际政治环境的变化会给企业带来重大影响。政府和政党体制、政府政策的稳定性、民族主义、政治风险。东道国法律是影响国际市场营销活动最经常、最直接的因素，东道国法律对国际营销的影响主要体现在产品标准、定价限制、分销方式和渠道的法律规定和促销法规限制。比如，2018 年发生的中美贸易争端就对很多企业的发展战略产生了极大影响。

（2）政治体制。政治体制在一定程度上决定了政府干预经济的力度及宏观调控的方式，从而影响企业的经营。

（3）法律法规。法律法规对于规范市场及企业行为有着直接的强制作用。立法在经济上的作用主要表现为维护公平竞争、维护消费者利益、维护社会利益三个方面。例如，反垄断法、消费者权益保护法、劳动保护法、知识产权保护法等。企业在制定战略时，既要注意到现有法律的规定，也要关注那些在酝酿之中的法律。例如，房产税法对于房地产企业的影响就非常巨大。又如，华为、中兴等公司的海外发展就受到相关国家法律法规的极大影响。

（二）经济环境

（1）经济周期。对经济环境的分析，首先要考察目前国家处于何种阶段，是萧条、停滞、复苏还是增长，以及宏观经济变化发展的周期规律。在不同的阶段，企业应采取相应的战略。股市中的某些股价与宏观经济周期是高度相关的，某些行业也与宏观经济周期高度相关，例如零售等。

（2）利率。利率是国家宏观调控的重要手段。一般而言，基准利率受国家中央银行控制。当经济过热、通货膨胀率上升时，国家便适当提高利率，收紧信贷，减少货币供应；当经济萧条时，中央银行便会适当调低利率，增加流动性，扩大货币供给，以刺激经济发展。利率对于企业的投融资具有重大影响，同时利率也对个人住房、消费等产生重大影响，是企业战略决策中不容忽视的因素。

（3）汇率。汇率是一种货币兑换另一种货币的比率。汇率是影响国际贸易的重要因素。比如，美元兑换人民币的汇率就直接影响中美贸易，人民币的升值或贬值会对贸易企业产生极为重要的影响。

（4）人均收入。人均收入在很大程度上决定了居民消费结构。改革开放以后，我国居民人均收入不断提高，因此导致人们在休闲、健康、社交等改善生活质量方面的消费越来越多，从而给旅游、房地产、家用汽车等行业创造了大量的机会。

（5）基础设施。基础设施主要指一国或地区的运输、能源、通信及商业基础设施的可用性及效率。它们在一定程度上决定企业运营的成本和效率。

（三）社会文化环境

社会文化环境是指一个国家或地区的社会组织结构、民族特征、文化传统、宗教信仰、教育水平、风俗习惯等。这些因素不断变化，以各种潜移默化的方式影响企业各个利益相关者，影响这些群体对企业的需求，从而影响企业生存与发展的各个方面。

文化是特定人群所共有的价值观、信仰、规则和制度。文化的主要构成包括社会结构、宗教、行为习惯、价值观和态度、语言和人际沟通等，它们共同构成文化系统，是企业社会文化环境的重要组成部分。文化对企业的生存与发展有着强烈的影响，它影响着消费者的偏好、购买决策和消费方式，也影响着管理者与员工的行为、心理、价值观和性格等。

二、行业分析

（一）行业特征

因为不同行业在基本特征和结构方面有很大差别，所以，行业分析往往要从整体上把握行业中最主要的经济特征。一个行业的主要经济特征被定义为：整体规模和市场增长率、生产能力、技术变化的速度、纵向一体化、产品创新、产品差异化程度、规模经济、学习和经验曲线效应等（见表1-1）。

表 1-1　行业的一般特征

经济特征	要回答的问题
整体规模和市场增长率	• 行业规模大小怎样,增长速度如何? • 细分市场大小怎样,增长速度如何? • 行业所处的生命周期(早期发展阶段、高速增长阶段、早期成熟阶段、成熟阶段、停滞阶段、衰落阶段)反映的行业增长前景如何?
技术变化的速度	• 行业中先进技术发挥着什么作用? • 由于先进的生产处理技术,持续的工具和设备更新是必需的吗? • 大部分的行业成员具有或者需要很强的技术能力吗?
产品创新	• 该行业是否具有较快的产品创新和较短的产品生命周期? • 研发和创新有多重要?
规模经济	• 在购买、生产、广告、运输和其他活动中,行业具有规模经济特征码? • 大规模经营的企业比小规模经营的企业具有很大的成本优势吗?
学习和经验曲线效应	• 行业的某些活动具有较强的学习和经验曲线效应的特征,以至于企业会随着经验的增长而降低成本吗? • 厂商会因为它们在某一特定活动中具有经验而有很明显的成本优势吗?

（二）行业变化常见的驱动因素

（1）行业需求的变化。长期需求的攀升对于现有厂商而言是一个扩大企业扩张的机会,与此同时,长期需求的攀升可能会吸引新进入者,从而在现有厂商和新进入厂商之间展开竞争。而不断萎缩的市场必然伴随着激烈的竞争,因为市场需求量的下降意味着一些厂商为了维持销售量,不得不抢占竞争对手的市场份额,甚至引发兼并、收购,最终市场将只剩下竞争力较强的少数几个厂商。

（2）产品购买者及使用方式的变化。购买者及使用方式的变化可能会引起产品线配置、销售渠道、促销方式、客户服务方式的重大改变,甚至孕育新的商业模式。

（3）技术变革、生产过程的革新以及技术标准的变化。技术变革会改变一个行业的结构,使得供应商有可能以更低的生产成本生产新产品或质量更优的产品,并且开辟全新的行业前沿领域。技术标准的变化会急剧影响行业格局,加速产业的更新换代,如无线通信领域的3G、4G、5G标准等。

（4）行业政策的变化。即使在市场经济比较成熟的国家,政府的政策也广泛影响着行业的发展与企业经营行为,如反托拉斯法、最低工资限制、社会福利、劳动保护、进出口限制等。当然,政府的政策也可能会对某些行业或某些企业提供支持,如政府补贴、出口退税、政府购买等。因此,处于重点行业的企业增长机会就相对较多,发展空间会更大;而那些处于非重点发展行业的企业,发展速度就会较慢,甚至停滞不前。就税收政策而言,政府的税收政策将影响企业的财务结构和投资决策。一般的资本持有者总是愿意把资金投向那些具有较高需求且税率较低的产业部门。

（5）营销创新与新商业模式的出现。如果竞争厂商能够成功引入新的产品销售方式或者创造新的商业模式,那么它们就可以激发购买者的兴趣、扩大行业需求、产生新的细分市场。今天,尤其是互联网与营销的结合导致了一批新的商业模式的产生。

(6) 大厂商的进入。大厂商对某一行业的进入,通常情况下由于巨大的投入,都会强有力地改变该行业的竞争格局,甚至迫使现有厂商由积极进取的转变为跟随者或防御战略者。

(7) 技术诀窍在更多的公司和国家中扩散。由于专利制度的年限及其他因素,几乎没有一家企业能永久维护某一个或几个技术诀窍,技术诀窍在更多公司或国家的扩散是一个必然趋势。随着技术诀窍的扩散,将会有更多的公司具备和领先公司竞争的能力,这提示领先公司必须不断钻研,才能保持领先地位。

(8) 行业的日益全球化。由于全球经济一体化进程,厂商希望在某一地区甚至某一国家维持竞争地位已逐渐成为一种幻想。企业自此就要面对国际性的竞争压力。个人电脑、汽车、石油等产业已经完全是全球化竞争,随着贸易壁垒的降低,越来越多的产业将面对全球化的竞争压力。

许多不同的潜在驱动因素说明了为什么仅从生命周期模型角度来考察一个行业是太简单化了,也说明了充分理解出现新竞争环境的原因是行业分析的一项基本工作。不过,尽管在某一行业中,许多变革因素在发挥作用,但是真正能算得上驱动因素的却不过3—4种。因为驱动因素是行业变革的原因和变革方式的主要决定因素。因此,战略分析家必须注意,不能将所有他们认为是导致变化的因素都视为驱动因素。分析工作就是仔细评价行业中的各种力量和竞争变革,从而将主要因素与次要因素区分开来。

(三) 五力分析

不同行业中竞争力的特征、组合是大不相同的,在诊断一个市场中主要的竞争力和评估每个竞争力的优势及其重要性方面,最具权威且广为应用的是五种竞争力量模型。根据这个模型,行业的竞争状态是五种竞争力量综合作用的结果:①行业中现有竞争厂商之间角逐产生的竞争压力;②新进入者带来的压力;③其他行业中那些试图通过自己所提出的替代产品争取顾客的公司带来的压力;④供应商的议价能力导致的竞争压力;⑤买方的议价能力导致的竞争压力。

第四节 企业战略:资源、能力与价值链分析

一、企业的资源

企业的资源是指企业在向社会提供产品或服务的过程中所拥有的或控制的、能够实现企业战略目标的各种要素的集合。从财务角度来讲,资源是那些可供企业利用并且在使用过程中创造出比自身使用成本更高价值的要素。公司的资源清单不仅包括公司资产负债表上的"资产",还包括大量未被估值的无形资源以及人力资源,且并非资产负债表上的所有项目都对企业具有重要的战略价值,企业资源基础观关注的是具有潜在战略意义的资源。

1. 有形资源

有形资源是最容易识别和评估的:财务资源和实物资产的识别和评估记录在公司的

财务报表中。但是,基于资产负债表的资产评估与基于战略决策的资源评估有很大差别:前者可能在很大程度上歪曲该资源在战略上的价值。因此,资源分析的首要目标不是评估公司的资产,而是理解资源在制造竞争优势方面的潜力。

2. 无形资源

对于大多数公司而言,无形资源比有形资源更有价值,尤其对于互联网时代的轻资产公司而言。但是,在公司财务报表中,大部分无形资源在很大程度上是不可见的。有研究表明,排除和低估无形资源的价值是资产负债表价值和股票市场价值之间巨大的差异的主要原因。按性质不同,企业的无形资源可以分为五种类型:市场资源、知识产权资源、人力资源、基础结构资源及企业的组织能力。

(1) 市场资源。企业的市场资源是企业所拥有或控制的、同市场息息相关的资源要素,它来自企业同市场及顾客建立的有力关系。主要包括企业的各种品牌、企业的客户关系及客户对企业产品或服务的忠诚度、企业既有的销售渠道、各种经营许可权及其他各种能够为企业带来竞争优势的合同关系。

(2) 知识产权资源。企业的知识产权资源主要包括企业的专利、版权、商标、专有技术及各种设计专有权。

(3) 人力资源。公司的人力资源由雇员的专长和努力组成,人力资源通常不会体现在资产负债表上。公司的人力资源不仅包括单个员工的知识、技能及价值,还包括组织合作的能力等方面。

(4) 基础结构资源。企业的基础结构资源主要指企业管理哲学、企业文化、企业内部的基础管理制度及企业同外界所形成的各种协议和制度安排。

(5) 企业的组织能力。

由于无形资源更加不可见,而且更难以被竞争对手了解、购买、模仿或替代,企业就更愿意将无形资源而不是有形资源作为开发企业能力和核心竞争力的基础。实际上,一种资源的无形程度越高,在此基础上建立的竞争优势就越具有持续性。因此,与有形资源相比,无形资源是一种更高级、更有效的核心竞争力来源。在全球经济中,相对于实物资产来说,企业的成功更多地取决于先进的知识和出色的系统能力。

二、企业的能力

单独的一项资源本身并不具有非常高的生产价值。为了完成一项任务,各种资源必须共同作用。企业能力是指运用、转换与整合资源的能力,是资产、人员和组织投入产出过程的复杂结合,表现在整合一组资源以完成任务或者从事经营活动的有效性和效率。企业是一个能力体系或能力的集合,能力决定了企业的规模和边界。组织能力是"公司利用各种资源来获得期望的结果的能力"。

(一) 能力的划分

为了识别公司的能力,我们通常可以通过两种方法来划分公司的各种能力,即功能分析法和价值链分析法。功能分析法识别出与公司的每个主要领域相关的组织能力,以及与每个职能相关的组织能力。

(1) 生产能力。生产能力是指企业在一定时期和一定的生产技术组织条件下,经过综合平衡后能够产出一定种类的产品或提供服务的最大数量,或者是加工处理一定原材料的最大数量,是反映企业产出可能性的重要指标。

(2) 技术研发能力。技术研发是指为了实质性改进技术、产品和服务,将科研成果转化为质量可靠、成本可行、具有创新性的产品、材料、装置、工艺和服务的系统性活动。

(3) 营销能力。一个企业的市场营销活动一般包括市场调研、目标市场选择和开拓、市场营销组合策略的制定和实施、销售服务四项内容。随着消费者需求的个性化与多样化及市场竞争的日益激烈,营销能力已成为企业持续竞争优势的重要来源。

(4) 财务能力。企业财务能力主要由财务活动能力、财务关系能力、财务表现能力、财务管理能力构成。财务活动能力主要包括筹资能力、投资能力、资金运用能力和分配能力。财务关系能力是指企业平衡股东、债权人、政府、内部员工、社会、供应商、销售商等利益相关者之间财务关系的能力。财务表现能力是指通过财务会计报表所体现出来的财务发展能力,主要包括盈利能力、偿债能力、营运能力、成长能力和社会认可能力。

(5) 组织能力。组织能力是指企业开展组织工作的能力,是企业在与竞争对手投入相同或相似的情况下,能否以更高的效率或质量将各种投入要素转化为产品或服务的能力,组织能力包括企业所拥有的一组反映效率和效果的能力,这些能力可以体现在企业的组织结构、业务流程、制度方法及企业文化等一系列组织活动中。精心培养的组织能力可以成为企业竞争优势的重要来源。

(二) 核心能力

1. 什么是核心能力

核心能力(core competence)就是对形成组织竞争优势发挥关键作用的活动或流程。核心能力帮助组织创造并保持优于竞争对手的、能够更好地满足特定客户群对成功关键因素要求的能力,而且该能力很难被模仿。为了取得这样的核心能力,必须满足以下标准:

(1) 核心能力必须与可以实质性地增加产品或服务的价值的流程或活动有关,而且该价值是客户(或其他利益相关方)认可的价值。

(2) 核心能力必须导致组织活动或流程的业绩表现要优于竞争对手,标杆比较法有助于理解业绩标准以及业绩优劣的含义。

(3) 核心能力必须是持续性的,即竞争对手较难模仿。我们已经看到在急剧变化的世界中,通过某些特殊的方式如新的营销战役获得的竞争优势都不太可能具有持续性,优势只是暂时的。所以核心能力并不是关于如何取得某些具体改善,而是关于可以促进持续变革和改善发生的全部流程。如果组织能力蕴藏在组织的各个方面,甚至连管理者都很难充分揭示成功的具体原因,那么该组织的核心能力就具有更强的持续性。

2. 核心能力存在于何处

管理者经常发现很难明确说出自己组织的核心能力,这可能是由于以下几个方面原因:

(1) 他们可能发现一些实际上属于成功关键因素的内容如优质服务或者可靠的交

货,但是核心能力是满足这些关键成功因素的各项支持性工作,而不是关键成功因素本身。

(2)他们很容易泛泛地看待问题。核心能力也许深藏在组织工作的日常惯例的操作层面而不易被发觉。

(3)这些核心能力也许隐藏得很深,甚至连管理者自己都不能充分理解,事实上,为了使核心能力难以模仿,这有可能是一个很重要的特点。

多数客户认定的成功关键因素主要是品牌声誉、优质服务、交货、产品种类和创新能力。对于供应商而言,一般认为,良好的配送和物流系统非常重要:它们确实都是为客户提供服务的重要资源和能力,但是竞争对手也可以配备同样的资源和能力。事实上,供应商提供的优质服务中的灵活性和快速反应能力,甚至包括找到零售商可能遇到的问题的解决方法,如订单错误或定量过多,这些才是组织优于竞争对手的真正原因。其他操作层面的细节可能还包括:规则变通,例如在一些严格意义上讲违背公司政策和体制的情况下,接受主要零售客户的退货;利用组织淡季来创造生产线上不同产品生产切换的灵活性;习惯和事实,而不是公司书面形式的政策,即蕴藏在组织文化中的组织知识。

总之,是以上各项活动的综合创造了竞争优势而不是单独的一项或两项因素。而且,这些因素中有很多蕴藏在组织各级操作层面中,竞争对手不易发现。事实上该组织的管理者自己都不大清楚。

三、企业内部价值链分析

组织能力能够从两方面增加客户价值:一方面是每项活动单独的能力,如生产和营销;另一方面是将不同的经营活动联系在一起的能力,包括保证组织所有的各项单独活动(包括组织内部和外部的)都在帮助交付相同的客户价值,而不是各行其是。例如,一家组织拥有能够生产特殊工程规格的产品的能力,这让竞争对手很难模仿,但是如果该组织不能够保证原材料的质量或者其分销商不能够小心地搬运和存放产成品的话,这家组织也不能从其制造工艺中获取真正的竞争优势,正是所有这些活动的综合效果创造或者破坏了预期的价值,同时也产生了成本。

价值链(value chain)的概念有助于我们理解价值是如何创造的。如表1-2所示,价值链是指组织内部和外部一系列创造产品和服务的活动,正是这些创造价值的活动的成本和他们所产出的价值决定了组织是否开发出了最具价值的产品或服务,因此产品或服务的竞争力是由价值链支撑的。

大部分商品和服务都是经过一系列的垂直业务活动生产出来的:获取原材料、制造中间产品、制造成品、营销和销售、售后服务等。在产品价值链的每一个阶段都伴随着相关的金融、实物及组织资本。

有两种通用价值链模型。第一种通用价值链模型由麦肯锡管理咨询公司提出。这一相对简单的模型假设创造价值的过程包含六种不同的活动:技术开发、产品设计、制造、营销、分销及服务。企业可以在这六个方面的任何环节形成独特的能力,也可以将几个方面结合形成独特的能力。

第二种通用的模型由波特提出,波特将价值创造活动分为两大类:基本活动——指那些与产品或服务的创造或交付直接相关的活动;支持活动——帮助提高基本活动的效果或效率。

表 1-2 企业价值链

基本活动	支持活动
• 输入物流——指与产品或服务的各项输入生产要素相关的接收、存储和配送等活动,包括材料处理、存货控制和运输等 • 运营——就是将这些不同的生产要素转换为最终的产品或服务,包括加工、包装、装配和检测等 • 输出物流——指的是收集、存储和配送产品给客户。对于有形产品来说,包括仓储、材料处理和运输等 • 营销和销售——是指一种使顾客意识到产品或服务的存在,并可以购买产品或服务的方法,这包括销售管理、广告和促销活动等 • 服务——包括所有增加或者保持产品或服务价值的经营活动,如安装、修理、培训和零配件服务等	• 采购——是指获取各种基本活动所需的输入资源的过程 • 技术开发——一切创造价值的活动都有技术,即使有时只是"技术诀窍"。技术开发可能直接与产品相关(如产品设计),或者与流程相关(如流程开发)或者与某种特别的资源相关(如原材料改进)。技术开发对于组织的创新能力至关重要 • 人力资源管理——是一个非常重要的领域,其重要性甚至超过所有的基本活动,包括招聘、管理、培训、能力开发和激励措施等 • 基础设施——包括计划、财务、质量控制、信息管理等对组织基本活动的业绩表现发挥重要作用的体系。基础设施还包括构成组织文化的组织结构和常规

在表 1-2 中,值得注意的是某些支持活动的重要性并不低于基本活动,例如人力资源或技术研发。而且,很多辅助性活动是形成竞争优势的主要来源。

把企业的运营过程分解为基本活动和支持活动,还可以使我们清楚地看到企业的成本构成。价值链中每一项活动都需要一定的成本,都与公司的一部分资产相关;将公司的经营成本和资产在价值链的每一项活动中进行分配,就可以估算出每一项活动的成本。企业价值链上所有活动的成本构成了企业的内部成本结构。每一项活动的成本都决定了企业整体成本的竞争力。价值链分析和标杆比较的目的就是通过比较企业与竞争对手的某些活动成本,从而发现企业在哪些方面具有成本优势或劣势。一个公司的相对成本地位是公司经营其业务时所开展的各项活动的总成本与竞争对手所开展的各项活动的总成本的相对值的函数。

第五节 企业战略:SWOT 分析

SWOT 是由四个英文单词的首字母缩写而成的,它们分别是企业内部优势(strongs)、劣势(weaknesses)、企业面临的环境机遇(opportunities)及威胁(threats)。其中企业面临的机遇与威胁是基于对企业外部环境的分析,企业的内部优势和劣势是基于对企业内部环境的分析。SWOT 分析是对企业内外部环境进行分析的一种工具,它并不能替代企业内部资源、能力、价值链的全面分析,以及对企业外部宏观环境、行业特征、竞争者、供应商、购买者、潜在竞争者及竞争动态的全面分析。

一、识别企业的竞争优势

竞争优势是指公司所拥有的能够提高业务竞争力的东西,公司所拥有的资源优势可能表现为以下几种形式:

(1) 一项技能或重要的专业知识。例如,先进的电子商务专业知识、技术诀窍、改善生产流程的技术、一套无缺陷制造跟踪记录方法等。

(2) 宝贵的有形资产是指一流的生产工厂和设备、遍布全球的分销设施、对有价值的自然资源储备的所有权。

(3) 宝贵的人力资产是指经验丰富、能力强的劳动力、关键领域里才有的职员、一流的知识和智力资本,或者深深植根于组织之中经过长时间建立起来的学习能力和管理诀窍。

(4) 宝贵的无形资产是指著名的品牌、作为技术先导的声誉、高度的顾客忠诚度和友好关系。

(5) 竞争能力是指产品创新能力、新产品推向市场和较短的开发周期、强大的特许经销商网络、与关键供应商之间建立的强大的伙伴关系、对变化的市场环境和新机会做出反应的高度的组织灵活性、一流的可以通过互联网开展商务活动的系统。

(6) 某种能够使公司拥有有利的市场地位的成就或属性。例如,很低的总体成本、市场份额占据领导地位、逐月的产品、宽泛的产品线、广阔的地理覆盖、强有力的品牌影响力、优秀的电子商务能力、超群的客户服务。

(7) 联盟或合作企业。与供应商形成有效的伙伴关系可以降低成本并且/或者提高产品质量和绩效;联盟或合资企业能够有助于获得有价值的技术、竞争能力或区域市场。

二、识别企业的竞争劣势

竞争劣势是指某种公司缺少的东西或做得不好的事情,或者指某种会使公司处于劣势的条件。一家公司的劣势可能与以下因素有关:①缺乏有重要竞争意义的技能、专业知识或某种智力资本;②缺乏有重要竞争意义的有形资产、组织资产或无形资产;③在关键领域里缺乏某种竞争能力或竞争能力很弱。某种劣势究竟是否会使一家公司在竞争中遭受伤害,取决于这项劣势在市场上的重要程度及其是否会被公司所拥有的优势所抵消或减弱。表1-3列出了公司常见的优势/能力。

表1-3 公司(业务)常见的优势和劣势

常见的资源/能力优势	潜在的资源/能力劣势
• 产品差异化	• 没有明确的战略方向
• 与产业关键成功因素相匹配的能力	• 没有与产业关键成功因素相匹配的资源/能力
• 良好的财务状况	
• 好的品牌形象和公司声誉	• 较多负债
• 庞大的顾客群	• 较高的单位成本
• 规模经济以及比竞争对手更好的学习和经验曲线	• 较差的产品创新能力

(续表)

常见的资源/能力优势	潜在的资源/能力劣势
• 技术诀窍/重要专利 • 成本优势 • 强有力的广告和促销 • 产品创新能力 • 改进制造过程的能力 • 出色的供应链管理 • 优秀的售后服务 • 较高的产品质量 • 通过和其他企业联盟获取重要的技术和市场	• 没有特色的产品 • 较差的产品质量 • 较窄的产品线 • 较差的营销、促销 • 较差的品牌形象和声誉 • 较差的产品研发能力 • 无效的战略联盟 • 未被充分利用的生产能力

三、识别企业所面临的机会

SWOT分析还要求认识企业所处的环境,并且基于这些认识使公司战略更好地匹配其资源优势和市场机会,减少劣势从而战胜外部威胁。反过来说,如果公司不首先确认公司面临的每一个机会,评价每一个机会可能带来的成长和利润前景,那么就不可能制定出与公司所处形势相匹配的战略。公司所面临的机会往往取决于其所处行业的主要环境,有时可能遍地都是,有时可能极为罕见;有时可能是很有吸引力的机会,有时也可能被很多公司忽视。

在评价公司所面临的市场机会并比较其各自的重要性时,公司管理者必须防止将每一个行业机会都看作公司机会。并不是行业中每一个公司都有足够的必要的资源来追逐行业中存在的每一个机会——有些公司可能比其他公司拥有更多的资源追求某些机会,而有些公司在追求某些机会时可能会被无情地淘汰。战略管理者必须密切关注的一点是精心设计,使公司所拥有的资源基础与公司在追求某种有吸引力的成长机会过程中所处的位置相适合。

那些有望为公司获取大量利润和提供成长之路的机会最为重要。有了这些机会,公司获得竞争优势的潜力最大,它们能够与公司的财务和组织资源能力很好地匹配起来。

四、识别企业未来盈利能力的威胁

一般来说,公司所处的外部环境中总存在某些可能危及公司的盈利能力和竞争地位的威胁。这些威胁来自:出现更便宜或更好的技术,竞争对手推出了新产品或更好的产品,成本更低的外资厂商进入了市场,一些新的管制条例给公司带来的负担比同行业其他公司更重,利率上升的冲击,等等。

外部威胁所产生的负面效应可能不大;也可能相当严重,会使公司所处的形势和发展前景变得非常脆弱。公司管理层的任务是,确认危及公司未来利益的威胁,并做出评价,看看采取什么样的战略行动可以抵消或减轻这些威胁所产生的影响(见表1-4)。

表 1-4　企业所面临的常见市场机会和外部威胁

潜在的市场机会	潜在的外部威胁
• 从竞争对手中夺取市场份额的机会 • 产品需求的激增 • 服务于其他的顾客群或市场 • 扩展市场的地理范围 • 扩展产品线以满足顾客更广泛的需求 • 利用已有技术或专业知识增加生产线或进入新的行业 • 在线销售 • 前向或后向整合 • 进入国外市场的机会 • 利用专业技术或潜力收购竞争对手 • 通过战略联盟或合资来扩大市场覆盖率，提高竞争能力 • 利用新技术的机会	• 该产业中激烈的竞争导致了利润率的下降 • 市场增长放缓 • 新竞争对手进入的可能性 • 替代品的出现 • 顾客和供应商的议价能力提高 • 消费者需求或口味的改变 • 人口分布的改变导致需求的减少 • 脆弱的产业驱动力 • 外国政府严格的贸易管制 • 新条例的出现

第六节　基本战略

公司在选择竞争战略时，可以选择很多变量，这主要是因为每个公司的战略方法都会使其以客户为导向的活动与它们自己及整个产业的环境相匹配。不同的公司管理者经常在未来的市场环境以及如何使公司战略与环境匹配方面存在一些不同的观点，而且，他们在策略上战胜对手以及哪些战略选择更适合他们的公司这些问题方面，也会有不同观点。但是，如果从各个战略的具体细节中再进一步考察，我们就会发现，各个竞争战略之间最大、最重要的区别可以简单地归结为：①公司的目标市场；②公司追求的竞争优势是与低成本相关还是与产品差别化相关。由此形成五种基本战略：

（1）低成本战略：以很低的总成本提供产品或服务，从而吸引广泛的顾客。

（2）差别化战略：寻求针对竞争对手的产品差别化，从而吸引广泛的顾客。

（3）基于差别化的聚焦战略：以某个狭窄范围的购买者群体为焦点，通过为这个小市场上的购买者提供能够比竞争对手更能满足购买者需求的定制产品或服务来战胜竞争对手。

（4）基于低成本的聚焦战略：以某个狭窄范围内的购买者群体为焦点，通过为这个小市场上的购买者提供比竞争对手更低成本的产品或服务来战胜竞争对手。

（5）混合战略（最优成本供应商战略）：通过以比竞争对手更低的成本提供优良的产品的方式，使顾客在支付同样价格的同时获得更多的价值，其目的在于使产品相对竞争对手拥有最优的成本和价格。

（一）低成本战略

如果一个业务单位希望通过低价战略获得竞争优势，那么它在获得可持续性优势方面面临两个基本选择:一种是识别并专注于竞争对手认为没有吸引力的细分市场。这一细分市场的主要特征就是,该细分市场的顾客无力购买或不愿意购买质量更好的产品,他们所需要的就是以尽量低的价格提供必需的产品价值或服务。比如,英国利润最可观的服装零售商 Matalan 就采取这种战略,欧洲百货零售连锁店 Aldi 和 Netto 也采用这种战略,它们的商店陈设简单,商品种类相对有限且没有多少特殊性或奢侈的商品,但是所卖商品的价格都很低。另一种更具挑战性的情况是,竞争主要围绕价格展开,在这种情况下降价可以取得战术上的优势,但竞争对手也可能随之降价,使全行业面临利润下降的危险,而降价组织自身也失去了再投资开发长期产品或服务的能力。显然低价战略必须要有低成本基础作为保障,但是如果竞争对手也能够实现相同的低成本,那么低成本就不具有优势了,它需要具有一个竞争对手比不了的低成本基础。因此主要的挑战是如何以一种竞争对手无法匹敌的方式降低成本,从而使低价战略能够提供可持续的优势,事实证明这一点很难实现。

(二) 差别化战略

如果购买者的偏好多样化(事实上,石油、建筑材料、标准件、基本生活用品之外的行业,绝大多数产业的购买者倾向于多样化),以至于标准化或准标准化(指虽没有相应的行业产品标准,但事实上产品之间的差别很小或消费者感知到的产品差别很小)的产品难以完全满足,那么差别化战略就成了一个很有吸引力的竞争策略。要成功实施差别化战略,公司就必须认真地研究购买者的需求和行为,以了解购买者看重的是什么、认为什么是有价值的以及他们愿意支付多高的价格。其中,公司提供的这些属性要与竞争对手提供的属性有着明显的、易于分辨的差别。购买者对差别化的喜好程度越高,这些顾客与公司的联系就越紧密,公司所获得的竞争优势也就越明显。

此外,在快速变化的世界中,竞争优势越来越偏重于服务,而不是产品本身。因此,越来越多的业务流程(如向潜在客户提供信息的过程、订单处理过程、计费和售后服务过程)都可能形成与竞争对手的差异。因此,在产品越来越趋于标准化的市场,仍然存在着服务差别化的战略。这意味着制造型组织可以把自己看作交付产品的服务型组织,而不是以服务支持产品的生产型组织。

成功的差别化可以使公司:提高定价;提高销量(因为差别化的特色可以赢得额外的消费者);获得购买者对其品牌的忠诚(因为有些顾客会被产品或服务的差别化特色强烈吸引,从而强化其与公司及公司产品的联系)。

只要产品所获得的额外价格超过为了获得差别化而花费的成本,那么产品的差别化就可以提高盈利能力。如果购买者对公司品牌独特性所赋予的价值期望并没有高到不去购买竞争对手的产品这一程度,或者一家公司的差别化方式易于被竞争对手模仿或复制,那么公司的差别化战略就只具有暂时性,公司仍需寻求可持续的差别化战略。

(三) 聚焦战略

聚焦战略与低成本战略和差别化战略的不同之处在于,它将注意力集中于整体市场的一个狭窄部分。这一个狭窄的部分与市场营销理论中的"细分市场"有很多相似之处,细分市场可以基于很多因素,例如地理区域、性别、收入、年龄、职业、教育、社会阶层、心理统计特征意义上的生活方式、行为场合、利益诉求、使用频率、忠诚度等。这一狭窄的部分也可以从业务或产品的属性来进行界定,具体表现为业务的分割。

聚焦战略本质是细分市场战略,又可以根据产品或服务的低价或差别化维度,区分为两种类型:基于低价的聚焦战略、基于差别化的聚焦战略。

（四）混合战略

混合战略又称为最优成本供应商战略,是在追求低成本优势和差异化优势两者之间以及追求广大的市场整体和某一细分市场两者之间进行权衡。最优成本供应商战略是一种混合战略,是对把重点放在低成本上还是放在差异化上的一种平衡。最优成本供应商的竞争优势就是以比竞争对手更低的成本使产品具有特色,从而使公司的产品定价能够比竞争对手的产品的定价更低。波特曾将混合战略称为"夹在中间"战略,意为取低价与差异化的折中,并表示"夹在中间"战略可能面临极大风险:市场份额低、缺少资本投资和打低成本牌,也不具备追求低成本地位而需要的全产业范围内的差异化,更没有在比较有限的范围内建立起产品差异化或低成本优势的集中差异化。

但事实上,极端的低价战略或差异化战略在现实中都很少见。大多数企业的战略都是偏向低价或者偏向差异化,因而,混合战略是极为有用的。但在战略实践中必须掌握"价格与价值"的平衡,否则就会成为一种"失败的折中"。

在某些市场条件下,最优成本供应商战略相当具有吸引力。如果购买者的多样性使得产品差异化成为一种常见现象,以及在许多购买者同时对价格和价值都很敏感的市场条件下,最优成本供应商战略可能会比单纯的低成本供应商战略和单纯的差异化战略更有优势。这是因为,最优成本供应商战略可以将公司定位于中档市场、中档的质量和平均水平以下的价格,或者很好的产品和中档的价格。在大多数情况下,大多数购买者更喜欢购买中档价位的产品而不是低成本生产商的基本产品或者差别化生产商的昂贵产品。但是,除非公司拥有必要的资源、技巧和能力,能够以比竞争对手更低的成本使产品具有某些突出的特点,否则这一战略很难奏效。

混合战略也可以与某一细分市场相结合,换言之,对于某一细分市场而言,仍然存在混合战略——并非像通常理解的那样,细分市场只能是与差异化相结合。例如雷克萨斯所针对的一般是高端细分市场,但是雷克萨斯在这一细分市场的战略是推出比宝马等品牌价格稍低但质量相似的产品。基于以上分析,本书将混合战略与细分市场结合的两种情形称为广域的混合战略与集中化的混合战略。

第七节　目标管理和目标与关键成果法

一、目标管理的概念和优点

德鲁克最早提出了"目标管理（management by objectives，MBO）"的理论。德鲁克指出:

> 从"大老板"到工厂领班或高级职员,每位管理者都需要有明确的目标,这些目标应当指出其所管辖单位应该达成的绩效,说明他和他的单位应该做出哪些贡献,才能帮助其他单位达成他们的目标。与此同时,目标还应指出管理者期望

其他单位做出哪些贡献,以帮助他实现他自己的目标……而这些目标应当总是源于企业的整体目标。

德鲁克持续不断地倡导,目标既应关注短期,也应关注长期。因此,目标既应包含有形的经营目标,也应包含像组织发展、员工绩效、劳动态度及社会责任等无形的目标。

孔茨等根据德鲁克的思想,将目标管理定义为:一种全面的管理系统,这个系统将许多关键的活动连接在一起,使组织和个人目标得以高效率地完成。孔茨等特别指出,尽管还是有人将目标管理定义在一个非常狭窄、有限的范围内,我们还是倾向于将其视为一个目标导向、成功导向的管理系统。这是因为目标管理除了激励员工、在战略计划中起到绩效评估的作用,其他管理分系统也可以纳入目标管理过程中。这些分系统包括人力资源计划和开发(员工及个人和组织发展)、职业生涯计划(发挥个人的长处、克服短处)、奖励系统(绩效奖励)、预算(计划和控制)及其他方面的管理活动。

大量的实例表明,清晰的目标首要的优点是其激励作用(在本书的激励一章还会继续谈到这一观点),其他方面的优点有:通过以结果为导向的计划改进管理;分清组织任务和结构,根据人们承担工作任务的预期结果授权;鼓励员工致力于各自目标和组织目标的完成;建立优秀的控制机制,衡量结果,并采取纠正偏差的行动。

二、对目标管理的批评

尽管目标管理系统有很多优点,但它也存在若干缺陷。孔茨等认为,这些缺陷大多数是运用目标管理概念不当引起的。其中之一是对目标管理的理念阐明不够。管理人员必须向下属人员解释目标管理是什么,它如何发挥作用,为什么要实行目标管理,在评估绩效时起什么作用以及最重要的是参与目标管理的人能够得到什么好处。这个理念是建立在自我控制和自我指导概念基础上的。

另外经常出现的一个问题是对目标制定者指导不够。管理人员必须知道公司的目标是什么以及他们自己的活动如何适应这些目标。管理人员也需要知道计划的前提条件和了解公司的主要政策。还有,在留有适当余地的情况下制定可考核的目标是困难的。最后,强调短期目标会对组织的长远利益造成损害,同时缺乏灵活性,会使管理人员在环境所迫必须改变现有目标时犹豫不决。

目标与关键成果法(objectives and key results, OKR)的积极倡导者 Niven 也认为,由于德鲁克在管理界颇具知名度,他的这些观点对美国企业的董事会高管们具有很强的影响力,于是这些高管们竞相在自己企业内创建管理者收购(management buy-outs, MBO)体系。很不幸的是,就像其他大多数管理变革或组织变革一样,这些 MBO 实现形式五花八门,很多都偏离了德鲁克当初模型的初衷。他们把原本应高度参与的活动做成了一个自上而下的官僚运动,高级管理者把他们的目标从公司层面向下推行,而不管这些目标应当如何才能被有效执行。还有很多公司错误地把这个过程看作一个静态的过程,通常以年度为单位在公司开展目标制定。这在 50 年前是行得通的,它同当时的市场和外部环境很匹配,但 50 年过去了,现在的企业所面临的外部市场环境发生了天翻地覆的变化,企业必须对市场和外部环境的变化做出快速反应。

三、作为目标管理升级版本的 OKR 的提出

根据 Niven 的描述,当代科技的巨头 Intel 和 Google 对 MBO 推崇有加,并对它做了一定程度的修改,形成了 OKR 体系,其中"O"仍然代表"objects",KR 代表"key results"即"关键结果",它被附加到"目标"中成为"OKR"框架中极为重要的部分。Intel 的董事长格鲁夫对德鲁克模型的调整和强调主要表现在:

(1) 他建议以更频繁的节奏去设定 OKR,推荐季度甚至月度。这一方面是为了快速响应外部变化,同时也是想把快速反馈的文化带到组织内部。

(2) 另外一个确保 Intel 成功应用 OKR 的原因,是它兼顾了自上而下和自下而上两种方式。事实上,德鲁克在他的模型中描述了这种机制,只是很多组织由于固有的官僚层级思维,抛弃或没有重视这一点。格鲁夫认为,员工主动参与可以培育出良好的自我管理能力并提升动机水平。

(3) 格鲁夫强调在 OKR 中强调目标挑战性的重要性。他认为,当每个人都去努力超越自己的现有水平时,结果一定不同凡响。

四、OKR 的定义

本书采用如下 OKR 的定义:OKR 是一套严密的思考框架和持续的纪律要求,旨在确保员工紧密协作,把精力聚焦在能促进组织成长、可衡量的贡献上。根据 Niven 的描述,该定义的要点为:

(1) 严密的思考框架。OKR 虽然意味着绩效,但并不只是简单地每个季度跟踪一下财务报表,它意味着对数字背后企业面临的问题和突破口的深入思考。正如德鲁克所说,"最严重的错误,并非由错误的答案造成。真正危险的事,是问了错的问题"。

(2) 持续的纪律要求。OKR 代表一种时间和精力上的承诺,要防止将目标设定之后就束之高阁。具体来说,OKR 要求:以季度(或其他预先规定的周期)为单位刷新 OKR;仔细确认结果达成情况;如有必要,持续修正现行战略和商业模式;结果导向。

(3) 确保员工紧密协作。OKR 必须被设计用于最大化协作和促进整个组织对齐一致,这可以通过 OKR 本身所固有的透明性来做到。由于 OKR 对每一个人都充分共享,组织内从上至下都可以看到 OKR 及其达成情况。

(4) 精力聚焦。OKR 不是也不应被看作一张待完成的任务清单。OKR 的主要目的适用于识别最关键的业务目标,并通过量化的关键结果去衡量目标达成情况。换言之,OKR 要求必须做出取舍,决定哪些内容才是企业最终的关注点。

(5) 做出可衡量的贡献。KR 通常是定量的,任何时候(如有可能)我们都应该尽量避免主观描述 KR,KR 要能精确指出它的达成对业务究竟有多大的促进作用。

(6) 促进组织成长。判断 OKR 成功与否的最终标准是结果。

五、OKR 的构成

(一) 目标

目标是驱动组织朝期望方向前进的一种简洁描述。它主要回答的问题是"我们想做

什么?"一个好的目标应当是有时限要求的、鼓舞人心的、能激发团队达成共鸣的。

好的目标一方面要尽可能地将员工的想象力发挥到极致,但也该有一个度。如果目标过于挑战,会产生一定的副作用,包括对企业文化的侵蚀、动机衰退以及有时大家铤而走险或者实施一些不道德的行为。

（二）关键结果

关键结果是一种定量描述,用于衡量指定目标的达成情况,它要回答的问题是"我们如何知道自己是否已经达成了目标的要求"。KR 的挑战指出,它会迫使将目标中模糊或模棱两可的部分进行量化。在量化的过程中没有现成的、可套用的翻译方法,企业必须结合业务环境去解释。

（1）在制定 OKR 时,应当平衡好 KR 的达成难度和潜力激发两者之间的关系,一方面要让 KR 具有足够挑战性,以促成更多的贡献,同时又不至于让 KR 高不可攀,从而降低团队的士气。

（2）KR 最好是采用自上而下与自下而上两者相结合的、自主制定的方法,而不是单纯地自上而下强制执行。

（3）KR 的制定应该是基于进度的。在所有能激发员工情绪、动机和感知的诸多因素中,最重要的是能在有意义的工作上取得进步。人们越是频繁地感知到进步,就越有创造性。因此,KR 必须支持能频繁地看到进步,至少每两个星期能体现进度变化。如果直至每个季度的最后一天,还不知道 KR 是否已经达成,那么就会错失了通过频繁的进度自检以增强动机和敬业度的机会。

（4）制定 KR 还应该上下左右对齐。所谓上下对齐,是指 KR 的上级层面和下级部门层面保持一致;所谓左右对齐,是指 KR 的横向协作部门之间保持一致。

（5）制定 KR 还应该仔细考虑 KR 制定之后对人们行为的影响,确保它们驱动正确的行为表现。

（6）KR 应该只写关键项,而非罗列全部。因为 KR 要确保足够的战略聚焦,侧重突出和最大化对业务而言关键的价值驱动因素。

（7）KR 基于结果而非任务,因此 KR 不是指定一个任务清单。KR 应使用积极正向的语言进行表达,保持简单明了。

（8）KR 务必指定一个责任人。KR 责任人并不是 KR 达成的唯一责任人,而是被指定用来作为该 KR 的信息汇聚点,负责在 KR 实施期间以及实施结束时跟进和更新 KR 进展。

六、OKR 的优势

（1）OKR 不是因为"从优秀到卓越"或者"我们希望取得最好绩效"的大而空洞的目标,也不是因为 Intel 或 Google 等巨头正在使用因而本企业值得一试。OKR 应该能够解决企业所面临的具体业务问题,可以促进大家对公司整体目标和战略的认识,提升员工对公司的承诺。OKR 迫使企业去思考:本企业在行业中的位置如何?我们组织里发生了什么?我们服务哪些市场?与我们的竞争对手相比,我们的竞争优势是什么?目前我们已经实现了什么目标?OKR 要求企业生动活泼地再现企业面临的挑战以及提出合适、大胆的应对策略。

（2）战略是 OKR 最直接的上下文，OKR 还必须支持愿景的达成，也必须保证与组织使命的一致。如果 OKR 能真正体现公司的使命，那么它必定能确保公司上下行动一致，为公司带来价值。

（3）易于理解，增强了接受度和使用意愿。OKR 架构的最大好处就是简单，从分类开始就足够简单，三个单词完全说明其重点，"objects"和"key results"。因为其简单易懂，Niven 认为员工会养成三项与众不同的能力：预测未来的能力、日常讨论中自觉同公司创始人或 CEO 对齐一致的能力、说"不"的能力。

（4）更快的节奏，提升了敏捷性和快速应对变化的能力。由于内外部竞争的加剧，业务节奏也变得越来越快，因此，企业必须快速捕捉和分析新信息并将其转换为有用的知识，以用于创新和调整战略或业务规划。虽然 OKR 允许自定义开展节奏，但绝大多数企业在具体实践时都以季度为周期展开。这种频繁地确定工作重点的做法至关重要。

快速的目标制定会在企业内建立起一种纪律约束。通过以季度为周期刷新 OKR，企业实质上建立了一套可以自我不断增强的组织机制，以更好地应对突发变化和颠覆式创新。

（5）把精力聚焦在最重要的事情上。对一个公司而言，员工注意力是非常稀缺的一种资源。在 7×24 小时不间断的世界里，有很多事情都在抢占这一资源，比如公司目标、业务单元目标、个人目标、各种会议、行业趋势、职业生涯考虑、社交媒体、私人安排等。OKR 帮助公司及其员工识别最优先的事项，把精力聚焦在影响公司运转的有限潜在变量集合上。

（6）通过公开透明促进跨部门的横向一致性。尽管团队会努力解决特定的业务问题，但事实上这个问题的解决可能会依赖其他项目组（一个或多个）的配合。因而，在这个相互连接的世界里，团队很有必要了解其他团队的绩效目标。OKR 鼓励在整个组织范围内实现公开透明。

一个有效的 OKR 项目应当有几个层次：公司层面的 OKR、部门或业务单元层面的 OKR、个人层面的 OKR。每个层面的 OKR 不应该只被限定在相应的领域内。相反，一个有效的 OKR 应当能够促进各团队间的相互协作。OKR 理应在组织内全透明，这意味着每个人都能看到其他人正在评价什么、提供什么样的反馈和输入。这种透明性能促进团队间的相互协作和目标一致性，最终促进战略执行。

（7）能促进沟通并提升敬业度。OKR 并非一个自上而下的运动，不是要一成不变地把目标向下分发给低层级业务单元和部门，让他们毫无保留地执行。正好相反，OKR 更加包容，个体在 OKR 的选择上更具话语权，目标设定是自下而上和自上而下的融合。有机会真正从事有意义的工作有助于增强敬业度。然后当结果呈现出来时，大家都有机会参与讨论，致力于探索精神的培养及士气的提升，同时还能向上司表明员工为其下一职业台阶的准备度。

（8）OKR 促进前瞻性思考。在当今全球经济中，对所有企业而言，采取成长型思维模式至关重要，这意味着要走出实现假定的舒适区，大胆设定目标。那些平淡无奇的 OKR 不仅是无效的，更会让那些寻求工作意义和目标的人才疏远。OKR 是用来帮助提升组织能力，激发团队从根本上重新思考更好地完成工作的方法。

（9）可以在某一个层面实施 OKR 作为试点。如果选择从公司整体层面推行 OKR，那么高管是这个项目能否成功的关键，没有高管的支持，项目从一开始就注定要失败。也可以从业务单位层面开始实施，以便验证 OKR 理念的可推行性。如果试点获得了成功，它就会得到公司内其他团队的更广泛的关注。所以试点团队的 OKR 选择非常重要，如果选择的目标过大或过小，都不容易达到预期的效果。还可以在项目层面实施 OKR，并最终将其理念推广到业务单位和整个组织层面。

本章思考题

1. 大型组织中的计划分为哪三个层次？
2. 计划为什么重要？
3. 法约尔认为有效的计划应该具备哪四个特点？
4. 德鲁克如何定义"企业的使命"？
5. 企业使命陈述的核心及要点是什么？
6. 企业愿景的核心与愿景陈述的要点是什么？
7. 企业的使命、愿景和企业战略之间的关系是什么？
8. 行业主要的经济特征和行业演变的主要驱动因素包括哪些？
9. 企业无形资源包括哪些？其竞争含义是什么？
10. 什么是核心能力？核心能力有哪些特点？
11. 目标管理在实施中可能存在的主要问题是什么？
12. OKR 的定义是什么？

本章附录

德鲁克：企业的根本目标是创造顾客价值[①]

德鲁克认为，"顾客规定企业"。一个企业不是由公司名称、制度或各项程序来规定的，而是由顾客购买一项商品或服务时所满足的需要来规定的，因此，企业所有战略必须围绕"为顾客创造价值"这一原点出发。德鲁克在《管理：使命、责任、实务》一书中通过"谁是我们的顾客""我们的顾客在哪里""顾客购买什么""我们为顾客提供什么样的价值""我们的企业是什么""我们的企业将是什么""我们的业务应该是什么"完美地阐释了"如何在当下以及将来实现顾客价值"这一企业的"战略之道"。

德鲁克指出，"什么是企业"是由顾客决定的。顾客对一种商品或一种服务有付款意愿，才能使经济资源转化为财富，使物品转化为商品。企业自己打算生产些什么东西，并不具有十分重要的意义；相对而言，顾客想要购买什么，他认为有价值的是什么，这才有决定意义——它决定着什么是企业，它应该生产些什么，它是否会兴盛和发展壮大起来。而且，顾客所购买的，绝不是"一件产品"，而始终是"效用"或"价值"，即一件产品或一项服务可以为顾客做什么、带来什么样的影响。然而，顾客认为有价值的，绝不是显而易见

---

① 〔美〕彼得·F. 德鲁克：《管理：使命、责任、实务》，王永贵译，机械工业出版社，2016 年版。

的——这正是企业所要探求的"战略之道"。

阅读材料:"我们的企业是什么"——从来就不是显而易见的

似乎没有什么比"弄清一家企业是什么"更简单或更显而易见的了。钢铁厂制造钢铁,铁路公司用铁路运载客货,保险公司承保火险,银行发放贷款。可事实上,"我们的企业是什么"几乎总是一个困难的问题,而且正确答案绝不是那么容易就可以找到的。最早和最成功的答案是西奥多·韦尔大约在100年前为美国电话电报公司做出的:他认为贝尔公司的使命是"从事电信服务"。这一使命要求企业管理者制定这样一种政策:任何地方只要有需求,公司就要提供服务,这一使命也意味着要经常向全体员工灌输为服务献身的精神,同时还意味着要重视研究和技术方面的领先地位。

韦尔的上述"使命陈述",为他所在的公司使用了66年之久,一直到20世纪60年代后期,美国电话电报公司都把自己界定为电信服务商,这很可能是对"我们的企业是什么"这一问题的答案中,持续时间最长的一个。与此形成对照的是,美国铁路公司从来就没有深入思考自己的使命,这肯定是该公司自第一次世界大战以来就陷入永久危机并一直挣扎其中的一个主要原因,同时,这也是该公司几乎完全失去公众支持的一个主要原因。

回顾起来,韦尔的答案,如果不是老生常谈的话,也是非常通俗易懂的。然而,给出这一答案,不仅要花费多年的时间,而且在他刚给出这个答案时,并不被视为十分"正确"或"重要",甚至在整个公司内部遭到强烈反对——韦尔本人甚至因此被解雇。十年之后,当公司痛苦地感到缺乏上述答案所产生的各种后果时——即当公司在没有明确界定自己的目的和使命的情况下展开经营,而陷入严重危机并受到政府接管威胁时,他又被请了回来。

可以说,寻找"我们的企业是什么"这一问题的答案,是高层管理者的首要责任。事实上,要判断某项具体工作是否属于高层管理的工作,一个可靠的办法就是问一下"从事该项工作的人是否同这一问题的答案有关,或负有回答这一问题的责任"。战略管理的目的正是确保这一问题得到应有的注意,确保这一问题的答案具有意义,并使企业能够为其发展道路做出规划和确定发展目标。

企业遭到挫折和失败的最重要原因,也许就是很少对企业的宗旨和使命给予足够的思考。相反,在美国电话电报公司和西尔斯公司这样的杰出企业中,其成功在很大程度上就是明确而有意识地提出了"我们的企业是什么"这一问题,并在深思熟虑之后明确地回答了这一问题。

从界定企业的宗旨和使命的角度来讲,"我们的企业是什么"这样的论题出发点只有一个,即顾客,是顾客界定了企业的使命。满足顾客的需要或者实现顾客的价值,就是每个企业的宗旨和使命。因此,"我们的企业是什么"这一问题,只有从外部、从顾客、从市场的观点来看,才能找到答案。

企业管理层必须将"顾客在某一特定时间怎么看、怎么想、怎么认为以及需要什么"视为一种客观事实,而且像对待财务报表那样认真对待。并且,企业必须有意识地努力从顾客本人那里获得答案,而不是试图猜测顾客的意图。

企业管理层总是认为自己的企业或服务是重要的,这当然是可以理解的。如果他不这样认为,那么他肯定做不好工作。但是,对顾客来讲,没有什么产品或服务,也没有哪一家公司是特别重要的。公司的经理人员总是认为顾客会花费许多时间来讨论他们的产品——事实上并非如此。顾客想要知道的,只是特定的产品或服务能为他做些什么;他所关心的,也只是自己的价值观念、自己的需要和自己的实际。

因此,任何真正试图回答"我们的企业是什么"这一问题的努力,都必须从顾客,从顾客的实际、顾客的地位、顾客的行为、顾客的期待和顾客的价值观念出发。

1. 谁是顾客

在界定企业的宗旨和使命时,"谁是顾客"是首要而关键的问题。这并不是一个容易回答的问题,更不是一个显而易见的问题。如何回答这一问题,在很大程度上决定了企业的使命如何以及企业如何界定自己的业务。

韦尔认为贝尔电话公司的服务对象是两类顾客——电话用户和各个州政府的管理机构。贝尔电话公司需要为上述双方提供服务,并且使双方都得到满足。但是,这两类顾客有着极为不同的价值观念,需要不同的东西,且有着极不相同的行为。

IBM 公司在电子计算机行业中取得了巨大成功,是因为该公司早就认识到,要做成一笔买卖,必须具备以下两个条件:使用电子计算机的人(会计和财务等)想要购买,而公司的管理层也想要购买。所以,从一开始,IBM 公司就面向上述两个群体进行销售,而且还深入思考其中每一群体到底想要什么、需要知道什么、对价值的看法以及如何才能接近他们。

2. 顾客在哪里

研究"顾客在哪里"这一问题也很重要。西尔斯公司在 20 世纪 20 年代取得成功的秘诀之一,就是该公司先于其他公司发现原来的顾客现在已经在别的地方了:农民由于拥有了汽车,已开始进城购买商品。这使得西尔斯公司认识到(比绝大多数其他美国零售商几乎早了 20 年):零售店的位置是个重大的企业决策,它甚至会决定性地影响"我们的企业是什么"。

美国的银行也提出了"顾客在哪里"这一问题,而这一问题一经提出,就会很清楚地发现:原来银行的顾客——那些美国公司,正在成为多国公司,因而有必要在全世界的许多地点,而不只是在纽约或旧金山的总部为它们提供服务。

3. 顾客购买什么

传统上,凯迪拉克认为自己是造汽车的,他们的公司叫作通用汽车公司。但是,在 20 世纪早期,那个花 7 000 美元买一部新的凯迪拉克汽车的人,是为了买一种交通工具还是主要为了取得声望?凯迪拉克公司是否在同雪佛兰公司、福特汽车公司、德国的大众汽车公司竞争?在 20 世纪 30 年代的萧条时期,出生在德国的德雷思成为凯迪拉克的总裁,他指出,"凯迪拉克汽车是在同钻石和貂皮大衣在竞争。凯迪拉克汽车的买主,购买的不是一种'交通工具'而是一种'地位'"。这一回答在凯迪拉克公司正趋于衰落时挽救了它。这一答案使得凯迪拉克公司在大约两年的时间里,成为一家主要的成长型企业。

4. 顾客价值

与企业的宗旨和使命有关的最后一个问题是:"本公司产品或服务给顾客带来的价值

是什么。"这可能是最重要的一个问题。原因之一是管理人员以为自己知道这一问题的答案：价值就是企业自己所界定的质量，但是，这几乎永远是一个错误的答案。

几乎毫无例外的，所有顾客都是从他们自己的观点和状况出发而合乎理性地进行购买。顾客所购买的，从来就不是一件产品本身，顾客所购买的是对一种需要的满足，他购买的是一种价值。所以，制造商认为有"质量"的东西，可能并不一定有"价值"。

在欧洲共同市场的早期，有两位年轻的欧洲工程师，利用几百美金、一部电话机和摆满整个书架的电子零部件制造商名录，开设了一家小型事务所。在十年内，他们建成了一家大型的、获利甚多的批发企业。他们的顾客，是继电器和机器控制器等电子设备产业的工业用户，这两个年轻的工程师并不制造什么东西，他们所供应的零部件，通常可用较低的价格直接从其他制造商那里获得。但他们使顾客可以免去寻找合适的零部件这项费时、费力而又麻烦的工作。顾客只要告诉他们所需设备的种类、制造商、型号和需要更换的零部件，他们立刻就能确定顾客所需要的到底是哪种零部件，而且他们还知道其他制造商的哪些零部件也能用于这种用途。因此，这两个年轻人能够给顾客提供及时的服务，而他们自己的库存量却很低。对顾客来讲，专业知识和迅速的服务就是价值，顾客非常愿意为此而支付溢价。在这个例子中，该公司的业务不是电子零部件，而是"情报与信息"。

有关企业的不同顾客认为"价值是什么"这一问题，并不简单，以至于只能由顾客自己来回答。企业管理层最好不要只是去猜测这些答案，而应该通过对顾客的系统调查来证实自己的猜测或者直接获悉这些答案。

第二章 决策

决策,是指识别问题以及从一系列行动方案中做出选择的过程,通常被看作商业行为的核心。管理者在日常工作中会面对很多需要做出决策的情况。有些与战略或是组织发展方向相关的决策非常复杂,比如,采用哪种战略,进入哪个行业,如何设计组织架构及分配资源,如何对潜在的竞争威胁做出预判和应对,确定哪些是重要的业绩考核因素,以及何时应该实施组织变革等。从本质上讲,管理就是关于如何做出决策的一门学问。在所有的决策中,管理者必须依据组织的价值观、目标和其他相关情境因素,对各种可能的情况做出评估。一个组织能否成功,取决于管理者根据正确的信息,在恰当的时点,做出正确决策的能力。

第一节 决策概述

一、古典决策模型

古典决策模型是最早期的决策模型之一,该模型试图详细说明理性的个体应该怎样进行决策。管理者在使用古典决策模型时,需要对决策过程的实质进行一系列简化的假设:①列出所有可能的备选行动方案以及不同方案的结果;②根据个人偏好从高到低把每一个备选方案进行排序;③从所有备选方案中选择能够实现所期望值结果的方案。为达到上述要求,古典模型:①假定有关备选方案的所有信息对于管理者来说是可知的;②假定管理者拥有处理所有信息的心智;③假定管理者完全了解哪一个行动方案对组织是最好的。

换言之,古典决策模型假定一旦管理者意识到自己需要做出决策,他们就应该列出一个有关所有备选方案和结果的完整清单,并据此做出最优选择。古典模型假定管理者能够获得做出最优化决策所需要的全部信息以做出最优化决策。最优化决策指的是在管理者看来,能够帮助组织在将来实现其最希望获得的结果的最恰当决策。

古典决策方法是强调首先要对问题进行理性的、系统的分析,然后按照合乎逻辑的步骤进行方案选择及实施。之所以用理性方法指导个体决策,是观察者发现许多管理者在组织决策中有武断行为,而且缺乏系统分析。尽管理性决策模式只是一种理想状态,在现实中不可能完全达到,不过理性决策模型可以帮助管理者更清晰、更理性地思考决策问题。只要有可能,管理者应该尽量采用理性的体系化的程序进行决策。如果管理者对理

性决策过程有深刻的认识和把握,他们就能做出更有效的决策。这种理性决策过程可以分解为八个步骤:

(1) 监测决策环境。在理性决策的第一个步骤中,管理者要监控内外环境,获得能显示实际与计划或可接受的行为之间的偏差的信息。监测的途径包括与同事们交谈、阅读财务报表、绩效评估报告及有关行业指数、竞争对手行动等资料或情报等。

(2) 界定决策问题。对于出现的偏差,管理者要界定偏差问题实质性的具体环节,例如在什么地方、什么时间出现了偏差、谁是责任者、谁是受牵连者、当前的组织活动受到何种影响。

(3) 明确决策目标。管理者要确定各项角色应该达到什么样的绩效目标。

(4) 诊断问题。在这个步骤中,管理者要透过表面分析问题发生的根源。为帮助诊断,可能需要收集进一步的资料。把握问题产生的原因将有助于找到合适的应对策略。

(5) 提出备选方案。管理者在确定行动计划前,必须对能够实现预期目标的多种备选方案都有全面、清晰的认识,也可以从别人那里寻求好的主意及建议。

(6) 评价备选方案。这一过程可能涉及运用统计方法或基于个人经验评估每个备选方案成功的可能性。对每一备选方案的优缺点和实现预期目标的可能性都要进行评价。

(7) 选择最佳方案。这一过程是决策过程的核心。管理者要根据自己对问题、目标和备选方案的分析,选择一个有最大成功希望的方案。

(8) 实施选定的方案。最后一个步骤是管理者运用其管理、行政和说服的手段,以及进行指导、指挥,确保决策得以贯彻执行。一旦决定付诸实施,监测活动又重新开始。

这一决策程序的前四个步骤属于问题识别阶段,后四个步骤属于问题解决阶段。这八个步骤通常会在每个管理者的决策过程中出现,只是每一个步骤可能不是完全独立的。管理者凭借自己的经验可能会知道在特定情形下该做些什么,所以有可能会有一个或几个步骤被省略。

即使当管理者所面临的决策是非程序性的,甚至所要决策的问题结构不明确,许多问题堆积在一起。这时,决策者仍应尝试遵循理性方法所提倡的决策步骤,不过往往要以个人直觉和经验对其中的步骤做些简化处理。这就产生了与理性方法所主张程序的偏离。

二、有限理性

詹姆斯·马奇(James March)和赫伯特·西蒙(Herbert Simon)不赞同古典决策模型所做的基本假设。与之相反,他们认为现实世界中的管理者不可能获得决策所需要的全部信息。此外,他们还进一步指出,即使能够获取所需要的全部信息,许多管理者也缺乏吸收和正确评估这些信息的智能和心理能力。于是马奇和西蒙建立了有限理性决策模型,该模型解释了为什么决策通常是一种具有内在不确定性和风险性的过程,以及为什么管理者极少按照古典决策模型描述的方式进行决策,有限理性决策模型建立在三个重要的概念基础上:有限理性、不完全信息和满意原则。

(一) 有限理性

马奇和西蒙指出,人们的决策能力受到认知局限——也就是在对信息的理解、处理和反应过程中的局限——的制约。他们认为,人类智力的局限性制约了决策者确定最优化决策的能力。有限理性这一名词就是用来说明在一些情况下需要确定的备选方案如此之多,需要处理的信息量如此之大,以至于管理者难以在决策之前对所有的方案和信息进行评估。

（二）不完全信息

即使管理者评估信息的能力没有局限,他们依然无法做出最优化决策,因为他们获取的信息是不完全的。而信息之所以是不完全的,原因在于绝大多数情况下决策的备选方案是不可尽知的。即使是已知的备选方案,其结果也是不确定的。换句话说,由于存在风险、不确定性、模糊性和时间限制,信息往往是不完全的。

1. 风险与不确定性

组织环境中各种因素是不断变化的。风险(risk)是指当管理者能够预知某一特定行动方案可能出现的结果,并且能够指定它们各自出现的概率。例如,生物技术行业的管理者都知道,一种新药能够成功地通过高级临床试验的概率是10%,也就是说失败的可能性为90%。看到这一概率数据,我们不难想象,成千上万种已经通过高级临床试验的药品的艰难的研制过程。因而,当生物技术行业的管理者把一种新药投入试验时,他们清楚地知道,药物成功通过试验的概率只有10%。尽管如此,这些管理者至少还拥有一定的信息作为自己决策的基础。

当存在不确定性(uncertainty)时,某种结果出现的概率是无法确定的,未来到底出现什么样的结果也是未知的。由于给定结果出现的概率是不可知的,在决策过程中也没有什么信息可以利用,管理者的工作只能靠自己摸索着来进行,甚至有可能是盲目的。例如1993年苹果电脑推出了个人数字助理PDA,当时公司的管理者根本不知道这种产品成功赢得市场的概率有多大,这是因为苹果是第一个向市场推出这种全新产品的公司,管理者没有任何已知的信息和数据来估计产品成功的可能性。不确定性总是困扰着大多数的管理决策。由于技术上的问题,苹果公司对于PDA的初始开发以惨败而告终,但是产品经过改进之后,最终还是获得了成功。

2. 模糊信息

信息不完全的第二个原因在于,管理者所掌握的许多信息都是模糊信息(ambiguous information)。模糊信息,也就是不清楚的信息,他们可以用多种甚至是相互冲突的方式进行解释,不同的管理者可以根据自己的理解做出不同的决策。

3. 时间限制和信息成本

信息不完全的第三个原因在于,管理者既没有时间,也没有资金去搜集所有可能的解决方案,并对这些方案的所有潜在结果进行评估。此外,即使时间十分充足,获取信息的成本(包括管理者自己的时间)都将限制完全信息的获得。

（三）满意原则

马奇和西蒙认为,在有限理性的约束之下,面对未来极大的不确定性,难以估量的风险以及相当程度的模糊性,再加上时间的限制和昂贵的信息成本,管理者根本不会试图去寻找所有可能的方案。实际上,他们在决策中会采用一种称为满意原则的战略,即只开发所有潜在方案中的有限样本。

当管理者自己感觉满意时,他们会寻找并选择可以接受的或者基本令人满意的方式来处理出现的机遇和威胁,而不是力图做出最优化的决策。马奇和西蒙指出,管理决策更多地表现为一种艺术,而不是科学。在现实世界中,面对高度的不确定性和极大的模糊性,管理者必须依靠他们的直觉和判断,做出看起来最好的决策。此外,在不完全信息的前提条件下,管理者往往需要运用自己的经验和判断,做出一些重要的决策。综合这些因素,管理决策过程通常是快节奏的。尽管这样的做法无可厚非,决策者依然应当认识到,人类的判断不总是正确的。所以,即使是最优秀的管理者,有时也难免会做出错误的决策,决策者面临的另一个问题就是难以及时地做出决策,从而他们不能迅速地抓住机遇或者应对挑战。

三、决策实例

(一)确定型决策方法

常用的确定性决策方法有线性规划和量本利分析法。

1. 线性规划

线性规划是在一些线性等式或不等式的约束条件下,求解线性目标函数的最大值或最小值的方法,运用线性规划建立数学模型的步骤是:

(1)确定影响目标大小的变量,列出目标函数方程;
(2)找出实现目标的约束条件;
(3)找出使目标函数达到最优的可行解,即为该线性规划的最优解。

【例 2-1】某企业生产两种产品 A 和 B,它们都要经过制造和装配两道工序,有关资料如表 2-1 所示。假设企业生产出来的产品都能卖出去,试问何种组合能使企业利润最大?

表 2-1 线性规划决策

	产品 A	产品 B	工序可利用时间
在制造工序上的时间(小时)	2	4	48
在装配工序上的时间(小时)	4	2	60
单位产品利润(小时)	8	6	—

这是一个典型的线性规划问题。

第一步,确定影响目标大小的变量。在【例 2-1】中,目标是利润,影响利润的变量是产品 A 和 B 的数量 T 和 C。

第二步,列出目标函数方程:$\pi = 8T + 6C$。

第三步,找出约束条件。在本例中,两种产品在一道工序上的总时间不能超过该道工序的可利用时间,即:

制造工序:$2T + 4C \leq 48$;

装配工序:$4T + 2C \leq 60$。

除此之外,还有两个约束条件,即非负约束——$T \geq 0, C \geq 0$。

从而线性规划问题成为,如何选取 T 和 C,使 π 在上述 4 个约束条件下达到最大。

第四步,求出最优解。通过图解法(线性规划问题的基本解法是单纯形法,对于两个变量的问题可以采用图解法,具体解法读者可参看有关管理运筹学教材),求出上述线性规划问题的解为 $T=12$ 和 $C=6$。

2. 量本利分析法

量本利分析法又称为保本分析法或盈亏平衡分析法,是通过考察产量(或销售量)、成本和利润的关系以及盈亏变化的规律来为决策提供依据的方法。

在应用量本利分析法时,关键是找出企业不盈不亏的产量(称为保本产量或盈亏平衡产量,此时企业的总收入等于总成本)。而找出保本产量的方法有图解法和代数法两种。

假设 p 代表单位产品价格,Q 代表产量或销售量,F 代表总固定成本,v 代表单位变动成本,π 代表总利润,c 代表单位产品贡献($c=p-v$)。

第一步,求保本产量:

企业不盈不亏时,$pQ=F+vQ$;所以,保本产量 $Q=F/(p-v)=F/c$。

第二步,求保目标利润的产量:

设目标利润为 π,则 $pQ=F+vQ+\pi$;所以,保目标利润 π 的产量 $Q=(F+\pi)/(p-v)=(F+\pi)/c$。

第三步,求利润:$\pi=pQ-F-vQ$。

第四步,求安全边际和安全边际率:

安全边际=方案带来的产量-保本产量;

安全边际率=安全边际/方案带来的产量。

(二)风险型决策方法

在比较和选择活动方案时,如果未来的情况不止一种,管理者不知道到底哪种情况会发生,但知道每种情况发生的概率,则可以采用风险型决策方法。常用的风险型决策方法是决策树法。

决策树法使用树状图来描述各种不同方案在不同情况下的收益,据此计算每种方案的期望收益从而做出决策。

【例2-2】某企业为了扩大某产品的生产,拟建设新厂。据市场预测,产品销路好的概率为0.7,销路差的概率为0.3。有三种方案可供企业选择:

方案1:建大厂,需投资800万元。据初步估计,销路好时,每年可获利300万元;销路差时,每年亏损100万元。服务期为10年。

方案2:建小厂,需投资300万元。据初步估计,销路好时,每年可获利100万元;销路差时,每年仍可获利30万元。服务期为10年。

方案3:先建小厂,三年后销路好时再扩建,需追加投资500万元,服务期为7年,估计每年获利350万元。

图2-1中的矩形节点称为决策点,从决策点引出的若干条树枝表示若干种方案,称为方案枝。圆形节点称为状态点,从状态点引出的若干条树枝表示若干种可能的结果,称为状态枝。

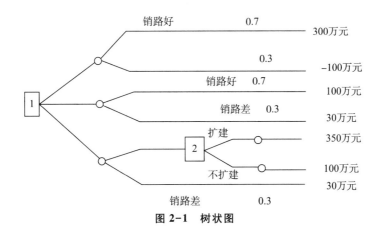

图 2-1 树状图

根据图 2-1 可以算出各种方案的期望收益：

方案 1 的期望收益为：$[0.7\times300+0.3\times(-100)]\times10-800=1\,000$（万元）

方案 2 的期望收益为：$[0.7\times100+0.3\times30]\times10-300=490$（万元）

方案 3 中"扩建"的期望收益为 1 950（350×7-500）万元大于"不扩建"的期望收益 700（100×7）万元，所以销路好时，扩建比不扩建好。因此，整个方案的期望收益为：$[0.7\times100\times3+0.7\times1\,950+0.3\times30\times10]-300=1\,365$（万元）。

计算结果表明，在三种方案中，方案 3 最好。需要说明的是，没有考虑货币的时间价值，实际决策中应考虑货币的时间价值。

（三）不确定型决策方法

在比较和选择活动方案时，如果管理者不知道未来情况有多少种，或虽然知道有多少种，但不知道每种情况发生的概率，则须采取不确定型决策方法。常用的不确定型决策方法有小中取大法、大中取小法和最小最大后悔值法。

【例 2-3】某企业打算生产某产品，据市场预测，产品销路有四种情况：需求量较高、需求量一般、需求量较低和需求量很低。生产该产品有三种方案。据估计，各方案在不同情况下的收益如表 2-2 所示。问企业选择哪个方案？

表 2-2 不确定型决策方法收益表

	需求量较高	需求量一般	需求量较低	需求量很低
A 方案	95	60	-12	-15
B 方案	70	45	10	-5
C 方案	80	40	5	5

（1）小中取大法。采用这种方法的管理者对未来持悲观看法，认为未来会出现最差的结果。因此，无论采取哪种方案，都只能获取该方案的最小收益。

在【例 2-3】中，A 方案的最小收益为-15 万元，B 方案的最小收益为-5 万元，C 方案的最小收益为 5 万元，经过比较，C 方案的最小收益最大，所以选择 C 方案。

（2）大中取小法。采用这种方案的管理者对未来持乐观看法，认为未来会出现最好的结果，因此，不管采用哪种方案，都能获取该方案的最大收益。在【例 2-3】中，读者可自行计算,按照此法,应选择 A 方案。

(3) 最小最大后悔值法。管理者在选择了某方案后,如果将来的结果表明其他方案的收益更大,他会为自己的选择而后悔。最小最大后悔值法就是使后悔值最小的方法。采用这种方法时,首先计算各方案在不同状态(销路)下的后悔值(=该状态下的最大收益-该方案在该自然状态下的收益),并找出各方案的最大后悔值,然后进行比较,选择最大后悔值最小的方案作为所选方案。

在【例2-3】中,可以算出各个自然状态下的后悔值如表2-3所示。

表2-3 最小最大后悔值法计算表

	需求量较高	需求量一般	需求量较低	需求量很低
A 方案	0	0	27	20
B 方案	25	15	5	10
C 方案	15	20	0	0

从表2-3中看出,A 方案的最大后悔值为27万元,B 方案的最大后悔值为25万元,C 方案的最大后悔值为20万元。经过比较,选择 C 方案。

第二节 个人决策

在很多情况下,决策者会认为自己有能力对成功做出预测并且能够选择正确的行为方式,但实际的结果往往与此相悖。决策者的个人偏好会让决策流程变得更加复杂,这一点也并不是每一个人都能意识到的。由于受到个人偏好的影响,最终的决策可能只是一个次优选择。尽管个人偏好确实存在一定程度的负面影响,但通常也是一种捷径,可以令决策者更快速有效地做出决定。我们所处的商业环境日益复杂,采取这样"走捷径"的决策方式似乎也很有必要,而且管理者在做出决策时,也开始越来越多地依赖这种方式。

一、认知启发

正如前面提到的,决策的过程可能受到多种因素的影响,如可掌握的信息、时间限制和复杂程度等。为了简化决策所必需的信息处理流程,人们通常会依赖经验法则或启发法思考来支持自己做出的选择。这些经验法则通常是来自人们的过往经验。当我们觉得目前所处的情境和以往某次经历较为相似时,通常会依据这些经验以便尽快做出决策。大多数人的首选经验法则通常是:可得性启发法、代表性启发法及调整或锚定式启发法。

1. 可得性启发法

当人们遭遇到的某种新情况与以前所经历的某次类似时,他们所能回想起的那些感性或是鲜明生动的细节,就会对决策造成影响。所谓可得性启发法,是指人们在很大程度上通常根据事件在记忆中可获得的难易程度,对于事件发生的频率、可能性及可能的原因做出评估,然后人们会把这种可得性作为决策的重要参考因素。

当管理者需要对所掌握的信息进行评估以做出决策时,可得性启发法是非常有价值的。那些可以唤起人们强烈情绪反应的过往经历,往往都是那些在管理和经营过程中对已经获得的成功有着极为重要影响的事情,这种影响可能是正面的也可能是负面的。在做出决策时,管理者应该利用那些在过往经历中留下深刻鲜明印象的记忆来针对现状做出选择和判断。实际上,正是这些经验的积累,使得那些阅历更丰富的管理者与资历尚浅的管理者相比更加高效,他们可以通过总结所有正面和负面的经验,做出更正确的判断,从而做出更恰当的决策。但是管理者也应该注意,不要过多依赖这些记忆中的事情来做出决策,往往在很多时候人们对于过往遭遇的记忆与实际所发生的事情会有所偏差,因此在做判断前还应该将其他一些更具体翔实的信息加以考量。同样,虽然管理者们会认为他们的直觉反应以及记忆中的事物完全都是理性的,但实则不然,因而也不应该过多地依赖这些因素。为了避免上述情况发生,征询他人的意见和反馈是行之有效的方法,这可以让管理者对所处的情境有一个更加全面的了解。同样的事实或者情境在别人的印象中可能会大不相同。

2. 代表性启发法

代表性启发法是指人们倾向于寻找他人或所处情境与之前已形成的刻板印象有关联的某些特质性因素。有时候,人们希望找到一些确凿的证据来支持自己最初和固有的印象和判断。例如,有些管理者会根据以往类似产品的成败来预测某种产品是否可以成功。同样,有些管理者会根据以往对某一类人业绩表现的观察结果,而对同属于这一类型的某位员工的业绩表现和行为做出预判。

当无法掌握足够的信息或是在时间有限的情况下,代表性启发法有助于做出一个大概的判断,但是这也可能导致严重的偏差。

3. 调整或锚定式启发法

第三种经验法则被称为调整或锚定式启发法,是指人们以某个确定的起始点为基础,做出预测或选择。人们通常会对最先获得的信息赋予更多的权重考量,这些信息通常与某个问题或某种可能的解决方案有关。同样,许多人也会在决策过程中忽略其他可能性。调整式启发法也很好地解释了为何给人留下好的第一印象至关重要,因为这决定了今后与他人合作交流的基调。

调整或锚定式启发法确实有助于加快决策流程,而且最后的判断往往也会是正确的。例如,近几年的预算和销售数据非常适合作为本年度数据的起始点。那些数据是基于对之前相关数据的预测,而且预测又是基于之前的实际数据做出的,以此类推。换言之,这些数据都是源于长期以来一系列的可靠数据,因此准确度是可信的。但是调整或锚定式启发法也导致某些不恰当的认知偏差。例如,当我们第一次遇到某个人时,我们会倾向于根据第一印象对这个人做出判断。

二、框架效应

框架效应是另外一种可能对决策选择造成影响的偏差判断。框架效应是指因对相同信息做出不同意义的解读会导致截然不同的决策判断。认识到框架偏差的存在是十分重要的,因为这意味着人们对于风险和收益的认知程度会影响他们所做出的决策。

例如,对于一项兼并决策,销售经理会根据其可能带来的收益做出判断,而负责风险控制的管理者会更多地从可能带来的损失这方面考虑问题。因为这两位管理者在决策过程中,所依据的框架不同,他们各自对这次兼并的看法也会不同。虽然框架不同,应当不会对理性决策造成影响,但研究者发现,实际上框架效应的影响确实存在。

三、情绪与决策

过往对于行为决策的研究通常主要关注决策者是如何通过认知式启发法和基于偏好框架做出决策,而很少涉及情绪因素在决策流程中所起的作用。新近有关决策的研究则显示出,在基于认知能力的推理对决策产生影响之前,某种无意识的情绪因素就已经可能让人们做出了评估和判断。

尽管研究者们刚刚认识到情绪因素在决策过程中的重要作用,但一些颇具说服力的研究已经明确阐释了,情绪因素会对决策和判断产生哪些具体的正面以及负面影响。最近一些研究已经阐明了情绪状态会如何影响人们的心情和风险偏好。研究还表明,当人们处在良好的情绪状态时,通常会更加乐观;反之则会相对悲观。

另一项有关投资者行为的调查表明,因过早卖出股票而遭受损失的投资者与那些考虑过卖出但没有及时采取行动因此没有获得应有收益的投资者相比,他们更容易为自己的决策感到懊悔——尽管这两类投资者损失的潜在收益几乎相同,但人们因"选择某种行动而产生的懊悔情绪"比"选择不采取行动而产生的懊悔情绪"来得更加强烈。这也许能够解释为什么个体倾向于维持现状。绝大多数个体拒绝改变现状,这种状况在以下这类公司中尤为根深蒂固:他们不鼓励需要承担风险的行为,而且任何错误都会被公之于众。

1. 承诺升级

以下例子可以说明什么是"承诺升级":你接受了一份在一家颇有名望的咨询公司任职的工作,坚信这份工作会为你提供巨大的上升空间,你的职业生涯会因此前途一片光明。两年以后,虽然你觉得自己已经有足够的资历,但并未升职。关于自我对公司价值的思考开始让你觉得焦虑,于是你决定通过更多的加班以获得某种优势。

人们对于过往做出的投资决策产生的某种承诺感,会过度影响他们将来的决策。结果是,你可能会做出一系列愚蠢的决策,这令你比最初所设想的投入更多成本。但具有讽刺意味的是,为了避免受到错误的影响而对这种不利情形持续的投入往往会导致更坏的结果。

2. 确认性偏好

确认性偏好不仅是影响人们做出决策的一个十分重要的因素,也会在做出决策后影响他们对相应决策的看法。有研究表明,确认性偏好是指人们倾向于首先寻找那些可以支持自己所希望做出决策的信息,而不是那些对决策不利的负面信息,即使这些负面信息更加有力且更为重要。换言之,一个人如果受到确认性偏好的影响,将只会关注那些让他们感觉自己做出了正确决策的信息,而忽略掉可能会证明这个决策有误的信息。

四、直觉

虽然理性决策模式中,清醒的思考过程是显而易见的,但人们的决策仍然会受到潜意识行动的影响。在直觉决策中,潜意识的思考过程是关键要素。在潜意识层面,与直觉相关联的洞察力往往连决策者本人都无法完全理解。决定或者选择就是那么明确,人们也把这叫作预感。

当人们需要快速做出决策或者所面对的情况复杂且不明朗时,个体往往会依据直觉做出判断。当与过往经验有关联时,直觉往往会以一种"自然而然的知识储备"的形态浮现。我们大脑会依据经验创建某种模式或试着与其建立联系。有研究表明,45%的高管在做出决策时,主要依据自己的直觉或者内心的感受,而不是根据理性的分析。

直觉也是指导个体做出道德判断的重要因素。研究表明,人们的道德判断是根据快速的道德直觉做出的,进而才会加以道德推理的思考。虽然道德推理是有意识的,需要付出大量思考并且是可控的,但道德直觉却不需要经过任何有意识的思考而在瞬间就会产生,并以一种不被人察觉的方式。当人们的道德直觉产生冲突或所处的社会情境需要对各种因素进行进一步详细的思考分析时,人们才会有意识地进入道德推理的思维模式。

尽管已经有研究揭示出直觉决策在某种情境下会非常有效,但仍有事实表明,在某些情况下,依赖内心的直觉会有很大的问题。当管理者依据过往在各类不同情境下所形成的直觉进行判断时,问题尤为严重。虽然直觉在简单的情况或类似的情境下会很有效,但人们从本能上有着在任何情境下都使用这种模式的倾向性。在复杂的情况下,通常会误导我们做出错误的选择,因为原因和效果在复杂情况下都不那么绝对。有些研究者甚至坚信,直觉不仅不能帮助人们认识到复杂性,甚至可能会令人有意忽略复杂性的存在。

如果你面对一个快速变化的市场,需要做出是否投入生产某个产品的决策,而这个策略涉及百万美元规模的投资。在这种情况下就很难简单地依靠直觉,你可能会想到与类似的投资做一个比较,进而会有助于形成判断。但你往往会发现其他的影响因素,包括公司目前的抗风险能力、可掌控的信息资源和市场情况等。

心理学家丹尼尔·卡拉曼(Daniel Kahneman)和阿莫斯·特沃斯基(Amos Tversky)提出前景理论,给出了一个简单直觉导致的认知偏差如何影响管理决策的例子,该模型得到了广泛引用。前景理论认为,个人对一项决策带来的损益赋予了不同的主观价值,根据这一理论,在评估某一行动方案潜在的利益和损失时,人们总是会首先建立一个参照点。参照点通常是目前的状况。因此,如果公司目前的资本回报是10%,这也许就是与测量盈利能力相关的决策的参照点。

然而,正如我们前面已经讨论过的,参照点也会受到如何构思问题或决策的影响。前景理论预测,决策者将主观上高估潜在损失的价值,低估潜在收益的价值。前景理论还指出,如果决策者过去遭受过重大损失,他们就会变得有些沮丧,这也许会改变他们的参照点,使他们做出更具风险的决策——是否如此,取决于参照点改变的方向和程度。换言之,厌恶损失的决策者试图通过承受更大的风险来挽回损失——矛盾的是,他们又成了冒险者。

总之,对于直觉在决策过程中的作用,有非常重要的一点我们需要认识到,即直觉对于帮助人们权衡各种选择以及形成决策是非常有效的,但如果完全依赖知觉,也会导致人们的决策存在偏好或受到制约。因此,寻求情绪和直觉与理性分析之间的平衡,才是全面分析所面临选择并做出恰当决策的最有效方式。

五、社会情境

在理性决策过程中引入信息模糊性、启发法、偏好框架、情绪及直觉的因素的考量,这似乎与经济学家们一贯坚持的理性模式相距甚远。与此类似,社会情境会对决策造成影响这一概念,也与理性模式有所偏差。尽管理性分析框架强调了个体作为决策时应当遵循的流程,但实际上仍然低估了社会情境对个人做出选择的作用。人类学家、心理学家和社会学家都认为,既然人们的决策越来越倾向于在社会情境中做出,因此应该认真研究社会情境是如何对个体及其决策造成影响的,这显然是非常重要的。

有研究者认为,如果涉及社会规范的决策通常会遵循适当性框架——人们会问自己这样一些问题,"在这种情况下,人们会希望我怎么做",或者"其他人会如何理解这种情况"。这些问题意味着个体如果依据惯例做出决策,就应当意识到社会大众会对可能的结果持怎样的态度。另外,有研究表明,当人们的想法与社会规范产生冲突时,往往会通过"抛开不同意见"或逃避的方式选择妥协。

六、个人决策风格:线性—非线性决策模式

根据前述各种不同的决策方式,假定你是一名新上任的管理者,你如何做出决策?最近一项以四个不同群体为对象的调查声称,一个人的决策过程可能受其思维方式的影响。这种思维方式可划分为两个方面的维度:①倾向于使用的信息来源:外部数据和事实;或者内部来源,如感受和直觉。②处理信息的方式,包括理性的、有逻辑的、经过分析的;或者直觉的、有创造力的、有洞察力的。由此形成两种思维模式:一种是线性思维模式,描述一个人偏向于采用外部的数据和事实,并通过理性和逻辑思考处理信息,用以指导决策和行动。另一种是非线性思维模式,描述一个人偏向于采用内部信息来源(感受和直觉),运用内在洞察力、感受和直觉处理信息,用以指导决策和行动。

本节介绍的个体层面的决策,也为研究群体、组织层面的决策奠定了基础。

第三节 群体决策

群体决策在组织中的应用范围很广,但这是否意味着群体做出的决策必定优于个体单独做出的决策?这个问题的答案取决于很多因素。

1. 群体决策的优点

群体可以提供更全面、更完整的信息和知识。通过综合多个个体的资源,群体决策给决策过程输入了更多的信息。除了更多的投入,群体还能够给决策过程带来异质性,增加观点的多样性。这就为考虑和讨论多种方法和方案提供了机会。因此,群体提高了决策的被接受程度。许多决策都是由于在制定之后不被人们接受而夭折的,但是如果群体的成员参与到决策过程中,他们更可能会热情地支持该决策并鼓励别人也接受他。

2. 群体决策的缺点

群体决策也有缺点。首先,群体决策很耗费时间,与个人单独决策相比,群体通常需要更多的时间来获得解决方案。其次,群体内部存在从众压力,群体成员希望被群体接受

和重视,这可能会导致不同意见受到明显压制。群体讨论可能会由一个人或少数几个人控制局面,如果这些人只具有中等或偏下的能力,就会削弱该群体的总体绩效。最后,群体决策可能会因为责任不明确而导致决策效果不佳,对于个人决策谁来承担责任显而易见,但在群体决策中,任何成员的责任都被减轻了。

3. 效果与效率

到底是群体决策还是个体决策更有效?这取决于如何界定效果。就准确性而言,群体中判断最准确的成员所做出的决策通常要比群体决策更加准确,而群体决策通常比群体中普通成员所做出的决策更加准确。但就速度而言,个体决策更胜一筹。如果认为创造力很重要,那么群体决策往往比个体决策更加有效。如果标准是最终方案的被接受程度,那么群体决策是首选。不过,在考察决策效果的同时,不能不考虑决策效率。就效率这一点来说,个体决策几乎总是胜过群体决策:如果处理的是同一个问题,群体决策所用的时间几乎总是比个体决策多,当然也存在很少的例外的情况。例如,如果在进行一项决策时,需要了解多方面的信息,那么单个决策者就要花大量时间来查阅资料或向别人咨询,由于群体中有来自多个领域的成员,他们了解多方面的信息,查找信息所花的时间就可以大大减少。但是群体决策在效率方面的优势毕竟只是例外情况,一般情况下,群体不如个体效率高,因此,在决定是否采用群体决策时,应该权衡一下群体决策在决策效果上的优势能否超过效率上的损失。

在决策过程的许多步骤中,群体是一种出色的工具,它在信息收集的广度和深度上有很大的优势。如果群体成员来自不同的背景,那么他们应当能想出更多的办法,做出更深刻的分析。当最终方案制定出来以后,也会获得群体内更多成员的支持和执行。不过,群体决策的这些优势可能被一些不利因素所抵消。例如,群体决策很耗费时间,容易引发内部冲突,令群体成员感到从众压力。因此,在某些情况下,个体决策要优于群体决策。

一、群体思维和群体偏移

群体决策的两种副产品可能会影响到群体客观评估各种选择方案和制定高质量解决方案的能力。

第一种副产品是群体思维(group think)。它与群体规范有关,指的是这样一种情境:群体中的从众压力使得该群体难以批判性地评估那些不同寻常的、由少数派提出的或者不受欢迎的观点。这样一种群体思维会严重影响到群体绩效。第二种副产品是群体偏移,指的是群体成员讨论备选方案和制定决策时,往往会放大自己最初的立场和观点。在某些情况下,谨慎态度占了上风就会形成保守偏移,但在更多时候群体会迈向冒险偏移。

(一)群体思维

群体思维一般发生在群体成员热衷于保持一致意见的情况下,这种一致性规范妨碍了群体采取行动来客观评估各种备选方案,而不同寻常的、由少数派提出的或者不受欢迎的观点更难以得到充分表达。由于群体压力,个体的心理效率、现实检验及道德判断会被削弱。群体思维往往表现出以下症状:

(1)如果存在与群体成员做出的假设截然相反的意见或事实,群体成员会对它们实施合理化。无论证据与他们的基本假设之间存在多大抵触,他们都会如此行事。

（2）如果有人怀疑群体的共同观点，或者对大部分群体成员支持的选择方案提出质疑，那么群体成员会对他们施加直接压力。

（3）那些持有怀疑态度和不同看法的人，往往通过保持沉默，甚至在心中尽量弱化自己看法的重要性，来设法避免与群体观点不一致。

（4）存在一种无异议的错觉。如果某个人不说话，大家往往认为他默认了这一看法，换句话说，缺席者也会被视作赞成者。

群体思维现象似乎与从社会心理学中著名的阿希实验中得出的结论相符。如果个体的观点与绝大多数群体成员不一致，则在群体压力下，他可能会屈从或退缩、调整自己的真实情感或内心信念。作为群体的一员，我们发现自己更乐意与群体保持一致，即成为群体中积极的一分子，而不是成为干扰力量，即使这种干扰力量对于改善群体决策十分必要。

群体思维会影响到所有群体吗？事实证明并不是这样。但存在以下三个特点时，群体思维最容易出现：明确的群体认同感；成员愿意维护群体的正面形象；成员觉得群体的正面形象受到严重威胁。

可见，与其说群体思维是一种使持异议者屈从的机制，还不如说它是群体维护其正面形象的工具。例如，对于美国宇航局来说，它的群体思维源自它试图强化自己的这种身份：不会做错事情的精英组织。

管理者可以采取哪些措施来尽量弱化群体思维呢？第一，他们可以监控群体规模。随着群体规模的增长，成员会变得越来越畏缩和犹豫。尽管没有一个神奇数字可以作为群体思维的分水岭，但是当群体超过10人时，个体可能会感到更少的个人责任。第二，管理者应该鼓励群体的领导者扮演公正无偏的角色。领导者应该积极地从所有成员那里获得投入，避免只表达他们自己的想法，尤其是在讨论的初期。第三，管理者可以任命一名群体成员扮演"吹毛求疵者"。这名成员的角色是对大部分成员所持的立场公开提出质疑，并提出不同观点。第四，管理者可以利用各种练习来刺激群体成员在既不会威胁到群体，又不会强化群体身份保护的情况下积极讨论各种大相径庭的备选方案。其中一项是让群体成员推迟谈论一项决策可能会带来的效果，从而使他们首先关注该角色所蕴含的危险或风险。要求成员首先关注一下备选方案的负面影响，这会使得群体更可能减少对不同观点和意见的抑制，而且更可能做出客观评价。

（二）群体偏移或群体极化

群体决策与群体成员的个人决策之间存在差异。在有些情况下，群体决策比个体决策更为保守。在更多情况下，群体做出的决策往往更为冒险。

在群体讨论中往往会出现这种现象：群体讨论使群体成员最初持有的立场向更极端的方向发展。例如，保守的立场会变得更加保守，激进的观点会变得更为冒险。群体讨论，往往会放大群体的最初观点。

事实上，群体偏移或群体极化可以被看作群体思维的一种特殊形式。该群体的决策反映了在群体讨论中形成的主要决策规范。群体做出的决策是偏向更加谨慎还是更加冒险，这取决于群体在讨论之前就已经确定的主导规范。

为什么群体做出的决策可能更偏向冒险呢？人们对此有多种解释。有些学者认为，在群体讨论中,成员之间越来越熟悉,而随着相处变得融洽,他们也会变得更加勇敢和大胆。另一种看法是,群体决策分散了责任。群体决策使得任何人都不必最终独立承担后果,所以他们更为冒险。人们采取极端立场也可能是因为他们想要展示自己与群体外部的不同。处于政治和社会运动边缘的人采取越来越极端的立场,仅仅是为了证明他们真正致力于这项事业。

二、三种常见的群体决策技术

群体决策的最常见形式就是组成互动群体。采用这种形式时,成员之间面对面进行交流,依赖言语和非言语互动来相互沟通。不过,我们在讨论群体思维时已经指出,互动群体为了使成员达成一致意见,常常会对成员施加压力。头脑风暴、名义小组技术、德尔菲法也是一些很有效的方法,它们能够减少传统的互动群体所固有的一些问题。

(一) 头脑风暴

头脑风暴旨在克服互动群体中会抑制创造力的从众压力。它鼓励成员提出各种备选方案,不允许对这些创意提出批评。

在一次典型的头脑风暴讨论中,6—12人围坐在一张桌子旁。一名群体领导者用清楚明了的语言讲明问题,让所有参与者都有清晰的了解。然后,在规定的时间内让大家自由发言,尽可能想出各种解决问题的方案。任何人不得对方案提出批评意见,而且所有的备选方案都被记录下来,以便随后进行讨论与分析。一种想法会刺激其他想法的产生,而为了鼓励成员进行与众不同的思考,无论提议多么稀奇古怪,都禁止对它进行批评。

头脑风暴确实会产生很多创意,但并不见得是一种很有效率的方式。研究表明,单独思考的个体会比利用头脑风暴讨论的群体产生更多的创意。其中一个原因是生产阻滞。换句话说,当群体中的成员正在思考时,会有很多成员在一旁说话,这阻碍了思考过程,并最终妨碍了成员的创意分享。

(二) 名义小组技术

名义小组技术指的是在决策过程中对群体成员的讨论或人际沟通进行了限定,这就是"名义"一词的来历。与召开传统会议一样,群体成员都要出席会议,但成员首先进行单独决策。具体来说,在一名群体领导者提出一个问题之后,该群体采取以下几个步骤:①成员们组成群体,但是在群体讨论之前,每个成员单独写下自己对解决该问题的创意。②这个沉默阶段结束后,每个成员向群体提交自己的一个创意。在所有成员的所有创意都被提交和记录之前,不允许成员们进行讨论。③群体开始讨论每种创意,并对他们进行阐述和评估。④每个成员都不出声,独自对这些创意进行排序,排名最高的那个创意将决定最终的解决方案。

名义小组技术的主要优点是它让群体成员正式参加会议,但又不像互动群体那样限制个人的独立思维。研究表明,名义小组群体总体胜过头脑风暴群体。

三种群体决策技术各有优势与劣势。选择哪一种方法取决于你所强调的标准以及对成本与效益的权衡。互动群体善于实现成员对决策方案的认同,头脑风暴可以开发群体内聚力,名义小组技术可以用较小的代价产生大量的创意。

（三）德尔菲法

这是兰德公司（Rand）提出的，被用来征询有关专家对某一问题或机会的意见。运用这种技术的第一步是要设法取得有关专家的合作。然后把要解决的关键问题分别告诉专家请他们单独发表自己的意见并对实现新技术突破所需的时间做出估计。在此基础上，管理者收集并综合各位专家的意见，再把综合后的意见反馈给各位专家，让他们再次进行分析并发表意见。在此过程中，如遇到差别很大的意见，则把这些提供意见的专家集中起来进行讨论并综合，如此反复多次，最终形成代表专家意见组的方案。

运用该技术的关键是：①选择好专家，这主要取决于决策所涉及的问题或机会的性质；② 决定适当的专家人数，一般以 10—50 人较好；③ 拟订好意见征询表，因为它的质量直接关系到决策的有效性。

第四节　组织决策（Ⅰ）

组织虽然是由使用理性方法和直觉方法进行决策的个体管理者组成的，但组织层次的决策通常并不是由单个管理者做出的。许多组织决策涉及多个管理者，问题的识别和解决都涉及许多部门和各种立场观点的人，甚至还包括了组织外的其他机构。因此组织决策远远超出了个体管理者的范畴，组织决策过程受到许多因素的影响，这些因素中尤其重要的是组织自身的内部结构以及外部环境的稳定或变化的程度。

一、管理科学学派

管理科学学派所主张的组织决策方法类似于个体决策者所采用的理性方法。管理科学形成于第二次世界大战时期，当时数学和统计方法被用于解决大规模的、急迫的军事问题。这些问题超出了个体决策者的能力范围，数学家、物理学家和运筹学专家将系统分析法用于研究火炮弹道、反潜艇策略、轰炸战略等问题的决策。

在这种情况下，管理科学应运而生。借助这种方法，分析人员可以确定与战舰、火炮瞄准相关的变量，并建立数学模型。距离、风速、战舰前后左右摇晃程度、炮弹规格都可以进入测算并代入模型中，求解答案很快能够得出。

管理科学在解决许多军事问题上取得了惊人的成绩。这一决策方法，在第二次世界大战后迅速扩散到企业和商学院中，使其得到了进一步的研究和发展。今天，许多企业都设立了使用这些方法的专门部门。计算中心提供分析用的量化数据，使用运筹学方法的部门运用数学模型量化有关变量，并对各备选方案及其能解决的问题的概率进行定量的描述。这些部门使用的工具包括线性规划、贝叶斯统计方法、计划评审技术以及计算机模拟等。

当问题是可分解的而且变量可以确认和度量时，管理科学是组织决策的一个有效工具。数学模型能够包含上千甚至更多的变量，并确定每个变量与最终结果相关联的特定方式。管理科学方法已被广泛应用到解决诸如确定门店的理想位置、测量某新产品系列中第一个产品试销的结果以及石油的钻探、电信服务设施布局等，并取得了显著的效果。其他可用管理科学方法解决的问题还包括民航员工、救护人员、话务员和公路收费员的配置等。

管理科学方法可以精确、迅速地解决包含众多确定变量的问题。这些问题对于人工处理而言,变量就太多了。管理科学方法在应用于可分解、可度量、可用逻辑方法构造的问题时最有效。日益复杂的计算机技术和软件程序,尤其是近几年出现的大数据技术使管理科学的应用范围较以前有了更大的扩展。

管理科学方法也存在很多不足。管理科学方法存在的一个问题是,量化数据的内涵不够丰富,不能反映隐含的内容,而许多问题恰恰存在于隐含的非正式的线索之中,必须更多地依赖管理者个性化的感觉,才能发现它们。如果一些重要的影响因素不能被量化,模型中无法包含,那么再复杂的数量分析也是没有用的。一些因素,如竞争对手的反应、消费者的口味等,都属于定性的范畴,在这些情形中,管理科学方法只能对管理者的决策活动起到辅助的作用。可以将量化分析结果交给管理者,结合他们的观点、判断、直觉进行讨论和解释,最终的决策既包括定量分析,也包括定性分析。

二、卡内基模型

组织决策的卡耐基模型是建立在理查德·希尔特(Richard Cyert)、詹姆斯·马奇(James March)和赫伯特·西蒙(Herbert Simon)的研究成果基础上的。他们三人都就职于卡耐基梅隆大学,因此而得名。他们的研究不仅促进了有关个体决策的有限理性观的产生,而且对组织结构也提出了很多新的见解。

在此之前,经济学领域的研究都是假定工商企业是作为统一体进行决策的,似乎所有相关信息都会汇集到最高决策层那里,供其做出选择。卡内基小组的研究表明,组织层次的决策涉及许多管理者,最终选择取决于这些管理者所组成的联盟。这里,联盟是指对组织目标和问题优先序达成了一致意见的若干管理者结成的同盟。这些管理者可能包括了直线主管人员、职能专家及外部团队,如有影响力的顾客、银行、工会的代表。

组织决策过程中对管理者联盟的需要有两方面的原因:一是组织的总目标常常是比较模糊的,各部门的经营目标也往往不一致。在目标模糊和不一致的情况下,管理者会对问题的优先序产生歧义。他们必须就这些问题进行讨价还价的协商,达成优先解决这些问题的联盟。二是虽然个体管理者在意图上会力争实现理性,但实际上面临着人的认知能力有限及其他的限制。这点在前面已经讨论过。管理者没有足够的时间、资源和智力对问题的方方面面加以识别,并收集和处理与决策有关的全部信息,这种局限导致了联盟行为的出现,即管理者之间会相互交谈、交流看法,由此了解更多的信息,减少模糊性。拥有相关信息或对决策结果有相关利益关系的人会得到咨询。建立联盟会使所做出的决策获得相关利益群体的支持。

结盟对组织决策行为的解释具有几个方面的寓意:首先,决策是以使问题得到满意而不是最优解决的标准做出的。满意化意味着组织会接纳令人满意的而不一定是最优化的业绩标准,使组织能够同时达成多元目标。在进行决策时,管理者联盟将会接受一个能让所有结盟成员都感到满意的解决方案。其次,管理者关注的是迫在眉睫的问题和立竿见影的解决方案。他们所进行的是希尔特和马奇所称的问题搜寻性质的工作。所谓问题搜寻是指管理者就近寻找能使问题得到迅速解决方案的一种行为,在情形不明朗又隐含着各种冲突的情况下,管理者并不希望找到一个完美的解决方案。这个观点是与管理科学学派的主张相反的。管理科学学派假定通过分析可以找到每一个合理的备选方案。卡内基模型则认为,搜寻行为足以使管理者找到一个满意的解决方案,并且管理者通常会采纳首次出现的那个满意方案。最后,讨论和协商是决策中问题识别阶段极其重要的方面。除非联盟成员认识到存在这个问题,否则就不会采取行动。

卡内基模型指出,管理者通过结盟达成一致意见,这是组织决策的一个重要内涵。结盟在最高管理层中尤其经常出现。讨论和协商要耗用时间,所以搜寻过程通常不会太复杂,只要能找到满意的而非最优的解决方案即告结束。如果所面临的是程序性问题,也就是明确的、以前出现过的问题,那么组织会依赖先前的程序和惯例做出决策。有了规则、程序,就没有必要形成新的联盟,也没有必要进行讨价还价式的协商。然而,非程序性决策需要在讨价协商中化解冲突。

如果管理者不能在目标和问题优先序方面建立起联盟,那么组织将面临损失。卡内基模型对于问题识别阶段是特别有用的。不过,关键部门的管理者组成联盟,这对决策的顺利实施来说也是很重要的,尤其是大规模重组这样的决策。如果高层管理者觉察有某问题要解决或者需要做出一项重要的决策,那么他就必须与其他管理者达成一致意见,获得他们对决策的支持。

三、渐进决策过程模型

亨利·明茨伯格和他的合作者从另一个角度研究了组织决策。他们选出了组织所做的 25 个决策实例,然后对与其相关的事项进行了跟踪研究。他们的研究中考察了决策过程中的每一个步骤,并在此基础上提出了称为渐进决策过程模型的决策方法。与卡内基模型不同,渐进决策过程模型较少强调组织中的政治性和社会性因素,而较多地考察决策过程中从发现问题到解决问题的这一连串活动的确定顺序。

这些研究的一个发现是,大部分的组织决策通常都是由一系列较小的决策组合在一起而形成大的决策。也就是说,许多组织决策并非一蹴而就,而是一个渐进的过程。在这个过程中,组织要通过许多小决策点来达成最后的决策,其间也许要克服一系列障碍。明茨伯格将这些障碍称为决策扰断。出现了决策扰断,意味着组织就不得不返回到前一决策步骤,重新开始新的试探。这种决策循环是组织通过探索而判断出哪个备选方案可行的一种途径。最终的解决方案可能与最初的预期大不一样。明茨伯格和他的合作者将这些步骤区分为三个主要的决策阶段:识别阶段、开发阶段和抉择阶段。

(一)识别阶段

识别阶段始于对问题的认知。认知是指一个或多个管理者意识到组织存在某个问题,需要做出决策、采取行动。认知通常是由问题或机会引发的。当外部环境要素发生变化,或组织绩效被认为低于预期水平时,问题就出现了。

识别阶段的第二个步骤是诊断。在这一步,为了确切界定问题,需要收集进一步的信息。诊断可以是系统的调查分析,也可以是非正式的,这取决于问题影响的严重程度。对于影响严重的问题,必须马上做出反应,容不得花时间进行详细的调查。至于不太严重的问题,则通常需要进行较为系统的调查。

（二）开发阶段

为了解决识别阶段所界定的问题，需要提出一个解决方案，这就是开发阶段的任务。问题解决方案的开发有两种方式。第一种方式是搜寻，即在组织现有的解决方案中寻找该问题的解决方案。在搜寻现有的解决方案时，组织成员可以通过自己的回忆或询问其他管理者及产业组织处理这类问题的规范做法而得到答案。

开发方案的第二种方式是设计，即专门提出一个特定的解决方案。采用这种方式的场合是：所出现的问题是新的、以前没有出现过的，因而无先前的经验可供参考。明茨伯格发现，在这种情况下，关键的决策者对理想的解决方案只有一个模糊的概念。他们通过试错和反复试验的过程才逐步形成一个特定的解决方案。因此，方案的开发过程是由一组探索活动构成的渐进的过程，是在一步一步的探索中逐渐形成解决问题的方案的。

（三）抉择阶段

抉择阶段就是选定解决问题的方案。抉择并不总是在多个备选方案中选定一个方案。在需要专门设计特定解决方案的场合，抉择更多的是指对某个探索出的实际可行的方案进行评价。

评价和抉择可以有三种方式。如果最终的选择是由单个决策者完成，并且是基于个人的经验做出选择的，则称使用了判断的抉择方式。如果对多个备选方案进行了系统的分析和评价，例如运用了管理科学方法，这时就是采用了分析的抉择方式。不过，明茨伯格发现大多数的决策并不是以这种对备选方案进行系统分析和评估的方式进行的。当抉择涉及多个决策者时，由于决策结果对每一方的利益都有不同的影响，并由此产生了冲突，此时以协商的方式做出抉择。这就像卡内基模型所描述的那样，要通过讨论、磋商和讨价还价的过程，直至形成一个联盟，取得一致意见。

如果一项决策被组织正式接受，那么紧接着进入认可阶段。决策会沿着组织层级链传递到负责执行的层次。认可的过程通常是一种常规行为，因为发现了问题及开发了问题解决方案的低层管理者会拥有相应的专长和知识来执行决策。当然，也有一些决策会因为低层管理者无法预料执行的后果而遭到拒绝。

（四）过程的动态性

组织决策并不完全是一个以认知开始，以认可结束的顺序进行的过程，时常会出现一些小问题使决策进程需要返回到前面的阶段，这就是决策扰断。比如，如果一个专门设计的解决方案不被认为是满意的，组织可能不得不返回到决策的起点，重新考虑该问题是否真的需要花力气解决。时间、组织中的权术活动、管理者之间意见的不一致，没有找到一个可行的解决方案，管理者更替或者一个新的备选方案突然出现，这些事情都可能导致反馈回路的出现。由于大多数决策需要经历相当长的时间，而环境又处在不断变化之中，因此决策是一个动态的过程。在问题得到解决之前，可能需要经过多次决策循环。

四、卡内基模型和渐进决策过程模型在学习型组织中的应用

我们已经探讨了经营环境的迅速变化是怎样给决策者带来巨大的不确定性的。这一趋势对那些以互联网为基础的企业以及欲转向学习型组织的企业的影响尤为明显。这些

组织无论在问题识别阶段还是在问题解决阶段,都面临极大的不确定性。在这种情形下,有两种决策方法可以帮助这类组织的管理者应对决策中的不确定性和复杂性。其中一种方法是将卡内基模型与渐进决策过程模型结合起来运用。

如表 2-4 所示,卡内基模型中描述的建立联盟方法在问题识别阶段尤其有用。当要解决的问题比较模糊,或者管理者对该问题的严重性存在歧义时,就需要进行讨论、协商而达成联盟。一旦对所要解决的问题达成了一致意见,组织就可以迈向决策过程的问题解决阶段。

表 2-4　卡内基模型和渐进决策过程模型的适用性

问题识别阶段	问题解决阶段
• 卡内基模型适用于对问题识别不确定时 • 需要启用政治性、社会性过程通过建立联盟,对目标及问题优先序达成一致意见并化解冲突	• 渐进决策过程模型适用于问题解决方案不确定时 • 需要采用渐进的试错过程 • 通过多次的小决策以解决大问题 • 出现决策扰断时进行循环决策,不断尝试

渐进决策过程模型倾向于强调借以获得解决方案的步骤。在管理者对问题达成了共识以后,就要采用渐进的过程,尝试各种解决方案,看是否能解决问题。当解决方案不确定时,就需要通过试错法来设计一个方案。

上述两种模型并不是不相容的。它们分别描述了组织在面临问题模糊不清或者解决方案不清楚情况时应该如何进行决策。这两种模型在决策过程不同阶段的应用如表 2-4 所示。如果决策过程的两个阶段同时处于高度不确定状态,组织就面临特别困难的决策情形,这是常见于学习型组织的情形。出现这种情况时,组织需要综合运用卡内基模型和渐进决策过程模型。而这种综合会进一步演变为垃圾桶模型所描述的决策情形。

第五节　组织决策(Ⅱ)

一、垃圾桶模型

垃圾桶模型(garbage can model)探讨的是组织中多项决策的整体模式,而卡内基模型和渐进决策过程模型所关注的则是单项决策是如何做出的。垃圾桶模型有助于我们站在整个组织的立场上考虑遍布组织的、管理者频繁做出的决策问题。

(一)有组织的混乱

有些组织面临极高的不确定性,如学习型组织就要求不断成长、不断变革。垃圾桶模型就是用来解释这类组织的决策模式。该模型的提出者是迈克尔·科恩(Michael Cohen)、詹姆斯·马奇(James March)和约翰·奥尔森(Johan Olsen),他们将这种不确定性极高的情形称为有组织的混乱(organized anarchy),一种极其有机的组织。处于这种状态的组织没有正规的纵向层次链和刻板的决策规则。这种组织状态是因为以下三个原因造成的:

（1）偏好不确定。目标、问题、备选方案和解决方法都是不明确的。决策过程的每一阶段都充满了模糊性。

（2）技术路线不明确、难理解。组织中各方面的因果关系很难识别，而且不存在决策可参照的数据库。

（3）人员频繁变动。组织内各职位上的任职者频繁变更。而且员工都很忙，分配到一个问题或一项决策上的时间非常有限。对任何一项决策而言，参与者是不固定的而且有限的。

有组织的混乱形象描绘了这种变化迅速、职权层级不明显、行政式机构特征弱的组织的状况。尽管学习型组织和当前基于互联网的企业会在许多时候都面临这种状态，但不会有哪个组织会时时处于这种极端有机的组织情形中。许多组织只是偶尔发现他们需要在一种不确定的、充满疑问的情况下进行决策，垃圾桶模型对于理解这一类决策的过程很有帮助。

（二）活动流

垃圾桶模型的独到之处，是认为决策过程并不是人们所认识的那样始于问题、终于解决方案的一连串步骤所构成的。事实上，在识别问题和解决问题之间可能并无关联。现实中可能在没有确定出存在问题之前，就有一个构想被提出来作为解决方案。也可能是，存在某一问题，但没有提出解决方案。决策是组织中独立发生的活动契合的结果。以下是与组织决策相关的四种活动流要素：

（1）问题。问题指的是组织当前活动和绩效中令人不满意的方面，它反映了当前状态和预计状态之间的差距。觉察到问题后就会引起关注，但这与解决方案或抉择并无关联。一个问题可能会导致某个解决方案被提出来，也可能不会。采纳的某一解决方案也不见得就解决了问题。

（2）潜在的解决方案。解决方案是人们提出来供采纳的构想。这些构想形成组织的方案流。构想可能是由新员工带入组织中的，也可能是现有员工创造出来的。决策参与者可能仅仅是受到某些构想的吸引而设法将其推为合理的选择，而不管要解决的问题是什么。被一个构想所吸引的人员可能会反过来寻找一个问题，使这个构想派上用场，并以此证明该构想的合理性。一句话，解决方案可能独立于问题之外被提出。

（3）参与者。决策的参与者是进出这个组织的员工，他们被聘用、调整职位或被解聘，因而是变动不定的。这些参与者有着各种各样的构想，对问题的感知及经验、价值观、教育背景也各不相同。一个管理者对某个问题和解决方案的看法会与另一个管理者大相径庭。

（4）抉择点。抉择点是指组织通常做出一项决策的时点。签订合约、聘用新人、宣布开发出某种新产品等，这些都蕴涵着方案被选用的机会，即抉择点。此外，参与者、解决方案和所存在的问题恰好匹配时，也会出现这样的抉择点。比如，一个碰巧想好了某个好主意的管理者，可能会突然发现有个问题正好适合采用这个构想。这种情况下，这位管理者也为组织提供了一个抉择点。许多决策常常是源于问题和解决方案之间的匹配。

通过上述四种活动流要素不难推断出，组织决策的总体模式就表现出某种随机性。问题、潜在的解决方案、参与者和抉择点这些要素都在组织中流动着。从某种意义上讲，组织就像一个巨大的垃圾桶,这些活动流要素在组织这个垃圾桶不断混合着。当问题、解决方案和参与者恰好在某一抉择点上结合时,一项决策就在这时做出了,问题也由此得到解决。但是,如果解决方案与问题不匹配,该问题就无法得到解决。因此,如果把组织视为一个整体,并且考虑其高不确定性的情形,我们会发现:有时出现了问题,但没法解决;有时,解决方案提出来了,但并不管用。组织决策可能是以无序的方式进行的,决策并不是合乎逻辑的循序渐进过程的结果。各种事件的模糊不清和复杂特性会使决策、问题和解决方案各自流动,互不相关。只有当这些要素契合在一起时,一些问题才能得到解决,但依然存在许多没有解决的问题。

二、组织决策垃圾桶模型的启示

(1)解决方案可能在问题并不存在时提出。一个员工可能相信了某个构想,然后试图说服组织中的其他人也接受这一构想。在20世纪70年代,计算机在许多组织的应用就是一个例子。使用计算机是一个令人兴奋的解决方案,计算机制造厂商和组织内的系统分析专家都倡导使用计算机。在最初的应用中,计算机并没有解决什么问题。事实上,因使用计算机而产生的问题可能比它解决的问题还要多。

(2)做出了决策却没有解决问题。比如,创设一个新部门这样的决策本来是为了解决某一问题的,但是在高度不确定的情况下,这样的决策可能是错误的。还有,许多决策是随意做出的。人们辞职的决定,组织削减预算的决定以及颁布一项新的政策,这些决策可能确实是针对问题做出的,但也未必一定能解决问题。

(3)问题可能在一直没有解决的情况下存在下去。组织成员可能对一些问题熟视无睹,没有把它们作为问题设法解决,或者组织成员虽然知道应该如何解决问题,但技术路线并不明确。

(4)只有少数问题得到了解决。在垃圾桶模型的计算机模拟中,重大问题常常能得到解决,解决方案确实需要与合适的问题及参与者结合,以便形成好的抉择。这表明,该模型在一定的情况下确实是有效的。当然,做出了抉择并不意味着会解决遇到的所有问题,不过,组织毕竟还是朝着问题减少的方向迈进了。

三、权变决策框架

本章介绍的组织决策方法采用管理科学模型、卡内基模型、渐进决策过程模型和垃圾桶模型,以及管理者个体所采用的理性和直觉的决策方法,每一种决策方法都是对实际过程相对准确的描述,但各种方法之间互不相同。例如,管理科学所反映的决策的假设和程序,就与垃圾桶模型所反映的不同。

之所以存在多种不同的决策方法,是因为它们适用于不同的组织情境。采用哪一种方法取决于特定的组织情境。归结起来,有两个组织特征决定了决策方法的选用:一是对问题的共识程度;二是用以解决问题的技术知识。分析组织在这两个维度上表现出来的特征,可以推断出该采用哪一种方法进行决策。

(一)对问题的共识程度

对问题的共识程度反映管理者之间在组织所面临的问题或机会以及所追求的目标和

结果方面认识的一致程度。这一变量的变化范围包括从完全一致到完全不一致的各种状态。如果管理者之间的认识一致,那么不确定性就较低,这意味着组织的问题和目标以及绩效标准等都是明确的;反之,管理者之间的意见不统一,则意味着组织的方向和期望的绩效处于争议中,从而产生高度不确定性的情形。

如果组织是高度分化的,那么对问题的共识程度就较低。不确定的环境会导致组织内各部门间在目标和态度方面的差异,因为各部门都专注于各自特定的环境要素。这种差异导致它们在组织目标和问题优先序认识上的分歧和冲突。当部门之间的差异和分化程度较大时,管理者在决策时就必须以特别的努力建立联盟。

对问题达成共识在决策过程的问题阶段尤其重要。如果问题是明确的、高度认同的,那么绩效的标准和期望也会是明确的。如果对问题有分歧的看法,那么问题的识别就很难进行。这时,管理当局必须集中精力,设法使大家在组织目标和优先序方面达成一致意见。

(二)解决方案相关的技术知识

与决策有关的技术知识指的是管理者对如何解决问题和实现组织目标的理解及意见一致的程度。这一变量可以从导致问题解决的因果关系的完全一致的确定性状态转变为完全不一致的不确定性状态。

例如,百事可乐公司的七喜事业部就曾面临低技术知识的情况。尽管管理者对所要解决的问题有一致的意见,都想使汽水的市场份额从6%提升到7%,但是对实现这一市场份额目标的手段却不清楚或意见不一。有一小部分管理者主张在超市里进行打折销售,另一部分则认为应该在饭店和快餐连锁店增设汽水售货机,还有一小部分人坚持认为,最好的办法是加大电视广告宣传。管理者不清楚到底怎样做才能增加市场份额,最终加大广告宣传的意见占了上风,但实际的效果并不理想。这一决策的失败反映了七喜事业部对如何解决这一问题的技术知识的欠缺。

如果对实现目标的手段有清晰的认识,就可以找出合适的备选方案进行相对确定的权衡比较;反之,如果对手段的认识模糊,潜在的解决方案就只会是不清晰、不确定的。此时,直觉、判断和试错就成为决策的基本方案。

(三)权变框架

表2-5对权变决策框架做了概括性的描述。这一框架将问题的共识程度和有关解决方案的技术知识两个维度结合在一起,形成了四个象限,每个象限代表一种特定的组织情境及其适用的决策方法。

表2-5 组织决策的权变框架

	确定的问题共识	不确定的问题共识

确定的决策技术	象限Ⅰ
	组织决策方法:
	  管理科学模型
	个体行为:
	  古典模型、理性方法
		象限Ⅱ
		组织决策方法:
		  卡内基模型
		个体行为:
		  协商、建立联盟

（续表）

	确定的问题共识	不确定的问题共识
不确定的决策技术	象限Ⅲ 组织决策方法： 　渐进决策过程模型 个体行为： 　试错法	象限Ⅳ 组织决策方法： 　卡内基模型、渐进决策过程模型、垃圾桶模型 个体行为： 　启发法、框架法、直觉、协商、联盟、试错、 　灵感、模仿

（1）象限Ⅰ。宜采用理性决策方法，因为此时对问题的认识一致，并且因果关系相当明确，因而不确定性程度低，可以用科学计算的方法进行决策。可以确定多个备选方案，并通过分析和计算选定最佳的解决方案。

（2）象限Ⅱ。在该象限中，问题和优先序的不确定性高，因而需要通过协商、妥协等达成一致意见。为解决一个问题，组织可能要将另一个问题上所需采取的行动推后。优先考虑哪一个问题往往要通过讨论、争辩甚至建立联盟才能确立。

处于这种情形下的管理者应当在决策过程中采用广泛参与的方法，以便达成一致意见。让各种观点摆到桌面上进行讨论，直到达成妥协。否则的话，组织就不可能以一个整体进行行动。

卡内基模型适用于对组织所面临的问题存在意见分歧的决策情形。当组织内部的不同群体之间存在不一致的看法，或者组织与外部利益相关者（如政府调控部门、供应商、工会等）之间存在冲突时，讨价还价和协商谈判就是必需的。讨价还价策略在决策过程的问题识别阶段尤其适用。一旦协商谈判完成，组织将获得对其行动方向的支持。

（3）象限Ⅲ。在象限Ⅲ的情形下，问题和绩效标准是明确的，但备选的解决方案模糊、不确定。解决某个问题的技术路线不确定，难以把握。管理者个体在面临这种情形时可以凭直觉作为决策指南，依靠经验和判断进行决策。在这种情形下，因为备选方案难以识别和通过计算来权衡，因此理性的分析方法难以奏效。同时，硬数据和准确的信息很难获得。

在这种情况下，组织可运用渐进决策过程模型进行试错性探索。一旦识别出某个问题，通过一系列的渐进步骤可以使组织逐渐探寻出解决方案。在这个过程中，如果出现新的问题，组织可返回到决策循环的前端步骤重新开始。最终，组织会在几个月或几年后获得足够的经验，使问题得到满意的解决。在工商组织中，常常会出现象限Ⅲ的情形，资深管理人员对问题有共同的认识，但就是不知道该如何解决该问题。此时，如果采用渐进决策方法，管理者将最终获得有关解决方案的技术知识，从而解决问题，完成预期的目标。

（4）象限Ⅳ。象限Ⅳ的特征是，问题和解决方案都具有高度的不确定性，因而决策的难度很大。在这种高不确定性情形下，管理者个体可以运用象限Ⅱ和象限Ⅲ中所示的方法。管理者会努力建立联盟以达成目标和优先序方面的共识，同时运用判断和试错法解决问题。此外，灵感和模仿也是比较实用的方法。灵感是指不以逻辑推论方式获得具有革新性、创造性的解决方案。模仿则是指采纳其他地方实施过的决策，希望这种解决方案在自己面临的情形中也能奏效。

如果整个组织在问题和解决方案两方面都面临高度的不确定性,这就像学习型组织所面临的情形那样,这时会出现垃圾桶模型所描述的那些活动流要素。此时,由问题识别为起点,以问题解决为终点的逻辑过程是不可能出现的。潜在的解决方案可能先于问题产生,这种情况出现的频率几乎与问题先于解决方案出现的频率相等。在这种情况下,管理者应该鼓励对问题进行广泛的讨论,发动大家踊跃提出方案构想,以促使组织有更大的可能性形成抉择。通过试错过程,组织最终会使一些问题得到解决。

四、现实组织决策的经验与教训

当今世界是一个高度竞争、全球竞争和快速变化无所不在的世界,理性分析的传统决策模型已经很难满足要求。管理者必须学会迅速做出决策,尤其是在高度动荡变化的环境中,还要善于从决策失误中学习,并避免愚守不恰当的行动方案。

(一) 高度动荡环境下的决策

当前的一些行业中,竞争和技术变革的速度非常快,以至于相关的各项数据要么难以获得,要么获得时已经过时。组织的战略也许会在不到几个月的时间内就发生变化。决策失误的代价有可能是整个公司破产。最新的研究考察了成功企业如何在高度动荡的环境中进行抉择。这些研究特别有助于理解这种环境中的组织为什么要放弃理性决策方法而采用诸如渐进的决策手段。

在高度动荡环境做出的决策有成功的,也有失败的。对这两者进行比较研究后,可以得到以下指导原则:

(1) 成功的决策者对信息进行实时跟踪,以对本企业所处的行业有深入敏锐的了解。企业通常每周要举行 2—3 次重要会议,关键性的决策人物全部参加。决策者追踪分析各方面的统计资料,包括现金、材料、存货、半成品、交货量等情况,以便及时把握企业经营的脉搏。相比,那些不成功的企业的关注点集中于未来计划和前瞻信息,对企业正在发生的事情关注甚少。

(2) 在一项重大决策进行期间,成功的企业会立即着手提出多个备选方案,并且在最终敲定决策方案之前可能已经同时开始实施了。而决策缓慢的企业每次都只制订一个方案,并且是在第一个方案失败之后再转向下一个方案。

(3) 高效、成功的决策者向所有的人征询建议,并特别倚重一两个经验丰富、值得信赖的同事,将他们视为高参。而决策缓慢的企业,往往不能在优秀人员中建立起互信和共识。

(4) 快速反应的企业会吸收每一个人参加决策,并尽力在众多人之间达成共识;但如果无法达成共识,高层管理者会做出抉择,使企业尽快采取行动。等待所有的人全部达成共识,这会造成决策的耽搁,也不见得能确保决策的质量。反应迟缓的企业不惜耽搁决策过程,只为了取得一致的认识。

(5) 迅速、成功的抉择需要与企业其他方面的决策以及整体战略方向相吻合。而那些不太成功的决策行为往往只是孤立地考虑这项决策,很少考虑与其他决策间的关联。

这样做出的决策无异于空中楼阁。

当企业反应速度非常重要时,迟缓的决策同错误的决策一样是无效的。在越来越多的行业中,速度已经成为极其关键的竞争武器,而且,企业可以学会快速做出决策。管理者必须紧紧把握企业的脉搏,寻求共识,征求建议,做好承担风险的准备,迅速采取行动。

(二)决策失误与学习

组织决策会出现许多失误,特别是在高度不确定的情境中做出决策时,失误会更多。因为这时管理者基本上无法确定或预测哪个备选方案就能解决问题。但组织还必须做出决策,并承担风险,因此决策通常表现为试错的过程。如果一个方案失败了,组织可以从教训中学习,然后尝试另一个更适合的方案。每一次失败都提供了新的信息和经验教训。试错法的核心思想是,管理者要大胆地推进决策过程,不要过多顾虑可能的失误,"行动中的无序比无行动的有序要好一些"。

在许多情况下,管理者应该培育勇于尝试,哪怕是初看起来愚蠢的尝试。组织应该创建勇于尝试这样一种氛围,以促进形成创造性的决策。如果一个构想失败了,就要尝试另一个,"失败是成功之母"。一些企业,如百事可乐公司甚至认为,如果它所有的新产品都获得了成功,那肯定是做错了什么:因为开发新市场必然是要有风险的。

只有通过犯错误,管理者和组织才能经历决策学习的过程,从中获得足够的经验和支持,使将来的决策做得更好。

(三)愚守方案

决策过程中的一个更危险的错误是,对失败的行动方案仍执迷不悟地坚持。研究表明,在许多时候,尽管有充分的证据表明某一方案已无成效,但组织依然对它投入时间和金钱。对一项失败的决策,管理者为什么会陷入执着愚守的误区呢?我们在本章前述的"承诺升级"是一个很好的解释,除此之外,还有两个原因:

第一个原因是,管理者对一项效果不佳的决策负有责任时,他会封锁或扭曲绩效不良的信息。有时是因为管理者不知道应该在何时停止这一项失败的行动方案,以至于在有些情况下,当一项策略似乎有问题,不能实现预期的目标时,管理者还是继续将宝贵的资源投入到这些糟糕的决策中。

第二个原因是,始终如一和坚持不懈是当代社会普遍看重的一个行为准则。始终如一的管理者被认为是比朝令夕改的管理者更好的领导人。即使组织需要在试错中学习,但组织的价值观仍然看重始终如一这样的准则。这种准则导致行动方案被固守下去,不仅资源遭到浪费,学习也被抑制了。可以说在相当程度上,正是对领导人始终如一品质的强调使得长岛电力公司拒绝改变肖拉姆核电厂的建设方案,这项工程耗资五十多亿美元,最后无法投入运营,最后只得放弃。

如果说鼓励失误和学习有一定风险的话,那么不承认决策失误,不采取新的行动方案则会带来更严重的后果。基于本章所讨论的有关决策的观点,管理者在决策中,如果采用试错学习的方法来探寻解决方案,我们预期他们的企业最终将会取得成功。在探索的过程中,他们会犯些错误,但通过试错过程,他们很好地应对了所面临的决策不确定性。

本章思考题

1. 什么是理性决策方法？理性决策的局限和作用是什么？
2. 有限理性决策建立在哪三个基础之上？
3. 什么是风险？什么是不确定性？
4. 有哪些个人决策偏好会影响最终决策结果？
5. 什么是承诺升级？什么是确认性偏好？
6. 什么是前景理论？
7. 群体决策的优缺点是什么？
8. 什么是群体思维、群体偏移和群体极化？
9. 管理者可以采用哪些措施来弱化群体思维？
10. 三种常见的群体决策技术是什么？
11. 组织决策、个体决策和群体决策有什么不同？
12. 组织决策的卡内基模型的要点是什么？
13. 组织决策的渐进决策过程模型的要点是什么？
14. 组织决策的垃圾桶模型的要点是什么？

组织篇

第三章 组织结构

第一节 组织概论

组织是具有明确的目标导向和精心设计的结构与有意识协调的活动系统,同时又同外部环境保持密切的联系。组织是由人及其相互之间的关系构成的。当人们之间相互作用以完成实现目标的基本活动时,组织就存在了。

管理者精心地组合和协调组织的资源,以实现组织的目标。然而,即便工作可以被组织到各独立的部门或者一系列的活动中,大多数组织今天仍在努力实现工作活动的横向协调。他们通常利用团队组织形式,使不同职能领域的员工在一起工作,完成特定项目。当企业需要对外部环境的迅速变化做出反应时,部门之间的界限以及组织之间的界限就变得更具有灵活性和渗透性。不与顾客、供应商、竞争者及其他外部环境因素相互作用的组织是很难生存下去的。

组织变量可分为结构变量和情境变量两类。结构变量提供了描述组织内部特征的标尺,从而为测量和比较组织奠定了基础。情境变量则反映了整个组织的特征,包括组织规模、技术、环境和目标等,它们描述了影响和决定结构变量的组织背景。

一、组织的结构变量

(一) 工作专门化

组织要完成大量的任务,其中涉及的一个基本原理是,如果让员工专门从事一项工作,效率会更高。工作专门化,有时称为劳动分工,是指组织任务被细分为独立工作的程度,每个部门的员工只完成和他们的细分职能相关的任务。当组织面对新的战略问题时,管理者通常会设立新的职位或部门来解决。

工作专门化涉及面很广,员工专注于从事某个特定的任务,在这种情况下,工作划分可能会越来越精细,但是可以高效地完成任务。如在生产装配线上,我们可以看到工作专门化,每名员工不断重复相同的任务。如果让单个员工完成整辆汽车的制造,或者让他从事大量不相关的工作,就不会有高效率。

尽管工作专门化有明显的优势,但许多组织正在背离这条准则,这是因为过度的专门化导致员工之间互相隔离,每人只做单一枯燥的工作。此外,过度的专门化导致的员工间的隔阂,阻碍了组织高效运作所必需的协调。许多公司通过团队跟其他机制来提高员工间的协调性,这给员工带来了更大的挑战。

(二)指挥链

指挥链是一条连续的职权链,它连接了组织中的全体员工,并展现出谁向谁汇报的报告关系。它与两个重要原则紧密相关,一个是统一指挥,即每名员工只对一名主管人员负责;二是等级原则,即组织全体员工之间有着清晰的职权链。不同任务间的职权和职责是有区别的。组织中的所有个体都应该清楚他们向谁汇报,每一级管理层直至公司的高层也都应该对此了如指掌。

1. 职权、职责与授权

指挥链阐明了组织的职权结构。职权是管理者手中正式且法定的权力。管理者据此做出决策,发布指令,分配资源来达到组织期望的结果。职权具有三个特征:

(1)以职权被授予组织的职位,而非个人。管理者享有职权是因为他们所处的职位,位于同样职位的其他人也拥有同样的职权。

(2)职权随着纵向层级的下降而减弱。高层职位相对于低层职位拥有更多的职权。

(3)职权必须得到下属的接受和认可。职权自上而下递减,下属会服从是因为他确信管理者具有发布指令的法定权力。职权的接受理论认为,管理者仅仅在其下属选择接受其指令的时候才有职权,如果下属因指令超出其接受范围而拒绝服从,管理的职权就消失了。

职责是职权的另一面。职责是指完成指定的任务或活动的义务。一般来说,管理者在被授予职权的同时,也承担了职责。当管理者对任务的结果负有职责却没有职权时,这项工作有时是可以完成的,不过会比较困难。它的完成有赖于信念和运气。当管理者的职权超过职责时,他们可能会成为运用职权实现无价值目标的独裁者。

责任制是使职权和职责得以协调的一种机制。责任制意味着拥有职责和职权的人员负有向指挥链中他们的上级说明任务结果的义务。要使组织良好运作,每个人都应该知道他们负有的责任并接受履行这些责任所需的职责和职权。

另一个与职权相关的重要概念是授权。授权是管理者将职权和职责转移给下属的过程。当今绝大多数组织都鼓励管理者把职权授予尽可能低的职位层级,从而带来最大的灵活性以满足顾客需求、适应变化的环境。

把决策权给予更低层次的管理者和员工,可以较好地激励他人、提升速度、灵活性和创造力。然而,不少管理者发现授权是件难事。但管理者不能授权时,他们就破坏了下属的角色,同时也阻碍了人们有效地完成工作。

2. 直线职权和参谋职权

在许多组织中,直线职权和参谋职权有很大的差异。这些差异反映了管理者是在组织结构中的直线部门工作还是在参谋部门工作。直线部门从事的任务反映组织的首要目标和使命。例如软件公司直线部门的任务是开发并销售产品,而互联网公司的直线部门则是那些开发并管理在线服务及销售的部门。参谋部门包括所有提供专门技能以支持直线部门的部门。参谋部门与直线部门形成咨询关系,一般包括市场营销部、人力资源部、研发部、财务部。

直线职权是指处于管理职位上的人员拥有指导和控制直接下属的正式职权。参谋职权的范围要窄一些,它是指在参谋专家的专业领域内拥有建议、推荐和咨询权。参谋职权是一种沟通关系,参谋专家在各自的技术领域为管理者提供建议。例如,制造型企业的财务部门具有参谋职权,负责与直线部门协调使用何种财务报表以方便设备的采购和规范工资管理。

（三）管理跨度

向同一名管理者汇报的员工人数,有时也称为管理幅度。这一结构特征决定了管理者能够对其下属实施监管的程度。传统的组织设计观点认为每个管理者的管理跨度应为9—10名下属。然而,当今的精益组织观点认为,管理的跨度可达三四十名,甚至更多。例如,百事公司在墨西哥建立的饼干厂中,员工接受培训以保持生产过程的稳定性,他们由于高质量团队合作和高效率工作受到奖赏,他们的团队非常多产高效,所以工厂的每名管理者能够管理56名下属。研究者发现,在过去的40年中,管理跨度变化非常大,变化的影响因素也比较多。一般而言,当管理者必须严密监督下属时,管理跨度就较小;而当管理者不需要对下属实施太多的监管时,管理跨度就比较大。在下列情形中,通常管理者较少参与,管理跨度较大:①下属从事固定和常规的工作;②下属从事相似的工作;③下属集中在同一个地点办公;④下属受过良好的训练,工作时几乎不需要指导;⑤组织拥有规定任务的规则和程序;⑥支持系统及人员随时待命;⑦不需要在非监管活动上花时间,如与其他部门协调或者做计划;⑧管理者的个人偏好和风格支持大的管理跨度。

组织中的平均管理跨度决定了这个组织的结构是高耸的还是扁平的,高耸的组织结构总体上具有较小的管理跨度和更多的层级。扁平的组织结构具有较大的管理跨度,横向分布,拥有更少的层级。

对于组织而言,拥有过多的层级和较小的管理跨度是一个常见的结构问题。世界大企业联合会做的一项调查显示,72%的管理者认为他们的组织拥有过多的管理层级,这可能导致日常决策通常由组织中较高层级的管理者做出,可能会使高层管理者偏离重要的长期战略问题,并且限制低层管理者的创造力、创新力和责任心。

更大的管理跨度是近些年来的发展趋势,也是促进授权的一种方式。最新的一项研究发现,CEO的管理跨度相较20年前翻了一番,直接向最高管理层报告的人数从5上升到10,而这些下属管理者的管理跨度也在扩大。

（四）集权和分权

集权和分权是指决策是由哪个层级的管理者制定。集权意味着决策职权处于组织最高层,分权意味着决策权下放至较低的组织层级。组织可能需要通过试验才能找到制定决策的适当层级。

美国和加拿大过去30年的趋势是组织更大程度的分权。分权被认为可以减轻高层管理者的负担,更好地运用员工的技巧和能力,确保所做的决策与行动一致,并确保行动者拥有充分的信息,能对外部变化做出更快速的反应。分权甚至在军队这一传统上高度集权化的组织中出现了:在与阻碍分权的各种复杂因素斗争十多年后,美军的分权化运动开始了,美军最近实施了"海星计划"来训练领导者按分权化的方式思考、行动和运营。

然而,并不是每个组织都应该在所有决策上实行分权。在许多公司中,通常存在"集权和分权间的拉锯战",因为高层管理者想集中一些运营活动以消除重复,而业务部门经理希望维持分解后得到的控制权。管理者必须判断组织的处境并确定最能满足组织需求的决策层级。影响选择集权和分权的典型因素如下:

环境中的巨大变化和不确定性通常伴随着分权。分权如何有助于应对快速的变化和不确定性的一个典型例子是在卡特里娜飓风袭击之后,分权化的管理体系使得电站的员工有权做出快速决策。密西西比电力公司得以在短短的12天内恢复了电力供应。

集权和分权的程度应该契合企业的战略。迪士尼公司的高层管理者在购买小型创新型公司,如皮克斯动画工作室和漫威娱乐时采用分权的方式。迪士尼的CEO艾格允许这些公司的管理者按照他们认为适合的方式来运营公司。分权契合了娱乐行业的战略,使得创新的分支机构能对行业的变化做出快速创新的回应。而为了更好地与科尔士百货和梅西百货竞争,彭尼公司的管理者采用了与迪士尼相反的方法,他们把产品计划和采购决策集权化,确保公司能够快速低价地把最新潮的商品配送到各卖场。

二、组织的情境变量

(1) 组织规模:是指以组织中员工的人数来反映组织的大小。规模可以针对整个组织,也可以针对其中的特定部分,如针对一个工厂或者一个事业部来进行衡量。因为组织是一个社会系统,规模通常就以人数来衡量。其他的尺度如销售总额和资产总额也反映组织的大小,但它们不反映社会系统中人员方面的规模。

(2) 技术:是指组织将投入转化为产出所使用的工具、工艺方法和机械装置。这里关注的是组织如何生产出提供给顾客的产品和服务,包括诸如计算机辅助制造技术、先进的信息技术和互联网的使用等。

(3) 环境:包括组织边界之外的所有因素,主要包括产业、政府、顾客、供应商和金融机构等。一个组织外部的其他组织往往是其环境中对该组织有最大影响力的因素。

(4) 目标与战略:目标与战略决定了一个组织区别于其他组织的目的和竞争性技巧。目标与战略决定组织经营的范围,以及员工、客户和竞争者之间的关系。

(5) 组织文化:包括企业的使命、愿景及组织中的员工共享的一套核心价值观、信念、认知和规范等。基本的价值观会影响组织的伦理行为,对员工的承诺、效率水平以及对顾客的服务,并使组织的成员紧密联系在一起。组织文化不一定要有书面化的说明,不过组织文化可以通过考察典故、口号、礼仪、穿着和办公室布置等观察和了解到。

以上所讨论的情境和结构变量之间是相互依存的。例如,规模大、常规技术和稳定环境中的组织都倾向于创设一种具有较高的正规化、专业化和集权化的结构。

三、当代组织设计面临的挑战

在工业革命之前,大多数组织从事的是与农业和手工业相关的活动,其沟通方式主要是面对面的,组织规模较小,结构简单,边界模糊,而且通常对扩张没有兴趣。在20世纪初来临的工业时代中,一种新的组织范式出现了:成长成为成功的主要标准;组织变得巨大而复杂,职能部门与组织之间的界线分明;面临的环境相对稳定;技术上则趋向于采用大批量生产的制造流程;这种现代化时代的资本主要形式是货币、建筑物和机器设备;组织内部的结构变得更复杂化、纵向化和行政化;领导工作依据的是僵硬的管理原则,并趋向于专权的独裁式,同时,沟通主要是通过正式的书面文件(如备忘录、信函和报告等)进行;管理者做所有的计划和"思考工作",员工则从事手工劳动以获取工资和其他报酬。

在后现代社会的今天,环境相当不稳定。伴随着国际竞争、电子商务及其他的挑战,所有组织面临的环境已经很难预见。环境的特征表现为充满复杂性和意料之外的变化。管理者不能用传统的方式去预测和控制组织内外出现的事件。应对这种情况的办法是,组织要转而采用一个新的范式,不是基于工业时代那种机械式组织的思想,而代之以一种在不断活动中的生物系统的思想。目前,许多组织正朝着一种更强调横向合作的、灵活的、分权的结构转变。另外,组织之间的界限正变得模糊起来,甚至出现竞争对手们为了在全球市场上竞争而结成伙伴的现象。资本的主要形式不再是建筑物和生产机械,而是信息和知识。那些提供信息技术产品的公司的市场价值,常常能达到比固定资产价值高上一两百倍的水平,而传统公司的市场价值与资产价值大体相当。

在这种新的环境中,许多管理者正在对他们的公司进行重新设计,使其转变成那种通称为学习型组织(learning organization)的模式。学习型组织促进了沟通和合作,使每个人都参与到问题的识别和解决中,这样组织就能持续不断地探索、改进和提高能力。学习型组织是建立在平等、信息开放、减少层级以及鼓励适应性和参与性的文化这样的基础上,能促进各种意见从各方面向上传递,因而有助于组织更好地抓住机会和克服危机。在学习型组织中,基本的价值观是为了解决问题,这与为取得高度控制而设计的传统组织构成鲜明的对比。

(一)从纵向型结构向横向型结构的转变

传统的最常见的组织结构一直是从下层到上层,按照工作的相似性,将组织所要进行的活动加以归并和分组的。这样的组织一般很少能形成跨职能部门的合作,整个组织的协调控制通过纵向的层级链实现,且决策制定权集中在高层管理者手中。从促进高度专业化的生产和技能的纵深发展角度来看,这种结构可能是相当有效的。职权层级链为大型组织中的监管和控制提供了一种有力的手段。然后在迅速变化的环境中,不仅层级链负荷过重,而且仅仅依靠高层经理人员也很难对问题或机会做出足够快速的反应。

学习组织摒弃了造成组织高层管理者与技术核心层工人之间巨大隔离的纵向结构。它是围绕横向的流程和过程,而不是职能部门来创设新的结构,纵向的层级链得到明显缩短,仅保留很少量的资深经理从事传统支持性的职能,如财务和人力资源管理(本书人力资源三支柱模型有关于这方面的论述)。自我管理团队成为创造学习型组织的基本工作单位。团队包含各职能领域的人员,因此职能界限事实上消失了。有时候,组织还取消了部门设置。

(二)从执行常规的职务向充分授权的角色的转变

后现代社会的另一个思想转变表现在结构的正规程度和对员工开展工作的控制上。回顾前面的内容可知,科学管理提倡精细地确定每一项工作,并规定这些工作应该如何执行。所谓任务(task),就是分配给一个人的范围狭小的工作。在传统的组织中,任务被分解为各个独立的专业化的部分,就像一台机器中的零件一样。有关任务的知识和控制集中在组织的高层,员工被要求按照命令做事。与之形成对照,角色则是动态的社会系统的基本构成部分。充分授权的角色具有自我处置问题的权力和责任,允许员工用其自主权和能力取得某种结果或实现某一目标。在学习型组织中,员工就在团队或部门中扮演了一个角色,而角色的任务可能不断地调整或者重新设定。很少有规则程序存在,对任务的知识和控制的掌握,取决于员工而不是主管人员和高层经理人员,而且这样的组织鼓励员工在彼此之间及与顾客间的共同工作中解决问题。

(三) 从正式控制的系统向信息高度共享的系统的转变

在创办时间不长或规模较小的组织中,沟通通常是非正式的、面对面的、很少设有正式的控制与信息系统。这是因为公司的高层领导常常在日常的业务经营活动中与员工们并肩工作。但是,当组织规模扩大和变得复杂以后,高层管理者与技术核心层员工的距离拉大了,从而常常需要设立正式的系统来处理日益增多的庞杂信息,并鉴别出实际成绩与既定标准和目标的偏差。

在学习型组织中,信息则是服务于另外一种完全不同的目的,也即通过信息的广泛共享而使组织保持一种最佳的运行状态。学习型组织力求恢复到那种小型的创业型公司的状态,这样,所有员工都掌握了关于公司的全部信息,他们能够快速地采取行动。管理者工作的重要部分不是利用信息来控制员工,而是设法开设沟通的渠道,使各种思想能向各个方面传递。此外,为了增强学习的能力,学习型组织还维持着与顾客、供应商甚至竞争者之间的开放式沟通。信息技术就是保持人们之间接触的一种手段。

(四) 从竞争性战略向合作性战略的转变

在传统组织中,战略是由高层管理者制定的,而后在整个组织中推行。高层经理人员动脑思考如何面对竞争做出最好的反应,如何有效地使用资源和应对环境的变化。与之对照,学习型组织中,是那些拥有充分信息并得到充分授权的员工,以其日积月累的行动在为公司的战略做出贡献。由于所有员工都与顾客、供应商保持着接触并了解新的技术,因而他们能够鉴别顾客的需要及其解决方案,这样也就能参与战略的制定。另外,战略还产生于与供应商、顾客甚至竞争者的合作关系中。最终组织变成既是竞争者又是合作者,探索着学习与适应的最佳方式。

(五) 从僵硬型文化向适应型文化的转变

组织要保持健康的状态,就需要一种能鼓励员工适应外部环境变化的文化。然而,目前许多组织面临的一个危险是,它的文化变成了一种僵硬式的,组织中的各种行为就像被混凝土凝固了似的。在稳定环境中取得非凡成功的组织,往往在环境开始急剧变化时成为其过去成功的牺牲品。曾经使公司获得成功的文化价值观、思想和行动,在迅速变化的环境中逐渐成为这家公司取得优异绩效的障碍。

学习型组织中的文化提倡开放、平等、持续的改进和变革。组织的成员对整个系统了如指掌,知道各方面如何配合在一起,组织的各部分之间以及组织与环境之间如何相互作用。整个组织的思想观念放在了弱化组织内的边界以及与其他组织的边界方面。另外,这些组织停止了制造地位差距的活动,并抛弃了显示地位差别的标志物,如特设的经理人员餐厅和预留的车位等。每个成员都是对组织有益的贡献者,而组织则成为提供关系网络的场所,使人们能够充分地发展其潜能。强调给予每个人关心和尊敬,这就创造了一种促使人们大胆去尝试、敢冒风险甚至犯错误的组织氛围,而所有这些又促进了学习。

虽然目前还没有一家公司能够成为学习型组织的代表,但是许多当今很有竞争力的组织都是基于一种动态系统的思想来塑造其观念和模式。

第二节 组织结构设计

一、组织结构设计的关键要素与框架

组织结构设计包含三个方面的关键要素:①组织结构决定了组织中的正式报告关系,包括职权层级的数目和主管人员的管理幅度。②组织结构确定了将个体组合成部门、部门再组合成整个组织的方式。③组织结构包含确保跨部门沟通、协作与力量整合的制度设计。

上述三个要素涉及了组织的纵、横方向。具体地说,前两个要素规定了组织的结构框架,也即纵向的层级,第三个要素则是关于组织成员之间的相互作用关系。一个理想的组织结构应该鼓励成员在必要的时间和地点,通过横向联系提供共享的信息和协调。因此,总的来说,应该将组织设计成能够提供实现组织总目标所必需的、所有纵向和横向信息流动的这样一种结构形态。

组织可以在两类方案中做出选择:一类是依照传统的以控制为中心的组织设计,强调纵向的沟通和控制;另一类是采用现代的学习型组织设计,强调横向的沟通和协调。对控制的重视是与任务专业化、职业层级、规章条例、正式报告制度、很少的团队或任务小组、集权的决策等相关,而对学习能力的重视则与任务共担、层级弱化、较少的规章条例、面对面的沟通、很多的团队或任务小组以及非正规的分权的决策等相关。所有的组织都需要将纵向联系和横向联系结合起来使用。管理者的任务就是要根据组织的需要,找出这两者之间合适的平衡点。

二、纵向设计

组织设计应该能够促进组织成员、部门之间的沟通,这对于达成组织的总任务是必不可少的。所谓联系,指的是组织要素间的沟通和协调的程度。用于协调组织高层和基层间活动的纵向联系,主要是为实现组织的控制目的而设计的。底层员工开展的活动应该与高层的目标保持一致,而且高层经理人员应该得到有关低层活动及其完成情况的信息。组织可以运用各种各样的结构性手段来实现这种纵向联系。具体手段包括层级安排、规则与计划及正式的管理信息系统等。

1. 层级安排

第一种纵向联系的手段是层级链,即指挥链。如果员工面临某一问题又不知如何解决时,他可以将问题提交给上一层级。如果该层级能够解决问题,那么答案就顺着层级链往下传递到低层。

2. 规则与计划

第二种纵向联系的手段是运用规则与计划。只要问题和角色是经常反复出现的,就

可以制定出规则和程序,使员工知道该如何加以应对,而不需要直接请示其主管人员。规则提供了一种标准的信息源,使员工能够在无须事事都进行实际沟通的情况下协调地开展工作。计划也可为员工提供相对持久的信息。应用最广泛的计划是预算。有了计划周密的预算方案,低层的员工就可以在分配的资源额度内独立地工作。

3. 纵向信息系统

纵向信息系统是增强纵向信息沟通能力的另一种手段。它包括分送给管理者的各种定期报告、书面信息和以计算机为基础的信息沟通等。信息系统使沿着层级链进行上下沟通更有效率。

三、横向设计

横向沟通能够消除部门之间的障碍,为员工提供协作的可能,以便集中力量实现组织的目标。横向联系指的是组织中跨部门横向沟通和协调的程度。李·亚科卡在接管克莱斯勒公司时就发现了横向联系的重要性。他说:"在克莱斯勒公司,我发现有35名副总裁,每人都有各自的地盘……真是让我难以置信。比如,主管工程的副总裁居然与主管制造的副总裁没有接触。但这正是事实所在。每个人都独立工作。看到这种情况我几乎要辞职。那一刻我才真正认识到我面临多大的难题。克莱斯勒公司中好像没有人知道一个企业内不同职能部门间的相互作用是至关重要的。工程部和制造部的人几乎必须同吃同住才行,可是克莱斯勒的这些家伙们竟然相互间连一个招呼也不打!"

在克莱斯勒公司任职期间,亚科卡将横向协调推到极高的程度,并且产生了显著的积极影响。所有与特定汽车项目相关的人员,包括设计师、工程师、制造人员及营销、财务采购的代表、来自外部的供应商,都在同一楼层一起工作,这样就能够不断地相互沟通。福特公司和通用汽车公司也通过诸如团队、任务小组和信息系统的手段,加强了横向的沟通和协调。组织横向联系通常包括以下五种机制:

1. 信息系统

当今组织实现横向联系的一个重要手段是应用跨职能信息系统。计算机化的信息系统,可以使遍布组织的管理者和一线工人就各种问题、机会、活动和决策交换信息。比如,福特公司创设的每种型号的小轿车、卡车的内部网页,追踪各自的设计、生产、质量控制和交货过程。公司产品开发系统每小时更新一次,网页的内容使全世界范围内的工程师、设计师、供应商及其他员工都能依照相同的数据开展工作,以促进流程的顺畅运行,并节约开发的时间和费用。

2. 直接接触

横向联系的高层次手段是直接接触,这是在受某一问题共同影响的管理者之间或员工之间直接进行的联系。创设某一特定的联络员角色,是促进直接接触的一种方式。联络员隶属于一个部门,但负责与其他部门进行沟通并实现协调。在工程与生产部门之间就经常设置联络员角色,因为工程部所开发和测试的产品必须与既定的生产设施条件相适应。Monsanto公司还发现了另一种应用直接接触的方式。为使研究开发与商务部门的职员协同工作,该公司给每一位科学家配备了一名营销或财务专家作为协作经理。

3. 任务小组

直接接触的联络员通常只联系两个部门。当这种联系扩展到多个部门时,就需要更复杂的联系手段,比如任务小组。任务小组是由与某一问题相关的各部门的代表共同组成的一个临时性委员会。每位成员都代表一个部门的利益,并将组内会议的信息带回其部门中。

对于临时性任务来说,任务小组是一种有效的横向联系手段。它是通过直接的横向协调解决问题的,因而可以减少纵向层级链的信息载荷。通常,在既定的任务完成后,任务小组也就宣布解散了。

4. 专职整合人员

一种更强有力的横向手段是,创设仅以促进协调为任务的专门的职位或部门。专职整合人员通常有一个诸如产品经理、项目经理、规划经理和品牌经理这样的头衔。与上面提到的联络员不同,专职整合人员并不隶属于任何一个要加以协调的职能部门,而是独立于各部门之外,负责多个部门之间的协调。

整合人员也可以负责某一创新和变革的项目,如负责一种新产品的设计、筹资和营销活动。整合人员需要出色的人际技能。在大多数公司中,整合人员往往职责大而职位小。他们不得不通过专家技能和游说来取得协调。整合人员跨越各部门的界限,必须有能力把人员组织起来,获得他们的信任,解决面临的问题,并从组织整体利益出发,处理冲突和分歧。

5. 团队

项目团队可以说是一种最强有力的横向联系手段。团队可以是一种临时性的或永久性的任务小组,而且经常与专职整合人员一同使用。当部门间的活动需要在一段长时间内取得强有力的协调时,设立跨职能团队就是常用的解决方法。组织在开展大型的项目、重大的创新或开发全新的产品线时,都可以设立特定的项目小组。

波音公司在设计和制造波音777飞机时就使用了大约250个团队。其中,有些团队是针对飞机的部件(如机翼、机舱、发动机等)而设立的,另一些团队的创设则是为了服务特定的顾客,如美国航空公司、英国航空公司,这些团队必须高度整合,密切协作才能完成这些庞大的项目。甚至美国海军总部也发现了这种跨职能团队的效率,并将之应用到了促进其各方面的横向协调和提高效率方面。

开发、生产和销售重型工业设备的公司Rondney Hunt就通过团队方式协调了各产品线横跨制造、工程和营销部门的活动。来自各部门的成员每天见面(如果需要的话)的第一件事情便是解决与产品线相关的问题,具体涉及顾客需求、工作的拖延、工程的变更、进度冲突及其他方面。

以上介绍了组织实现横向联系的五种机制,任何组织的管理者都可以从中选择某些手段,用以增进横向协调。越是高级的手段,就越具有更强的横向信息联系能力。但是在时间和人力耗费方面,给组织造成的成本负担也相应更高。不过,横向沟通不足,各部门会发现难以同步工作,这样就无法为组织总目标的实现做出贡献。因此,当组织需要较高的横向协调时,管理者就应该选用高层次的手段。

四、部门组合方式

部门组合方式包括职能组合、事业部组合、多重组合及横向组合等。部门组合方式影响到员工个人,因为这些员工将拥有共同的主管,使用共同的资源,一起对部门的绩效负责,并趋向于彼此认同和相互合作。

1. 职能组合

职能组合是将执行相似的职能和工作过程,或者提供相似的知识和技能的员工组合在一起。比如,将所有市场营销人员置于同一主管人员的领导下工作,制造或工程的人员也这样组合起来。

2. 事业部组合

事业部组合是按照所生产的产品将人们组合在一起。例如,生产牙膏需要的所有人员,包括研发、制造和销售人员都组合在同一经理人员的领导下。

3. 多重组合

多重组合意味着一个组织同时采取两种结构组合方式。这类模式通常称作矩阵结构或混合结构。

4. 横向组合

横向组合意味着员工是按照为顾客直接提供价值的核心工作流程、首尾贯通的工作、信息和物质流来组织的。所有参与某一核心工作流程的员工都组合到一个小组内,而不是分散于各职能部门中。

第三节 职能型、事业部型和地区型结构设计

一、职能型结构的设计

(一) 职能型结构的形态、优缺点

在职能型结构中,组织从下至上按照相同的职能来将各种活动组合起来。所有的工程师安排在工程部门中,主管工程的副总裁负责所有的工程活动。研发、制造、营销等的组织也是这样,如图3-1所示。

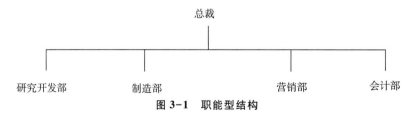

图 3-1 职能型结构

职能型结构是将所有与特定活动相关的人的知识和技能合并在一起,从而为组织提供纵深的知识。当深度技能对组织目标的实现至关重要,或者当组织需要通过纵向层级链进行控制和协调,以及当命令的快速执行是成功的关键因素的时候,职能型结构是最佳的模式。换句话说,在横向协调需要量较少的情况下,这种结构可以是相当有效的。

职能型结构的一大优点就是它促进了职能领域内规模经济的实现,规模经济意味着组合在一起的员工可以共享某些设施。职能型结构的主要缺点是对外界环境变化的反应迟钝。因为这种反应需要跨部门的协调,这会使纵向层级链出现超载,从而使决策堆积,高层管理者不能做出足够快速的反应。职能型结构的其他缺点是由于协调差,从而导致创新乏力,每位员工对组织总目标的认识比较有限,如表 3-1 所示。

表 3-1 职能型结构的优缺点

优 点	缺 点
• 实现职能部门内部的规模经济	• 对环境变化反应缓慢
• 促进知识和技能的纵深发展	• 可能导致决策堆积于高层,层级链超载
• 促进组织实现职能目标	• 导致部门间横向协调差
• 最适于只有一种或少数几种产品的组织	• 导致缺乏创新
	• 对组织目标的认识有限

(二) 设有横向联系手段的职能型结构

当今的组织因为面临第一节介绍的各种挑战,所以出现了一种朝着更加扁平化、更具横向型结构转变的趋向。今天很少有成功的公司仍保持这种严格的职能型结构。许多组织通过建立本章前面所描述的横向联系手段来弥补纵向职能层级联系的不足。管理者改善组织的横向协调,可以采用的方式有信息系统、部门间的直接接触、专职整合人员、项目经理及任务小组或团队。

二、事业部型结构的设计

事业部型结构有时也称作产品部结构或战略经营结构。在这种结构下,可以按照单项的产品或服务、产品群组、大型的项目和规划、事业、业务和利润中心来组建事业部。事业部型结构的显著特点是:它是基于组织的产出来组合部门的,如图 3-2 所示。

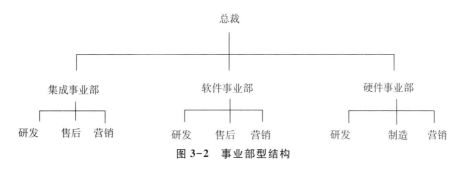

图 3-2 事业部型结构

事业部型结构和职能性结构的区别是:职能型结构可以重组为产品事业部结构,每个产品事业部内设立研究、开发、制造、财务和营销等部门。跨职能的协调就这样在各产品事业部内部得到了强化。在事业部型结构中,因为每个单位的规模较小,能更好地适应环境的需要,因而会促进灵活性和变革。此外,事业部型结构将权力下放到较低的层级,实现了决策的分权化。与之不同,职能型结构总是将决策推到最高层后才能使涉及多部门的问题得到解决。

表 3-2 总结了事业部型结构的优缺点。这种组织结构形式对于取得跨部门协调有很好的效果。当组织通过传统的纵向层级链不再能得到合适的控制,或者当组织的目标转向以适应和变革为中心时,事业部型结构就非常实用。

表 3-2 事业部型结构的优缺点

优 点	缺 点
• 适应不确定性环境中的快速变化	• 失去了职能部门内部的规模经济
• 产品责任和接触点明确会使顾客满意	• 导致产品线之间的协调差
• 实现跨职能的高度协调	• 不利于能力的纵深发展和技术的专业化
• 使各单位能适应不同的产品、地区或顾客	• 使跨产品线的整合和标准化变得困难
• 最适于提供多种产品的大型组织	
• 决策的分权化	

像通用电气公司、雀巢公司、强生公司这样的大型、复杂的企业,都将自己划分为若干小规模的、自我包容的经营单位,以实现更好的控制和协调。这些大公司内部设立的经营单位有些叫事业部,有些叫业务单位或战略经营单位。例如,强生公司设有 180 个独立的业务经营单位,有很多事业部都是独立注册的企业,在强生集团公司总部的指导下,自主地开展经营活动。盖茨和史蒂夫·鲍尔默是公司的共同创造者,他们分别担任董事会主席和首席执行官。在公司成长之后,他们采取了划小经营单位的结构重组措施,创设了 8 个事业部,并授予事业部经理们空前的自主权,让他们以自己适合的方式来经营业务。

事业部型结构能给组织带来多方面的好处。这种结构能适应不稳定环境中迅速发生的变化,并对各种产品的经营状况有高度的可见性。因为每一种产品都是一个独立的分部,顾客能方便地与对口的事业部门取得联系,并产生满意感。跨职能的协调也非常好,每个产品事业部都能够根据各自的顾客或所服务地区的需要做出适应性调整。对于经营多种产品或服务,并拥有足够的人力资源给各事业部职能单位配备人员的组织来说,事业部型结构通常最为合适。像强生公司、百事可乐公司及微软公司这样的大公司,目前都将决策制定推移到较低的组织层次。每个事业部都保持相当小的规模,以便能敏捷地行动,对市场的变化做出迅捷的反应。

事业部型结构的缺点是,组织失去了规模经济。不像职能型结构那样让 50 名研发工程师共享同一设施,事业部型结构将这些人分配到 5 个事业部,这样,每个事业部只有 10 名研发工程师。这样,开展深层次研究所需要的非常重要的规模就丧失了。物质设施也不得不在每一种产品线中重复配置。此外,各产品线的生产经营相互分立,跨产品线的协调难以实现。正如强生公司的一位经理所说,"我们需要不断地提醒自己,我们是在为同一家公司工作"。微软公司也担心新创设的独立事业部可能提供与其他事业部相互冲突的产品和服务。

像惠普公司、施乐公司都设有大量的事业部,它们在横向协调方面面临着严重的问题。软件事业部提供的计算机程序可能与另一事业部出售的商业计算机不兼容。当顾客觉察到一家公司内某个事业部的销售代表并不了解其他事业部的新产品开发情况时,他们就会感到迷茫而最终抛弃这家公司。因此,需要通过任务小组或其他联系手段取得跨事业部的协调。另外,技术专业化的缺失也是事业部型结构面临的一个问题。因为在这种结构中,员工所认同的是某种特定的产品线,而不是某项职能专长。比如研发人员会倾向于从事使该产品线得益的应用研究,而不愿意从事使整个组织都受益的基础研究。为克服这样的问题,微软公司只好设立一个独立的事业部开展基础研究。

三、地区型结构的设计

结构组合的另一依据是组织的用户或顾客。在这种情况下最常见的结构就是按地区分设经营单位。一个国家的不同地区可能会有不同的需求。每个地区单位可以包括该地区产品生产和销售所需的所有职能。跨国公司经常在世界不同的国家或地区设立自主经营、自我包容的单位。

几年前,苹果公司将其结构从职能型重组为地区型,目的就是便于向全世界的顾客制造和销售计算机产品。通过这种结构形式,苹果公司使其管理者和员工精力集中在满足特定地区的顾客需求和销售目标上。类似的,麦当劳公司将美国的业务分为5个地区分部,每个分部都配有总裁和诸如人力资源、法律等职能人员。地区型结构使苹果公司和麦当劳公司集中于满足各个不同地区顾客的需求,如图3-3所示。

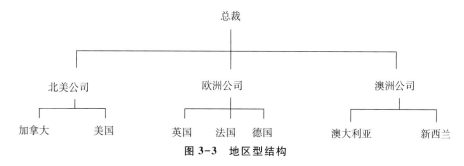

图 3-3 地区型结构

区域分部型结构的优缺点与事业部型结构组织的优缺点类似。具体就是,组织能够适应各自所服务地区的特殊需要。员工会认同地区目标而不是国内目标。这种结构强调了地区内的横向协调,而不是跨地区的或与国内总部的联系。

第四节　矩阵型、横向型和混合型结构设计

一、矩阵型结构的设计

组织结构有时需要多重的组合,比如同时按照产品和职能或者产品和地区进行部门组合。矩阵型结构就是实现这种多重组合的一种方式。矩阵型结构适用于技术专长及产品创新和变革都对实现组织目标有重要影响的场合。或者当组织发现无论职能型、事业部型、地区型结构还是其配以横向联系手段后的结构都难以奏效时,矩阵型结构常常是解决问题的方案。

矩阵是横向联系的一种有力方式。矩阵组织的独特之处是同时使用产品事业部(横向的)和职能(纵向的)结构。产品经理和职能经理在组织内拥有同等权力,员工同时向他

们报告工作。矩阵型结构与本章前面介绍的运用专职整合人员和产品经理的情况相似。不过,矩阵型结构中的产品经理(横向的)得到了与职能经理(纵向的)同等的正式职权。

(一)矩阵型结构的适用条件

双重职权关系看起来好像一直是一种非正常的组织设计方式,但在符合以下几个条件时,矩阵式结构就是一种合适的结构设计。

(1)存在跨产品线共享稀缺资源的压力。这类组织通常只有中等的规模,拥有中等数量的产品线,这些产品之间存在人力和设备灵活调用和共享的压力。但是,组织的规模还没有大到组织能够给每一条产品线配备专职的工程师这样的程度。这样,工程师只能以临时调配的方式被指派到各产品线和项目组中。

(2)环境压力使组织需要提供两方面或更多方面的关键产出,如深度发展的专业技术知识(职能性结构)和不断更新的产品(事业部型结构)。这种双方面的压力意味着组织需要职能和产品双重职权线上保持权力的平衡,而双重职权结构正是维持这种平衡所需的。

(3)组织的环境领域不仅复杂,而且充满不确定性。外界的频繁变化和部门之间的高度依存要求组织无论在纵向还是在横向上都具有较高的协调和信息处理能力。

上述三个条件下必须使纵向和横向的职权线得到同等的承认,于是便创设了具有双重职权关系的矩阵型结构,以使这两条线之间的权力保持一种均等的平衡(见图3-4)。

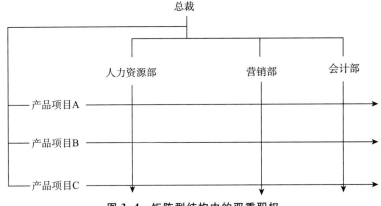

图3-4 矩阵型结构中的双重职权

矩阵型结构是在传统纵向层级链的基础上正式配备横向的团队,并设法保持两条线上权力的平衡。然而这种矩阵可能发生某种变形。许多公司发现,由于矩阵结构中某一边的职权可能强于另一边,从而使真正平衡的矩阵难以推行和保持。认识到这一倾向,它们开发两种变形的矩阵型结构——职能矩阵和产品矩阵。在职能矩阵中,职能经理拥有更大的职权,而项目或产品经理只是协调各产品线的活动产品。产品矩阵中的情形则相反,项目或产品经理拥有更大的职权,职能经理只是将有专门技术的人员分配到各项目中,并在需要时提供专业技能的建议。对于许多组织来说,其中某种变形的结构可能比双重职权线的平衡矩阵更为有效。

(二)矩阵型结构的优缺点

矩阵型结构最适于环境变化大且目标反映双重的要求(如对产品和职能的双重目标

要求)的组织中。双重职权结构促进了沟通和协调,它是应对迅速变化的环境所必需的。它还促进了产品和职能经理两方面的权力平衡。矩阵型结构也促使人们能对没有预见到的问题展开充分讨论,并做出适当的反应。在只有一条产品线的场合,没有必要使用矩阵型结构,而产品线太多又难以迅速达成两条权力线间的协调。基于我们所了解的运用矩阵型结构的组织的经验,我们将矩阵型结构的优缺点,归纳为表3-3所示。

表3-3 矩阵型结构的优缺点

优 点	缺 点
• 获得满足顾客双重需要所必需的协调	• 导致员工面临双重的职权关系,容易产生无所适从和混乱感
• 促使资源(人力、设备)在多种产品线之间得到灵活的共享	• 意味着员工需要有良好的人际技能并接受高强度的训练
• 适应不确定性环境中频繁变化和复杂决策的需要	• 耗费时间,需要频繁开会协调及讨论冲突解决方案
• 为职能和产品两方面技能的发展提供了机会	• 除非员工理解这种模式,否则难以奏效
• 最适于拥有产品线的中等规模的组织	• 需要做出很大的努力来维持权力平衡

矩阵型结构的优点:它使组织能够满足环境中顾客所提出的双重要求。资源(人力、设备)可以在不同产品线之间灵活分配,这样组织就能很好地适应不断变化的外界要求。这种结构还给员工提供了根据自己的兴趣获取职能技能或者一般管理技能的机会。矩阵型结构最适于拥有产品线的中等规模的组织。

矩阵型结构的缺点:有些员工面临双重的职权关系,容易产生无所适从和混乱感;他们需要高超的人际技能和解决冲突的能力,而这可能需要专门的人际关系训练才能获得;矩阵型结构也迫使管理者将大量时间耗费在开会协调上;而且,如果管理者不能适应矩阵型结构对信息和权力共享的要求,这一体制也难以奏效;管理者在制定决策中必须相互精诚合作,而不是依赖纵向的职权。

二、横向型结构的设计

横向型结构是一种最新的组织方式。它是按照核心工作流程来组织员工的。为特定流程工作的所有人员都组合在一起,这样就便于沟通并协调他们的努力,以便直接为顾客提供价值。横向型结构明显地减少了纵向的层级,并跨越了原有的职能边界。如今,许多组织都在设法减弱组织内部与其他公司的界限。横向型结构在很大程度上是对过去15—20年工作场所和商务环境中所发生的深刻变化的一种反应。技术进步突出了以计算机为基础的整合和协调。顾客希望得到更快、更好的服务。员工要求有机会发挥他们的智慧,并能学习新的技能和承担更大的责任。囿于纵向结构思维中的组织在应对这些挑战中陷入了困境。这样,一些组织开始尝试使用横向的机制,如通过跨职能团队取得各部门间的协调,或者运用任务小组来完成特定的项目。逐渐地,组织从基于职能的层级结构转变为基于横向流程的结构。

（一）横向型结构的特征

（1）按跨职能核心工作流程而不是仅仅根据任务、职能或地区来设立结构。这样，就消除了部门之间的界限。例如，福特汽车公司的顾客事业服务部就设立了业务开发、配件供应与物流、车辆维修服务与规划、技术支持等核心工作流程小组。

（2）自我管理的团队取代个人成为组织设计和绩效评估的依据。

（3）流程主管对各自的核心工作流程负全面责任。以福特汽车公司的配件供应与物流流程为例，有许多团队开展诸如配件分析、采购、物流和配给等工作，并专门配备了1名流程主管来负责协调整个过程。

（4）团队中的成员具有所需的技能、工具和职权并受到激励，让他们做出对团队绩效有重大关系的决策。团队成员得到多面手的训练，能够完成多种工作。团队需要具备完成一项重要组织任务所必需的综合技能。

（5）团队有权自主而独创性地思考问题，并对出现的新挑战做出灵活的反应。

（6）顾客推动着横向型组织。组织按照流程最终的绩效目标（即基于给顾客带来价值）以及顾客满意度、员工满意度和财务贡献等指标来衡量效果。

（7）组织的文化是一种开放式的、充满信任的合作，并注重持续的改进。这种文化强调对员工的授权和责任，关注员工的前途。

团队和横向型组织通常只是在组织的低层开始做试验。然而，现在有一些公司实际上已经将整个组织重组为横向型的，在传统的支持职能（如人力资源、财务）领域，或许只配备少量的资深经理人员。

（二）横向型结构的优缺点

尽管施乐公司运用横向型结构取得了引人注目的成果，但横向型结构与其他所有的结构设计一样，都有其优点和缺点（见表3-4）。

表3-4 横向型结构的优缺点

优　点	缺　点
• 促进组织对顾客需要的变化做出灵活而快速的反应	• 确定核心工作流程较为困难，而且耗费时间
• 将员工的注意力引向为顾客生产和提供价值	• 要求对组织文化、工作设计、管理哲学、信息和奖惩系统做出变革
• 每个员工都对组织目标有宽广的认识	• 传统的管理者可能有阻力，因为他们得放弃权力和职权
• 促进员工注重团队工作和合作	• 需要极大地加强员工培训，使他们能在横向型团队中有效工作
• 通过提供分享责任、制定决策及对结果负责的机会提高员工的工作满意度	• 可能会制约技能的纵深发展

横向型结构的显著优点是：它因为增进了协调，所以能极大地提高公司的灵活性和对顾客需要的反应能力。这种结构使员工的注意力转移到顾客上来，从而在改进生产率、速

度和效率的同时也带来了顾客满意度的提高。另外,由于打破了职能部门间的边界,员工对组织目标有了宽广的认识,而不是仅限于单个部门的目标。横向型结构还促使员工注重团队工作和合作,这样会促进团队成员达成一种献身的共识,以实现共同的目标。最后横向型结构通过提供分享责任和决策的机会,使员工的生活质量得到改善,并促使他们为组织做出更大的贡献。

横向型结构的一个缺点是:它可能给组织带来损害,除非管理者能细致地鉴别出对提供顾客价值起关键作用的核心工作流程。然而,确定这些流程,再围绕它们进行组织,这些工作如果不能说是困难的,起码也是耗费时间的。例如,美国电报电话公司的网络系统事业部曾最终识别出累计130个流程,后来通过分析压缩到少于15个核心工作流程。而且,实现向横向型结构的转变更是耗时,因为它要求对组织文化、工作设计、管理哲学、信息和奖惩系统做出重大的变革。传统的管理者可能会阻挡这种结构转型,因为他们得放弃权力和职权,转变为教练式的领导者和团队的促进者。员工通过强化培训,能够在团队环境中有效地工作。最后,由于工作本质上是跨职能的,横向型结构可能会制约知识和技能的纵深发展,除非采取措施给员工提供保持和提高技术专长的机会。

三、混合型结构的设计

现实中许多结构并不是以我们本章介绍的纯粹的形式存在的。尤其是在当今复杂的商务环境中,组织通常使用混合型结构将各种组织形式的特点综合起来,以适应特定的战略需要。许多公司将职能型、事业部型、地区型、横向型的结构特点结合起来,利用了各种结构的优点,同时避免了某些缺点。混合型结构倾向于在迅速变化的环境中得到应用,因为它给组织提供了更大的灵活性。

常用的一种混合型结构是将职能型和事业部型结构的特点结合起来。当一家公司成长为大公司并拥有多个产品或市场时,通常需要重组为某种自我包容的单位。对某一产品或市场的经营具有重要性的职能,就需要分散而纳入自我包容的单位中。但某些相对稳定不变且要求规模经济和纵深专业化的职能则集中在总部。在重组后的结构中,每个产品部副总裁都负责该产品生产经营的各项职能,包括营销、计划、供应和配送以及制造等。然而像人力资源、法律、技术和财务等活动则集中在总部的职能部门,以保持规模经济。这些职能部门均向整个组织提供服务。

另一种混合方式是将职能型和横向型结构的特点结合起来,这在今天已经日益得到越来越多的应用。例如,福特汽车公司的顾客服务事业部就是用这种混合形结构的一个实例。该事业部拥有12 000名员工,在全球范围开展业务,为15 000名商家服务。该事业部内设立了数个横向联结的小组,它们由具有多样技能的团队组成,集中于完成诸如配件供应与物流、汽车维修服务与规划、技术支持等核心工作流程。每个流程一名流程主管负责确保各团队实现总体的目标。福特汽车公司的顾客服务事业部在诸如财务、战略与沟通、人力资源职能上仍保留职能式结构,这些部门为整个事业部提供服务。

在福特汽车公司这样的大型组织中,管理者必须用多种结构特点来满足整个组织需要。与纯粹的职能型、事业部型或横向型结构相比,混合型结构更经常地得到应用,因为它具有各种结构的优点,而又克服了其缺点。

四、小结

每种类型的结构都适用于不同的情境条件,满足不同的需要。在对各种结构描述中,我们初步了解到环境稳定或变化、组织规模等与结构相关联的情境条件。了解每种形式的结构——职能型、事业部型、矩阵型、横向型、混合型——都是帮助管理者改进组织效果的一种工具,其有效性如何取决于特定情境条件的要求。

(一) 结构的权变因素

管理者设计组织必须与权变因素相适应,结构受环境、战略、目标、文化、技术和规模等情境变量的影响。在这些情境变量中,竞争战略与结构之间的关联已引起人们的特别关注,并得到广泛的研究。结构通常反映组织的战略,产品或市场战略的变化经常会导致结构的变化。企业一旦制定出某种战略,力求通过它获取市场中的竞争优势,领导者就要设计或重新设计结构,以便协调组织的活动以更好地实现这种优势。就像前面所介绍的施乐公司的首席执行官保罗·阿奈尔及其他高层经理人员提出新的战略方向后,将组织转变为横向性结构,原因是这种战略要求更高的灵活性和紧密的横向协调。

其他的权变因素还有如环境、文化、技术、目标、规模,每个变量都会影响到结构设计的适宜性,而且环境、文化、技术、目标、规模等情境变量也是相互影响的。

(二) 结构的连续流

从根本上说,管理者有关结构设计的最重要决策是找到纵向控制与横向协调之间的合适的平衡点,这取决于组织的需要。纵向控制是与效率和稳定性目标相关的,横向协调则与学习、创新和适应性相关联。

当组织需要通过纵向层级来协调,以及当效率对实现组织目标至关重要时,职能型结构是合适的。这种结构借助于任务的专业化和严格的指挥链,使稀缺的资源得到了高效率的利用,但不利于组织获得灵活性和创新性。在这一连续流的另一端,组织为实现创新、促进学习,对跨职能协调有高强度的需要,此时横向型结构就是适宜的。

这种结构促进组织实现自己的与众不同(即差异化),并对变化做出快速的反应,但是要以资源的有效利用为代价。本章其他类型的结构包括配备横向手段的职能型以及事业部型、矩阵型结构,代表了组织在实现效率或者实现创新与学习这条道路上各种中间性的步骤。

(三) 结构无效的症状

高层经理人员要定期评价组织结构,判别这种结构是否适合组织变化的需要。许多组织在试用了一种组织结构后,又重组为另一种结构形式,为的是找到这种内部报告关系和外部环境需要之间的更恰当的匹配。

作为一般规则,当组织结构不适合组织的需要时,会出现以下一个或多个结构无效的症状:

(1) 决策迟缓或质量不高。由于组织层级汇聚太多的问题给决策者,他们可能负担过重。这可能是向低层的授权不足所致。另一个导致决策质量不高的原因是,信息可能没有传达给合适的人。该组织中无论纵向还是横向的信息联系,可能都不足以保证决策的质量。

（2）组织不能创造性地对环境的变化做出反应。部门之间没有横向地协调起来，这是缺乏创新的一个原因。营销部门对顾客需要的识别，必须与研发部门对技术进步的认识协同一致。组织结构中也应该将包括环境监测和创新的职责明确纳入部门的职责范围。

（3）明显过多的冲突。组织结构应该能将冲突性的部门目标汇总成一整套组织整体目标。当各部门按不同的目标各行其是，或者处于一种为完成部门目标而牺牲组织整体目标的压力之下时，这样的结构就存在问题，比如缺乏适当的横向联系机制。

本章思考题

1. 什么是组织结构变量？什么是组织情境变量？
2. 组织设计的主要内容是什么？
3. 当代组织设计的新范式有哪些？
4. 组织结构设计的要点和手段是什么？
5. 职能型组织结构的优、缺点各是什么？
6. 事业部型组织结构的优、缺点各是什么？
7. 矩阵式组织结构的优、缺点是什么？
8. 横向型组织结构的特征是什么？
9. 横向型组织结构的优、缺点是什么？
10. 混合型组织结构设计的两种常见方式是什么？
11. 通常情况下，可以通过哪些现象判断组织结构设计不太适合环境需要从而需要进行重新规划设计？

第四章 组织中员工的行为动力学

第一节 个体的智力与智能

一、智力与智商测量

智力可以定义为一个人吸取经验、获取知识、抽象思维以及适应情境变化等方面的能力。通常智力也被称作智商(intelligence quotient, IQ),它描述的是一个人心智能力的总体水平。智商呈正态分布,68%的人处于85—115这一平均水平。

IQ测试法最初是由阿尔弗雷德·比奈在20世纪初期设计发明的,目的是帮助那些需要进行特别指导或是教育的孩子。此后,这种方法也被用于为军队筛选各类专业预备役人员。目前最通用的IQ测试法是1939年由大卫·韦克斯勒编制的。在随后的20年间,他对这一方法不断地进行改善。20世纪60年代末以后,这种方法在全世界得到了广泛的应用,主要是对学生进行分类测试。然而,与此同时,关于IQ测试方法的使用引发了激烈的讨论,而且似乎这类讨论从未停止。

那些反对参照IQ测试结果来做出决定的人们的主要观点是,这是某种针对那些处于社会阶层底层个体的偏见。他们认为,IQ测试对于那些可以接触到更多社会和经济资源的人更为有利,因为这些人可以占有这类资源而能够接受更好的教育机会。这些人还认为,这类有时间限制的测试方法不能反映生活中的真实状态。如果想做出正确的决策,绝大多数人需要收集足够多的相关信息,仔细考虑各种可能的备选方案,并对各种选择做出权衡考量。虽然在有些情境下或有些职位需要人们做出瞬间反应或决定(如航空管理员),但绝大多数的决策还是应该在深思熟虑后做出。IQ测试法实际上忽略了信息收集这一重要的过程,而这正是能够做出合理决策的重要思维方式。

那些支持使用IQ测试法来决定教育和就业资源配置的人们则认为,这种方法相对较为公平。因为人们可以基于好奇心的探索,不断地学习、总结经验,提高分数。还有一些支持者指出,个体的IQ测试与他们完成的一些与智力相关的任务表现出很强的相关性。尽管有这样或那样的局限性,几十年来,IQ测试法仍被认为是最能准确反映一个人智力水平的方法。

霍华德·加德纳(Howard Gardner)、罗伯特·斯滕伯格(Robert Sternberg)和丹尼尔·戈尔曼(Daniel Goleman)等心理学家在过去的30年中一直在质疑把IQ作为最主要的智力测试指标。他们致力于推动大众能够接受更为多样的智力表现形式,如多元智能、创造力和智力三元理论。

二、多元智能

阿尔伯特·爱因斯坦(Albert Einstein)和约翰·塞巴斯蒂安·巴赫(Johann Sebastian Bach),谁更聪明?很多人的答案会是爱因斯坦,因为人们认为他是一个数学和科学领域的天才。有一些人则认为巴赫的智力水平更高,因为他在音乐方面的才华无与伦比。对此问题的答案实际上反映了你对于哪类技能或能力更能体现一个人聪明与否的倾向性态度——是数学及科学类还是音乐类。

加德纳于1983年出版的《心智的框架》一书中对单一形式的智力提出了反对意见,在书中他的观点是,IQ测试、标准化的打分方式以及基于此类结果对智力的分级都很难预测一个人将来是否会成功,因为这些方法都不能完整地体现出某个人"聪明"的每一个方面。虽然在某些情况下,IQ测试的结果可能预示某个人在学术研究领域将获得的成就,但在艺术创造力或是其他专业性较强的领域却不能作为参考,不能对一个人是否能够取得成就做出预判。因此,加德纳提出,主要有八种智力的表现形式与一个人在事业上的成功相关:语言表达、数理分析、空间想象、运动知觉、音乐感知、人际交往、自我认知及自然观察(见表4-1)。

表4-1 多元智能

智力的类型	描述	在职场上,可以承担的工作	适合职业
语言表达	驾驭文字的能力	撰写报告	律师、记者、政治家等
数理分析	数字及推理能力	设计工作表或分析数据	科学家、数学家、经济学家、技术专家、工程师等
空间想象	图形及视觉空间能力	绘制展示用图表或幻灯片	艺术家、建筑设计师、飞行员等
运动知觉	身体素质	组织并指导公司运动团队	舞蹈家、运动员、建筑师等
音乐感知	音乐才能	组织策划公司才艺表演	音乐家、歌唱家等
人际交往	处理人际关系的能力	面向大众的演讲	教师、外交官
自我认知	自我认知和调控能力	以员工满意度为导向的团队工作	哲学家、心理学家、神学家
自然观察	认识、辨别和考察自然现象的能力	拓展公司的自然生态项目	园艺师、农场主等

资料来源:Howard Gardner, *Frames of Mind: The Theory of Multiple Intelligence*, New York: Basic Books, 1983.

那些擅长语言表达的人,能更愿意撰写报告而不是填写电子表单,而空间想象力超群的人则更乐于使用图表或幻灯片等形式向受众表述自己的观点。无论你倾向哪种方式,在选择职业和工作职能时,都要将自己所擅长的某方面智力与职位相匹配,这将对你在工作中的绩效表现起着决定性的作用。很多人同时具备多种智力,这不仅构成了他们的个性特征,还会影响人们在不同情境下做出应对方式的选择。

有关人脑功能的研究给了我们有关倾向性的更多启发。不同的个体，其大脑对于信息处理的方式也不尽相同。有些研究者认为，左半脑主要负责逻辑、理性及分析类思维。与此相对应，直觉、空间想象和抽象类思维，这主要由右半脑来处理。那些左半脑更为发达的人倾向于以系统化和结构化的方式处理信息；而右半脑更为发达的人更喜欢用抽象的方式来处理，这类人更具有创造力和创新性，在空间想象和处理复杂问题的能力方面也更擅长。

这些所谓被打上代表左脑发达或者右脑发达标签的各类能力其实只不过是标签而已。有关人类大脑活动的实证研究，并没有足够的证据表明左右半脑在处理信息的过程中存在差异。但有一点是明确的，即确实某些人比其他人更擅长结构化、系统性和逻辑性思维。无论大脑活动是如何进行的，类似的倾向性可能也确实可以影响个体行为或专业能力，进而会决定一个人是否能在相关领域获得更大的成功。例如，公司 CEO 可能需要在人际智能方面更优秀，而擅长推理的 CEO 可能更擅长组织结构和系统事实。

三、创造力

我们通常认为那些具有空间想象、运动知觉和音乐感知方面智力的人最富创造力。但实际上在任何智力形式中，创造力都是重要的组成部分，而且在所有人身上都会有不同程度的体现。创造力也被称为发散性思维或水平思考，是指能够用新的方式把各类想法互相结合，进而产生具有创新性和可实用性解决方案的能力。

创造力对如何能更好地完成工作以及在工作过程中人与人之间如何进行沟通都会有影响。例如，数学家和科学家经常会给出针对一些复杂问题的解决方案。教师、律师、政治家和心理学家会花时间对数据进行综合分析，以给出其他选择方案。具有创造才能的人不仅仅基于他们已经掌握的知识和技术能力来思索新想法，还会在这个过程中征求并参考他人的意见或利用其他资源。另外，有些人虽然自身创造的水平有限，却善于发现并激发他人在创造力方面的潜能。富于创造力的人具有以下四个共同特点：①在面对困境时的自信心和毅力；②愿意主动承担风险；③愿意学习新的经验并对此持开放性的心态；④对模糊概念的容忍度。

创造力是可以被评估的，主要依据以下三方面的指标：流畅度、灵活度和独创性。流畅度是针对某类需求可以给出多种解决方案的能力。灵活度则是能够根据问题给出不同解决方案的能力。例如，当面对一系列任务，而每个任务需要不同的策略时，能够根据每个任务的需求给出解决方案的能力。独创性是能够做出与以往不同且具有创新性的建议、想法或解决方案的能力。

创造性对组织而言极为重要，因为不断产生新的想法或调整战略方向对于公司的可持续发展是非常必要的。创造力绝不只是那些与艺术相关的特质，也不仅仅是一种与生俱来的天赋。恰恰相反，创造力是可以通过不断地质疑和挑战那些解决问题的常规做法而被逐步培养的。

四、智力三元理论

心理学家罗伯特·斯滕伯格有关智力的理论也是基于认知功能的多个维度。他认为,每个人都拥有三方面的智力:计算类智力(分析能力)、经验类智力(创造力)、情境类智力(实用性)。在智力三元理论中,智力的首要组成因素与处理问题时的认知能力和分析能力密切相关,认知能力和分析能力可以通过传统智商测试法来度量。但与传统评价方法的不同之处在于,他将知识整合能力列为计算类智力的核心因素。在斯滕伯格看来,在解决问题的过程中,能够认识到应该提出哪些问题和寻找哪类信息是体现分析能力的关键。

智力三元理论的第二种组成因素是创造力,即能够识别创新型解决方案或类似的促进因素,并针对这些因素同时结合外部环境及时做出应对的能力。斯滕伯格认为,创造性智力并不仅仅与创造力本身相关,还应该包括新的想法和主动通过体验式学习得到提升的意愿。他还认为,具备创造性智力的人们更擅长将自己已经掌握的知识和经验应用于创新性或某种独特情境中。

智力三元理论的最后一种组成因素是情境类智力,即塑造外部情境或根据外部情境进行自我塑造的能力。有些人擅长对情境做出适当的分析并从大的格局着眼。他们似乎很清楚哪些是完成任务所需的要素,也知道用什么方式完成更为有效。他们甚至会把挫折看作机遇及实现更高成就的基准点。那些能够对宏观层面的环境因素造成影响或者能做出有效应对的人具备更高的情境智力。

那些具备情境类智力的人对宏观层面的情境因素极为敏感,尤其是当公司的业务处在初创、发展或变革期时。这类人具有大局观,擅长感知机遇并规避风险。他们独有的个性特征使他们在人群中很容易被区分出来。他们通常对历史很感兴趣,并具备一定的鉴别能力,也会表现出希望从过往经历中习得经验的强烈意愿。除此之外,这类人还倾向于掌握有关政策法规、地缘政治和高新技术等方面的知识,并且积极获取跨文化方面的经验。具备情境类智力的人们具有以下三种特质:①乐于花时间研究情境因素以及这些因素对商业运营的潜在影响;②具有擅长从所处的情境中捕捉机遇或通过改善情境因素获取新机遇的个性特征;③当情境发生变化时,有能力调适并改变自己的领导风格和领导方式。

总的来说,具有情境类智力的人对环境的适应能力更强。他们通常有能力以一种他人无法做到的方式对外部情境中的某些线索或其他突发的刺激因素进行解读,并做出相应的反馈。

第二节　个性

一、个性的定义

心理学中,个性是一个复杂而广泛的概念。不同的心理学家对个性有着不同的定义。Msddi 认为,个性是决定每个人心理和行为的普遍性和差异性的那些特征和倾向的较稳定的有机组合。Kalish 认为,个性是导致行为以及使一个人区别于其他人的各种特征和属性的动态组合。从组织行为学的角度出发,个性就是人的一种相对稳定的特征,这些特征决定特定的个人在各种不同情况下的行为表现。个性在心理学专业术语中,又称为人格(personality)。管理工作的特点之一便是要影响他人的行为,了解个性有助于管理者懂得他人的行为,进而预见并影响他人的行为,从而提高管理工作的有效性。

个性是如何形成的?是什么因素造成个体之间的个性差异呢?通常认为有如下几种因素:遗传因素、社会化因素、组织环境因素和偶然因素。人的个性是由先天的生物遗传和后天影响、社会实践活动相互作用和融合的产物。但是在个性的形成过程中,人并不是消极被动地接受先天遗传和后天环境的影响,而是在实践活动中,在与外界环境相互作用的过程中形成和发展自己的个性。因此,在大体相同环境中生活和成长的人,由于他们的实践活动的不同以及主观努力倾向的不同,也会形成不同的个性。当然,在同样社会环境中生活和发展的人,由于他们的生活条件和实践活动有许多共同的东西,因此他们的个性也会有共同的特点。这就是人们个性上的共同性和独特性。个性的共同性和独特性包括广泛的内容,如个性的职业性、民族性以及某一群体人们个性的共同性等。

个性是在人的生活经历中发展的,但究竟哪一阶段对个性的影响最重要,学者们的看法并不一致。弗洛伊德认为,个性的大部分取决于少年以前的生活经历。埃里克森则认为,一个人的个性,在他的整个生活经历过程中是不断发展变化的,他将一般人的个性发展年龄分为八个阶段,每一个阶段发展的成功与失败的特点如表 4-2 所示。他认为,每一个阶段的发展都需要获得成功,才能形成良好的个性。如果受到阻碍,将会导致个性上的某种缺陷。

表 4-2 埃里克森关于个性发展的分期

阶段	年龄	特点	
		成功	失败
• 早婴儿期	出生至 1 岁	基本的信任心	不信任
• 晚婴儿期	1—3 岁	自主	羞耻或困惑
• 早儿童期	4—5 岁	创造心	犯罪感
• 中儿童期	6—11 岁	勤奋	自卑
• 青春期	12—20 岁	自我认识	对自己认识模糊
• 早成年期	20—30 岁	合群	孤僻
• 中成年期	40—60 岁	继续成长	失望
• 晚成年期	65 岁以上	完善	停滞

早期的个性研究者大都相信,人的个性形成并定型于幼年或少年时代,而以后的岁月中基本不会再有重大发展。但现在的学者越来越相信,个性发展是一个终身过程,美国哈佛大学的阿基里斯通过研究指出,人的个性终身都在变化发展,即一个人终身处于成长过程,由不成熟趋于成熟。

二、个性的测量与测量有效性

通常情况下,我们凭着个人的感觉来描述和评价一个人的个性。但是从管理的角度出发,仅凭感性来了解个性,不足以提高管理的效果,更多时候需要对个性进行测量。

较常见而实用的个性测量是利用自陈的方式,即通过某种标准的测量工具,让被测者自己来描述和表现他的个性,此法分为问卷测量法和投射测量法两大类。

(一)问卷测量法

个性测量问卷是心理学家根据所要测定的个性要素的特点精心设计而成的。它们一般由一系列问题组成,其编制方法通常采取是非式、选择式或等级排列式。被测试者按照从自我观察中建立的自我概念与认识,通过对问卷的填答来报告或描述自己的个性。

个性包含着众多要素,也就是有许多方面或维度。有些问卷是只为测定个性的某一特定维度而设计,即单维问卷,如"感情倾向性问卷"。还有综合性的多维问卷,可同时测量个性中的多个方面,并常常把所测结果记录在一张特制的图表上,绘成"个性概貌图"或"个性轮廓图"。

(二)投射测量法

投射测量法的原理是,许多人的行为倾向隐藏在人的深层意识中,不宜探测,因此需要求助于投射测试,即将一个含义不明确、可作多种解释的、称为投射物的物件(可以是一种图形、一件实物等)短期地暴露在被测试者眼前,然后要他迅速观察后,立即解释他对这个投射物的理解,不允许深思熟虑。因为是猝不及防,被测试者内心深处的隐秘倾向便被用到这个投射物的解释中,从而被训练有素的专家破译或推断出来。在实践中,应用较广泛的投射测试工具主要有墨渍图、句子续完测试、主题统觉测试三种。

(三)个性测量的有效性

要使个性特征测量有意义和有效,有三个要求:第一,人们在这些特征上各有不同程度的不同,如果人人一样,这特征就不大有用。第二,人的这种特征应当在各种场合都表现一致才行。第三,应当具有某种测量这种特征的手段,所测结果可以预计此人在各种场合的表现。

以第二个要求为例,一个人在与朋友、家人的交往等场合中表现活泼,但在严肃的政治讨论中就未必如此。再看第三个要求,有研究证明,用最好的问卷所测得的个性特征与实验室条件下被试者的真正行为间的相关系数并不高,可见其预测力也不高,这似乎都在支持"情境决定行为",而不是"个性决定行为"的论点。

然而研究表明,虽然以个性与态度预测一个人在某一特定时刻和特定情境中的行为不一定准确,但在预测一个人在各种情境下的一般表现方面却相当准确。这说明测量人的个性还是有用的,因为管理者很少预计员工在某一时刻的行为,他们想预计的,恰恰是员工在长期工作中总的表现及他们的平均行为。"小李受了批评后,是会一蹶不振,还是会振作起来","老张做事是比较冒险还是慎重",这都指的是一般情况。

研究还表明,情境的约束性越强,个性特征对行为的预测越不准。情境给予行为变化和选择的可能性越大,预测就越准。因为有的组织中设有大量规章制度,严格限制其成员随意行动,不允许有非规范行为。在此种情况下,个性测量的结果对行为的理解与预测就没有多大用处,而有的组织较灵活、给其员工以较大自主权,个性对行为的影响力就较大。

三、通俗的个性理论

古希腊名医希波克拉底(Hippocrates)根据他所提出来的体液优势论,将人的个性划分为胆汁质、多血质、黏液质和抑郁质四种类型。

（1）胆汁质：具有高度兴奋性，应该是在行为上表现出不均衡性。为人直率、热情、精力旺盛，但情绪容易冲动，心境变化剧烈，当在工作上遇到困难、精力消耗殆尽时，就会失去信心，情绪沮丧而一事无成。

（2）多血质：对有兴趣的事情反映热忱而有显著的工作效能。活泼好动，善于交际，反应灵活，动作敏捷。但如果事业平凡或不投其所好，他的热情马上烟消云散。

（3）黏液质：安静、均衡、坚定、顽强。一旦估计能完成任务，就会一干到底，待人真挚，态度持重，交际适度，控制情感。但比较沉默，有惰性，反应缓慢。

（4）抑郁质：处事谨慎，工作细致，感情细腻丰富，但孤僻羞怯，优柔寡断，脆弱多疑，易受挫折。

具有以上四种典型气质的人在日常生活中不多，绝大多数人都是介于各种类型之间的中间类型。

人的一些心理特点是后天形成的，与人们在实践中的经历有关，有的人获得成功，有的人屡遭失败，有的人成败相间。针对这三种人，心理学家又把后天心理特征分为三种：

（1）P(positive)型，又称积极型、肯定型。这种人随着事业的成功，行动逐渐强化。活泼而有坚强的信念，做事光明正大，相当积极，不怕挫折，斗争性强。他人常如此评价：过分自信。

（2）PN(positive negative)型，又称积极、消极折中型。这种人有成功也有失败，其情绪出现愉快与不愉快的交替变化，行动稳定性差，某些行动往往变得无法收拾。

（3）N(negative)型，又称消极型、否定型。这种人与肯定型的人相反，常遇到的都是不愉快的事，因而行动越来越消极，渐渐地把自己关在小圈子里。话题少，依赖性强，一切听从指挥，畏首畏尾，对社会活动不感兴趣，生活平淡，自卑感强，缺乏自信、自尊、自强意识，更无雄心和野心。

四、艾森克个性理论

艾森克（Eysenck）认为，有两类因素能够包容人的大部分重要的个性特征，这就是人的感情稳定性和感情倾向性。

（一）感情稳定性

感情稳定性又称为焦虑性或神经质性。这方面得高分的人感情极不稳定，在工作环境中显示出如下特点：

（1）对职务状况不明的耐受力低。他们喜欢的情境是，领导对自己的要求很明确，规章制度清楚，工作程序条理分明。当然人人都喜欢这种工作条件，但这种人在遇到相反情况时，会比别人感到焦虑不安。

（2）需要获得反馈、保证和信心。如果缺少这些条件，这种人就会顾虑重重，害怕可能会犯错误，并且低估自己的进展。他们的信条是：不知道我干得好不好，准是我干糟了。

（3）对工作的自我认识波动不稳。他们对工作的好坏特别敏感。

（4）对威胁敏感。不管威胁是真的，还是仅出于自己的想象。一旦有风吹草动，马上杯弓蛇影，惶惶不安。他们总是力求无过，一旦有了小差错，往往会全神贯注在避免重犯而忽略其他。

（二）感情倾向性

该类因素的一端为内倾,另一端为外倾。这个概念早有人研究,但对其意义的认识还未统一。人们通常是按照社交态度来理解:外倾者开朗乐群,内倾者沉默避群。但在心理学中,此概念有着更广的内涵。

按照德国著名心理学家荣格的看法,外倾是指人高度关注他周围发生的一切,使他把精力都倾注在自己以外的人和事上。内倾则是相反的倾向,关注的是自己的感情、记忆与内心生活。艾森克认为,内、外倾之别在于对外界感官刺激的需要,外倾者需要社交活动、冒险的行为、强烈的环境变化等外界刺激,内倾者则希望减少这类外界刺激。当然,典型的内、外倾是两种极端,多数人居中,对两的种需要都有,只是比例不同或随时间变化而发生变化。

内倾、外倾无所谓好坏。例如外倾者受不了平淡常规的工作环境,但在有威胁或强刺激环境下却如鱼得水;内倾者受不了这种刺激,不过在长期平稳少变的环境中,却比外倾者干得出色。

五、大五人格模型

近几年的研究表明,有五项基本人格维度是所有其他人格类型的基础,并代表了绝大多数重要的人格变量。大五人格模型认为个性由"OCEAN"几个维度组成:

（1）对经验的开放性(openness to experience):指的是人们积极寻找新的不同体验的程度,人们对自身思想、情感和冲动的意识,以及能够同时对它们注意的程度。

（2）责任心(conscientiousness):有责任心的人是可靠的和信得过的,他们遵守社会准则。

（3）外向性(extroversion):个体善于交际、健谈、果断,以及善于与他人相处的程度。

（4）随和性(agreeableness):指的是人们被人喜爱、易合作和设身处地为他人考虑的程度。

（5）情绪稳定性(neuroticism):个体保持冷静、热情、安全感(积极的)或者紧张、忧虑、沮丧和缺乏安全感(消极的)的程度。

在这五个维度中,责任心与各种类型的整体工作表现都有最强的关联性。在责任心维度上得分较高的人与得分较低的人相比,他们为自身制定了更高的目标,对他人有更高的业绩期望和更大的激励,对自己的工作更满意,也有更高的职务。某些事实表明,神经质或情绪稳定与业绩表现有反向关系。其他个性特点与某些特殊类型的工作表现有关联。在高度竞争和社会性成分的销售工作中,业绩表现与外向性有关联。在需要合作的工作中,随和性和业绩表现有关联。虽然对经验的开放性是国际工作的一个很好的选择性标准,但是它不能作为业绩表现的预测指标。需要注意的是,个性对这些行为的影响是适中的,而不是非常大的。

大五人格模型有它的优点,也有其局限性。用于测评的问卷调查很容易执行,北美人和西欧人的个性稳定,因此成本相对较低。然而这个模型可能并不适用于所有文化。例如对意大利人的研究显示,他们有三个方面而非五个方面的特质;对其他文化环境所做的研究显示,这些文化中的人有六个、七个甚至九个方面的特质。而且,同样的特质在不同文化中也可能有不同的意思。大五人格模型也曾被人批驳,因为有时候它得出的结果在不同的时间或情境下是不一致的。另外,由于各因素对行为产生不同强度的影响,因而弱化了模型的预测力。

六、迈尔斯-布里格斯类型指标

迈尔斯-布里格斯类型指标(MBTI)是指个性轮廓,它部分参照了荣格的个性理论,是目前非常流行的一种人格特质分类方法。迈尔斯—布里格斯类型指标的人格评估工具包括 100 个问题,要求人们回答在各种不同的情况下,他们通常是如何应对或认为的。基于他们的回答,可以判定个体在以下四个维度中表现出哪种倾向:

1. 外向型(E)与内向型(I):该维度反映个体的精神能量指向

罗宾斯对该维度的定义是:外向型的个体通常比较开朗、善于社交和自信果断。他们需要多样化以及行动导向型的工作环境,能够为他们提供与他人共事的机会,并使他得以收获丰富多彩的经历与体验。内向型的个体通常比较安静和害羞。他们强调理解,更喜欢一种安静、专注的工作环境,其能够使他们不被打扰,并为他们提供机会使他们得以在有限的经历和体验中进行深入探索。

MBTI 人格量表说明对该维度的定义是:外向者将兴趣和注意力集中指向外界客观事物,外界客体的变化决定了外倾者的意识活动性质,因此他们开放、活泼、友好、可亲近;内向者的兴趣和注意力主要指向内心世界,他们的意识活动主要受个人主观因素的影响,表现出害羞、孤僻、有戒备。

2. 感觉型(S)与直觉型(N):该维度反映个体的信息获取方式

罗宾斯认为,感觉型的个体更加注重实际,并且更喜欢常规和秩序。他们不喜欢解决新问题,除非这些新问题存在标准的解决方式,他们对于事情的结果有很高的需求,对常规的细节表现出足够的耐心,并且往往擅长精细的工作。直觉型的个体依赖于潜意识过程,着眼于"全局"。这种类型的个体喜欢解决新的问题,不喜欢一而再再而三地重复同样的事情,通常跳跃性地进行思考,仓促得出结论,对常规的事情缺乏耐心,并且不喜欢在追求更高的精确度上花时间。

MBTI 人格量表说明对该维度的定义是:感觉者重现实,倾向接受和利用当前的刺激,他们善于把握大量的事实和精确的数据;直觉者超越事实和证据,善于把握事物的意义、联系和发展的可能性,通过洞察和联系找出解决问题的新方法,他们重视想象和灵感。

3. 思维型(T)与情感型(F):该维度反映个体的决策方式

罗宾斯认为,思维型个体通过事理和逻辑来解决问题。他们通常不会感情用事,并且对于人们的情感和感受无动于衷,喜欢分析并且按照逻辑顺序安排事情,他们通常会在必要的时候谴责甚至解雇员工,可能会显得铁石心肠,并且往往只能与同为思维型的人相处融洽。情感型个体依赖于个人的价值观和情感。他们会关注其他人以及他人的情感,喜欢和谐,需要偶尔的赞美,不喜欢告知他人一些不愉快的事情,通常富有同情心,与大多数人能够融洽相处。

第四章
组织中员工的行为动力学

MBTI人格量表说明对该维度的定义是:思维型表现为"对事",他们做决定时以事物的逻辑性和事实作为依据,是用"脑"做决定;情感型表现为"对人",侧重于情感型表现的个体往往以个人情感和主观因素为依据,是用"心"做决定。

4. 判断型(J)与知觉型(P):该维度反映个体的生活态度取向

罗宾斯认为,判断型个体希望一切都处于可控状态,更喜欢他们的世界井然有序,有条不紊。他们是优秀的计划者,通常比较坚决果断,意志坚定和要求严格。他们专注于完成一项任务,快速地制定决策,并且只想获得完成某项工作所必需的信息。知觉型个体通常比较灵活多变,率性而为,他们具备较强的好奇心和适应能力,心胸较为宽广。他们专注于任务的开始,往往决策较为迟缓,在开始某项任务之前,希望找出所有相关信息。

MBTI人格量表说明对该维度的定义是:判断者善于组织、计划,下决心快;认知者表现出好奇、乐于变化,为适应环境而具有弹性,迟迟不做决定。

1942年,Briggs与Myers提出MBTI的最初版本,该量表经过不断修订,已发展有十余个版本,从MBTI-A到MBTI-Q,并主要经由美国心理类型应用中心(CAPT)、咨询心理学家出版社(CPP)及MBTI信托机构三大组织共同合作,出版发行了MBTI STEPI、MBTI STEPII、MBTI STEPIII三阶段评估工具,其理论基础不断深入,评估结果也更加个性化,当然其对不同维度的解释也不断深入,本书列出根据1980年版本的维度解释,供读者参考(见表4-3)。

表4-3 MBTI量表的维度及其解释

特征描述	心理维度	特征描述
外向型(E):专注于外部事物	在什么情况下你会觉得更有动力	内向型(I):专注于自身的想法和感受
感觉型(S):依赖五官的感知能力;关注身边和当下的事物;看中真实和实际的信息	收集数据和信息的方式	直觉型(N):依靠外在的表征直接做出判断;对未来的可能性持开放的态度,有探索精神;关注直觉与现实之间的联系
思维型(T):习惯用富有逻辑、具有分析性、不带有个人感情色彩且客观的思维方式来看待问题	在想法和概念之间建立相互联系的方式	情感型(F):根据价值观和主观的感受看待问题
判断型(J):倾向于严谨有序且有组织性的行为方式	分析处理信息的方式	知觉型(P):易于接受各类新鲜信息;倾向于在最后一分钟做出决定;不愿被他人强迫做出判断

资料来源:lsabel Briggs Myers and Peter B, Myers, *Gifts Differing*, CA: Consulting Psychologists Press, 1980.

每一个体都能在这四种维度中找到相应的类型,这些偏好的综合为我们提供了16种人格类型的描述。每一种人格类型中不同维度的地位不同,有主次之分。其中主要维度(dominant)是个体最常用到、得到最多发展且在潜意识中被控制的;最次要维度(inferior)是个体最少用到的,几乎不被发展的甚至根本不起作用的;次要维度(auxiliary)与第三维度(tertiary)介于两者之间。许多人格类型之间也许只相差一个维度,但可能由于主次维度的不同,而表现出很大的差异。

仅在美国,每年就有超过200万人参加MBTI人格测试,采用这种人格测试的组织包括苹果公司、美国电话电报公司、通用电气公司、3M公司以及一些医院和教育组织,甚至美国军队。但罗宾斯认为,迄今为止没有任何确凿的证据表明,MBTI人格测试是一种有效的人格测试工具,但这似乎并不阻碍这种测试的普及。

MBTI人格测试对管理者而言有何帮助?支持者认为了解这些人格类型非常重要,因为这会影响到人们应对和解决问题的方式。例如,如果你的上司属于直觉型,而你属于感觉型,那么你们收集信息的方式就会有所不同。直觉型个体更加喜欢本能的反应,而感觉型个体更倾向于事实本身。为了与上司融洽共事,你需要展示的不仅仅是关于某一状况的事实,还应该表达你是如何看待这一状况的。此外,MBTI人格测试也被用于帮助管理者更好地匹配员工与特定的工作岗位。

七、其他关于个性的观点

尽管大五人格模型和MBTI中的人格特质为理解行为提供了非常中肯的解释,但是这些特质远远不是对个体人格的唯一描述,还有以下人格特质能够对组织中的行为进行有效的预测:

(一) 控制点

有些人认为他们能够掌控自己的命运,也有其他一些人将自己视为小卒,认为他们生命中所发生的所有事情都取决于运气或机遇。在第一种情况中,控制点为内控型。这些人认为他们能够掌控自己的命运,而在第二种情况中,控制点为外控型。这些人认为他们的生活由外部因素所控制。研究表明,相比于那些高度内控型的员工,外控型员工对工作的满意度更低,更难以融入工作环境,并且对工作投入更少。管理者也许能预见到,外控型员工可能会将糟糕的绩效评估归咎于上司的偏见、同事或者是在自身可控范围之外的其他因素,而内控型员工可能会从他们自身行为方面来解释同样的绩效评估。

(二) 马基雅维利主义

第二种人格特质称为马基雅维利主义,它是以尼科洛·马基雅维利的名字命名的。在马基雅维利主义维度上得分较高的个体通常比较务实,与他人保持着情感距离,并且相信结果能够对手段进行正当的解释。"如果这是有效的,就采用它"是马基雅维利主义者的观点。马基雅维利主义者能否成为优秀的员工,这取决于工作类型以及是否将道德因素纳入绩效评估的考虑之内。在要求讨价还价技能的工作(如采购经理)中,或者在卓越的表现能够带来丰厚回报的工作(如佣金制的销售人员)中,马基雅维利主义者往往有高产出率。

(三) 自尊

人们喜爱或厌恶自己的程度有所不同。我们称这种人格特质为自尊。关于自尊的研究,为我们提供了行为方面的一些有趣见解。例如,自尊与成功的期望直接相关。高自尊者相信他们拥有在工作上获得成功所必需的能力。相比于低自尊者,高自尊者在工作选择上会更冒险,并且更有可能选择非同寻常的工作。关于自尊,最普遍的发现是低自尊者比高自尊者更容易受到外界的影响。低自尊者依赖他人的正面评价,因此,他们比高自尊者更有可能寻求他人的赞同和支持,并且更加倾向于征询他们尊重的那些人所提倡的理念和行为。在管理岗位上,低自尊者往往关注于取悦他人,因此,比起高自尊者,他们采用不受欢迎的标准行事的可能性更低。最后,研究也发现了自尊与工作满意度相关。大量的研究证实,高自尊者比低自尊者拥有更高的工作满意度。

（四）自我监控

你是否曾经有过这样的经历,你第一次见到某人,就感觉到彼此之间有一种自然而然的联系,而且很快一拍即合,十分投缘。时不时地,我们都有过这样的经历,这种自然而然地与他人相处融洽的天赋,在决定事业的成功上发挥着很重要的作用。这是另外一种被称为自我监控的人格特质,指的是根据外部情境因素调整自己行为的能力。高自我监控者在调节自身行为上展示了相当强的适应性,他们对外界因素高度敏感,并且能够在不同场合表现出不同的行为。高自我监控者在公众形象和自我之间呈现一种显著的自相矛盾。低自我监控者无法自如地调节自身的行为,他们往往会在任何场合下都呈现自己的真实性情和态度,在真实自我和所作所为之间保持一种高度的行为一致性。

关于自我监控的研究表明,高自我监控者比低自我监控者更密切关注他人的行为,并且更加灵活多变。此外,高自我监控的管理者在职业生涯中流动性更大,获得更多的晋升机会(无论是组织内部还是跨组织),并且更有可能在组织中承担核心职位。高自我监控者在面对不同人时表现出不同的面孔,这对于充当着众多角色,甚至是相互冲突角色的管理者而言,是一种至关重要的人格特质。

（五）冒险

人们冒险的意愿各不相同。研究表明,承担风险和规避风险倾向的差异会影响管理者决策的时间以及在决策之前他们所要求获取的信息量。例如,一项研究针对管理者进行了一项模拟实验,要求这些管理者制定招聘决策。结果显示,具有更高冒险倾向者比风险规避者决策时间更短,在决策过程中所采用的信息也更少。有趣的是,这两种角色的准确度却是一样的。为了使组织效率最大化,管理者应该努力实现员工的冒险倾向与具体的工作要求相匹配。

（六）A 型人格

这种人格特征描述的是始终追求和积极争取在更少时间内完成更多事情的人。A 型人格者"总是不断地驱动自己要在最短的时间内干更多的事,并对阻碍自己工作的其他人或事进行攻击(如果这样做是允许的)"。在北美文化中,A 型人格受到了高度推崇,而且它与进取心和物质利益的获得正相关。A 型人格表现为:①运动、走路和吃饭时通常节奏很快;②对很多事情的进展速度感到不耐烦;③总是试图同时做两件以上的事情;④无法打发休闲时光;⑤着迷于数字,他们的成功总是以每件事中自己获益多少来衡量的。

与 A 型人格相对应的是 B 型人格,其特点正好相反。B 型人"很少受到这种欲望的折磨,诸如要获得越来越多的东西,或无休止地压缩完成工作的时间"。B 型人从来不受时间紧迫感的困扰,他们还可以不带任何罪恶感地放松,等等。

A型人常常处于中高度焦虑的状态。他们不断地给自己施加时间压力,总是为自己规定最后期限。这些特点导致了一些具体的行为结果。A型人是速度最快的员工,他们更重视数量而不是质量。从管理角度看,A型人表现为愿意长时间从事工作,但他们的决策欠佳也绝非偶然,他们很少会花专门的时间来研究和开发具体的解决方法。面对环境中的各项挑战和困难,他们很少改变自己的反应方式,因此,他们的行为比B型人更易预测。

A型人和B型人在受聘上存在差异吗?回答是肯定的。A型人在职业面试中做得更好,他们更可能被评价为具有一些理想特质,如工作积极性高、能力强、富于进取心和成功动机高。

(七) 主动型人格

得到广泛研究的另一项有趣特质是主动性人格,这种人格特质描述的是能够发现机会、表现出主动性以及采取行动,直到发生有意义的变化。研究表明,主动型人格表现出了众多组织所期望的满意行为,这一点丝毫不令人感到惊讶。例如,他们更有可能被视为领导者,也更有可能充当组织中的变革推动者。他们更有可能对现实提出质疑;他们具备了企业家精神和能力,并且他们更有可能获得事业上的成功。

(八) 心理弹性

经济衰退的出现,促进了研究者对心理弹性的重新审视,这是个体克服挑战并将之转化为机遇的能力。一家国际咨询公司开展的一项研究表明,一个具备心理弹性的个体可能具有更强的适应能力,更加灵活,并且更加关注于目标。组织行为学研究者也考察了心理弹性和其他一些被称为积极心理资本的特质,包括效能、希望和乐观主义。根据发现,这些特征与更强烈的幸福感和更小的工作压力有关,而最终也会影响人们在工作中的表现方式以及做出这种行为的原因。

八、情绪和情绪智力

员工很少不受工作期间所发生事情的影响,我们在情绪上是如何做出应对的以及我们是如何处理自己的情绪的,这通常是关于个性的函数。情绪(emotions)是对某人或某事的强烈感觉。情绪是有具体对象的,也就是说情绪是对某一对象做出的反应。例如,当你的一位同事,因为你对客户讲话的方式,而对你提出批评时,你很可能会对他感到愤怒。也就是说,你是针对某一具体对象(你的同事)表达了你的情绪(愤怒)。因为员工在每天的工作中都带着情绪的成分,因此,管理者需要理解情绪在员工行为中发挥的作用。

到底有多少种情绪?尽管你可以说出数十种,但研究已经确定了六种普遍的情绪:愤怒、害怕、伤心、快乐、厌恶和惊奇。这些情绪在工作场合必定有所体现:在我获得糟糕的绩效评估结果之后,我会感到愤怒;当我由于公司绩效不佳而可能遭受解雇时,我会感到害怕;当同事准备前往另一座城市从事新的工作时,我会感到伤心;当我当选月度最佳员工时,我会感到快乐;对于我的上司对待团队中女性成员的方式,我会感到厌恶;而管理层计划实施退休计划的重组时,我会感到惊奇。

对于同一种情绪诱因,每一个人会产生不同的情绪反应。在某些情况下,这种差异可以归因于个体的人格差异,因为人们表达情绪的能力有所不同。例如,毋庸置疑,你一定认识某些从来不表达自己情感的人,他们很少生气或表露出愤怒。与此相反,你可能也认识某些情绪急转突变的人,当感到快乐时,他们会表现得欣喜若狂;当感到伤心时,他们会表现出极度的沮丧。那么,当两个人处于同一状态时,其中一人可能表露出兴奋和愉悦,而另一个人可能仍然保持平静。

不同的工作,对于需要表现出什么类型的情绪及其强弱程度的要求各不相同。例如,一般要求航空管制员、急诊室护士和法官,即使在压力极大的情况下,也应该保持冷静和情绪的可控性。而体育赛事的解说员和法庭上的律师必须能够根据需要调整情绪表达的强度。

情绪研究的其中一个领域为个性提供了一些有趣的见解,这一领域就是情绪智力(emotional intelligence,EI),指的是人们察觉并管理情绪线索和信息的能力。情绪智力包括五个维度:①自我感受,即感受自身情绪的能力;②自我管理,即管理自身情绪和冲动的能力;③自我激励,即面对挫折和失败时坚持不懈的能力;④感同身受,即感受他人情绪的能力;⑤社交技能,即处理他人情绪的能力。

研究表明,在各组织层级中,情绪智力和工作绩效之间都呈现一种正相关的关系。例如,曾有一项研究考察了美国的朗讯科技公司工程师所具备的特征,这些工程师被同行评价为佼佼者。该研究者得出了结论,这些佼佼者都很擅长与他人融洽相处。也就是说,区分这些高绩效者的典型特征是情绪智力,而不是学术智力。还有一项针对美国空军征兵人员的研究也得出了相似的结论:优秀绩效的征兵人员表现出了高水平的情绪智力。尽管有这些研究结论,情绪智力仍然是组织行为领域中颇有争议的一个话题。支持者声称,情绪智力具有一种本能上的魅力,能够有效地预测一些重要行为。批评者则声称情绪智力是模糊的、不可测量的,并且其效度也值得质疑。但是我们能够得出的一个结论是,情绪智力似乎对那些要求高度社交互动的工作的成功具有至关重要的作用。

九、霍兰德的人格—工作匹配理论

超过62%的公司在招聘员工时会采取人格测试。理解人格差异的主要价值,有助于管理者的领导行为。其直接表现是:如果考虑了人格与工作之间的匹配程度,领导者则更可能拥有高绩效、高满意度的员工。

最著名的人格—工作匹配理论来自心理学家约翰·霍兰德,他确定了六种基本的人格类型。他的理论认为,某位员工对其工作的满意程度和离职的可能性取决于该个体的人格与工作环境匹配的程度。表4-4描述了这六种人格类型以及每种人格特质和适合的职业。

表4-4 霍兰德的人格—工作匹配理论

类型	人格特质	职业类型示例
实际型:偏好要求技能、力量和协调性的体力活动	害羞、真诚、坚持不懈、稳定、顺从、关注实际	机械师、运动员、警官、军官
研究型:偏好要求思考、组织和理解的活动	注重分析和原创、具有好奇心、独立	生物学家、经济学家、数学家、新闻记者

(续表)

类型	人格特质	职业类型示例
社会型：偏好可以帮助和提高他人的活动	善于交际、友善、关注合作、体谅他人	社会工作者、教师、咨询师、临床心理学家
传统型：偏好有规可循、井然有序、清楚明确的活动	顺从、高效、关注实际、缺乏想象力和灵活性	会计师、公司经理、银行职员、档案管理员
企业型：偏好能够提供机会使其得以影响他人和获取权力的言语活动	自信、雄心勃勃、精力充沛、盛气凌人	律师、房地产经纪人、公共关系专家、小企业经理
艺术型：偏好可发挥创造力的、模糊的、非系统性的活动	富有想象力、无拘无束、理想主义、情绪化、脱离实际	画家、音乐家、作家、室内设计师

霍兰德的理论提出，当人格和职业兼容时，满意度能够达到最高水平，离职率也会达到最低水平。例如，社会型个体应该从事与人打交道的工作。这一理论的关键点在于：①不同个体之间的人格的本质差异是显而易见的；②存在各种各样的工作类型；③人们在与自身人格兼容的工作环境下工作能够比在不兼容情况下获得更高的满意度和更低的离职率。

霍兰德的理论对职业的分类较为简单，事实上，现实世界包含极多的职业岗位，即使是同一职位，在不同的公司甚至在同一公司的不同层级，对个性的要求都是不同的。因而，霍兰德的理论仅可作为一个参考。

此外，理解人格还会给领导者带来其他好处。通过认识到人们解决问题、决策和工作互动的方式有所差异，管理者能够更好地理解为什么某位员工会对快速决策感到不安，或者为什么某位员工会坚持在解决问题之前需要收集到尽可能多的信息。又或者领导者能够预料到外控型员工可能会比内控型员工的工作满意度更低，而且他们更不乐意为自己的行为承担责任。

最后，如果你希望能够实现目标，并且成为一名成功的领导者，那么这意味着，你不仅要与组织内部的人员融洽相处，还要与组织外部的人员融洽相处。为了与他人有效共事，需要彼此相互了解，这种了解至少有一部分来自对人格特质和情绪的深刻认识。此外，作为一名领导者，你还需要掌握的一门技能是，学会根据具体情况调整自身的情绪反应。换句话说，你必须认识到什么时候"该微笑面对，而什么时候又该严厉斥责"。

十、领导者自身的职业风格

行为科学家 M. 麦柯比(M. Maccoby)花了6年时间，对12家美国发展迅速的高科技大公司的250位高层和中基层的男性管理人员进行了深入的访问调查，有的甚至还采访了他们的家属，发现这种组织背景中的管理者职业风格大致可以分为以下四大类型：

1. 工匠型

此类领导者是技术专家，热爱自己的专业，渴望发明创造，希望能搞出新成果，有坚韧刻苦和努力钻研精神，对行政性事务和职务不感兴趣，对人际关系不敏感，不善于人际交往与处理矛盾,凡事总想求得最优化,方案不够现实,知识与思维都专而窄,广博度不足。

2. 斗士型

麦柯比把这类领导者又分为两种。一种是"狮型斗士",领袖欲很强,渴望权力,想建立自己势力的王国。他们干劲足,闯劲大,敢冒风险,有魄力,但不能容忍别人分享他的权力,一山不容二虎,只能他说了算。还有一种是"狐型斗士",他们虽然也颇具野心,却无狮型斗士的胆魄与能力,善用搞计谋、耍权术之类的手段去攫取权力。

3. 企业型

管理者中这类人最多,他们忠实可靠,循规蹈矩,严守组织的既定政策与计划,工作中兢兢业业,办事稳妥,是组织规章制度的最佳维护者,但墨守成规,保守怕变,革新性与进取心不高。

4. 赛手型

他们视人生为竞赛,渴望成为其中的优胜者;他们不同于"斗士"之处,是并不醉心于个人主宰,而只想当一个"胜利集体中的明星",他们善于团结和鼓舞别人,乐于提携部下,同时又具有强烈的进取心和成就动机。

这是四种极端类型,多数人兼具数种类型的特点,只是以不同强度组合而已。除此之外,领导者的决策风格也大不一样。关于决策的类型,本书在"决策"一章已有说明——不同的领导者偏好不同的决策风格。

第三节 个体的态度与行为

态度是关于物体、人物和事件的评价性陈述,这种陈述可以是赞同的,也可以是反对的,它反映了一个人对某一对象的内心感受。比如,当我说喜欢我的工作时,就是在表达对工作的态度。

态度具有复杂性,如果你询问人们对于宗教或工作的态度,你得到的回答会很简单。但解释这些回答的原因或许颇为复杂。为了能全面理解态度,我们必须从态度的基本组成入手。

一、态度的构成

态度主要由认知、情感、行为三部分组成。

(1)认知成分指的是个体所持有的信念、观点、知识或信息。例如有这样一种信念"歧视是错误的"。

(2)情感成分是态度中的情绪或感受部分。举个例子,"我不喜欢某位同事,是因为他歧视少数群体"的陈述,就是情感成分的一种体现。

(3)行为成分是个体以某种特定的方式对某人或某事采取行动的意向。继续我们上面的例子,由于我对上述同事的这种感觉,我可能会选择尽量避免与他接触。

把态度看成由认知、情感和行为三部分组成有助于我们理解态度的复杂性以及态度与行为之间的潜在联系。态度的这三个组成部分密切相关,特别是认知和情感,在很多方面都是不可分离的。

当然，管理者不会对员工所持有的每一种态度都感兴趣。他们尤其关注与工作相关的态度，组织行为中最广为认知的两种态度是工作满意度和组织承诺。此外，员工敬业度也常被使用。

在组织中态度很重要，因为它会影响工作行为。例如，如果员工们相信上级主管、审计人员、公司老板共同设计阴谋，使他们在相同或更低工资的条件下加倍努力工作；那么理解这种态度是怎样形成的，它与实际工作行为的关系，以及它会如何改变就显得十分重要。

二、态度总是决定行为吗

有关态度的早期研究做出这样的假定：态度作为原因影响到行为，也就是说，人们所持有的态度决定了他们所做的事。我们的日常经验也表明了这种联系。人们观看自己喜欢的电视节目，员工尽量逃避他们讨厌的工作，这些现象不是很符合逻辑吗？

然而，20世纪60年代末，态度与行为之间的这种假设关系受到了一篇研究综述的质疑。研究人员利昂·费斯廷格(Leon Festinger)提出行为决定态度。你是否注意过这种情况，人们为了避免与自己的行为互相矛盾从而改变自己的言辞。也许你的一位朋友坚持认为，美国的汽车质量不及其他进口车辆，并且他只买过日本车或德国车，但是当他爸爸送给他一辆最新款的福特汽车时，突然之间他会说，美国的车其实也不是很差。费斯廷格提出的行为决定态度的实例，阐明了认知失调的效用，即个体可以觉察到的两个或更多态度之间或者行为和态度之间的任何不一致。费斯廷格说，任何形式的不协调都会令人不安，个体会因此试图减少这种不一致，他们将会寻求一种能把失调降到最低程度的稳定状态。

研究者逐渐断定，人们确实在他们的态度之间或者态度与行为之间寻求一致性，他们或者改变态度或行为，或者使自相矛盾更合理化。烟草经理提供了一个例子。吸烟产生的健康危害被持续披露，你认为人们该如何解决？他们可以否认任何吸烟与癌症之间清晰的因果关系，他们也可以通过不断宣扬烟草的好处向自己灌输这种思想。他们还可以接受这个因果关系并使吸烟的危害降低，或者在更容易受影响的群体面前减少吸烟，比如青少年。或者他们可以因为这种不协调太过严重而辞职。

当然，没有人可以完全避免失调状态。很多人知道在所得税上做手脚是不对的，但是还是有人每年会篡改少量的数据，并希望自己不受到审查。父母告诉孩子要用牙线清洁牙齿，可是自己并不这么做。

费斯廷格提出减少失调的意愿还受到一些条件因素的影响，其中包括引发失调的因素的重要性，以及消除失调后对人们的影响。当态度或行为重要时，或者当人们相信不协调归因于可以控制的事情时，个人将会激发更多的动力来减少不协调。另一个因素是不协调的回报，当高度失调伴随着高度回报时，人们倾向于减少失调中内在的紧张。

人们发现态度方面最有力的调节变量如下：

1. 态度的重要性

重要的态度是基本价值观、自我利益的反映，或是反映了一个人对于自己看中的个体或群体的认同。那些被个体认为很重要的态度，倾向于与行为表现出高度的相关性。

2. 态度的具体性

具体的态度易于预测具体的行为,然而一般的态度倾向于预测一般的行为。比如,具体问及某人在未来六个月里是否愿意留在组织中,可能比问他对整体工作是否满意更好;另外,整体工作满意度将会更好地预测一般的行为,比如个体是否投入他自己的工作,或者积极向组织贡献自己的力量。

3. 态度的可提取性

容易回忆起来的态度比那些不容易从记忆中提取出来的态度,更可能预测行为。有趣的是,你更可能记住的是那些频繁表达的态度。因此你对于某个客体所表达的态度越频繁,你就越可能记住它,而且它越可能影响你的行为。

4. 是否存在社会压力

当社会压力在某种程度上非常强大时,态度与行为之间更可能出现差异。大多数组织都具有这些特点。它可以解释为什么烟草公司的经营者自己不吸烟,而且也相信吸烟与肺癌关系的研究,却不会积极地阻止别人在他们办公室里吸烟。

5. 个体对于这种态度是否有直接经验

如果个体对于态度所针对的事情有着直接经验,那么态度和行为之间的关系很可能更显著。当问及为一个专制的主管工作会有何反应时,如果询问那些没有明显工作经验的大学生,那么很难预测他们的实际行为,但如果询问为类似主管工作过的员工,得到的结果会不相同。

第四节 组织行为研究的一般框架

组织行为(OB)研究致力于理解、说明并最终改善组织中员工的态度与行为。组织行为研究最感兴趣的两个结果变量是工作绩效和组织承诺。这是因为,从组织来看,管理者对于员工有两个主要目标,即保证员工的工作绩效最大化以及希望优秀的员工在组织中长期任职;从员工的角度来看,多数员工工作生涯中也有两个主要目标,即履行好他们的职责和能够留在他们敬重的组织中。

迄今为止的组织行为研究揭示了如下变量可能影响工作绩效和组织承诺,它们可以分为以下几类:

(一)个体特征

(1)个性,反映个体思想、情感和行为典型模式的各种特点,如外倾性、责任心和随和性等。

(2)价值观,表现特定文化体系中对理想行为模式的共同信念。

(3)能力,描述了雇员在工作中的认知能力、情感能力和体质能力。

(二)个体机制

(1)工作满意度,描述了当员工考虑到他们的工作和履行日常职责时的感受。

(2)自我效能感,是指个体关于自己在一定程度上能够有效采取一系列必要的行动去处理未来某些情境的一些信念。

(3) 压力,反映了员工在工作需求超出个人承受能力时的心理反应。

(4) 激励,描述了驱使员工努力工作的正向动力。

(5) 信任、公正和伦理,反映了员工体会到企业在商业活动中公平、诚实和正直的程度。

(6) 员工的学习和决策,反映了员工如何获得工作知识以及他们怎样运用这些知识来做出工作上的准确判断。

(7) 胜任力,按照胜任力的冰山模型,可以认为胜任力由分布在"冰面上的冰山"与"冰面下的冰山"构成。其中,知识、技能是"冰面上"的部分,这部分是对任职者基础胜任力的要求,也称为显性胜任力。社会角色、自我形象、革新、动机等"冰面下"的部分,也称为隐性胜任力。

(三) 群体机制

(1) 团队,包括团队的标准、角色和相互依靠的方式、团队成员之间的协作、冲突与交流等。

(2) 领导,主要是领导者在特定互动中对员工所产生的影响。

(四) 组织机制

组织体制涉及组织结构和组织文化。

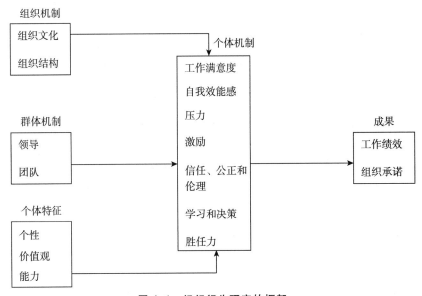

图 4-1 组织行为研究的框架

第五节 工作绩效和组织承诺

一、工作绩效的界定

工作绩效通常包括任务绩效、公民行为和偏差行为。前两类对组织产生积极作用,第三类对组织产生消极作用。

（一）任务绩效

任务绩效是指直接参与将组织资源转化为组织生产的产品和服务的员工行为。换言之，任务绩效就是员工获得报酬并继续留在组织中所必须明确的义务。

任务绩效包括例行任务绩效和适应性任务绩效。例行任务绩效是指对以正常的、例行的或可预见的方式出现的任务要求；适应性任务绩效是指员工对那些异常的、不经常发生的或不可预见的任务要求。

组织可以通过工作分析（或职位分析）来确定任务绩效行为。

（二）公民行为

公民行为是指员工做出的可能被奖励也可能不被奖励的志愿行为，这些行为通过提升整体工作环境的质量而对组织做出贡献。根据受益者的不同，公民行为主要有同事或组织两类。在绩效管理中，公民行为产生的结果也称为周边绩效。公民行为包括人际公民行为和组织公民行为。

人际公民行为使同伴或同事受益，这些行为以一种超乎常规工作期望的方式对组织的其他成员提供帮助、支持与发展。组织公民行为支持和保护组织，提高组织运转，以及效忠于组织从而使组织整体受益。

（三）偏差行为

公司除了"好员工"，也存在"害群之马"。任务绩效和公民行为都有助于组织达成目标，但有些员工从事的另一些活动却恰恰相反。工作绩效的第三种行为是偏差行为，即有意妨碍组织实现目标的行为。"有意"是该定义的关键词，就是说这些事情是员工有意去做的，而不是偶然做出的。

财产性偏差行为是指有意损害组织资产和财产的行为。生产性偏差行为是背离组织、降低组织产出效率的行为。浪费资源是最常见的生产性偏差行为。政治性偏差行为是有意做出不利于其他员工的行为，包括流言蜚语等。

有证据显示，从事某种形式偏差行为的人也会从事其他形式的偏差行为；其次，与共鸣行为一样，偏差行为也存在于任何工作中；最后，有证据显示，在任务绩效和偏差行为之间仅仅是一种很弱的负相关，同时，工作效率最高的员工也最易逃避偏差行为惩罚，因为他们不太可能被怀疑或受到指责。

二、组织承诺的界定

组织承诺能够使员工继续留在组织中而不是离开组织寻找其他工作。组织承诺包括：

（1）情感承诺。情感承诺是由于对组织的情感依附和情感投入而想继续留在组织中的愿望。换言之，情感承诺表达的是"你想这样做"。

（2）持续承诺。持续承诺是指出于对离职成本的考虑而继续留在组织中的愿望。换言之，持续承诺表达的是"你需要这样做"。

（3）规范承诺。规范承诺是指由于某种义务上的考虑而要继续留在组织中的愿望。换言之，规范承诺表达的是"你应该这样做"。

当然不同的人对这三种承诺权重的看法可能不同,有的人可能天生就很理性和谨慎,他们评价继续留在组织的愿望时,首先会考虑继续承诺;有的人天生就是易动感情和直觉型的,他们考虑事情时更多地依赖感觉而不是成本利益。这三种承诺类型对个人的重要程度也可能随其职业生涯的不同发展阶段而不同。例如,在职业生涯初期可能情感承诺所占权重较大,但当事业有成且年龄逐渐增长时,继续承诺的权重可能上升。

三、组织承诺的前因与后果

(一)情感承诺

因为情感承诺反映了员工与组织的感情关系,所以同事的感情关系自然也会影响到情感承诺。由此出发,那些与"离职者"有直接关系的员工更有可能离开组织。如果我们将组织中的人际关系纽带描绘成一张图,根据以上我们得出的假设,则处于人际关系图中央员工的离职,将会给组织带来极大的损失。

那些拥有情感承诺的员工认同组织,接受组织的目标和价值观,更愿意为了组织付出更多的额外努力。因而他们往往乐于帮助同事,在工作场所更容易发扬体育精神。

(二)持续承诺

持续承诺可能随着员工熟悉工作角色或履行职责所付出的时间、精力的投入而增加。设想一下,一位员工已工作多年,掌握了这个组织的所有工作内容,从得到的经济回报和更好的职位来说,他当下正在享受着劳动果实,如果他跳槽到另一个组织,那么之前的努力就白费了。当然,持续承诺的另一个重要影响因素使员工缺少可替代的其他工作机会。可替代的工作由以下几个因素决定,包括经济状况、失业率及个人的技术和能力水平。公司提供的与工作年限相关的福利计划是持续承诺的重要影响因素。

持续承诺存在于员工留在组织会获得利益而离开会付出代价的情况下,较高的持续承诺会使员工难以跳槽去更换工作,这是由于考虑到与跳槽有关的巨大代价。

(三)规范承诺

认为应该继续为现任雇主工作的想法产生于各人的工作哲学或生活经历中对是与非的感悟。除个人的工作哲学,还有其他方式有助于员工建立基于责任感的承诺。其中一种方式是使员工对组织产生负罪感,也就是说他们有亏欠组织的感觉。例如,一个组织可能在培养员工上花了很多钱,为了酬谢组织的这份投入,员工可能会感到有义务用几年的忠诚来回报组织。

四、退缩行为以及对消极事件的反应

(一)退缩行为

当员工并未感到对组织有很高程度的情感承诺、持续承诺和规范承诺时,就可能出现退缩行为。退缩有心理退缩(忽略)和行为退缩(离职)两种形式。

心理退缩是在思想上逃避工作环境。从某种意义上,心理退缩是"职位的空耗",意思是即使员工还占着职位,但实质上组织已经失去他们。心理退缩多种多样,例如"做白日梦",即员工看似在工作,实际上在走神。"社交"表现为员工长工作时间的闲聊。或者员工也可以表现出"假装在忙"的状态;甚至利用工作时间和资源去做职责之外的"私事"。

对于办公室员工而言,心理退缩最普遍的表现形式就是工作时间"上网冲浪"。调查表明,很多组织的员工每天花费约 40% 的工作时间上网处理个人邮件或浏览与工作无关的网页。

行动退缩是实际行动上(长期或短期)逃避工作环境的行为。行动退缩也是多种多样的。"拖拉"或工作上的"迟到"或"早退",虽然客观来说,"拖拉"有时是环境或人员协调等问题造成的,但是,它通常代表了一种将更少的时间用在工作上的期望。"超时休息"包括超出规定时间的午休、咖啡时间等逃避工作的行为。最后,行动退缩最严重的形式就是"离职",即自愿离开组织的行为。

对于最为严重的"离职"退缩行为,通常而言,离职需要一个过程,离职者可能会经历数日、数周甚至数月的思想斗争。在决定离职的这一过程中,员工也常常会产生其他退缩行为。关于退缩(包括心理退缩与行为退缩)的各种形式之间的相关性,有三个模型:一是独立模型,该模型认为各种退缩行为都互不相关,它们发生的原因各不相同。二是互补模型,该模型认为各种退缩行为之间是负相关的——这意味着两种退缩行为不太可能同时发生。三是演进模型。该模型认为各种退缩行为都是正相关的,例如"做白日梦"或"社交"的行为导致员工"迟到"或"超时休息",这些员工又导致员工旷工或离职。尽管上述三个模型都有合理之处,但大多数人认为演进模型可能更符合实际情况。

(二)对消极事件的反应

工作场所不可避免会发生消极事件,消极事件可能导致包括"退缩"在内的各种反应。对工作中消极事件的研究表明:一个人对消极事件的反应可能会是以下四种方式:

(1)产生退缩行为,例如在工作中更频繁缺勤,或者自愿离职。

(2)尝试与同事或者上级沟通从而改变这种情形,这种反应称为"表达"。"表达"可视为一种人际关系沟通行为,这是对消极事件的一种主动、积极的反应。

(3)尽管不开心,但仍然保持着同样的努力程度。这种反应称为"忠诚"。但在这种情况下,员工在私底下还是期望有所改进。

(4)员工表面上未发生变化,但心理上的动机以及行动上的努力会慢慢下降,这种反应称为"忽略"。

显然,组织承诺应该降低员工以"离职"和"忽略"来对待消极工作事件的可能,与此同时,提高员工以"表达"和"忠诚"来对待消极事件的可能。

五、根据工作绩效和组织承诺划分的员工类型

如果将任务绩效的水平与组织承诺的水平放在一起考虑,就会对员工的表现勾勒出一个类型框架:

(1)明星型员工。明星型员工的组织承诺和工作绩效都很高,并被其他员工视为榜样。明星员工会以"表达"来回应消极工作事件,因为他们有改善现状的期望和激起变革的公信力。

(2)平民型员工。平民型员工的组织承诺较高,工作绩效一般,但是他们自愿完成了许多任务职能之外的活动。平民型员工会以"忠诚"来回应消极事件,因为他们可能没有激起变革的公信力,但却期望留在组织中。

（3）独行型员工。独行型员工的组织工作绩效较高，组织承诺较低，并且他们完成工作目标完全是为了自己而非公司。他们一般会以"离职"来回应消极工作事件。尽管他们的绩效能带来激起变革的公信力，但是缺乏忠诚又阻碍了他们对其积极作用的利用。相反，对于下一个雇主来说，他们的绩效水平是很有市场前景的。独行型员工从来不卷入部门的冲突和口角之中。

（4）冷漠型员工。这类员工的组织承诺和工作绩效都很低。为保住工作做出了最低限度的努力。冷漠型员工会以"忽略"来回应消极工作事件。

第六节　工作满意度

工作满意度是直接影响工作绩效和组织承诺的一种重要机制。工作满意度被界定为是一种来自工作或工作经历评价之后得到的愉悦的情感状态。工作满意度高的员工在想到自己的工作职责或者在工作的时候是带着积极的情绪的。

一、价值—认知理论

价值在解释工作满意度时起了关键的作用。价值是指人们有意识或下意识地想追求或想得到的东西。"你想从工作中得到什么"的答案包括：一份好的薪酬、一种成就感或者是周围有趣的同事等，这些答案中的大部分被描述在表 4-5 中。

表 4-5　期望工作价值的来源

类别	具体价值
薪酬	高薪；有保障的薪酬
晋升	频繁地晋升；基于能力的晋升
上司	好的上下级关系；对工作出色的员工加以表扬
同事	有趣的同事；有责任感的同事
工作本身	能力的应用；自由和独立性；智力的刺激；创造力的表达；成就感
利他主义	帮助他人；道德原因
地位	威望；在他人之上的权威；名誉
环境	舒适；安全

价值—认知理论认为，工作满意度取决于你是否认为工作提供了你认为有价值的东西，公式为：

$$满意度 = (期望价值 - 已获价值) \times 价值重要性$$

式中，期望价值反映了员工想要某种价值的程度，已获价值反映了工作能够提供那种价值的程度，价值重要性反映了这项价值对员工的重要程度。期望和现实之间的巨大差距会产生不满意，尤其是当这种价值非常重要的时候。

期望价值和已获价值之差与重要性是相乘的关系。因此，重要的价值会将已有的落差扩大,不太重要的价值则将已有的落差缩小。根据以上公式和表4-5的内容,可以绘制出工作满意度的决定因素,如图4-2所示。

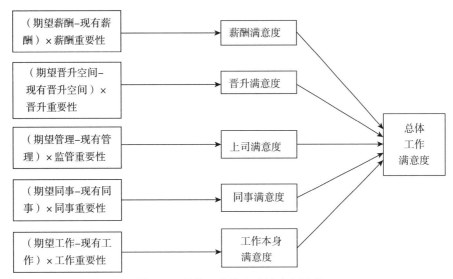

图4-2 总体工作满意度的决定因素

薪酬满意度涉及员工对薪酬的感觉,包括是否是员工应得的、是否有保障、用于日常开支和奢侈的项目是否足够。薪酬满意度是以员工的期望薪酬和现有薪酬的对比为基础的。尽管钱总是越多越好,但大多数员工还是能够认真理性思考他们的期望工资水平的。

晋升满意度涉及员工对公司晋升政策与政策实施的感觉,包括晋升是否频繁、公平和是否以能力为基础。虽然大部分员工认为晋升是有价值的,因为晋升会为个人的进一步成长、更高的工资和更多的威望提供机会。但还是有一些员工可能不想频繁地晋升,因为随着晋升他们要承担更多的责任,工作时间会更长。

上司满意度反映了员工对自己老板的感觉,包括老板是否有能力、是否文雅、能否很好地沟通(而不是懒惰的、易怒的、不可接近的)。大部分员工对自己的上司都会问两个问题:①它们能帮助我得到我认为有价值的东西吗?②总体来说他们是可爱的吗?第一个问题取决于上级是否能对出色的工作绩效给予奖励,是否能够帮助员工获得必要的资源,是否能保护员工免受不必要的困扰。第二个问题取决于上级是否有很好的责任感、正确的价值观,还有是否和员工有一样的人生哲学观。

同事满意度涉及员工对自己同事的感受,包括同事是否是聪明的、负责的、乐于助人的、给人欢乐的和有趣的;与此相反则是懒惰的、喜欢流言蜚语的、令人不愉快的和无趣的。关于同事,员工也会问两个问题:①他们能够帮助我工作吗?②我和他们在一起开心吗?第一个问题很关键,因为从某种程度上来说,我们在工作时大多会依赖同事。第二个问题也很重要,因为我们在工作上花费的时间与在家庭中花费的时间是差不多的。那些令人愉悦和有趣的员工会让一周的工作时间过得非常快,而那些无礼的和讨厌的员工会使一天看起来非常漫长。

工作本身的满意度反映员工对自己的工作任务的感觉,包括任务是否具有挑战性、有趣、受尊敬以及是否用到了自己的主要能力,而不应是枯燥的、重复的和令人不舒服的。

二、工作特征理论

对工作本身的满意度是整个工作满意驱动因素中非常重要的一个。研究者们从20世纪初就开始关注这一问题,早期他们主要基于"科学管理"的视角。"科学管理"主要关注怎样使工作任务简单化、专业化,运用时间和动作研究来仔细规划工作的进展和顺序,以此来提高工作效率。这样做是希望能够提高工人的工作效率,减少完成一项工作的技能广度,最终提高组织的盈利水平。然而,简单重复的工作容易导致低的工作满意度。简而言之,枯燥的工作可能更容易,但它们不一定更让人满意。

研究表明,三种"关键心理状态"能够使工作让人满意。第一种心理状态就是相信工作的意义,这反映工作任务在员工的哲学观和信念体系中的地位。那些让员工觉得他们自己好像以一种有意义的方式在拯救组织或社会的工作比琐碎的工作更能让人满意。第二种心理状态就是意识到要为结果负责,这关系到员工在多大程度上感觉自己是决定工作质量的关键驱动因素。有时候员工感觉自己的努力不是那么重要,因为工作结果是由有效的工作流程、技术或更有影响力的同事决定的。第三种心理状态是结果的知晓,这反映了员工在多大程度上知道自己做得好(坏)。许多员工都工作在这样的环境中,那就是他们永远也不会找到自己的错误,或者永远也不会完全意识到他们做得很好。

那么什么样的工作会导致以上三种心理状态?工作特征理论描述了产生内在工作满意的核心特征,包括工作的多样性、一致性、重要性、自主性和反馈,如图4-3所示。

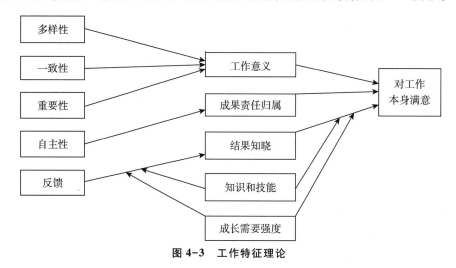

图4-3 工作特征理论

(1)多样性是指完成一项工作要求有若干个不同的活动,这些活动又涉及若干不同的技艺和才能。当多样性高的时候,在某种程度上员工感觉几乎每一个工作日都过得有所不同,很少感觉单调和重复。

(2)一致性是指自始至终需要完成一个整体的、可确认的工作,并取得明显成果的程度。当一项工作具有很高的任务一致性的时候,员工可以指出某一点的成果是属于自己的。这种从投入到产出的过程是可见的,员工对于开始和结束有一个清晰的感觉。

(3)重要性,即所做工作对其他人尤其是对整个世界人们的生活产生实质性的影响的程度。重要性作为一个核心特征赢得了某种东西,这种东西远超过工作本身。

上述三个核心特征直接影响着工作的意义感。

（4）自主性是指在个人进行工作时其工作所能提供的自由度、独立性和自由决断权的程度。当工作给员工提供自主性，员工就会把工作看作自己努力的结果而不是老板细心指导或遵守写得很好的程序手册的结果。自主性有多种形式，包括控制工作时间、进程和顺序的自由，还有控制流程和方法的自由。

（5）反馈是指在完成工作时，所做的工作在多大程度上能让员工明确地知晓其工作的好坏状态。并且，这种核心特征的反馈是直接从工作中得来的，而不是从同事或上司那里得来的。大部分员工从老板那里会得到正式的绩效评价，但是这种反馈可能每年只有一两次，而工作本身提供的反馈可能每天都能体验到。

统计调查表明，上述五个核心特征与工作满意度有很强的相关关系。然而，上述结果并不意味着每一位员工都想要运用更多的变化，拥有更大的自主性，知识和技能、成长需要强度这两个变量在其中起着调节作用。调节作用影响变量之间关系的强度。如果员工缺乏知识和技能或者成长和发展所需要的其他因素，那么更多地运用技能和更大的自主性就不能在很大程度上提高他们的满意度。但是，当员工非常有能力，并且有很强的成长需要，这些核心的工作特征的作用就非常明显。

考虑到以上五个特征对工作满意度如此关键，企业会据此采用"工作丰富化"策略，也就是进一步提升与工作相关的任务和责任的多样性、一致性、重要性、自主性和反馈。研究表明，工作丰富化确实会提高工作满意度水平，同时也会提高工作准确性和顾客满意度，尽管这样做可能会使培训和劳动力成本增加。

三、工作满意度对组织的影响

（一）工作满意度与任务绩效

研究表明，工作满意度与任务绩效是中度相关的。这可能是因为，当工作任务能够使员工集中注意力、只关注任务的完成时，员工积极的情绪就会产生。当员工集中注意力的时候，他就会更注意在规定的时间内完成工作。

当然，工作满意度和任务绩效的关系在某种程度上也会有反作用。比如，这会导致人们只喜欢做那些他们能够做得更成功的工作。甚至也有证据表明，对工作本身满意的员工不一定是任务绩效最优的员工，而业绩优秀的员工，工作满意度也不一定就会很高。这一现象背后的逻辑或许可以从图4-2中发现：因为工作本身的满意度并不是影响总体工作满意度的唯一变量，薪酬等也会对工作满意度产生很大的影响。

（二）工作满意度与客户满意度

员工的工作满意度对客户服务有着积极的影响，员工满意度能够提高客户满意度和客户忠诚度。这主要是因为：较高的工作满意度使员工保持良好的心情，在服务客户时也表现出友好、耐心等积极的态度，使得客户满意度上升；同时，工作满意度高的员工具有较低的离职率，也就有充足的时间来积累客户服务的技能，提供更加专业优质的服务。

（三）工作满意度和组织承诺

研究表明，工作满意度与情感承诺是强相关的，所以满意的员工更有可能想留在组织中。工作满意度与规范承诺也是强相关的。这是因为满意的员工更可能感觉到留在公司中的责任,他们更可能回报组织的需求,不管以什么形式,去回报那些让他们如此满意的事情。

然而,工作满意度与持续承诺不太相关。因为满意度不能激发一个基于成本的考虑而留在组织的员工。在许多情况下,不满意的员工是那些整天在办公室做白日梦、迟到、经常缺勤和最终决定不工作的员工。

第七节　自我效能感

自我效能感是美国著名心理学家班杜拉于 20 世纪 70 年代在其著作《思想和行动的社会基础》一书中提出的概念。

按照班杜拉的定义,自我效能感被定义为"个体关于自己在一定程度上能够有效采取一系列必要的行动去处理未来某些情境的一些信念"。斯塔科维奇(Stakovic)和卢森斯(Luthans)给出了一个更加宽泛的定义,认为自我效能感是个体对自己能力的一种确切的信念或自信心,这种能力使个体在某种背景下为了完成某一项特定任务,能够调动起必需的动机、认知等一系列行动。

简而言之,自我效能感是一个人相信自己能够有效完成某一特定任务的信心和期望,并非一个人的真实能力,只是一个人对自己完成某项任务的自我评定,具有自我效能感的人相信自己有足够的能力完成给定的工作,能够排除外部因素的阻挡来达成期望。自我效能感有三个维度:程度,即相信能够完成任务的困难程度;强度,即对这一困难程度的信念的强弱;一般性,即期望能推广至其他情境的程度。

一、自我效能感的来源

自我效能感有四个来源:先前的经验及实际成就、行为榜样、他人的劝说以及个体自身的生理和心理状态。

(1) 先前的经验及实际成就。这是形成自我效能感最有力的潜在因素,因为它可以为个体提供判断和构成自我效能感的行为信息。当个体在先前的任务中通过不懈的努力获得成功时,就会获得积极的自我效能感。在以后的任务中,这种自我效能感能够为个体提供对自己能力的保证,在个体遇到失败和困难时,能够让其保持自信。研究表明,个体在挑战性任务中所获得的成功,归于自我效能感的形成与改变影响尤其大。

(2) 行为榜样。个体可以通过观察与自己相关的、其行为获得强化的个体,以他们为榜样进行学习,自我效能感也可以在这种情况下形成与强化。榜样的成绩给观察者提供了比较和判断自己能力的标准,同时也可以为观察者传递努力可以获得成功的信念。榜样与观察者越相似,要完成的任务关联性越强,对观察者的自我效能感的形成起到的影响就越大。

(3) 他人的劝说。虽然他人的劝说并不能提高个体的能力水平,但是可以使个体对自己的能力产生一定的信念和评价。当受到尊敬的、有能力的人说服个体,使其认为自己具有完成某一项特定任务的能力时,个体的自我效能感就可以获得积极的强化,增强其完成任务的信心;相反,不友善的语言或负面的反馈,容易使个体的自我效能感受到损害和削弱。

（4）心理和生理状态。个体对于自身的情感能力和生理状态的评估会影响其对于自我效能的判断。个体要评价自己的能力，常常会依赖自己的生理上和情绪上的感觉，这个因素的影响比其他来源的影响要更大。如果个体处于一种负面的情绪，比如焦虑、害怕或紧张，会很大程度上降低个体的自我效能感。

二、自我效能感的影响与作用机制

对自身自我效能感的判断影响我们对任务、情境的努力程度以及坚持努力的时间。也就是说，我们坚持完成一项任务的时间长短和努力程度取决于我们对于自身自我效能感的认识，而不一定是我们自己的实际能力。许多强有力的证据都证明自我效能感高的人，在完成众多类型的任务方面都可以产出较高的工作绩效。高自我效能感还能戒除上瘾行为、提高疼痛耐受力、战胜疾病等。

从直接作用来看，首先，人们总是倾向于权衡、评价并整合自己所感觉到的关于自己能力的信息，而这一过程的最初阶段也许超过也许小于个体实际的能力或资源，真正相关的是个体对"自己的能力和资源"的知觉。其次，这种评价或知觉会影响对个人效能的预期，这一预期又会决定个体在何种情境下执行这个特定任务，或者投入多大的努力来完成这个任务。同时，这个预期也会决定个体在出现问题或处于逆境的情况下，会在多大程度上坚持下去。

对于公司员工而言，发展自我效能感最有力的手段就是成功完成一项具有挑战性的任务。管理者可以通过有效的目标设置、建立恰当的行为榜样等方式，帮助员工提高自我效能感。

第八节　组织中的认知和学习

一、知觉和认知

知觉指的是个体为了给自己所处的环境赋予意义而对他们感觉印象进行重新组织和解释的过程。一个人所感知的东西很可能与现实差距很大。比如，或许会有一家公司的绝大多数工人都觉得他们工作的地方是最佳工作场所——良好的工作条件、有趣的工作任务、较高的工作待遇、优厚的福利、善解人意且富有责任心的管理层，但并非所有员工都会这么认为。

为什么知觉对于组织行为学研究十分重要？原因很简单，因为人们的行为是以他们对现实的认知而不是现实本身为基础的。这个世界是人们感知的世界，这对行为研究而言非常重要。

如何解释不同个体看到相同的事物却产生不同的知觉这一现象？很多因素会影响到知觉的形成，甚至有时是知觉的歪曲。这些因素可以归纳为知觉者、知觉目标或对象、知觉情境三个方面：

（1）当个体看到一个目标物并试图对自己看到的东西进行解释时，这种解释会受到知觉者个人特点的影响。影响知觉的个人因素包括态度、人格、动机、兴趣、经验和期望。

例如,如果你预期警务人员是独断专行的,年轻人是懒惰闲散的,占用公共办公室的个体是缺乏道德的,那么即使他们实际上不具有这样的特质,你也会这样感知他们。

(2)知觉目标也会影响到知觉内容。在群体里,热闹的人总比安静的人容易受到注意。漂亮的人和长相一般的人也是如此。由于我们并不是孤立地看待目标,因此目标与背景的关系也会影响到知觉,并且我们倾向于把联系密切和相似的事物组合在一起看待。例如,女性、男人、教授、医生,或者其他有着明显可识别特点的群体成员,人们在感知他们时常常与其他五官特点联系起来。

(3)知觉情境也很重要。感知客体或事件的时间会影响我们的注意力,其他情境因素如地点、光线和热度等都会影响我们的知觉。

认知是接受周围信息和弄清周围事物的意义过程。认知需要我们决定哪些信息值得注意,如何对这些信息进行分类,以及在现有的知识框架下如何解释它们。认知过程,是选择、组织和解读外部信息的动态机制。

认知与知觉两个概念具有很大的重叠区域,其差别在于,认知似乎更强调主动的认识过程,而知觉似乎更强调被动的感受。

二、社会认知

社会认知是对人及其关系的认识。因此,社会认知也可以说是人际认知,其中既包括对他人的认知,也包括对自己的认知;既包括对个人的认知,也包括对群体、组织的认知:

(1)对他人的认知:即对他人的言行、情感、动机、态度等的感知过程,也就是对他人形成的印象和认识。

(2)对人际关系的认知:即对人与人之间的关系的认识和感知,如同情感、亲近感、投机感、陌生感、疏远感。

(3)对自己的认知:即通常所说的"自我认知",是对自己的言行举止和精神状态的感知与认识。所谓"自知之明"就是对自己有比较正确客观的认识。

(4)对社会角色的认知,指一个人对自己或他人在社会中扮演的角色以及相应的标准和要求的认识。由于人们在社会生活中都会产生不同程度的角色认知,所以在与人打交道时,总要自觉不自觉地考虑自己和他人的角色是什么并采取相应的举止和行为。如果发现自己或他人的行为与其角色不符合,就会感到不自然甚至不适应。

(5)对群体或组织的认知:即对群体或组织的价值观、规范以及组织文化的认知。

三、认知的形成与认知偏差

(一)认知的一般特点

认知过程由于带有主观理解和认识,所以是一个积极能动的感知过程,表现出选择性、组合性、恒常性等。

1. 选择性

我们的五个感官不断被外部刺激撞击。一些事情引起我们注意,但大多数事情被过滤掉,这种过滤感官接收到的信息的过程,称之为选择性关注。影响选择性关注的是目标的大小、强度、运动、重复和新奇。

选择性关注不仅取决于目标和环境,它也受到认知者个性特征的影响。我们倾向于记住与我们价值观和观点一致的信息,忽略那些不一致的信息。选择性关注也受到我们预期的影响,我们习惯于耳濡目染的实践,一般不会预期到那些独特的实践,直到突然碰到为止。在组织环境中,预期会阻碍决策者看到机会和威胁。

2. 组合性

格式塔心理学派通过大量的研究和实验,发现人的认知过程在反映对象时并非杂乱无章,而往往是自动将对象按一定的规律组合起来,其主要的组合规律有:

(1) 接近原理:相互接近的对象往往被组合在一起,被看作一个整体,如常在一起的人易被看成一个集团。

(2) 相似原理:性质相似的对象往往被组合在一起,如我们常根据人们的不同身份将其分为大学生、工人、教师、外国人等。

(3) 连续原理:在时间和空间上有连续性的对象易被组合在一起,如"八年抗战""文化大革命"等。

3. 恒常性

在认知过程中,有时认知条件发生了变化,但对象在我们的知觉中仍可能保持恒定不变。

(二) 认知归类的心智模型

在选择刺激信息后,我们通常简化和解读它们,这包括将信息归类和进行解释。我们依靠认知的归类原则,将人物和事情划归到可组织和可管理的模式或类型中。认知归类帮助我们理解工作场所中的意义,但也会限制创造性和开放性。认知归类受到我们头脑中的预设和信仰的影响,这些被称为心智模型。

麦克卢汉认为,人们戴着一副反映他们自己特质的墨镜。通过这个比喻,麦克卢汉指出每个人都对世界的外观和运行有着独特的观点。这些反映个人特质的墨镜被称为心智模型。心智模型是指导人们认知和行为的宽泛世界观或实用理论。

心智模型帮助我们理解外部环境的意义,但是它可能让我们看不到世界的差异性。例如,会计人员倾向于用会计的解决方法来对待公司的问题;反之,营销人员则会从营销的视角看待同样的问题。心智模型也会阻碍我们对新机会的把握。我们该如何改变心智模型?事实上,它是很难改变的。毕竟,我们是通过多年的经验和强化建立了这一模型。减少心智模型产生的认知问题的最重要方法,就是不停地质问它们。我们需要问自己,我们做了哪些假设。与来自不同背景的人们一起工作,是打破现有心智模型的另外一种方法。来自不同文化和专业领域的同事,一般具有不同的心智模型,因此与他们一起工作会使你更加清楚自己的心理预设。

(三) 归因理论和认知偏差

大部分知觉研究针对的是没有生命力的物体。然而,管理者关注的是人。我们对人的知觉与对无生命物体的知觉截然不同,因为我们需要对人的行为进行推断,而对于无生命物体,我们不必如此。物体不具有信念、动机或意图,而人却具有。结果就是,当我们观察某个个体的行为时,我们设法解释为什么该个体会以这些特定的方式行事。我们对于该个体行为的知觉和判断显著地受到我们对于该个体所做出的假设的影响。

归因理论指的是我们对于他人做出的判断取决于我们对于某种特定行为的归因。基本上，该理论表明当我们在观察某一个体的行为时，我们会试图去明确该行为是由内部因素导致的，还是由外部因素导致的。由内因导致的行为是那些处于个体控制范围内的行为，由外因导致的行为是那些由外部因素导致的行为，即该个体迫于具体情境而表现出来的行为。然而这种判断取决于三种因素：区别性、一致性、一贯性。

（1）区别性指的是某一个体是否在其他情境下也是这样。例如，今天某一个员工为何迟到？我们想知道这种行为是否不同寻常，即这位员工是否经常以各种理由逃避工作。如果这种行为不同寻常，那么观察者很可能将其归为外因导致的行为，也就是超出该个体控制范围的因素。然而，如果该行为并非不寻常的行为，那么很可能会判定为内因导致的行为。

（2）如果身处相似情境的每一个人都以同样的方式予以回应，我们称这种行为表现出来一致性。例如，如果通过同一条路线来上班的所有员工都迟到，那么该员工迟到的行为就满足了这种标准。从归因的角度而言，如果一致性程度很高，那么你可能会将员工迟到的行为归因于外部因素。然而，如果走相同路线来上班的其他员工都准时到达，那么你会得出结论，这种迟到行为是由内因导致的。

（3）最后，观察者还会考察个体行为的一贯性：该个体长期以来都表现出一致的行为吗？该个体一段时间内都以同样的方式予以回应吗？如果对某位员工来说，上班迟到十分钟是一种不常见的状况，那么这种行为就会被认为只是特例，而如果是一位每周迟到两到三次的员工，这种行为就会被认为是一种常规状况。某种行为表现出来的一贯性越高，观察者就越倾向于将其归为内因导致的行为。

在归因理论的研究中有一项有趣的发现，错误或者偏见会扭曲我们对行为的归因。例如，大量证据证实了，当我们判断他人的失败时，总是倾向于低估外部因素的影响，并高估内部因素的影响。或者当我们判断他人的成功时，我们总是倾向于高估外部因素的影响，而低估内部因素的影响。这种倾向称为基本归因错误。它可以用于解释为什么一位销售管理者可能会将其下属销售代表糟糕的绩效表现归因于他们的懒惰，而不是竞争者推出了创新产品系列。另一种倾向是把自己的成功归因于内因（如自己的能力和努力），而把自己的失败归咎于外因（如运气），这种倾向称为自我服务偏见。这种倾向表明在绩效评估中，为员工提供的反馈很可能会被员工扭曲而失真，这取决于反馈是积极的还是消极的。

这种扭曲归因的错误或偏见是否普遍存在于不同的文化中？目前尚未有明确的定论，但是初步证据表明确实存在文化差异。例如，一项针对韩国管理者的研究发现，不同于自我服务偏见，他们往往会承担群体失败的责任，认为是"由于我不是一位有能力的领导者"而不是将失败归咎于群体成员。归因理论的提出和发展很大程度上是基于美国和西欧国家的研究得出的，但是针对韩国人的研究表明，我们在非西方国家中用归因理论进行预测时应小心谨慎，尤其是在具有强烈的集体主义传统的国家中。

以上归因理论表明，认知和解读某一个体的行为需要做大量的工作，因此，我们会利用一些归因来使这项任务更加易于管理。这种技巧能够使我们更快速地进行精准解读，

第四章 组织中员工的行为动力学

并且为我们的预测提供有效的数据,这显得非常有价值,然而并不是完美的。

此外,当我们根据个体的某种单一特征(如智力、社交能力和外貌)而形成对该个体的总体印象时,我们就受到了晕轮效应的影响。在学生对授课老师进行评价时,经常会出现这种效应。很多学生可能只关注某一种单一特质(如热情),从而使得他们对授课老师的整体评价深受对该特质认知的影响。某位授课老师可能比较安静笃定,学识渊博,并且高度胜任,但是如果他的授课风格缺乏热情,那么他在其他特征上的得分可能也会比较低。

除了基本归因错误、自我服务偏见、晕轮效应以及后面将要提到的刻板印象,还存在很多知觉偏差,在本书的绩效评价一章,还将会详细地介绍各种偏差。

四、社会身份理论

认知过程是一种自我认知和他人认知之间互动的机制。换句话说,我们如何认知世界,取决于我们如何定义自己。自我认知和他人认知之间的联系,可以通过社会身份理论来解释。根据社会身份理论,人们按照所属群体来划定自己,并通过这种划定来维持一种社会身份。

除了社会身份,个体还有个人身份——个性特征,它使我们在任何群体中都与他人区别开来。例如,一项使你与众不同的不平凡的成就,就是个人身份的一个特点。个人身份与社会身份的差异在于,个人身份代表的是作为个体的某种东西,与群体无关。相反,社会身份是用群体特征来定义的。

人们是使用个人身份还是使用社会身份,视情况而定。例如在管理学课堂上,你和同学在社会特征上可能是相似的,在这种环境中的自我认可主要是个人身份。但假设你来自计算机专业选修管理学课程,那么你可能是用自己独特的专业身份来定义自己。

尽管可见的人口统计学特征常常是我们社会身份的一部分,但一个更重要的影响是这个组织在社会中的地位。我们大多数人想要有个正面的自我形象,因此我们将自己划归到享有更高地位和更多尊重的组织。医生常常用他们的职业来定义自己,因为这个职业有较高的社会地位;反之,从事社会地位较低工作的人不会这样做,一些人用工作单位来定义自己,因为他们的雇主在这个地区享有很高的社会地位。

(一) 通过社会身份的认知

社会身份理论不只是解释我们如何进行自我认知,它也解释社会认知规律——我们如何认知他人。社会身份认知是一个对比和同化的过程,它意味着我们用自己和属于其他群体的人之间的差异来定义自己,与此同时,我们倾向于将属于自己群体中的他人进行同化。而与此相对应,我们同时也倾向于对其他社会群体的人们产生不太正面的印象。为什么我们要贬低那些与我们不同的人呢?答案在于:为了支持我们的自尊,我们把自己划归到具有正面特点的群体,为了维持这一良好的社会身份,我们通常构建一个对自己社会身份有利的形象,结果是,其他社会群体的人们则有了不利的形象。这一点在其他群体与我们的社会身份群体存在竞争关系和冲突时尤其明显。当威胁存在时,对手的负面形象保护了我们自己的形象。

综上所述,社会身份认知过程揭示了我们如何认知自己和他人。我们部分地用自己的社会群体或身份来定义自己。对比过程包括构建一个我们自己社会群体的同化形象,以及其他社会群体的同化形象。我们也常常把有利的特点归到自己的群体,而把不利的特点划归到其他群体,认知过程使我们的社会现实更容易被认识。然而,它也成为组织环境中人们产生刻板印象的基础。

(二) 组织环境中的刻板印象

刻板印象是社会身份理论的一个扩展和信息自然归类过程的一个结果。它是基于人们在某一社会群体中的身份,把某些特征赋予他们的过程。

刻板印象的出现有三个原因:第一,试图掌握我们遇到的每个人的全部特征是一个巨大的认知挑战,有太多信息需要记忆,因此,我们必须利用分类思维的自然过程。这一分类过程就是刻板印象的基础。第二,我们强烈需要理解和预测他人的行为。当初次遇到某人时,我们没有太多的信息,所以我们主要依靠刻板印象去补充未知的信息。第三,刻板印象提高了我们的自我认知和社会身份。

五、社会学习理论

个体可以通过观察和听取他人身上所发生的事情来学习,也可以通过个体的直接经验来学习。我们所学的大部分东西都来自对其他人(示范者)的观察——父母、老师、同龄人、电视和电影明星、管理者等。这种通过直接经验以及观察他人来学习的观点称为社会学习理论。

他人的影响是社会学习理论的核心观点。这些示范者对某一个体的影响取决于以下四个过程:

(1) 注意过程。当人们意识到并关注到示范者的关键特征时,他们就是在从示范者身上学习,我们深受那些有吸引力的、反复出现的、重要的或者与自身相似的示范者的影响。

(2) 保持过程。某位示范者的影响取决于个体记住该示范者行为的程度,即使该示范者之后不再出现这一行为。

(3) 再现过程。在某一个体通过观察示范者了解到一种新的行为之后,这种观察的过程必须转化为行为再现。这一过程表明了该个体能够真正地再现这种示范行为。

(4) 强化过程。如果提供积极的诱因或奖励,个体会受到激励从而表现出该示范行为。受到强化的行为能够得到更多的关注,有更好的学习效果,并且表现得更加频繁。

第九节 价值观与跨文化

价值观代表了人们最基本的信念,即"从个人和社会的角度来看,某种具体的行为模式或存在的最终状态,比与之相反的行为模式或存在状态更可取"的判断。这个定义中的判断的成分,反映个体关于正确和错误、好与坏、可取与不可取的看法与观念。价值观包括内容和强度两种属性。内容属性指的是某种行为模式或存在状态是重要的,强度属性界定的是它有多重要。当我们根据强度来对一个人的价值观进行排序时,就可以得到一个人的价值系统。所有人的价值观都具有层级性,这就构成了人们的价值系统。通过对诸如自由、快乐、自尊、诚实、服从、公平、平等价值观按相对重要性进行排列,我们就可以认知和了解这个系统。

价值观是灵活可变的吗？总的来说，不是。价值观是相对稳定和持久的，价值观中的很大一部分内容在我们早年生活中就已经形成，是从父母、老师、朋友或其他人那里获得的。当我们还是孩子的时候，就被告知某种行为或结果，要么好，要么不好，没有中间状态。例如，人们告诉你应该诚实和有责任感，你从没有受到过这样的教育：要有一点点诚实，或要有一点点责任感，这种绝对黑白分明的价值观学习方式，多多少少保证了价值观的稳定性和持久性。当然，我们对价值观提出质疑的过程，则可能会带来变化。不过通常的情况是，对价值观的质疑只不过是更加强化了我们已经拥有的价值观。

一、价值观的重要性

价值观对于组织行为的研究很重要，因为它是了解员工态度和动机的基础。同时，它也影响到我们对人和事的知觉和判断。每个人在加入一个组织之前，早已形成了什么是应该的、什么是不应该的思维模式，显然这些观点都与价值观有关，其中包含着对正确与否的解释。而且，它们还意味着某种行为或结果比其他行为或结果更可取，因此价值观淡化了客观性和理性。价值观从总体上影响一个人的态度和行为。

二、价值观的分类

（一）爱德华·斯普朗格尔的分类

爱德华·斯普朗格尔（Edward Spranger）指出，有六种价值观，分别是理论价值观、经济价值观、艺术价值观、社交价值观、政治价值观和宗教价值观。

1. 理论价值观

具有理论价值观的人最大的兴趣在于发现真理。为了实现这个愿望，他们经常寻找事物的共同点和不同点，尽量不考虑事物的美和效用，他们一生中的主要目标就是把知识系统化和条理化。

2. 经济价值观

具有经济价值观的人基本上对什么有用感兴趣。他们关心的是生产商品、提供服务和积累财富。他们是彻底的实用主义者。

3. 艺术价值观

具有艺术价值观的人，对和谐赋予很高的评价。例如一位艺术家，他的主要兴趣也在于人生中的艺术性片断，他们常常喜欢华丽的装饰和漂亮勋章，他们欣赏个人自由、反对压制个人思想的政治活动。

4. 社交价值观

具有社交价值观的人重视对人的爱。他们总是高度地评价别人，他们善良、富有同情心和利他倾向，他们把爱本身看作人际关系的唯一合适的形式。他们的兴趣与具有宗教价值观的人很接近。

5. 政治价值观

具有政治价值观的人感兴趣的主要是权力。他们不一定是政治家，由于竞争和奋斗在他们一生中起很大作用,他们在任何需要有高权力价值才能获得成功的职业或工作上会做得很好,不论这种权力是施加于人(如一名高级经理)的还是施加于环境(如一名工程师对如何制造一种产品做出最后的决策)的。

6. 宗教价值观

具有宗教价值观的人的最高价值是整体性。他们想方设法使自己与对宇宙整体的信仰联系起来。对有些人来说,他们企图与外部世界的现实生活脱离关系,如寺院里的和尚。对另外一些人来说,他们在当地参加教堂活动的人中间或者具有同一宗教信仰的捐助者中间进行自我克制和反省的活动。

不同职业的群体往往有不同的价值观,例如大学教授往往对理论感兴趣,商人看重经济价值,艺术家重视艺术价值,社会工作者对社交的价值给予很高的评价,政治家重视政治,牧师则重视宗教信仰。然而在某种程度上,这些价值观中的每一个都存在于我们之中,它们对我们都是重要的。

(二)奥博特-凡农-德赛的价值观研究

奥博特-凡农-德赛测量了不同样本对每种斯普朗格尔价值观的偏好,由测量结果可以得出一个人的价值观偏好(或者我们前面提到的价值观系统)。事实上,为了找出不同群体的价值观偏好,这个测量已经做过许多次。

例如,奥博特-凡农-德赛测量了学院的普通男性和女性、成功的男性经理和女性经理的价值观偏好。

结果表明,在价值观上,成功的男、女性经理的偏好相近,而与学院普通女性的偏好显然不同。很明显,成功的经历不论其性别如何,其基本的价值观偏好都是相似的。

上述价值观测量对于理解人的行为是非常有用的,因为他们能指出对一个人来说什么是重要的。除非我们知道一个人最关心的是什么(或者他的价值观系统),否则我们就不能有效地激励和管理一个人。然而,对于当今的管理者来说,最大的问题存在于价值观的不断变化方面。上一代人的价值观与当今一代人的价值观是不同的。在富裕的生活条件和高技术社会的网络教育下成长起来的年轻人,对于什么东西重要有着不同的看法,他们参加工作时带来了新的价值观。因此,当代员工的价值观是人际关系研究的一个重要焦点。

(三)米尔顿·罗克奇的价值观分类

米尔顿·罗克奇(Milton Rokeach)编制了罗克奇价值观调查问卷(Rokeach Value Survey, RVS),这一调查问卷包括两种价值观类型,每种价值观类型中有18个具体项目,第一种类型称为终极价值观,是指理想的终极存在状态,这是个体愿意用一生去实现的目标;第二种类型称为工具价值观,指的是个体更偏好的行为模式或实现终极价值观的手段(见表4-6)。

表4-6 罗克奇的终极价值观和工具价值观

终极价值观	工具价值观
舒适的生活(富足的生活)	雄心勃勃(辛勤工作、奋发向上)
振奋的生活(刺激的、积极的生活)	心胸开阔(头脑开放)

(续表)

终极价值观	工具价值观
成就感（持续的贡献）	能力（有能力、有效率）
和平的世界（没有冲突和战争）	欢乐（轻松、愉快）
美好的世界（艺术与自然之美）	清洁（卫生、整洁）
平等（手足之情、机会均等）	使人鼓舞（坚定自己的信念）
自由（独立、自由选择）	乐于助人（为他人的幸福安康着想）
幸福（满足）	正直（真挚、诚实）
内心的和谐（没有内在冲突）	富于想象（勇敢、有独创性）
成熟的爱（性和精神上的亲密）	独立（自力更生、自给自足）
国家的安全（免受攻击）	富有知识（智慧、善于思考）
快乐（享受的、闲暇的生活）	合乎逻辑（理性的、稳定的）
救世（得救的、永恒的生活）	博爱（充满感情的、温柔的）
自尊（自敬）	顺从（有责任感的、可敬的）
社会承认（尊重、赞赏）	礼貌（彬彬有礼的、有修养的）
真挚的友谊（亲密关系）	负责（可靠的、值得信赖的）
睿智（对生活有成熟的理解）	自控（自律、自我约束）

研究证实，不同人群在罗克奇价值观上差异很大。相同职业或工作类别的人倾向于拥有相似的价值观。一项对公司经营者、钢铁业的工会成员和社区工作者进行比较的研究表明，尽管三组人的价值观有很多部分是重叠的，但是，三组人群的差异也十分明显。社区工作者的价值偏好与其他两类人群存在很大的差异，他们认为平等是最重要的终极价值观；而公司经营者和工会成员却分别将这种价值观排在第 12 位和第 13 位；社区工作者将乐于助人排在工具价值观的第 2 位；其他两组人都将其排在第 14 位。因为公司经营者、工会成员和社区工作者对公司有着不同的兴趣。当他们针对公司的经济和社会政策进行谈判时，会产生严重的冲突。

三、跨文化价值观

了解不同文化下价值观存在的差异，有助于我们对来自不同国家员工的行为进行解释和预测。在分析文化间的差异时，被广为引用的观点之一是吉尔特·霍夫斯泰德（Geert Hofstede）20 世纪 70 年代末提出的观点，他曾对 40 个国家中为 IBM 公司工作的超过 11.6 万名员工进行了调查，了解他们与工作有关的价值观。他发现，管理者和员工在有关民族文化的五个维度上存在差异。

1. 权力距离

权力距离是指一个国家的民众对于机构和组织内权力分配不平等这一事实的接纳和认可程度。高权力距离意味着对权力和财富的不平等以及文化对这一问题的高容忍度。这种文化体制下存在等级制度。低权力距离的社会则较为重视平等的机会。

2. 个人主义和集体主义

个人主义是指人们喜欢以个人为活动单位,而不是作为群体成员进行活动。在高个人主义社会,人们认为个人权利高于一切。集体主义是指人们生活在具有严谨架构的社会中,希望得到同一群体中其他人的照顾与保护。

3. 阳刚气质和阴柔气质

阳刚气质是指某种民族文化重视传统的男性角色,例如成就、权力和控制的程度以及认为男女平等的程度。在阳刚气质维度上得分高,意味着这种民族文化对男性和女性的角色有不同的界定,而且由男性占据社会的主导地位。在阴柔气质维度上得分高,意味着这种民族文化对男性和女性的角色持大致相同的看法,认为男性和女性在所有方面都是平等的。

4. 不确定性规避

一个国家的人喜欢结构化而不是非结构化情境的程度,可以界定他们的不确定性规避水平。在不确定性规避上得分高的国家,人们对于不确定性和模糊性的焦虑水平更高。这种文化重视法律法规和控制,以减少不确定性。不确定性规避程度低的国家,人们不易受模糊性和不确定性的影响,能够容纳各种意见,人们不太以规则为导向。

5. 长期取向和短期取向

长期取向和短期取向是霍夫斯泰德文化架构中新增的部分,测量的是社会对传统价值观的接纳。生活在长期取向文化中的人们总是想到未来,而且看中节俭、持久与传统;而短期取向的人们看重的是此时此地,人们更容易接受变革,不把承诺视为变革的障碍。

在霍夫斯泰德的各文化维度上,不同国家或地区的得分又如何呢?调查显示,马来西亚的权力距离比其他任何国家和地区都高。美国人非常讲究个人主义,事实上,美国是最为个人主义的一个国家,澳大利亚和英国紧随其后,同时也属于短期取向和低权力距离的国家。美国的低不确定性规避表明,大部分美国人都能忍受不确定性和模糊性;而其阳刚气质表明,大多数美国人都很重视传统的性别角色,至少相对于其他国家(如丹麦、芬兰、挪威、瑞典)是这样的。从调查中也可以看到宗教信仰的差异。欧洲西部和北美地区的国家,如加拿大和荷兰趋向于更为个人主义;较贫穷的国家,如墨西哥和菲律宾,则更为高权力距离。

霍夫斯泰德的文化维度对组织行为学的研究者和管理人员产生了巨大的影响。不过他的研究也受到了一些批评。首先,它的数据虽然有更新,但是原数据来自30年前,并且样本公司(IBM)只有一个。既然这些数据是在早期收集的,自然会受世界大背景的影响。最明显的因素包括苏联的衰落、中欧和东欧国家的变革、南非地区种族隔离的结束、伊斯兰教在全世界范围的传播以及中国的崛起。其次,几乎没有研究者详细了解霍夫斯泰德的研究方法,因此也就不知道他决策和判断的标准(如为什么把文化价值观确定为五个维度)。霍夫斯泰德的一些研究结果超过了人们的预期,如日本经常被认为是一个高度集体主义的国家,但在他的文化维度中,日本的集体主义测试结果均处于平均水平。尽管如此,霍夫斯泰德的理论被人广泛使用,他所建立的架构在组织行为学中留下了永久的印记。

第四章 组织中员工的行为动力学

从 1993 年开始,全球领导与组织行为有效性的研究项目(global leadership and organization behavior effectiveness,GLOBE),一直进行着有关领导与民族文化的跨文化调查。他们的数据来自 62 个国家的 825 个组织,针对民族文化的差异,GLOBE 工作团队确认了九个维度。一些维度,如权力距离、个人主义/集体主义、不确定性规避、性别差异、长短期取向和霍夫斯泰德的维度相似。主要的区别是 GLOBE 增加了一些维度,如人本取向和绩效取向。

霍夫斯泰德与 GLOBE 哪个框架更好?这一点很难说,每个框架都有拥护者。在这里,我们更多强调了霍夫斯泰德的维度,因为它经受了时间的考验,而且也得到了 GLOBE 的研究证实。然而研究者还在不断争论这些框架的差别,也许未来的研究迟早会赞同 GLOBE 这一更为细致的研究。

本章思考题

1. 什么是智力?大部分人的智商处于什么水平?
2. 为什么多元智能是预测职业发展更有效的指标?多元智能的内容包括哪些方面?
3. 一般而言,富有创造力的人具有什么共同特点?创造力可以培养吗?
4. 智力三元理论是如何将传统的智力理论与创造力等融合并发展的?
5. 什么是个性?个性是如何形成与发展的?
6. 大五人格模型的五个维度是什么?
7. 迈尔斯-布里格斯类型指标的四个维度是什么?
8. 什么是个性的控制点理论?
9. 什么是马基雅维利主义?
10. 什么是自我监控?
11. 什么是情商或情绪智力?它包括哪几个维度?
12. 关于情绪智力和工作绩效的研究和观点有哪些?
13. 霍兰德的人格—工作匹配理论的要点是什么?
14. 个体的态度有哪三个维度?
15. 什么是认知失调理论?对认知失调影响最大的几个变量是什么?
16. 如何界定工作绩效?
17. 组织承诺包括哪些维度?
18. 根据工作绩效和组织承诺可以将员工划分为哪几种类型?
19. 决定工作满意度的变量包括哪些?
20. 哪几种因素影响员工对"工作本身"的满意度?
21. 什么是自我效能感?自我效能感的来源是什么?
22. 什么是知觉?知觉这一概念对组织行为研究有什么重要影响?
23. 什么是社会认知?
24. 认知的一般特点是什么?什么是认知归类的心智模型?
25. 什么是归因理论?什么是基本归因错误和自我服务偏见?
26. 爱德华·斯普朗格尔和罗克奇对价值观的分类是什么?
27. 霍夫斯泰德的研究将不同文化的价值观在哪五个维度上进行区分?

第五章 群体与团队

第一节 群体的定义、分类和属性

一、群体的定义及分类

群体(group)是指为实现特定目标而组合在一起并形成互动和相互依赖关系的两个或更多个体。群体有正式群体和非正式群体之分。正式群体是由组织结构界定的、根据工作岗位来确定工作任务的群体。在正式群体中,个体成员的行为由组织目标来规定,并且致力于实现组织目标。非正式群体是那些既没有正式结构,也不是由组织指定的群体,他们是员工为了满足社交需求而在工作环境中自然形成的组合。在非正式群体中,成员之间的互动虽然是非正式的,但却能够显著影响他们的行为和绩效。

群体还可以被划分为命令型群体、任务型群体、利益型群体和友谊型群体。命令型群体和任务型群体是由正式组织主导的群体,而利益型群体和友谊型群体则是非正式的联盟。

命令型群体是由组织章程决定的,由直接向某个管理者汇报工作的下属组成。任务型群体也由组织指定,是为了完成一项任务而共同工作的群体。任务型群体并不限于直接的上下级关系,它还可能跨越这种命令关系。所有的命令型群体都是任务型群体,但由于任务型群体可以跨越组织的界限,因此任务型群体未必都是命令型群体。命令型群体和任务型群体都属于工作群体。

无论个体是否属于前两种群体,他都可能加入利益型群体。在利益型群体中,大家为了某个共同关心的具体目标走到一起。还有一些群体之所以能够形成和发展,往往是因为其成员拥有某种或某些共同的特征,我们把这种组合称为友谊型群体。友谊型群体常常会扩展到工作情景之外,它的形成可以基于各种特征,诸如年龄、经历、爱好等。

二、群体属性:角色

在某种程度上可以说所有群体成员都是演员,每一个人都扮演一种角色。不管工作内外,我们都需要扮演多种不同的角色,不同的群体对个体提出不同的角色要求。因此要理解一个人的行为,关键在于弄清他现在所扮演的角色。

（一）角色知觉

个体对于自己在特定情境中应该如何表现的认识和了解就是角色知觉（role perception）。我们在认为自己应该如何表现的基础上实施特定的行为。

（二）角色期望

角色期望（role expectation）是指别人认为你在某个特定情境中应该如何行事。例如，法官的角色被视为地位尊贵、举止得体，而橄榄球队的教练则被视为富有侵略性、灵活机动以及善于激励手下的球员。

在工作场所中，我们从心理契约（psychological contract）的视角来考察角色期望。心理契约是在雇主和员工之间存在的一种不成文的协议，这种协议规定了双方之间的期望，也就是管理层对员工的期望以及员工对管理层的期望。一般来说，管理层被期望能够公平、公正地对待员工，给员工提供可接受的工作条件，向他们明确传达合理的工作量，向他们提供绩效反馈以使他们了解自己的工作表现。另外，员工被期望工作态度良好，听从指挥以及对组织忠诚。

如果心理契约中隐含的角色期望没有实现，假设管理层没能履行协议，我们可以预计，这会对员工绩效和工作满意度产生消极影响。如果员工没能实现自己的角色期望，结果通常是受到某种形式的处分，甚至是被解雇。

（三）角色冲突

如果遵守某种角色要求会导致难以符合另一种角色要求，那么结果就是出现角色冲突（role conflict）。在极端情况下，主体所面临的两种或多种角色期望是相互矛盾的。

三、群体属性：规范

所有群体都建立了规范（norms）。所谓规范，就是群体成员共同接受的一些行为标准。群体规范让成员知道自己在特定环境下应该做什么，不应该做什么。一旦群体规范被群体成员认可并接受，它们就能够影响群体成员的行为，并只需要最低限度的外部控制。不同的群体、社区和社会具有各自不同的规范，但不管怎样，所有的群体都有自己的规范。

规范几乎涵盖了群体行为的各个方面。最普遍的规范可能就是绩效标准，它详细地阐明了工人们应该以何种努力程度来工作，以何种方式完成工作，何种程度的拖延是合适的以及诸如此类的事项。这些规范对于个人绩效的影响尤其巨大，这些规范能够调节仅仅基于个人能力和动机来预测的个人绩效。尽管是最重要的规范，但绩效标准并不是唯一的规范。其他类型的规范还包括外观规范（例如着装规范）、社会安排规范及资源分配规范等。

（一）从众

作为某个群体的一员，肯定希望被该群体接受，因此群体成员往往会按照该群体的规范行事。大量证据表明群体能够对其成员施加巨大的压力，使其改变自己的态度和行为以符合该群体的标准。个体成员是否会接受所有群体施加给自己的从众压力呢？很明显，答案是否定的。因为人们通常参加多个群体，而这些群体的规范各不相同。有些情况下,这些规范还可能互相矛盾。那么个体会怎么办?结论是,他们遵从那些自己已加入或者希望加入的重要群体的规范,这些很重要的群体就是参照群体(reference groups)。个体了解群体中的其他人,把自己视为该群体的一员或者渴望成为其中的一员,而且觉得其他群体成员对自己具有重要意义。可见,并非所有群体都能够对其成员施加相同程度的种种压力。

群体对其成员的从众压力能够影响到群体成员的个人判断和态度。这在所罗门·E.阿希(Solomon E.Asch)的经典试验中得到了充分的证明。阿希把7—8个被试组成一个小组,让他们围坐在一张桌子旁,要求他们比较实验者手中的两张卡片上两条曲线的长短。在一般条件下,被试做出错误判断的概率低于1%。在实验中,研究者要求被试大声报告,但是如果一开始群体成员的回答就是错误的,会发生什么情况呢?群体的从众压力是否会导致不知情的被试改变自己的答案,以求得与群体其他成员保持一致?阿希想知道的正是这一点,为此他预先安排的实验过程让群体其他成员都做出错误的回答,而这一点只有不知情的被试不知道,而且阿希在安排座位时有意让不知情的被试坐在最后回答问题的位置上。阿希得到的结果表明,在多次试验中,75%的被试给出了错误答案。这一经典实验表明,群体规范能够对成员构成沉重压力:我们渴望成为群体的一员,避免变得与众不同。

上述结论是基于50年前的研究结果,时间的流逝是否会使结论的效度发生改变?我们是否可以认为这些结论也适用于其他文化?有证据表明,自阿希在20世纪50年代初进行该研究以来,人们的从众程度呈现稳定的下降趋势。而且阿希得出的结论是,与个人主义文化相比,在集体主义文化下,人们对社会规范的从众程度更高。然而,即使在个人主义国家中,从众仍然在群体中具有显著的影响力。

(二)工作场所的偏差行为

工作场所中的偏差行为也称为不当行为或工作场所中的无礼行为,是指违反重要的组织规则,从而威胁组织或者其他成员的利益的主动行为。没有组织愿意创造容忍那些鼓励和维持偏差行为的工作条件,然而,偏差行为确实存在。

像群体规范那样,员工个体的不当活动也受到了他们所处的群体背景的影响。有证据表明,当工作场所的偏差行为受到群体规范的支持时,它们更可能泛滥成灾。无论是在工作中还是在工作外,那些与经常缺席的人打成一片的员工缺席的可能性也更大。当工作场所中出现偏差时,员工的合作、承诺和动机会受到消极的影响。相应的,这又会导致员工生产率和工作满意度的下降与离职率的提高。

平时不会实施偏差行为的人,当在群体工作时,或许更有可能产生这样的行为。最近的一项研究表明,与独自工作的个体相比,那些在群体中工作的人更有可能说谎、欺骗和盗窃。群体可以提供一种匿名保护,于是那些平时担心被抓住的人,或许会觉得群体其他成员也会这么做,从而使自己可以蒙混过关,于是个体就会形成一种虚幻的自信,进而实施更激进的行为。因此,偏差行为与该群体所认可的规范密切相关。

四、群体属性:地位

地位(status)是指他人对于群体或群体成员的位置和层级进行的一种社会界定。它渗透到社会各个角落,即使是最小的群体,也会形成一系列角色、权力和仪式来区分其成员。当个体感受到对自己地位的看法与其他人对自己地位的看法存在差异时,地位会成为一项重要的激励因素,而且会产生显著的行为后果。

(一)什么决定地位

根据地位特征理论,地位主要有以下三个来源:

(1)驾驭他人的权力。能够控制结果的人通常会被认为具有更高的地位,因为他们有可能控制该群体的资源。

(2)对群体的目标做出贡献的能力。那些对群体的成功具有重要贡献的人通常有更高的地位。

(3)个人特征。那些具有群体所看中的个人特征(如相貌出众、聪明、有钱或者个性友善)的人,其地位通常会高于那些只拥有较少此类特征的人。

(二)地位与规范

研究表明,地位会对群体规范以及从众压力产生影响。与其他成员相比,地位较高的群体人员常常享有比其他成员更大的自由来偏离群体规范。高工作地位的人,比如医生、老师和管理人员,往往会对低工作地位的人施加的社会压力持消极态度。例如,医生通常会积极抵制保险公司的低级别员工做出的决定。地位高的成员比地位低的成员更能抵制从众压力,如果一名成员很受群体器重,而他又不需要或者不在乎群体给他提供的社会性奖励,那么他尤其可能漠视从众规范。

这些发现能够解释为什么许多体育明星、著名演员、一流的推销员和杰出的学者会对那些可以约束他们同行的社会规范不屑一顾。只要高地位者的活动不会严重妨碍群体目标的实现,他们通常就会获得更大的自主权。

(三)地位和群体互动

在群体中,地位高的人往往更加果断。他们经常发言,经常批评别人,要求也更多,还会经常打断别人。但是地位差异实际上妨碍了群体的创造力及观点和意见的"百花齐放",因为地位低的成员参与集体讨论的积极性较低,当地位低的成员提出对群体有帮助的专门技术和见解时,他们的意见可能不会被充分采纳,从而降低了群体的整体绩效。

(四)地位的不公平

使群体成员认为本群体的地位层级是公平的,这一点至关重要。如果成员觉得群体中存在地位的不公平,那么就会引起群体内的失衡,并导致他们采取各种各样的措施来纠正这种失衡。

群体内通常具有获得一致认可的地位标准,因此对群体成员的地位层级也常常会达到高度共识。但是,当人们从一个群体转入另一个群体时,由于群体的地位标准不同或者群体成员具有不同类型的背景,他们可能会遇到冲突的情境。例如,公司管理者可能把个人收入和公司发展速度作为个人地位的决定因素;政府官员的标准就可能是自己手里掌握的预算规模;蓝领工人的标准可能是资历。如果群体由不同类型的个体组成或者不同类型的群体必须相互依赖,那么当群体试图协调不同的地位层级时,地位差异就可能会引发冲突。

五、群体属性：规模

群体规模是否会影响该群体的整体行为？回答是肯定的，但是其效果还取决于所关注的因变量。研究表明，就完成任务而言，小群体要比大群体速度更快，而且个体在小群体中表现得更好。但是，就解决复杂困难的任务而言，大群体总是比小群体表现得更好。要将这些研究结论转化为具体数字是比较困难的，但是大群体成员（数量等于或超过12人）更善于获得多种多样的投入。因此，如果群体的目标是搜寻和发现事实，那么规模较大的群体应该更有效；此外，较小的群体更善于利用这些投入来实现某个结果，一般来说，7人左右的群体在采取行动时最有效。

与群体规模有关的一项重要发现是社会惰化（social loafing）现象。社会惰化是指个体在群体中工作时不如单独工作时那么努力的倾向。这一发现直接质疑了这种逻辑：群体的整体生产率至少等于成员个体的生产率之和。人们对群体有一种常见的刻板印象：集体精神会激励成员努力工作，从而提高群体的整体生产率。但是，这个刻板印象或许是错误的。

是什么导致了社会惰化效应？一种可能是，群体成员认为其他成员没有尽到应尽的职责。如果你觉得别人是懒惰和无能的，你就会降低自己的努力程度，这样才觉得公平。另一种解释是责任分散。由于群体活动的结果无法归到任何某个具体成员身上，因此个人投入与群体产出之间的关系就变得模糊不清。在这种情况下，个体可能会试图成为一个搭便车者——趁机搭上群体努力的便车而不用自己花费太大力气。这对组织行为学具有重要意义。当管理者希望借助群体的力量来提升工作士气和团队精神时，他们必须能够识别个体的努力程度，如果做不到这一点，管理者就需要在员工满意度提高与生产率下降之间做出取舍。

有几种方法可以防止社会惰化：①设立群体目标，使群体具有为之努力的共同目标；②增强群体间的竞争，使各群体更关注自己的绩效；③开展同事评估，让每个人对其他成员的贡献进行评价；④挑选愿意在群体中工作，拥有较高积极性的成员；⑤如果可以的话，使群体奖励在一定程度上取决于每个成员的独特贡献。尽管上述任何一种方法都不是避免社会惰化的灵丹妙药，但是它们应该有助于使社会惰化的影响最小化。

六、群体属性：内聚力

不同群体具有不同程度的内聚力（cohesiveness）。内聚力是指成员之间相互吸引并愿意留在该群体中的程度。有些工作群体是高内聚力的，其原因可能是成员之间合作了很长时间，或者是群体的小规模促进了高度的互动，或者是外界威胁使得群体成员紧密团结起来。内聚力十分重要，因为它会影响群体生产率。

研究一致表明，内聚力与生产率的关系取决于群体中的绩效及与绩效有关的规范。如果这些绩效规范要求很高（如高产出、高工作质量与群体外的人保持良好的协作关系），高内聚力群体的生产率就会高于低内聚力群体。但是如果内聚力高而绩效规范要求很低，生产率就会下降。如果群体内聚力低，但绩效规范要求很高，群体生产率也会较高，但不如内聚力高且绩效规范要求也高的群体。

为了增强群体内聚力,可以遵循以下建议:①缩小群体规模;②鼓励对群体目标的认同;③增加群体成员在一起的时间;④提高群体的地位,并让人们觉得成为该群体的成员并不容易;⑤激励与其他群体的竞争;⑥奖励该群体而不是成员个体;⑦使该群体拥有单独的物理空间。

七、小结

(一) 群体属性与群体绩效

群体的很多属性与群体绩效有关,其中最主要的属性有角色知觉、群体规范、地位差异、群体规模和群体内聚力。

(1) 角色知觉与员工的绩效评估之间存在正相关关系,员工与其上司对该员工工作的认知一致性程度会影响上司对该员工的评价。如果该员工的角色知觉符合上司对该员工的角色期望,则该员工会获得更高的绩效评估。

(2) 群体规范通过设定是非标准来控制群体成员的行为。如果管理者了解群体规范,那么有助于他们解释成员的行为。如果群体规范支持高产出,那么管理者可以预计成员的个人绩效将远远超过那些有着限制产出规范的群体中的成员。同样,如果群体规范支持反社会行为,那么会增加成员在工作场所中出现偏差行为的可能性。

(3) 地位差异会使群体成员产生挫折感,对生产率和成员留在组织的意愿造成不利影响。地位差异很容易削弱成员的工作动机,并刺激他们设法寻求公平。此外,由于地位低的成员更少参与群体讨论,因此成员间地位差距很大的群体可能会阻止这些成员对群体的投入,从而影响他们潜力的发挥。

(4) 群体规模对群体绩效的影响取决于群体从事的任务类型。大型群体在发现事实的任务中更有效,小型群体从事采取行动的任务更有效。我们对社会惰化现象的认识表明,如果管理者使用大型群体,应提供衡量成员个体绩效的手段。

(5) 群体内聚力对群体生产率的影响,取决于群体中的相关绩效规范。

(二) 群体属性与员工满意度

(1) 如果员工与其上司对该员工的工作具有很高的认知一致性,员工的满意度也会比较高。这两者之间存在显著的相关关系。角色冲突会导致工作紧张感,并降低员工的工作满意度。

(2) 大多数人更喜欢同与自己地位相同或比自己地位高的人沟通,而不是与地位更低的人沟通。因此,我们可以预计,如果员工的工作能够尽量减少与地位更低者的交流,那么他们的满意度会提高。

(3) 我们凭直觉就可以预计群体规模与满意度的关系:更大的群体规模会导致更低的成员满意度。随着群体规模的扩大,成员的参与和社会互动机会会减少,而成员认同群体成就的能力也会被削弱。同时,群体成员越多,群体内部就越容易发生纠纷和冲突,并形成各种亚群体,这就会使得群体成为一个不那么令人愉快的场所。

第二节　团队的类型、属性与构成

团队是两个或两个以上的人在某一时期内为了实现以工作任务导向为目的的相关目标而协同工作的群体。

一、团队类型

（一）工作团队

工作团队在设计上相对持久稳定，其目的是生产产品或提供服务，通常它需要其成员的全职工作投入。尽管所有的工作团队都具有以上提到的明确特征，但对于不同的组织机构，工作团队也存在很大的不同。其中一个主要的不同就体现在团队成员界定自己的角色和做决策时其自主权的程度上。在传统的工作团队中，成员们有着非常具体的工作职责，所需做的决策也仅限于他们职责范围之内的活动。而在自我管理型团队，其成员就不被限定于非常具体的工作，相反，他们共同决定如何组织完成团队的工作。

（二）管理团队

从设计上相对持久稳定的角度讲，管理团队与工作团队是相类似的，然而在很多重要方面它们还是有区别的。工作团队主要关注的是核心产品生产、服务提供等执行层面，而管理团队从事那些会影响到整个组织的管理任务。特别是管理团队负责协调下属单位（如部门或职能领域间）的活动以助于实现组织长期的目标，如由高层管理人员组成的高级管理团队就负责组织的战略方向决策。值得一提的是，因为管理团队都是由各部门的领导者组成，他们对管理团队的工作时间投入要求往往受到他们对自己单位的领导责任的影响。

（三）平行团队

平行团队是由不同工作的成员组成，他们就产品生产过程中"平行的"重要问题向管理者提出建议。平行团队只要求成员部分时间的工作投入，可以是长期性的，也可以是临时性的，这主要取决于它的目标。比如，质量管理团队的成员，他们既有个人工作，又要定期碰面开会，以便查找问题，提高产品质量。一个更短暂的平行团队的例子是委员会，其成立是为了处理临时突发的问题。

（四）项目团队

项目团队的组成是为了完成一次性的任务，这些任务通常很复杂而需要具有多种类型的专业技能的团员参加。尽管项目团队只存在于项目完成过程中，但还是有些复杂的项目，可能需要很多年才能完成。一些项目需要团队成员全职工作的保证，而另一些仅需要团队成员部分时间工作的保证。一个由工程师、建筑师、设计师和建筑者组成负责城镇中心设计的项目团队大概需要团队成员全日工作一年或更久。相反，负责牙刷设计的项目团队，其工程师和工艺师可能会为这项工程一起工作一个月，与此同时，他们可能还在为其他的项目团队工作。

（五）行动团队

行动团队负责完成时间有限的任务，但此任务非常复杂，常常需要在很多观众观看的情况下进行,又或者任务本身就极具挑战性。一些类型的行动团队需要长时间的一同工作。例如,体育团队要在一起待上一个赛季,像滚石这样的乐队要在一起待上十几年。其他类型的行动团队只需合作到任务结束。外科手术团队或飞机机组人员作为一个团队,可能只需在一起手术或飞行两个小时。

二、团队的重要属性:团队互依性

团队互依性就是团队成员间的相互依赖关系。

(一)任务互依性

任务互依性是指团队成员为了完成团队的任务而相互依赖的程度和在信息、材料、资源方面对其他团队的成员的依赖程度。任务互依性主要有四种,每一种都对合作和协调有不同程度的要求:

(1)第一种类型的任务互依性是联营式互依性,其对合作协调要求度最低。在这一类型的任务互依性中,团队成员独立完成各自的工作任务,而他们的工作成果"堆积"起来就成为团队的产出。联营式互依性,就像是渔船上的作业一样,每一个渔民都撑起自己的鱼竿,把饵线放入水中,收起鱼线,把鱼从钩上摘下来,最终把鱼放入桶中,一天下来,钓到的鱼的总重量就是渔船的产出。

(2)第二种类型的任务互依性是顺序互依性。在这一类型的任务互依性中,不同的工作都按照指定的顺序进行,团队也都按照每个成员的具体任务而安排,尽管顺序互依关系中团员间相互影响,工作才能被连续完成,但这种影响只发生在顺序相连的成员间。顺序排在后面的团队成员的工作受到其前面成员的工作的影响,而不是相反。在生产作业环境中的传统装配线是典型的互依性的例子,在这种作业环境下,一名员工将一个部件安装到生产的产品之上,然后将产品转移到下一员工手中,被装上另一部件,整个过程以产品检验、包装、运输结束。

(3)第三种类型的任务互依性是互惠互依性。与顺序互依性相似,员工们各自从事专业化的工作。然而与顺序互依性不同的是,互惠式互依关系中的团员为完成任务要同其他的团员互动。

(4)最后一种类型的任务互依性是综合互依性。它对团员完成工作任务时的合作和协调要求最高。在综合互依关系团队中,团队成员在完成任务过程中,对做什么、合作中和谁合作等方面有着更多的自主权。

就任务关联性来说,没有绝对正确的团队类型,但了解每种类型的团队的利弊却很重要。一方面,任务互依性的程度越高,为完成任务,团队成员就要花更多的时间来沟通和协调,这种额外的要求会降低生产效率,即单位时间内完成的工作比例;另一方面,任务互依性的程度高,会提高团队适应新形势的能力,团队成员沟通合作得越多,就越有可能就团队面临的新问题提出新的解决方案。

(二)目标互依性

除了任务可以将团队成员联系起来,目标互依性即共同的目标也可以让他们联系在一起。当团队成员对团队目标有着共同愿景,个人的目标与团队的目标协调一致时,团队就有了很高程度的目标互依性。为了理解目标互依性的力量,可以想象一下一个载有几个人的小船,每个人都有一个桨,如果船上的每个人都想达到湖对面的同样的一个地方,他们将向同一方向划,最终将会达到期望的地点。然而如果每个人都认为船该去不同的地点,每个人都会向不同的方向划,那么船到任何一个地方都会有很大的困难。

怎样才能建设更高程度的目标互依性呢?最重要的一点,就是必须要有正式的团队使命宣言。使命宣言有多种形式,但好的使命宣言必须能够清楚地说明团队的目标,并且让团队成员产生责任感和紧迫感。使命宣言可以直接来自组织或团队的领导,但很多情况下,在团队发展过程中形成团队使命宣言更有意义,这一过程可以帮助团队成员知道团队需要什么,而且使团队成员更有团队使命感。

（三）成果互依性

团队一起工作而取得的成果将团队成员联系在一起,这种依赖关系成为最后一种互依性类型。当团队成员因为在一个团队工作而可以分享团队的成果(如报酬、奖金、正式反馈、认可、鼓励、更多休息时间、团队的继续存在等)时,就有高程度的成果互依性存在。当然,团队的成就依赖于每一个团队成员的绩效,高水平的成果互依性也意味着团队成员的回报要更多地依赖于其他团队成员的表现。相反,当团队成员的报偿和惩罚都依据个人绩效而非团队绩效的时候,成果互依性的程度就会比较低。

成果互依性有时让设计团队的管理人员处于两难的境地。一方面,当成果互依性程度高的时候,团队成员间的合作会得到提高,因为他们知道他们有共同的命运。如果团队赢了,那么每一个人就都赢了;如果团队输了,那么每一个人就都输了。另一方面,高程度的成果互依性会导致动力的缺乏,尤其是对那些绩效好的成员来说,因为他们可能认为他们并没有按绩效得到相应的报酬,其他的团队成员利用这种不公平占了他们的便宜。

解决这种两难困境的方法就是实施和任务互依性程度相当的成果互依性。在两种互依性程度都很高的情况下,团队成员更有动力。同样,在成果互依性程度较低的情况下,团员们也更倾向于低水平的互依性。为了更好地理解任务互依性和成果互依性一致所能带来的力量,可以想象一下两者不相当的情况:比如,你在班级中和其他成员为了一个项目付出同样的努力,尽管教授说你们的项目都很优秀,但如果他给其中一个团员成绩为A,另一个成员为B,而你为C,你会感觉如何?同样,期末考试你通过努力得到了足够A的成绩,但教授却平均地给每一个学生一个C,你又感觉如何?应该是对两种情况都不满意吧?

三、团队的构成：成员角色

描述团队构成的第一个方面是成员的角色,根据上一节对群体角色的定义,它是指人们对于在团队中占据特定位置的个体所期望的一套行为模式。总的来说根据具体情况,团队中存在三种类型的角色,有没有扮演这种角色的成员,会对团队的有效性产生重要的影响。

（一）团队任务角色

团队任务角色是指与完成团队任务直接有关的行为者,如为团队确定方向的带头人、对团队现状提出建设性反面质疑意见的人,以及激励团队成员为了团队目标而努力工作的激励者。具体任务角色的重要性要依据团队的工作性质而定,对于那些可以自主决定如何完成任务的团队来说,带头人的角色尤为重要;对于那些决策极具"风险"的情况以及对那些在没有考虑其他选择前团队就已经达成一致意见的情况,提出反面意见的任务角色尤为重要;激励者角色在那些工作本身很重要但不能太让人动力十足的团队中会非常重要。

（二）团队建设角色

同以任务为导向的角色相比,团队建设角色是指那些影响到整个团队风气的行为者,比如解决团队成员间纠纷的协调者、赞扬团队成员工作的鼓励者以及提出能让团队成员接受的其他方法的折中者。担当团队建设角色的这些成员的存在,有助于团队管理那些可能会影响团队有效性的冲突。

（三）个人利己主义角色

任务角色和团队建设角色关注的是对团队有益的活动,而个人利己主义角色是指以团队利益为代价的对个人有好处的行为者。比如"攻击者"会打压或挫伤其他的团队成员,寻求认可者会将团队的成功归功于自己,支配者会操控团队成员来获取对团队的控制和权力。他们会对团队造成很大的伤害,这样的团队不仅让人不开心,应付相关问题还会耗费大量的时间和精力。

四、团队的构成：成员能力

团队构成的第二个方面是成员的能力,设计团队时尤其要考虑成员的认知能力。通常,在团队工作复杂的情况下,那些拥有高认知能力团员的团队会有更好的表现。团队成员不仅要接触各种不同的工作任务,而且还需要学习如何将个人的努力最有效地结合起来以实现团队的目标。事实上,越需要这一类型学习的团队,其成员的认知能力也就变得越重要。研究表明,同那些团队成员只需要以常规的方式去完成指定任务的团队相比,认知能力对于那些需要团员互相学习如何适应变化的团队更为重要。

五、团队的构成：成员的个性

团队构成的第三个方面是成员的个性特征,它影响团队的运作和表现。例如,团队构成中成员的责任心对团队来说非常重要。几乎每一个团队都会从团队成员的相互依赖中和为实现团队目标而努力工作中获益。一个不尽责的团队成员会对团队产生强大的消极影响。对这个缺乏责任感的团员所做出的种种自然反应,不仅会分散团队完成任务的注意力,而且还会导致一些耗时的人际冲突。同时,即使你和其他成员都格外努力工作去为这个人弥补,你的团队也很难比那些所有成员都全心全意为团队工作的团队有效率。

团队成员的随和性也是要考虑的一个方面。研究表明,在团队设计中,成员的随和程度通常比团队的责任心更重要。因为随和容易相处的人会有更好的合作和信任,使团队的态度更积极,团员相互之间的合作更顺畅,而且因为与个人利益相比,随和容易相处的人更关心他们团队的利益,他们会为了团队更努力地工作。然而,关于团队成员的随和性也有需要谨慎的地方,因为随和的人更愿意避免冲突和竞争,他们更倾向于妥协和合作,所以他们不大可能畅所欲言,提出有利于团队改进的建设性批评建议。团队有可能因为实现了和谐却不能完成任务。

具有外倾性的人在人与人相互联系的环境中会更有效率,并且通常更积极和乐观。

因此,具有外倾性的员工所组成的团队将会为团队的整个风气带来更大的好处,团队也更有效率。然而,与此同时,研究也表明,拥有太多外倾性的员工也会对团队带来危害,这主要是因为外倾性的人会过分武断和有统治欲。在团队中,这种类型的成员过多的时候,权力斗争和无意的冲突将会经常发生。

六、团队的构成:多样性

团队构成的第四个方面是成员的多样性。成员的多样性是指按照某种具体的分类标准划分的成员之间的差异区别程度。因为用以分类的标准很多,所以理解团队多样性的作用会有些困难。多样性会影响团队的运作和效率也有很多的原因,并且其中一些原因看起来是相互矛盾的。

一方面,多样性会对团队有积极作用。从这一方面来看,团队多样性让团队可以受益,是因为当团队开展工作时,团队可以共享多样性所带来的更多的知识和角度。工作性质复杂且对创造性有要求的团队,尤其会从多样性中获益。

另一方面,多样性也可能会对团队产生负面影响。根据这一观点,相似的人更倾向于互相吸引,同样,人们倾向于避免与那些与自己不同的人交往以避免令人不悦的分歧。这一观点类似的研究也表明,文化背景、种族态度等方面属性的多样性与沟通问题密切相关,最终会导致较差的团队效率。

可以看出,在与团队相关的多样性效应方面,有两种不同的理论,而且都有研究支持。哪一种观点正确?事实上,理解多样性对团队影响的一个关键就是要考虑两种基本形式的多样性:表层多样性和深层多样性。此外,存在的时间长度是影响团队效率的另一个重要因素。表层多样性是指可观察到的特征,如种族、民族、性别和年龄方面,尽管这种多样性在团队形成的初期会由于相似吸引力的问题对团队产生负面影响,但当团队成员们相互理解后,这种负面效应就会消失。因为随着时间的延续,成员对彼此内在特点的认识会取代最初他们因为表面差异而造成的成见,而这些内在的特点,才是和社会交往、任务合作更息息相关的因素。

相反,深层多样性是指那些在最初不易观察到,但通过较多的直接体验后就可以推断出的多样性,如态度、价值观和个性上的差异,都是深层多样性的例子。与表面多样性相反,时间会增加深层多样性对团队运作和效率上的影响,随着时间的推移和团队成员之间的相互了解,团队成员在基本价值观和目标等方面的差异将会更加明显。这些差异会因为在团队成员间产生问题并最终导致效率低下。

七、团队的构成:团队规模

在探讨团队规模时需要提到两个词"多多益善"和"人多误事"。但是对于一个团队该有多少成员,研究结果表明,具有较多的成员对于管理团队和项目团队是有益的,但对于从事生产任务的团队来讲,成员多将无益。管理团队和项目团队从事复杂和知识密集型的工作,因此其会从增加了新成员所带来的新资源和经验当中获益;相反,生产团队从事常规的、不太复杂的工作,增加不必要的员工会导致多余的协调和沟通问题。额外的成员会导致生产效率低下,因为他们需要有更多的社交活动并且他们感觉自己对团队成果的责任不大。尽管研究人员声称组建一个绝对合适规模的团队是不可能的,但一般而言,当团队有 4—5 名成员时,团队成员会对团队最为满意。当然,也可以使用其他的经验法则来保持团队的最佳规模。亚马逊 CEO 贝佐斯认为"如果两块披萨还不够一个团队吃,那么这个团队就太大了"。

第三节 团队发展和团队进程

一、团队发展的阶段

(一) 团队发展四阶段理论

(1) 第一个阶段是形成阶段,成员们通过理解团队的界限来指导自己的方向。成员们试着去了解别人对他们的期待,弄清楚哪些是越界行为、谁是管理者。

(2) 第二个阶段是震荡阶段,成员们坚持其带入团队的思想。这种最初对别人思想的不接纳常常会引起冲突,从而对成员之间的关系产生消极影响并且阻碍团队的进程。

(3) 第三个阶段是规范阶段,成员们认识到他们需要共同工作,去完成团队的目标,进而开始合作,团队的感情也在团队成员为了团队目标共同努力工作的过程中形成。一段时间之后,团队成员开始明确团队规范以及自己的工作范围。

(4) 第四个阶段是实施阶段,成员们适应自己的工作团队,团队朝着既定的目标发展。

(二) 团队发展的间断平衡理论

并不是所有团队的进程发展都完全符合这四个阶段。间断平衡理论认为:在最初的团队会议上,团队成员确立团队生命周期第一阶段内的行为模式,这种行为模式支配着团队的运行,甚至成为一种惯性行为。在项目中期的某点,某项重大事情发生,使团队成员认识到为了按时完成任务,他们必须要彻底改变原有的行为模式。在这样的过渡中,那些能够利用机会、计划新方法的团队,通常能很好地完成工作,他们的行为将在新的框架进行,直到任务完成;而那些没有利用这个机会去改变他们的方法,而是继续坚持原始模式的团队将会走向失败。

二、团队进程概述

团队进程是指团队内部发生的,可促成最终目标实现的不同类型的活动与互动。团队进程推动了团队走向不同的发展阶段。一些团队进程很容易被观察到,例如我们可以很容易地观察到团员成员收集信息、发展彼此想法和为解决问题而进行的合作。相反,另外一些团队进程却不太容易被观察到,例如在高度合作团队中的情感纽带就很难从外部被直接观察到,因此,团队进程不仅包括团队成员在行为上的相互作用,而且还包括在相互作用过程中形成的、难以直接被观察到的情感和思想上的结合。以下分三个方面介绍团队进程:团队任务进程、团队工作进程和团队状态。其中团队工作进程又可以从过渡进程、行动进程、人际关系进程三个视角来观察。

为什么学习团队进程很重要? 一个原因是有效的团队进程会使团队从进程中受益,或从该团队中取得比你所期望的、根据成员个体能力而形成的更多收益。进程收益与协作作用相同,对那些工作性质复杂、要求团队成员的知识、技能、解决问题的努力高度统一的团队尤其重要。在本质上,进程收益是重要的,因为它形成了在团队组建之前所没有的有用资源和能力。

当然,发生进程损失的可能性也存在。进程损失是指获得比期望的、根据成员个体能力而带来的更少收益。什么因素会造成进程损失?一个因素是在团队中,成员们不仅要完成自己的任务,而且还要把自己的活动与其他团队成员的活动相协调。尽管团队工作中,关注于整合工作的额外努力在团队经历方面是必要的,但它被称为协调性损失。这是因为它需要消耗本来可以用在完成团队任务上的时间和精力,这种协调性损失通常是由于生产阻塞而引起的:当一些成员在开始自己的工作之前,需要停下来去等待其他人完成工作时会发生上述情况。例如,在成员完成自己那部分工作前,得花很多时间在开会上,得跟随其他成员对信息的要求,或者必须等待着其他成员完成他们那部分工作。

第二种造成进程损失的力量是动机性损失,或者说是当团队成员不努力工作时而产生的团队效率损失。为什么在团队环境中会发生动机性损失?其中一个原因在于我们通常很难衡量成员们对团队贡献的大小和多少。成员们为了一个项目在一起工作很长时间,结果却很难精确统计谁做了什么。类似的,成员们可以各种方式为团队做贡献,有些人的贡献没有其他人的贡献容易被看见。还有,团队中的成员不会总是作为一个单位在同一时间一起工作。不管是什么原因,对谁做了什么的不确定,导致团队成员感觉到其对团队成果的责任不大,这种降低的责任感,导致员工们在从事团队活动中所付出的努力比自己单独做此项工作中所付出的努力小,这种现象就是前面我们介绍的"社会惰化",它会严重影响团队效率。

三、团队任务进程

有两种主要的因素会影响团队的任务进程:团队的创造性行为和决策质量。

创造性行为是涉及成员们从事那些能够产生创新、有用的想法和解决方案的活动。创造性行为部分是由员工个人的创造力所驱动的,因为一些员工比其他员工更有创造力和想象力,然而团队环境也会促成独特的创造性行为,因为团队中每个成员将独特的知识和技能结合在一起,也会产生新的、有用的想法。然而,要取得这样的成果,不仅仅是把各种不同的人放在一起,然后让他们去为成果而努力。事实上,当成员们参加具体的工作任务时,也可以促成团队的创造性行为。头脑风暴或名义群体法是促进团队创造性行为的两种常见方法。头脑风暴法和名义群体法也同时能提高团队的决策质量。

研究表明,能够说明做出有效决策的团队能力的因素至少有三个:第一个因素是团队信息水平,反映了成员们是否对他们的任务掌握了足够的信息。第二个因素是成员有效性,是指成员们向领导者提供良好建议的有效程度。团队成员可以提供有效建议所需的信息,但他们会因为缺乏技能、洞察力和好的判断力而无法提供有效的建议。第三个因素是层级敏感性,是指领导者衡量成员建议分量的有效程度、领导听谁的、领导忽略谁的建议,以及能做出有效决策的团队往往会有这样的领导,他能够很好地对所提出的建议做出正确的评价。那么,如何利用这三方面的因素来提高决策的质量呢?

研究表明,越有经验的团队越能做出好的决策。这是因为,时间久了,成员们能够知道他们需要哪些信息,知道如何运用这些信息,领导也知道了哪些团员能够提供最好的建议。既然经验这么重要,那么在给团队分配重要职责之前,先给他们在一起工作的机会就非常重要。另外,通过给予团队成员提供有关决策过程中三个因素的反馈,也可以改进团队决策的质量。例如提醒团队成员们,在他们为领导者提供建议之前,他们需要分享和考虑额外的信息,这样团队决策质量可以得到提升。尽管这个建议看起来很简单,但事实是几乎所有的团队只会得到关于他们最终决定的反馈,起码在团队成员的信息交流方面,如果可以把信息分享与提出拒绝建议和最终决策过程分开,也会大有益处。

四、团队工作进程

团队工作进程是指促使团队工作的完成,但不直接参与任务完成的人际活动。如果把团队工作进程理解为开展团队任务进程而创造其所需环境和背景的行为,那么团队工作进程会涉及哪些类型的行为呢?团队工作进程又分为过渡进程、行动进程和人际关系进程。

(一)过渡进程

过渡进程是聚焦于为将来的工作做准备的团队协作活动。例如,任务分析涉及对团队工作、团队所面临的挑战和团队可用来完成团队工作的资源的分析。策略制定是指行动路线和应急计划的开发,然后根据团队环境所发生的变化对计划进行调整。最后,目标细化是指将团队任务和战略有关的目标进行开发和优先化。每一个过渡进程在团队实施核心工作之前都是非常重要的。然而,这些过渡进程在各个工作活动时期之间也是非常重要的。例如,设计团队在工作进度落后于日程表进度时所做的调整,团队会考虑有多少需要及时完成的任务工作,然后制定一个能够帮助按时完成任务的新策略,以便让顾客满意。

(二)行动进程

过渡进程在任务活动之前和任务活动中都很重要,而当任务工作正在完成的过程当中时,行动进程也是非常重要的。一种类型的行动进程涉及对实现目标的进程监督。关注与目标相关的信息的团队,或许通过对与团队目标相关的团队绩效进行详细计划,就可以及时发现团队"是否脱离正轨",进而可以随时进行调整。系统监控指对完成团队任务所需资源进行跟踪监督。不能进行系统监控的团队很可能失败,因为团队可能会用尽存货、时间或其他必需的资源。帮助行为是指成员们使用一些方法来对其他团队成员进行帮助和支持。团队成员可以以提供反馈和指导的方式为其他成员提供间接的帮助,也可以通过协助他人的任务和责任的形式提供直接帮助。协调是指以一种有效的流畅的方式对团队成员间的活动进行相互协调。协调不好会导致团队成员在完成自己的工作之前,常常不得不等待着其他成员的信息或其他资源。

(三)人际关系进程

人际关系进程在团队任务工作之前、过程中和区间都很重要,每一种类型的人际关系进程都与成员们处理彼此关系的方式有关联。一种类型的人际关系进程是激励与建立自信,它是指团队成员所做的和所说的在一定程度上能够影响到团队成员努力完成团队任务的积极性。创造一种紧迫感和乐观情绪的一些言语就属于这一类人际关系进程的范例。相似的,情感管理是指促进情感平衡与和谐团结的活动。有的团队,在压力之下团队成员就乱发脾气,问题发生时团队成员就互相指责。

另一种类型的人际关系进程是冲突管理。它是指用来管理在工作过程中出现冲突的那些活动。冲突常常会对团队有消极的作用,但这种影响的性质却依赖于冲突的焦点以及冲突管理的方式。冲突可以划分为任务冲突、关系冲突和程序冲突(详见本书"沟通、冲突管理与谈判"一章)。人际关系的冲突也可以称为关系冲突。关系冲突是指在人际关系中团队成员之间的不一致,或者是因为个人价值观、偏好的不同而造成的不融合。这一类型的冲突集中在那些与完成工作任务没有直接联系的问题上。关系冲突不仅使多数人感到不满意,而且还会降低团队的绩效。相反,任务冲突是指团队成员对于团队任务上的意见不一致。理论上来说,这种类型的冲突,如果能促成产生和表达新思想的话,那么它会对团队有益。然而研究发现,除非存在某些条件,不然任务冲突也会降低团队的效率。成员们需要相互信任,并坚信他们可以公开表达自己的想法而不用担心会受到报复,他们也应该参与到有效的冲突管理进程之中。

五、团队状态

团队状态是团队进程的第三种类型,它不太容易用肉眼观察到。团队状态是指由于团队成员在一起工作所带来的、凝聚在团队成员头脑中的具体感受和思想。

(一) 团队凝聚力

与群体的凝聚力类似,由于不同的原因,团队的成员会对其他的团队成员和团队本身产生强烈的情感依赖。凝聚力会促进高水平的激励和团队的承诺,从而也会促成更高水平的团队绩效。但是有凝聚力的团队就一定是好团队吗?依据研究,对这一问题的回答是否定的。在具有高凝聚力的团队中,为了维持和谐、达成一致,成员们不提出、寻求和认真考虑其他的观点和视角,这种以牺牲其他团队重要性为代价的一致性驱动,就是前面提到的"群体偏移"。

那么如何能在不承担潜在成本的情况下平衡团队凝聚力和群体偏移呢?一种方法是认识凝聚力可能带来的潜在危害。关于这一点,第一步进行凝聚力评测,评测的分数太高,说明该团队有群体偏移的可能性。第二步是正式确立故意提反对意见的角色,扮演这一角色的人的责任在于以建设性的方式评价和质疑团队中盛行的观点,并且提出新的视角和观点。提出反对意见的角色,可以是团队原有的成员,也可以是外来的人员。

(二) 团队效能感

团队效能感是指成员们认为团队在不同形式和任务下有效性的程度。在效能感高的团队中,成员们确信他们的团队有优秀的表现,于是他们就集中更多的力量来实现他们的目标。而在效能感低的团队中,成员们对团队没有信心,当然会对团队目标、对彼此产生怀疑。最终,这种不信任会导致他们的精力用在那些对团队目标无益的活动上。研究结果表明,效能感对团队绩效有很强的积极作用。那么,如何在团队中开发高的效能感呢?成员对自己能力的自信、对其他团队成员能力的信任以及对以前绩效的反馈都可能对取得团队效能发挥作用。具体地说,当团队成员对自己和其他成员都充满信心,团队在以往的活动中取得过成就时,其团队效能感会得到提高。

(三) 团队心智模式

团队心智模式是团队成员在团队及其任务的各个重要方面达成的共识程度。成员对他人的能力达成共识,就更有可能知道到哪里去寻求所需要的帮助来完成工作。此外,他应该能够预料到另一成员完成其工作的时间,当团队成员对团队进程有共同的理解时,就能更有效地、顺畅地完成那些进程。

本章思考题

1. 什么是群体?什么是正式群体?什么是非正式群体?
2. 群体的重要属性包括哪些?
3. 什么是参照群体?
4. 怎样评价阿希试验结论的适用性?
5. 群体规模对群体绩效有什么影响?
6. 工作场所偏差行为与群体规范有何关系?
7. 什么是社会惰化?是什么导致了社会惰化效应?这一效应的管理学意义是什么?
8. 内聚力与生产率的关系如何?
9. 怎样增强群体的内聚力?
10. 什么是团队?有哪几种基本的团队类型?
11. 团队互依性包括哪些方面?
12. 任务互依性对团队绩效有什么影响?
13. 成果互依性对团队设计的重要意义是什么?
14. 团队任务型角色对团队绩效有什么影响?
15. 团队设计时通常需要考虑其成员的哪些个性特征?
16. 什么是深层多样性?深层多样性对团队绩效的影响如何?
17. 什么是团队进程损失?常见的团队进程损失有哪些?
18. 哪些因素影响团队任务进程?
19. 什么是团队工作进程?它包括哪些内容?
20. 团队状态包括哪三个方面?
21. 凝聚力强的团队一定有高的绩效吗?

第六章 企业文化

第一节 企业文化的元素、模式与表现

一、企业文化的元素

（一）企业使命

使命陈述是对企业存在理由的宣言,它回答了"我们的企业是什么"这一关键问题。企业使命是企业存在的根本目的和理由,它回答了"企业为什么存在"的问题。

（二）企业愿景

企业愿景是企业全体员工所向往的未来蓝图,它回答了"企业未来是什么样子"的问题。吉姆·柯林斯(Jim Collins)和波拉斯(Porras)建议,为了弄清楚这个问题,管理者应该问自己:"如果20年后坐在这里,我们会希望自己创造或实现了什么?"

愿景是企业关于未来的共识。愿景能激发出强大的力量,使每个员工都渴望能够归属于一项重要的任务和事业,它是企业文化的重要组成部分。

（三）企业价值观

企业价值观是企业全体(或多数)员工一致赞同的,关于企业如何选择某种行为去实现物质产品和精神产品的满足,如何判定行为好坏、对错、是否有价值,以及价值大小的总的看法和根本观点。

企业的使命和愿景如果深入到日常经营、行为与判断层面,就构成一种强有力的价值观,这种价值观为企业的生存与发展提供精神支柱,决定企业的基本特性和发展方向;反之,如果企业的使命和愿景不正确或者不明确,那么企业也不容易确立正确的价值观或者造成企业的价值观模糊。

在企业发展的过程中,不论价值观是否正确或清晰,价值观总是现实存在的。企业文化建设的根本任务就是明确企业价值观的现状,根据使命和愿景提出应该构建怎样的企业价值观以及提出实现的步骤。

企业价值观由多种价值观因子复合而成,具有丰富的内容,若从纵向系统考察,可以分为三个层次:

(1) 员工个人价值观。个人价值观是员工在工作、生活中形成的价值观念,包括人生的意义、工作目的、自己与他人的关系、个人和企业的关系、个人与社会的关系,以及对金钱、职位、荣誉的态度,对自主性的看法等,这些观念形成了员工在工作上不同的价值选择和行为方式。员工个人价值观是企业整体价值观的基础,如何使员工感到企业是发挥自己才能、自我实现的"自由王国",从而愿意把个人价值融进企业整体价值当中,实现个人价值和企业整体价值的动态平衡是当代企业管理面临的一项重要任务。

（2）群体价值观。群体价值观是指正式或非正式的群体所拥有的价值观,可以影响个人行为和组织行为。正式群体是指有计划设计的组织体,其价值观是管理者思想和信念的反映。非正式群体是指企业员工在共同工作的过程中,由于共同爱好、感情、利益等人际关系因素而自然结成的一种联合体。企业中的各种非正式群体都有自身的价值取向。这些不同的价值取向与正式群体的价值取向有些是接近的,有些是偏离的。非正式群体价值观一旦形成,必然对员工的心理倾向和行为方式产生深刻的影响,对企业目标的实现程度产生直接影响。因此企业的管理者必须正视非正式群体的作用,充分利用其特点,把非正式群体价值观引导到正式群体价值观的轨道上来,同时也要善于处理好企业内部局部与整体的关系,把企业内部不同群体的目标和价值观融入企业整体目标和价值观之中。

（3）组织整体价值观。企业的组织整体价值观是员工个人价值观和群体价值观的抽象与升华,建立在组织成员对外部环境认识和反应态度的基础之上。组织整体价值观具有统领性和综合性的特点。首先,它是一种明确的哲学思想,包含远大的价值理想,体现企业长远利益和根本利益。其次,企业整体价值观是对企业生产经营目标、社会政治目标及员工全面发展目标的一种综合追求,全面体现企业发展、社会发展与员工个人发展的一致性。因此,组织整体价值观指导、制约和统帅着个人价值观与群体价值观。员工和群体只要树立了企业整体价值观,就能使企业目标变为员工的宏大抱负,因而也能构筑一种文化环境,促使每个员工超越自我,把企业视为追求生命价值的场所,引发出惊人的创造力。

（四）企业精神

企业精神是企业存在和发展的内在支撑。它随着企业的发展而逐步形成并固化下来,是对企业现有观念意识、传统习惯、行为方式中积极因素的总结、提炼和倡导,是企业文化发展到一定阶段的产物。

企业精神与企业价值观的异同表现在:①企业精神源于企业价值观,强调一家企业基于自身特定的性质、任务、宗旨和发展方向而形成的独特的价值取向,体现企业自己的经营思想和治理方针。②企业精神包含的企业经营哲学部分超过了价值观的外延,因为价值观只体现道德层面,而经营哲学包含经营方式层面。

正因为企业精神综合体现企业价值观和经营哲学,因而它在企业每个员工的具体行为中体现出来:既体现行为的道德性,也体现行为的效率考量;企业精神甚至在企业生产的每一件产品中体现出来,如产品品种、质量、标准和特点,无不打上企业精神的烙印。可以说,企业的生产运营鲜明地体现了企业精神,企业精神又在产品制造和服务提供中向消费者传达出来。

(五) 企业家精神和管理文化

企业家精神既是企业家个人素质、信仰和行为的反应，又是企业家对企业生存、发展及未来命运所抱有的理想和信念。企业家精神如创新精神、冒险精神、追求卓越等会转化为企业文化。更具体地说，企业家会影响企业高管团队，通过形成一种管理文化而影响企业。这种管理文化就包含下页介绍的强悍型、赌注型、工作与娱乐并重型按部就班型等企业文化模式。管理文化是企业文化的重要组成部分。

二、企业文化的模式

(一) 奎因和卡梅隆的企业文化模式

1980年，奎因(Queen)和卡梅隆(Cameron)将企业文化(主要指管理文化)分为四种类型，分别是活力型、家庭型、官僚型和市场型。

(1) 活力型企业文化。拥有活力型企业文化的组织认为革新和主动的先驱性是成功的关键，组织主要致力于开发新产品和服务，以便为将来做准备。这种文化的特征是没有集中的权力和权威关系，是动态的、创业式的并且充满创意的工作场所，有效的领导是充满想象力、创新和风险导向的。

(2) 家庭型企业文化。拥有家庭型文化的组织充满了共享的价值观和目标、团结与互助、不分彼此的氛围。这种组织更注重团队精神、员工的参与感和组织对员工的照顾。

(3) 官僚型企业文化。官僚型企业文化代表一个高度制度化和机构化的工作场所与氛围；程序告诉人们要做什么；有效率的领导是组织的优秀协调者和组织者；维持组织处于顺畅的运行状态非常重要；稳定、可以预见和效率被看作组织长期关注的东西；正式的组织制度和政策把组织黏合在一起。

(4) 市场型企业文化。拥有市场型企业文化的组织运行起来就像是一个市场，主要面对的是外部环境，而不是内部管理。这种组织最重视的是如何进行交易，如何与合作伙伴在竞争中盈利。其中，利润率、市场占有率及保留客户都是这类组织的首要目标。

(二) 迪尔和肯尼迪的企业文化模式

迪尔(Deere)和肯尼迪(Kennedy)在《企业文化：企业生存的习俗和礼仪》一书中划分了四种企业文化模式：

(1) 强悍型企业文化。这是一种高风险、快反馈的文化模式。这种企业恪守的信条是要么一举成功，要么一无所获。因此，员工敢于冒险，都想成就大事业。具有这类文化的企业往往处于投资风险较大的行业。

(2) 工作与娱乐并重型企业文化。这是一种低风险、快反馈的文化模式。这种文化赖以生存的土壤往往是生机勃勃的、运转灵活的销售企业和服务行业。在这类企业中，员工拼命干、尽情玩，工作风险极小，而工作绩效反馈极快。

(3) 按部就班型企业文化。这是一种低风险、慢反馈的文化模式。这种文化的核心是用完善的技术、科学的方法解决所意识到的风险，即做到过程与具体细节绝对正确。具有这种文化的企业，其员工循规蹈矩，严格按程序办事，缺乏创造性，收入尚好，流动性较低，企业整个效率低下但具有一定的稳定性。

(4) 赌注型企业文化。这是一种高风险、慢反馈的文化模式。

三、企业文化的表现

（一）物质文化

物质文化是由企业成员创造的产品、企业的各种物质环境设施、企业名称标识等构成，是外界最容易接触和体会到的企业文化现象。它包括：①企业产品结构、包装、款式；②企业广告、产品广告、企业宣传片；③企业工作环境、员工休息娱乐环境、文化设施等；④企业工作环境；⑤企业名称、LOGO、企业标语、口号、象征物等。

（二）行为文化

行为文化是指企业员工在生产经营、学习休息中产生的活动文化，它包括企业经营活动、人际关系活动、休息文化活动中产生的文化现象，表现在：①向客户提交产品是否按时和保质保量；②对客户服务是否周到热情；③上下级之间以及员工之间关系是否融洽；④各个部门能否精诚合作；⑤在工作时间、工作场所人们脸上洋溢着热情、愉悦、舒畅还是相反，等等。它是企业经营作风、精神面貌、人际关系的动态体现，也折射企业精神和企业的价值观。从人员结构上划分，企业行为包括企业家（包括高管）行为、企业模范人物行为及员工行为。

（1）企业家行为。企业家将自己的理念、战略和目标反复向员工传播，形成巨大的文化力量。企业家公正地行使企业规章制度的执法权力；并且在识人、用人、激励人等方面成为企业行为规范的示范者；企业家与员工保持良好的人际关系，关心、爱护员工及其家庭，并且在企业之外广交朋友，为企业争取必要的资源。优秀的企业家通过一系列的行为将自己的价值观在企业的经营管理中身体力行，以形成企业共有的文化理念、企业传统、风貌、士气与氛围，也形成独具个性的企业形象及企业对社会的持续贡献。

（2）企业模范人物行为。企业模范人物是企业的中坚力量，他们来自员工当中，比一般员工取得更多的业绩。他们的行为常常被企业员工作为仿效的行为规范，他们是企业价值观的人格化显现。员工们对他们感觉很亲切、不遥远、不陌生，他们的言行对员工有着很强的亲和力和感染力。企业应该努力发掘各个岗位上的模范人物，大力弘扬和表彰他们的先进事迹，将他们的行为"规范化"，将他们的故事"理念化"，从而使企业所倡导的核心价值观和企业精神得以形象化，在企业内部培养起积极健康的文化氛围，用于激励全体员工的思想和行动，规范他们的行为方式和行为习惯，使员工能够顺利地完成从"心的一致"到"行的一致"的转变。

（3）员工行为。企业员工是企业的主体。企业员工的群体行为决定企业集体的精神风貌和企业文明的程度，企业员工群体行为的塑造是企业文化建设的重要组成部分，要通过各种开发和激励措施，使员工提高知识素质、能力素质、道德素质、勤奋素质、心理素质和身体素质，将员工个人目标与企业目标结合起来，形成合力。

（三）制度文化

制度文化是具有本企业文化特色的各种规章制度、道德规范和职工行为准则的总称。它在企业文化中居于中层，属于强制性文化。企业制度文化是企业为实现自身目标对员工行为给予一定限制的文化，具有共性和强有力的行为规范的要求。

建立企业制度的目的在于协调生产、规范企业活动及员工行为，以提高企业工作效率。制度的突出特点是强制性。营造企业制度氛围就是制定并贯彻企业各项规章制度,强化企业成员的规范行为,引导和教育员工树立企业所倡导的统一的价值观念,使员工顾全大局,自觉服从企业的整体利益。企业的规章制度主要包括企业的领导制度、人事制度、劳动制度和奖惩制度等。企业的领导制度规定着企业领导者的权限、责任及具体的实施方式,是企业的基本制度。人事制度包括用工制度和晋升制度,关系到企业人力资源的充足程度、使用效率、员工的素质和企业内部的人际关系,是企业的重要制度之一。劳动制度包括企业的安全管理、劳动时间和劳动纪律,是企业生产顺利进行的必要保证。奖惩制度是企业员工的行为导向,意在通过奖励和惩罚向员工明确表明企业所倡导与禁止的,以此规范员工的行为。

第二节 企业文化测评

一、企业文化测评的基本概念

企业文化测评包括企业文化测量和企业文化评价。企业文化测量一般指通过开发的量表,测量目标企业现有企业文化的典型特征或者企业文化所属的类型。企业文化评价指的是,通过将测量结果与相关模型的计算结果比照,发现目标企业的企业文化优势和劣势。

二、企业文化测评的常见工具

(一) 对立价值模型

1974年John Campbell在研究组织有效性时,提出了一个由39个指标组成的清单。奎因和罗尔博(Rohrbaugh)进一步研究了这些清单,并设法将其简化,他们在1983年提出了对立价值模型(opposite value model, OVM),该模型从柔性到控制、内部导向到外部导向将所有组织文化分为四个象限:第一象限是开放性有关指标,包括适应性、灵敏性、成长性等;第二象限是理性指标,包括计划、目标组合、产出、效率等;第三象限是内部过程相关指标,包括信息管理、沟通、稳定性和控制等;第四象限是人际关系指标,包括凝聚力、士气等。在四个象限中那些典型的组织类型就是前面介绍的家庭型文化、活力型文化、官僚型文化和市场型文化。

(二) 卡梅隆和奎因的组织文化评估量表

在对立价值框架的基础上,卡梅隆和奎恩构建了组织文化评估量表(organizational cultural assessment instrument, OCAI),OCAI是在OVM的基础上开发的最有代表性的测量工具。OCAI从组织有效性的影响因素中提炼出六个维度来评价组织文化:主导特征、领导风格、员工管理、组织凝聚、战略重点和成功准则。每个维度下设四个选项,每个选项分别应对四种类型的组织文化,受测者按照选项陈述与组织文化的契合程度,给四个选项打分,四项的总分为100分。同时,每项还要求按照期望状态打分,并比对现状的得分,找出薄弱环节和发展方向。

对特定组织来说,它在某一时点是四种类型文化(家庭型、活力型、官僚型和市场型)的混合体,通过OCAI测量后形成一个剖面图,在这张图上用实线代表现状、虚线代表期望,两相对比可以直接反映成员期望的文化变革方向。OCAI 在辨识组织文化的类型、强度和一致性方面很有效,尤其在组织文化变革测量方面的使用价值比较大。后续研究表明,OCAI 具有良好的区分和汇聚效度,有较强的效标关联效度。

(三) 丹尼森的组织文化调查量表

丹尼森(Denison)的组织文化调查量表(organizational cultural questionnaire,OCQ)也是基于 OVM 开发的。类似于 OVM,组织文化被两对维度"内部关注—外部关注""灵活性—稳定性"划分成 4 个象限,分别对应四种文化特质:适应性、使命、一致性和参与性。每种文化特质进一步对应三个方面的指标,从而构成 4 个象限 12 个指标的测量模型。每个方面的指标又由 5 个更加具体的条目来衡量,这样最终形成了以 4 种文化特质为核心、12 个指标为中间环节、60 多个具体条目为最终考察对象的测量体系。

(四) 霍夫斯泰德的价值调查量表

霍夫斯泰德的研究使用了案例、访谈、问卷、调查等多种方法,切入角度不是组织的有效性,而是组织文化的层次结构。霍夫斯泰德认为组织文化由价值观和惯例两个层面构成,价值观处于内核,惯例层由表及里分为象征、英雄和仪式,他们用 57 个题目测量价值观,包括一般价值观和工作目标等;用 74 个题目测量惯例,包括象征、英雄和仪式等。通过因子分析,他们发现价值观层面的因素可以大致分为三类,即安全需要、关注工作需要和权力需求;惯例层面则显示出过程导向—结果导向、人际导向—工作导向、本地化—职业化、开放系统—封闭系统、松散控制—严密控制和重规范—重实效六对维度。

此外,霍夫斯泰德总结并提出了跨文化差异的五个维度:权力距离、不确定性回避、个人主义与集体主义、男性特征与女性特征及长期导向和短期导向。在此基础上,他和同事开发出来用以进行文化测量的价值观调查量表(values survey module,VSM),相继出版了 VSM82、VSM94 和 VSM08。VSM94 在跨文化测量领域更是久负盛名,被广泛使用。

三、企业文化测评的定性方法

埃德加·H.沙因(Edgar H.She-in)认为文化是深层次的、广博的和稳定的,对待文化的最大危险就是过分简单化。多数测量企业文化的调查问卷围绕着一些既定的指标展开。这些指标却是企业文化中引人注意的问题,但它们只覆盖了企业文化的一小部分问题,而且往往停留在文化的浅层,忽略了文化的深层本质。

沙因更强调深层次的文化假设在组织文化中所起的作用。虽然这些假设不易被认知,但是它们是文化在操作层面真正起作用的推动力。从这个意义上讲,企业文化的本质就在于这些深层的基本假设:

(1) 人与环境的关系假设。人在环境面前,是被动地适应环境,还是主动地改变环境,这是文化的最基本假设之一。其中的环境指的是市场、竞争、政策等诸多方面。

(2) 人性假设。人性本善还是本恶,究竟 X 理论有效还是 Y 理论有效?人是难以改变的还是可以改变的?对这些问题的回答,体现了管理者在管理过程中是倾向于培养员工还是直接使用、开除不符合者。

(3) 人际关系假设。这类假设包括,组织遵循集体主义还是个体主义?如果个人利益和集体利益发生冲突时如何平衡?人与人之间的关系应该是竞争的还是互助的?

(4)信仰与权威的假设。即组织在不确定的情境下,如何确定应该相信什么、应该相信谁、如何说服他人的惯常做法。

(5)时间和空间的假设。在时间维度上,有的企业重视当前,很少考虑未来;有的企业考虑长远而轻视当下,这是企业文化在时间上的假设不同。企业文化的空间假设则涉及办公室的布置、权利距离等。

在评价方法上,沙因认为文化不能通过问卷调查来测量,他建议评价企业文化的步骤为:

(1)确定企业文化的表象,比如问一下新成员的最初感受,他们关注到哪些表象;

(2)识别企业的外显价值观,这些通常是已经被印刷好的,要确保它们和表象区别开来;

(3)研究价值观与文化表象的匹配度,从不匹配处探查深层次的潜在假设;

(4)如果探查效果不理想,重复以上步骤,直到理想为止;

(5)评价最深层的共享假设,发现哪些假设有助于或阻碍目标问题的改善。

通过比较价值观与文化表象不匹配的地方,从中探查深层假设,这是极为关键的一个环节。评价者通常可以搜集那些被企业所公开的行为、政策、规则和实践等(表象),并将其与愿景宣言规范表达的价值观(外显价值观)相对照,在比较中找出两者不一致甚至矛盾冲突的地方。之后,评价者就需要推测出究竟是什么推动着公开行为和其他表象,这些往往就是文化基础假设的线索所在。梳理这些线索,进一步确认这种不匹配的规律性,从中逐一确定文化的潜在假设。将发现的潜在假设专门标识出来,然后查看它们是否能解决文化中的大部分表象,以及探寻它们之间可能存在的关联和隐藏的规律。

如果上面环节取得的效果还不理想,那么可以启动小组讨论。结合具体问题评价深层共享假设,是要定性地去看待它们在具体问题中所产生的影响。在这个环节中要客观地评价,而不是听取一部分人的片面之词。必要的时候还需要通过其他方式加以验证,最终不仅要形成定性的认识,还要分析出这些假设是怎样起到帮助或者妨碍作用的。

第三节 企业文化的生成及其机制

一、企业文化的源头

从企业外部看,企业是一个开放系统,在与环境中各相关要素的相互作用中生存和发展。企业文化的形成也离不开环境中相关要素的作用或影响。在探讨环境因素对企业文化生成的影响时可以选择主体、时间和空间维度。从主体维度上说,企业文化的生成影响因素来自宏观、中观和微观:①宏观因素包括国家、民族文化;②中观因素包括行业文化、阶层文化;③微观因素包括领导者与有影响的个体的文化。从时间的维度上,要考虑各种文化的变迁,例如国家与民族的文化就存在传统与现代的问题。从空间的维度上,要考虑与企业距离远近不同的文化对企业的影响。

从企业内部看,影响企业文化生成的要素包括企业创始人、企业员工(特别是关键人物)和管理制度。

首先,企业领导人是企业文化的创造者和倡导者。在一家企业中,领导人拥有整合资源的最高权力,因此企业中的经营管理模式和重大事件的处理方式,往往都会体现领导人的价值观、思维方式、个性和习惯等。企业领导人以自己信奉的价值观影响、引导员工,通过言传身教传递价值观,并对符合价值观的行为予以物质奖励和精神激励,对不符合价值观的行为给予批评和纠正,同时对不符合价值观的人予以辞退,在这些经营管理行为中逐渐形成企业文化。

其次,企业文化源于员工在生产经营实践中产生的群体意识,企业员工是企业文化的弘扬者。企业文化虽然源于企业领导者,员工根据企业领导者传递的价值观对关键事件和组织危机做出反应,从日常运作实践所接触的人和事中感悟体验和验证价值观,最后认同并践行价值观,这样企业文化才得以形成。

最后,企业制度是促进员工对企业价值观认同,将企业价值观内化为员工行为的重要保障。

在众多企业文化形成的因素中,企业领导者的影响通常是最为显著的。

二、企业文化的生成机制

在企业文化的生成机制方面,沙因认为企业通过初级植入和次级勾勒与增强机制来深植和传递文化。初级植入机制创造出团体的氛围,可视为企业文化的雏形。当次级勾勒与增强机制和初级植入机制相一致时,企业文化的框架和内容就基本形成了(见表6-1)。

表6-1 文化深植机制

初级植入机制	次级勾勒与增强机制
领导平时注意的、测量的、控制的是什么	组织设计及结构
领导对关键事件及危机的反应方式为何	组织系统及程序
领导分配资源所依循的看得到的标准	组织的典礼、仪式
角色示范、教导及训练	空间、外观和建筑物设计
领导配置奖酬及地位的标准	有关人物、事件的故事、传奇和神话
领导招募、甄选、提拔、退休及调职的标准	组织哲学、价值观及章程的正式陈述

第四节 企业文化冲突

一、企业文化冲突的表现

企业文化冲突主要体现在以下几个方面:

(1) 显性文化的冲突。显性文化冲突是表现在语言上、显见的冲突,经常会在领导行使职权时、沟通与协调时和人际关系冲突的场景中出现。

(2) 制度文化的冲突。制度文化的冲突经常存在于组织内部各部门、各岗位之间。

(3) 经营思想与经营方式的冲突。性质不同的部门、不同的高管或不同的团队可能具有不同的经营理念。例如,有的着眼于长远,制定适宜的远景战略规划,而有的只注重短期利益,热衷于一次性博弈。

（4）价值观的冲突。不同价值观的员工对工作目标、人际关系、财富、时间、风险等的观念不尽相同。

二、企业文化冲突的类型

（一）企业旧文化与新文化的冲突

旧文化与新文化的冲突就是指企业的新思想、新观念与旧思想、旧观念的冲突。从企业内部来看，经过若干年的发展已经形成了具有本企业特色的文化体系，对已有的文化习以为常，甚至形成了习性。特别是老员工、企业的创始人容易沿袭自己习惯的工作方法和思维模式，不肯接受新的东西。而新员工、新的管理者则认为老的办法、过去的经验和传统的思维模式已经过时，如果一味地因循守旧不利于企业的发展。双方在做事风格、考虑问题、管理思路、决策模式等方面产生了较大的分歧。值得注意的是，客观来说，企业旧文化不一定过时，新文化也不一定先进，不可简单地以新旧来论企业文化的优越性。

（二）企业主文化与亚文化的冲突

这种冲突是指企业居于核心地位的、主流的文化与企业处于非核心地位的、非主流的文化，以及企业整体文化与亚文化的冲突。这种文化冲突有两种可能：一是价值观引起的正统与异端之间的冲突和对立；二是整体和局部利益、观念或其他原因所引起的文化冲突。

（三）群体文化与个体文化的冲突

良好的或健全的企业文化总是一种使企业群体行为和员工行为、企业群体意识和员工意识、企业群体道德和员工道德大体上保持和谐一致的企业文化。

企业群体文化和个体文化之间冲突的原因主要体现在以下四个方面：

（1）外来的文化个体，在尚未熟悉企业文化、尚未被企业文化共同体认同时产生文化冲突。

（2）在同一个企业文化共同体内，由于个体的认识角度、认识能力的不同而导致的冲突，或者由于利益而导致的冲突。

（3）个体无视企业文化或者不认同甚至对企业文化反感导致的冲突。

（4）企业文化自身的落后导致个体与企业文化之间的冲突。

三、企业文化冲突的影响及其两面性

如果企业中一系列文化冲突不能得到有效解决，必将给企业的经营和管理造成多方面不利的影响，导致以下不良后果：

（1）决策低效率。文化冲突会使组织的决策效率降低，由于各方都有自己的价值观、思维方式和行为方式，很容易凝结成某种"秉性"。当遇到问题时，很自然地按自己的价值观、思维方式去分析、判断和评价，进而做出决策，所以要把各方的分析、判断、评价协调起来，需花费较多的时间，有时甚至难以做到，在这样的条件下进行决策的效率可想而知。

（2）组织涣散。文化冲突使组织各项工作散漫，无法形成集中、统一、标准化、规范化的管理，形成不同的价值观和行为规范。在日常工作中往往容易各行其是、各自为政、各成体系，使组织不能处于正常状态，整个组织犹如一盘散沙，管理者不能将其统合起来。

（3）沟通中断。由于各方的价值观、思维方式和文化背景各不相同,所以彼此之间做到相互理解是非常困难的。当经理与员工的距离大到一定程度,自下而上的沟通便会自然中断,结果经理人员无法了解实情,双方在不同的方向上越走越远。

（4）非理性反应。当双方在不同的方向上越走越远时,经理人员如不能正确对待文化冲突就会感情用事,这种非理性的态度很容易引起员工非理性的报复,结果误会越多,矛盾越深,对立与冲突越剧烈。

（5）敌对心理。由于冲突已经发生,冲突双方如不耐心地从彼此的文化背景中寻求文化"共性",而一味地抱怨对方的鲁莽或保守,结果只会造成普遍的敌视心理。经常性的文化冲突,会使组织中各方相互猜疑,产生偏见,遇事首先从消极处考虑,使大家丧失合作信心,甚至后悔选错了合作伙伴,导致关系紧张,引起组织心理上的变态。

值得指出的是企业文化冲突有两面性,既有破坏性的冲突,也有建设性的冲突。相应的,企业文化的冲突既有消极的后果也有积极的后果。如果能够把企业文化的冲突控制在一定的范围和程度内并有效、妥善地处理企业文化的冲突,可以增强企业内部的活力和创造力,使企业更加多元、更能适应外部的环境。

本章思考题

1. 企业文化的元素包括哪些？
2. 奎因和卡梅隆将企业文化分为哪四种类型？
3. 迪尔和肯尼迪将企业文化分为哪四种类型？
4. 企业文化的体现包括哪几个方面？
5. 有哪些企业文化测评的工具？
6. 沙因认为企业文化的生成机制是什么？
7. 企业文化冲突表现在哪几个方面？

第七章 流程设计、调度与供应链

第一节 流程的基本概念

一、什么是流程

流程(process)是一种或一组活动,这些活动利用一个或多个输入要素,对其进行转换并使其增值,向顾客提供一种或多种产品或服务。

一般而言,企业分为会计部门、人力资源部门、研发部门、生产部门、营销部门等。对于企业组织的分析既可以基于部门,也可以基于流程。流程可以含有跨组织部门边界的工作流,也可能需要自己各部门的资源。例如,产品开发需要设计部门、营销部门及生产部门之间的协调。

(一) 外部顾客与内部顾客

毫无疑问,流程是以顾客为中心进行设计的。组织中的每一个流程和每一个人都拥有顾客,其中有些是外部顾客,有些是内部顾客。

外部顾客可以是购买企业最终服务或产品的终端用户或中间顾客(如制造商)。另一些是内部顾客,内部顾客是可以依赖其他员工或流程的输入来完成自己工作的员工或流程。无论是对内部顾客还是对外部顾客,都必须从关心顾客的角度来设计和管理流程。对所有管理者来说,一个永恒的问题就是:这个流程是否达到或超出了顾客的期望?

(二) 外部供应商与内部供应商

内外部供应商是与内外部顾客相对应的概念。一个组织的每个流程和每一个人都依赖于供应商。外部供应商可以是提供资源、服务、产品和原材料以满足企业近期或长期需要的其他企业和个人。流程也有内部供应商,内部供应商是向流程提供重要信息或原材料的员工或流程。

(三) 服务流程与制造流程

有两种类型的主要流程:服务流程与制造流程。服务流程与制造流程之间有两点重要区别:①流程产出的性质;②顾客接触程度。

服务流程倾向于提供隐形的、不易存储的产出,我们称之为服务。例如,运输业的运营虽然需要借助运输工具,但其产出是运输这项服务;快递公司也借助运输,但其产出是包裹的投递。服务流程的产出一般不能以持有产成品库存的形式来应对顾客需求的不稳定性。而制造流程生产物质的、经久耐用的产出品。

服务流程与制造流程的第二个重点区别是同顾客的接触程度。服务流程有较高的顾客接触度。顾客在流程中可能像在超级市场购物那样扮演着主动的角色,或者像在医院门诊那样与服务提供者密切接触以对特定的服务要求进行沟通。制造流程顾客接触较少,而将与顾客的主要接触机会留给零售商或分销商。

有些服务流程中的一部分子流程具有较高的顾客接触度,而另外的部分顾客接触度较低。例如,保险公司的总部是设计并产生保险及条款的地方,顾客接触度不高;而保险公司的营销机构具有很高的顾客接触度。同样,一些制造流程的子流程也需要很高的顾客接触度,如制造业的售后服务部门。

虽然我们将服务流程与制造流程进行了区分,但是两者之间仍有许多相同之处。从企业层面看,服务提供者不仅仅只提供服务,制造商也不仅仅只提供产品。一家餐厅的顾客会同时期望得到良好的服务和可口的食品。购买计算机的顾客期望得到很好的产品,同时也期望得到好的保养、维护、更换及金融服务。以麦当劳为例,虽然麦当劳属于餐饮服务行业,但在麦当劳的店里烹制食品的流程却是制造流程。

(四)子流程

一个较为复杂的流程可以分解为子流程,而这些子流程又可以进一步分解。将一个流程中的一部分与另一部分划分开来可能是有用的。这是因为,流程的不同部分对技能有不同的要求。将流程进一步细分与将企业划分为部门的思路是一致的,区别之处在于部门的划分依据的是较为固定的任务和职责,流程划分依据的是业务活动。

二、流程与用户需求

用户对流程的需求包括以下几类:
(1)服务或产品需求,包括价格、质量、客户化程度等服务和产品属性。
(2)交付系统需求,如可用性、便利性、安全性、准确性、可靠性、交付速度等。
(3)批量需求,包括批量大小的弹性。
(4)其他需求,包括售后技术支持、服务或产品的设计能力等。

三、流程的关键维度、竞争能力

企业的整体绩效取决于其核心流程和支持流程的绩效,可以从以下四类、八个方面来定义流程的关键维度:
(1)成本:主要指低成本运营。
(2)质量:包括顶级质量和一致性质量。
(3)时间:包括交付速度、准时交付和开发速度。
(4)柔性:包括客户化、多样性和批量柔性。

流程的竞争能力是流程实际拥有并能够交付的成本、质量、时间和柔性维度。对一个特定的流程来说,并非所有的九个维度都是关键的,管理层要选择最为重要的维度。

（一）成本

低成本运营就是以尽可能低的成本来提供服务或生产产品,从而令流程的外部顾客和内部顾客感到满意。为了降低成本,流程的设计和运行必须有很高的效率,常常要考虑劳动力、方法、废弃物或返工、管理费用及其他因素,从而降低服务或产品的单位成本。

（二）质量

（1）顶级质量,是指交付卓越的服务或产品。

（2）一致性质量,就是在创造满足设计要求的服务和产品上保持恒定性或一致性。

（三）时间

（1）交付速度,是指迅速完成顾客订单。交付速度常常用从收到顾客订单开始到完成订单为止所花费的时间来度量,通过缩短这一时间可以提高交付速度。可以被接受的交付速度视情况的不同而不同,对救护车来说是几分钟、对国内快递而言是三天左右,备份能力缓冲和库存是缩短交付时间的通常做法。

（2）准时交付,是指履行对交付时间的承诺。例如,一家航空公司可以用在计划到达时间15分钟到达登机口的航班百分比来度量准时交付。制造商可以用在承诺时间发货的百分比来度量准时交付。

（3）开发速度,是指快速推出新的产品或服务。开发速度用从服务或产品的创意产生到最终设计并推出所用的时间来度量。要想达到高水平的开发速度,就必须有高水平的跨职能协作,这是因为开发会涉及营销、销售、服务或产品设计和运营,有时甚至会要求关键的外部供应商参与这一过程。

为了实现基于时间的流程竞争能力,管理人员要认真定义交付一项服务或生产一件产品所需的步骤和时间,然后仔细研究每一个步骤,确定是否可以在不损害质量的前提下节省时间。

（四）柔性

（1）客户化,是指通过服务或产品设计的变更来满足每个顾客的独特需求。例如,一家广告公司的广告设计和计划流程必须能够满足顾客要求的广告效果。

（2）多样性,是指高效地处理多种服务或产品。例如,一个生产各类桌、椅和橱柜配件的制造流程必须拥有多样性的流程能力。

（3）批量柔性,是指能快速提高或降低服务或产品的生产率以应对需求的大幅波动。批量柔性通常与交付速度或开发速度有高度相关性。对流程的这一关键维度的需求是由需求波动的严重性和频繁性所驱动的。例如,两次需求高峰之间的时间可能是几个小时,也可能是几个月。

四、企业核心流程

企业的四个核心流程：

（1）客户关系流程。客户关系流程识别、吸引外部顾客并与其建立联系,并且促使顾客发出订单。营销和销售可以看作该流程的一部分。

（2）新服务/产品开发流程。新服务/产品开发流程设计和开发新的服务或产品。这些服务或产品可以根据外部顾客的要求进行开发,或者根据通过客户关系流程从市场上收集到的信息进行构思。

(3)订单履行流程,也称为服务或制造流程。包括为外部顾客创造并交付服务或产品所需要的活动。

(4)供应商关系流程。供应商关系流程选择服务、原材料和信息供应商,并促使这些物品及时而有效地进入企业。有效地与供应商合作可以为企业的服务或产品增加重大的价值。增加价值的方法包括:①进行协商以得到公平的价格;②协商进度以便准时交付;③听取来自新服务/产品的关键供应商的观点和建议。

五、流程的竞争优先级

由于企业核心资源和能力的不同,一家企业可能在流程的所有关键维度上做到非常好,或者由于不同的细分市场的差异,企业必须将适当的竞争优先级分配给企业的核心流程和支持流程,以适应内外部顾客的需求。

以一家大型航空公司为例来说明流程竞争优先级的使用。考虑两个细分市场:头等舱乘客和普通舱顾客。两个细分市场的核心服务都是订票和座位选择、行李托运及到达顾客目的地的交通。二者的差异在于:相对于普通舱的顾客,头等舱乘客要求单独的机场候机厅,在登机手续办理、登机、离机等过程中享受优先待遇,要求更舒适的座位、更好的饭菜和饮料,更多的个人关注,机舱乘务员更频繁的服务,高度的礼节等。但是,普通舱乘客满足于标准化的服务,有礼貌的航班乘务及低价位。两个细分市场都期望公司严格按计划飞行。因此可以说,头等舱市场的竞争优先级是顶级质量和准时交付,而普通舱的竞争优先级是低成本运营、一致性质量和准时交付。

第二节 服务与制造流程设计

服务或制造流程设计需要考虑以下六个方面:

(1)流程结构(process structure)。对服务业,流程结构的核心是所要求的与顾客接触的量及类型,以及流程设计必须达到的竞争优先级。对制造业,流程结构的核心是批量的大小和客户化程度,同样也包括竞争优先级。

(2)顾客参与(customer involvement)反映顾客成为流程中的一部分的途径以及顾客参与的程度。

(3)纵向整合(vertical integration)是一个企业自己的生产系统或服务设施处理整个价值链的程度。流程在内部完成得越多,而不是由供应商或顾客来完成,则纵向整合度就越高。

(4)资源柔性(resource flexibility)是员工和设备可以生产多种产品、快速改变产出水平、迅速调整职责及职能的难易程度。

(5)资本密集度(capital intensity)是流程中设备和人员技能的组合。设备成本越高,资本密集度就越高。

(6)流程能力(capacity)是一个流程的最大产出率。管理者必须提高能力来满足当前或未来的需求，否则，组织就会失去成长和获利的机会。能力过剩和能力不足一样令人烦恼。

一、服务的流程结构

（一）顾客接触

对服务流程来说，流程设计首先而且主要取决于顾客接触度。顾客接触度是指在服务流程中顾客在场，主动参与并接受个人关注的程度。顾客接触度可以分为五个维度：

第一个维度考虑顾客是否直接出现在流程现场。流程中的顾客接触是很重要的，无论是内部顾客还是外部顾客，也不论该服务流程是在制造型组织还是在服务型组织中。接触量可以近似地表示为顾客在流程中的总时间和完成服务的时间的百分比。顾客出现的时间比例越高，顾客接触度就越高。面对面的交互作用，有时称为关键时刻或服务遭遇。

第二个维度考虑服务中的处理对象。第一种是对人进行处理的服务，涉及对顾客本人进行的显性活动，因此要求顾客本人在现场。第二种是对物进行处理的服务，在这种情况下物质对象必须在处理过程中出现，但顾客却不必在现场。第三种情况是，顾客接触度建立在信息服务的基础上，收集、整理、分析和传送对顾客具有价值的数据。这些流程在保险、媒体、银行、教育和法律服务行业中是很常见的。互联网的流程也属于这一类，其服务的实施过程中不存在面对面的接触。

第三个维度是顾客接触密度。这一维度更进一步，涉及流程接纳顾客的程度。涉及相当多的相互作用和服务的客户化。主动接触是指顾客本身就是服务过程中的组成部分，并对服务流程产生影响。顾客可以使服务个性化以适应其特殊的需求，甚至可一部分决定流程的运行方式。被动接触是指顾客不参与为满足特殊需求而对流程进行的调整，也不影响流程的运行方式。在公共交通或影剧院中可以找出许多顾客虽然出现，但却是被动接触的流程。在这种情况下，顾客与服务人员的相互作用是十分有限的。

第四个维度是流程所提供的对个人关注的程度。高接触度的流程对个人关注更为密切，表现出服务提供者与顾客之间的相互信任。这也意味着顾客和服务提供商之间大量的信息交换。当接触更为个人化时，顾客常常是感受服务而不仅仅是接受服务。

第五个维度是流程中接触所使用的方法。高接触度的流程可能会使用面对面接触或电话，以确保更加清楚地确定顾客的需求和服务的交付方式。低接触度的流程则可能采用普通的手段来交付服务，如电子邮件、微信、APP等。互联网的出现使传统上具有高顾客接触度的流程可以转换为低接触度的流程，例如零售银行业。

（二）顾客—接触度矩阵

顾客—接触度矩阵如图7-1所示。

（1）矩阵横向维度的一个关键的竞争优先级是确定客户化程度的大小，矩阵左侧代表高顾客接触度和高度客户化的服务。矩阵右侧代表低顾客接触度、被动参与、较少个性化关注，是顾客不可见的流程。

（2）流程复杂度，是指完成流程所需步骤的数量和复杂程度。

（3）流程多样性，是指因为高度客户化而在相当大的范围内影响流程完成方式的程度。如果流程随着每一个顾客而改变的话,则每一次服务的完成实际上都是独一无二的。在咨询业、法律业和建筑业中,都可以找到流程中有许多步骤随每个顾客而改变的高度多样性的服务流程的例子;反之,具有低多样性的服务是可重复且标准化的,对多个客户完成的工作是相同的。

(4)流程流向是工作在流程各个步骤所形成的序列中前进的方式,可以从多路径到线性。线性流向是指顾客、物料或信息按照固定顺序从一道工序线性地移向下一道工序。当流程具有多路径的特征时,工作流呈现混杂的状态,一个顾客的路径常常与下一个顾客要采取的路径相互交叉。

	流程特征	与顾客高度互动,高度客户化服务	与顾客有些互动,具有一些选择的标准服务	与顾客低度互动,标准化服务
更低复杂度、更少多样性、更多线性流向	混杂流向,具有许多例外的复杂工作	前台办公室		
	具有一些主导路径的灵活流向,具有一些例外的中等工作复杂度		混合办公室	
	线性流向,易于被员工理解的常规工作			后台办公室

图 7-1 顾客—接触度矩阵

按照图 7-1 中顾客接触度、客户化与流程复杂度、多样性与流向,可以将服务流程套餐分为前台办公室、混合办公室和后台办公室三种类型。

(1)前台办公室。流程具有很高的顾客接触度,服务提供者在这里与内部顾客或外部顾客直接进行交互。由于服务的客户化和服务选择的多样性,流程较为复杂,而且其中许多步骤具有相当大的多样性。工作流是混杂的,对每个顾客都不相同。流程的步骤和顺序可以有较大的自由,会出现与常规工作模式不同的情况。

(2)混合办公室。流程具有中等程度的顾客接触度和标准化服务,提供一些可供顾客选择的服务方式。工作流沿着一些明显的主导路径从一个工作站向下一个工作站移动。工作的复杂度适中,对流程的实施存在一些客户化的方式。

(3)后台办公室。流程具有低的顾客接触度,服务也很少客户化。工作是常规化和程序化的,具有从一个服务提供者流向下一个服务提供者直到服务完成的线性流向。

二、制造的流程结构

(一)产品—流程矩阵

产品—流程矩阵如图 7-2 所示。

流程特征	一个品种一件产品，依据客户订单制造	小批量、低标准化	多种产品、中等批量	少量主要产品、大批量	大批量、高度标准化的大众产品
复杂且高度客户化的流程，独特的任务顺序	项目流程				
混杂的流向，有许多例外的复杂工作		作业流程			
不相连的线性流向，中等复杂的工作			批量流程		
相连的线性流向，常规的工作				线性流程	
连续流，高度重复的工作					连续流程

（左侧纵向标注：更低复杂度、更少多样性、更多线性流向）

图 7-2　产品—流程矩阵

（1）项目流程。它的特征是产品的客户化程度高，每件产品涉及的领域广，并且流程一旦完成就要重新释放重要的资源，项目流程与高度客户化、每种产品的单一性、产品专门按顾客的标准而设计相联系。这种流程既复杂又具有多样性，它必须为生产客户化产品或产品中的一个部件而制定专门的实施步骤。虽然有一些项目看起来很相似，但每一个都是独立无二的。对项目流程的评价标准通常是完成某种工作的能力，而不是成本。项目流程大多时间长、任务重，必须完成许多相互关联的任务，要求进行频繁的协调。有时要将很多资源集中在一起，然后在项目完成后释放出来，以备将来使用。项目流程通常在特定的阶段大量使用某种技能和资源，而在其余时间里则很少用到这些技能和资源。

项目流程并不只局限于制造业，在大多数服务型组织中也可以存在项目流程。例如，计划一次促销、进行一项客户咨询，或组建一个小组来完成一项任务等，这些都不是制造流程，但是无疑具有项目流程的特征。对这些流程精心设计的关键，就是必须从项目中所要求的顾客接触量开始。

（2）作业流程。作业流程所完成的步骤具有相当高的复杂度和多样性。它的客户化程度相对较高且任何一种产品的批量都很小。但是，其批量又不像项目流程那么小。劳动力和设备都具有柔性以应对相当高的任务多样性。和项目流程一样，选择作业流程的公司常常为某项任务而投标。通常都根据订单生产产品，而且从不提前生产。下一个顾客的特定需求是未知的，而且来自同一顾客的重复订单的到达时间也不可预测。因此，需将每一个新的订单都作为单件来处理，即作为一项作业来处理。

(3) 批量流程。批量流程与作业流程的主要区别是批量的大小,批量流程的作业批量较大,因此可以提前对一些用于组装最终产品的零部件进行加工。另一个区别是所提供的产品多样性要低一些。第三个区别是每一个生产批次所处理的产品数量比作业流程要大一些。流程的流向是混杂的,不存在标准化的步骤顺序。但与作业流程相比,批量流程具有更多的主导路径,而且流程中的某些部分存在线性流向。

(4) 线性流程。在连续体中的位置处于批量流程和连续流程之间,批量大且产品是标准化的,这样可以围绕特定的产品来组织资源。在这种流程中不存在很高的多样性,每一个步骤都是一次又一次地完成相同的加工,所制造的产品几乎没有可变性。

(5) 连续流程。连续流程是大批量标准化生产的极端,具有固定的线性流向。连续流程的实例包括石油提炼、化学处理,以及钢铁制造、软饮料和食品等。

(二) 制造流程的生产与库存策略

(1) 按库存生产策略。为了立即发货以使向顾客交付的时间最短而持有产品库存的制造企业,一般使用按库存生产策略。这一策略对于大批量且能准确预测的标准化产品而言是可行的。这是为连续流程或线性流程而选择的库存策略。

在批量足够大的情况下,这一策略也适用于为某一特定顾客生产独特产品的流程,例如汽车零配件生产厂商。由时间线性流程与按库存生产策略结合在一起的情况称为大规模生产。由于环境稳定且可以预见,工人们重复完成低多样性的小范围的任务,这就是大众媒体通常所呈现的有关经典制造流程的场景。

(2) 按订单组装策略,是在收到顾客订单后利用相对少的组装件和零部件生产多种产品的一种方法。其最常用的竞争优先级是多样性和快速交付。按订单组装策略常常涉及组装的线性流程和制造的批量流程。

因为这些流程专门用于标准化部件的生产和进行大批量的组装,因此其中制造流程的重点是按照延迟原则为组装流程生产适当数量的库存。一旦接到了来自顾客的特别订单,组装流程就利用制造流程生产的标准零部件和组装件来生产产品。

(3) 按订单生产策略。按顾客的规格以小批量生产产品的制造商倾向于使用按订单生产策略,这种策略与项目流程或作业流程相适应。这种流程比根据顾客订单组装戴尔计算机这一类标准部件组装最终产品的流程更为复杂。

三、顾客参与

流程的第二个核心特征是顾客参与,它反映了顾客成为流程一部分的方式以及参与的程度。顾客参与对许多服务流程来说是十分重要的,特别是当顾客接触度很高的时候。

提高顾客参与度的一个好方法是让更多的流程对顾客是可见的,一个更大胆的步骤是将后台办公室流程转换成前台办公室流程。

(一) 顾客参与的劣势

顾客参与并不一定总是一个好办法。有些情况下,在服务流程中使顾客更主动地接触可能只会带来干扰,从而降低流程效率。处理每一个顾客独特的需求会使流程更加复杂和多样化。如果顾客亲自到达现场并期望立即得到服务的话,对顾客需求的时间进度和批量的把握就成为更大的挑战。质量测评也更加困难。

使服务设施和员工呈现在顾客面前对所感知的质量会产生重要影响(这种影响可能是有利的,也可能是不利的)。与外部影响之间不再有任何的缓冲,这样服务提供者的生产率会下降,而且成本会上升。这种改变使得人际交往技能成为服务提供者从事服务工作的必备条件,但是较高的技能水平意味着较高的薪金和成本。既然控制顾客的感觉成为流程的重要部分,那么就可能必须对改变设施的布局进行投资。

如果顾客参与要求顾客在现场,企业就要决定服务提供的时间和地点。如果将服务交付顾客,有关选址的决策就成为流程设计中的一部分内容:顾客是到服务提供商所在地点接受服务?还是服务提供商到顾客所在地或第三方地点提供服务?如果是顾客到服务提供商处接受服务的话,就可能要求在靠近顾客集中地区设置许多小型的分散设施;反之,如果服务提供商到顾客所在地或第三方的话,其服务能力必须是可移动的。无论哪种情况都会增加成本。

(二)顾客参与的优势

(1)提高竞争能力。当顾客希望更加主动地参与并受到更多的个人关注时,某些服务的质量可以得到改进。顾客可以与服务提供者面对面交流,可以提出问题、当场提出特定的要求、提供附加信息甚至提出建议。这样一种变化在顾客与服务者之间建立了更加密切的联系,使顾客成为保障一致性质量这一竞争优先级的组成部分。

在客户化和品种受到高度重视的情况下,顾客参与是有益的。有些流程可以设计成允许顾客提出自己对服务或产品的规格要求,甚至是参与到产品的设计中来。当然,如前所述,顾客参与可能会增加成本。但是,通过"自助"的方法也许可以降低成本。产品制造商(如玩具、自行车和家具生产商)也可能更愿意让顾客来完成最后的组装,因为这样一来,其产品、运输和库存的成本通常要低一些,由于损坏而造成的损失也要小一些。

(2)运用新技术。企业可以与顾客进行积极的对话并使他们成为创造价值的伙伴。例如,福特汽车公司的供应商是其在新汽车开发流程中的密切合作者,而不再只是物料和服务的被动提供者。

四、纵向整合

在价值链中一个组织自己完成的流程越多,其纵向整合度就越高。当有些流程不是自己完成时,就必须外包,或者向供应商或分销商支付费用,由他们完成这些流程并提供所需要的服务和物料。

自制决策意味着更多的整合,而外购决策意味着更多的外包。在决定了哪些部分外包,哪些部分自行生产后,管理层必须找到协调的方法,将各种流程与相关的供应商整合在一起。

纵向整合分为后向整合和前向整合两种形式。后向整合表示一个企业沿上游向原材料和零部件方向运动,前向整合是指一个企业拥有较多的分销渠道。

纵向整合有时可以从另一种途径提高市场份额,因为纵向整合使一个企业可以比用其他方式更容易进入一个新市场。其次,如果一家企业纵向整合后,全流程的平均成本更低,那么还可以实现成本的优化。

五、资源柔性

(一) 劳动力柔性

运营管理者必须考虑是否拥有柔性劳动力。柔性劳动力成员能够承担多重任务,这些任务既可以是在自己的工位上完成,也可以是从一个工位移动到另一个工位上完成。然而这种柔性通常是有代价的,它要求更高的技能,因而也要求更高的薪酬、培训和教育。但是,其收益也是巨大的,劳动力柔性可以完成可靠顾客服务和突破能力瓶颈限制的最佳方式。

(二) 设备柔性

小批量意味着流程设计者应该拥有柔性的通用设备。

六、资本密集度

(一) 制造流程的自动化

用设备和技术来代替劳动力已成为制造流程中提高生产率和质量一致性的经典方法。如果投资成本很大,当批量大时自动化能发挥最好的作用。例如,吉列公司在生产线和机器人方面投资 7.5 亿美元,形成了年产 12 亿件 Mach3 剃须刀头的生产能力,设备复杂且昂贵。幸运的是,由于对旗舰产品 Mach3 的大量需求,使其核心产品和剃须刀在全球的销售额增长了 10%。只有在这样大的批量下,这种连续的流程才能够以消费者买得起的低价来生产产品。

资本密集度的一个大的缺陷可能是限制了对小批量运营流程的投资。一般而言,资本密集的运营流程必须要有高的利用率才合理。而且,自动化也并不总是与企业的竞争优先级相一致。在这方面的一个案例是吉列公司下游的包装和存储剃须刀头的流程,该流程为世界不同地区提供客户化包装,对于任何一种类型的包装来说批量都是较低的。作为小批量的结果,吉列公司没有在这些流程上使用昂贵的自动化设备。事实上,公司将这些流程进行了外包。

(二) 刚性自动化和柔性自动化

制造业使用两种类型的自动化:刚性自动化和柔性自动化。刚性自动化特别适合线性流程或连续流程,每次以一套固定顺序的简单操作生产一种零部件或产品。在需求量大、产品设计稳定且产品生命周期长的条件下,运营者更喜欢使用刚性自动化。由于刚性自动化是围绕一种特定产品来设计的,要改变设备以适应新的产品十分困难且成本巨大。

柔性自动化可以容易地改变以加工各种产品。在高度客户化的情况下,一台以小批量生产各种产品的机器可以通过编程在产品之间进行切换。

(三) 服务流程的自动化

对服务流程来说,也可以利用资本投入作为节省劳动力的手段。例如,在教育服务业,现在可以利用远程教学来补充甚至是取代传统教室。银行的自动柜员机(ATM)最初只提供现金取款和存款服务,现在也可以提供资金转账和投资服务。

在要求一定的批量以充分利用昂贵的自动化设施这一点上,服务流程与制造流程是相同的。提高批量就会降低每单位销售额的成本。对交通、通信和公用事业单位中资本密集的流程来说,批量是必不可少的。

(四) 范围经济

范围经济反映了以组合方式生产多种产品比单独生产的成本更低的现象。范围经济也适用于服务流程。例如,迪士尼公司将自己的各种业务通过互联网紧密地联系在一起,其收购了 Infoseek 公司,并与迪士尼旅游在线一类的互联网业务组合在一起,实现内容网站可以通过单一入口进行访问,从而形成了范围经济。再例如携程网将旅游、住宿、交通紧密联系在一起,也实现了范围经济。

七、流程能力

能力规划是一个组织长期成功的核心。管理者必须考虑下述问题:需要多大的能力缓冲来应对变化的、不确定的需求?我们应该在需求出现之前就扩张还是等到需求更确定一些再扩张?为了回答这样的和类似的问题,需要有一种系统化的方法。

(一) 能力的度量

1. 利用率

能力规划需要知道流程的当前能力及其利用率。

利用率是指设备、空间或劳动力当前的利用程度,即:

$$利用率 = \frac{平均产出率}{最大能力} \times 100\%$$

利用率指出了增加额外能力或者消除多余能力的要求。其中,最大能力是指利用现实的员工工作计划和现有设备可以合理地维持一个较长时期的流程的最大产出水平。流程可以通过生产外延方法在超过其能力水平的情况下运行,比如加班、增加班次、临时性减少维护活动、配备更多的人员及转包等。虽然这些方法有助于应付临时性高峰,但是不能长期持续下去。员工不愿意在更长的时间里加班,加班和夜班会增加成本且质量下降。流程接近其运行能力时可能导致较低的顾客满意度、利润降低,甚至是高销售水平下的亏损。

2. 提高最大能力

大多数流程包含多个操作环节,而这些操作环节的能力通常是不相等的。所谓瓶颈,是指流程所有操作环节中能力最小的那个环节,这个环节限制了整个系统的产出。

具有高度顾客接触和多样化的前台办公室流程,其操作环节可能要为多种类型的顾客服务,对任何一个操作环节的需求量可能每天都有很大的变化。虽然仍然可以通过计算每一个操作环节的平均利用率而找出瓶颈,但是工作负荷的可变性也会造成移动瓶颈。例如,在某一周的工作组合可能使第 1 个操作环节成为瓶颈,但到了下一周可能第 3 个操作环节成为瓶颈。这种可变性增加了日常调度的复杂性。在这种情况下,管理层宁愿有较低的利用率,这样可以有较大的松弛度来吸收未曾预料的需求高峰。

(二) 约束理论

长期能力的扩张并不是解除瓶颈的唯一途径。加班、临时或非日制的员工以及在高峰期的临时性外包都是可供利用的短期选择。管理层应同时注意最大能力的提升规划以及积极探索有效地提高瓶颈能力利用率的方法。关键在于仔细检测短期的生产调度，保证瓶颈资源尽可能得到充分利用。

制定以瓶颈为重点的调度计划对改进企业的财务绩效有很大的潜力。约束理论（theory of constraints，TOC）是一种管理方法，重点关注妨碍目标实现的任何因素。这些障碍因素或瓶颈可能是新服务开发、订单履行流程或者是外部顾客界面的超负荷流程。其基本思想是重点关注瓶颈以增加其吞吐量。用 TOC 的术语来说，整体性能的关键在于对瓶颈的调度。

TOC 的应用包括以下步骤：①识别系统瓶颈。②利用瓶颈，制定使瓶颈的吞吐量最大的调度计划。③在所有其他方面都要决定服从第②步，非瓶颈资源的调度应该支持瓶颈资源的调度。④打破瓶颈。在通过第①步到第③步的调度进行改进已经达到极限之后，若瓶颈仍然是吞吐量的约束因素的话，管理层应该考虑提高瓶颈的能力。

（三）能力缓冲的大小

平均利用率不应该太接近100%。当利用率真的接近100%时，通常就是应该扩大能力或减少订单接收的信号，不然会引起生产率的下降。能力缓冲（capacity cushion）是为了使流程能够应对需求突然增加或者生产能力突然丧失而保留的能力的数量，它代表了平均利用率低于100%的数量，计算公式为：

$$能力缓冲 = 100\% - 利用率(\%)$$

恰当的缓冲大小随行业的不同有所变化。在资本密集型的造纸业，每台机器要花费上亿元的成本，因此缓冲最好在10%以下。资本不太密集的酒店业盈亏平衡点为60%—70%的利用率，当缓冲下降到20%时就会产生顾客服务方面的问题。对于顾客期待快速交付时间的前台办公室流程而言，大的缓冲是至关重要的。

在某些服务行业（如食品杂货业），一周中某些天的需求比其他天的需求要高，甚至在一天中的不同时间也有不同的需求模式。顾客等待时间长是不可接受的，因为如果顾客不得不在一家超市的收款台前排队等待超过几分钟，就会变得不耐烦。

当未来的需求不确定时，特别是当资源柔性很低时，大的缓冲也是必需的。一家大银行连续6个月在需求高峰时以 CPU 平均77%的负荷运行，其高层管理者认为计算机的缓冲能力是绰绰有余的，因此否决了一项有关扩充能力的提议。但是，在接下来的6个月里，在高峰时的 CPU 平均利用率出乎意料地飙升到了93%，导致顾客服务水平的急剧下降。结果证明7%的缓冲对于满足银行顾客服务目标来说是太低了。

另一类需求不确定性来自产品组合的变化。虽然总需求可能保持稳定，但是其负荷却随着产品组合的变化不可预见地从一个工作重心向另一个工作重心转移。

（四）扩张的时间和规模

有两种极端的策略：一种主张大的、较少次数的能力跳跃；另一种主张较小的、经常性的能力升级。管理层可能会在这两种战略中选择一种或者取其折中。

（五）流程能力与其他运营决策的联系

能力决策必须与组织战略和流程吞吐量密切联系。当管理者制定有关选址、资源柔性等战略时,必须考虑对能力缓冲的影响。与资源柔性和库存一样,能力缓冲可以减轻不确定性对组织的冲击。

第三节 综合计划与调度

生产计划包括生产计划大纲(aggregate planing)也称综合计划、产品交付计划(master schedule,MS)和产品产出计划(master production schedule,MPS)又称主生产计划。综合计划是在顾客需求量估计和产能限制的基础上,对企业的产出率、劳动力数量及库存持有量所进行的总体描述。产品交付计划和产品产出计划则以具体产品和配件为计划对象。

服务业企业的综合计划,称为员工计划(staffing plan),重点考虑员工安排及其他与劳动力有关的因素;而制造型企业的综合计划,称为生产计划(production plan),通常重点考虑产出率及库存持有量。对两类企业来说,综合计划必须在相互冲突的目标上取得平衡,这些目标包括顾客服务水平、劳动力稳定性、成本和利润等。

一、综合计划的目的及其与年度计划的关系

综合计划之所以重要,是因为它着重于行动的整体过程,与企业的战略目标保持一致,而不是拘泥于具体细节。综合计划的对象如下:

1. 产品簇

一组具有相似需求特性和相同的工艺流程、劳动力及物料方面需求的顾客、服务或产品,称为产品簇。有时,产品簇与市场划分或特定工艺流程有关。企业可以将其服务或产品归并成一系列范围较广的产品簇,以避免在计划过程中这一阶段过于具体。

2. 劳动力

企业可以根据劳动力的柔性以各种方式对劳动力进行归类。另外,管理层可以按产品簇系列对员工进行归类,将劳动力划分成小组,为每个产品组指定不同的小组。

3. 时间

综合计划所覆盖的计划期限虽然在不同情况下可能会有所不同,但通常为一年。为了避免产出率和劳动力的频繁变动所带来的费用开支和干扰效应,计划的调整通常按月或季度进行。实际上,计划期限反映了在以下两种要求之间的平衡:①有限的决策点数以减少计划的复杂性;②当需求预测呈现出季节性波动时,灵活地调整产出率和劳动力水平。

对组织近期所做的财务估算称为年度计划。年度计划提供需求预测、职能部门的投入及资本预算的整体框架,并据此得出综合计划和主生产计划。综合计划说明了相应产品簇的产出率、库存水平及劳动力水平,而主生产计划对产品簇中的每种产品的时间安排和生产数量规模进行了详细说明。因此,综合计划在将年度计划的战略目标转化为生产流程的运行计划方面起着重要的作用。

二、综合计划在管理中的重要性

组织中为综合计划提供输入信息的许多职能部门在对组织资源的利用方面,一般都

会有相互冲突的目标。在制定生产和员工计划期间,通常要考虑六个方面的目标,并且可能必须解决这些目标之间的冲突问题。

(1)成本最小/利润最大。

(2)顾客服务水平最高。改进交付时间和按时交付可能需要额外增加劳动力、设备生产能力或库存资源。

(3)库存投资最小。库存积压代价很高,因为这些资金本来可以用来对更高的生产力进行投资。

(4)产出率变化最小。产出率的频繁变更可能会引起原材料供应协调方面的困难,而且需要对生产线重新进行平衡。

(5)劳动力数量的变化最小。劳动力数量的波动可能导致生产力的降低,因为新员工要达到完全熟练的程度还需要一定的时间。

(6)员工和设备的利用率最大。资金密集型的生产线流程一律要求对厂房和设备的高利用率。

要使这些目标得以平衡,以达成一个可以接受的综合计划,就要对各种备选方案进行考虑。有两种基本类型的备选方案:反应方案和进取型方案。其中反应方案是根据给定的需求模式采取相应的行动,而进取型方案是试图改变需求模式,从而改变资源需求的行动。

(一)反应型方案

反应型方案是可以用来应对需求量变化的行动。通常,由生产运营经理对反应型方案进行控制。也就是说,生产运营经理将预测的需求量作为一个给定值,对劳动力数量、加班、休假安排、库存量、加工转包及计划中的积压订单等做出相应的修改,以满足需求。

1. 劳动力调整

劳动力调整指通过雇用和解聘员工,管理层可以调整劳动力的规模。如果所需劳动力为大量非熟练或半熟练工人,且劳动力资源充足,这种方案是很有用的。但是对于某一特定企业来说,合格劳动力供应量的大小可能会使在任一时间能够雇佣的新员工数量受到限制,而且新员工还必须接受培训,但培训设施本身的容量也可能使雇用的新员工数量受到限制。在某些行业,由于合约原因,解聘员工很困难或很少发生,但在另一些行业诸如旅游业和农业等,季节性解聘和雇用却是很正常的。

2. 预留库存

预留库存可用于吸收非均衡的需求和供应。例如面临季节性需求的工厂,可以在需求淡季预留库存,而在需求旺季使用这些库存。尽管预留库存有其优点,但持有库存也会带来高成本,尤其在持有产成品库存的情况下更是如此。相对于储存产成品,企业可能更愿意储存那些在接到顾客订单时可以快速组装的组件和组装件。

服务商一般不可能使用预留库存,因为服务是无法存储的。但是在某些情况下,某些服务项目可以先于实际需求之前完成。例如,在住宅建设工程启动之前,电话公司的员工通常会铺设为新住宅小区提供服务的电缆。

3. 劳动力利用率

另一种劳动力调整方案就是提高劳动力的利用率,包括加班和空闲工时。加班意味着员工工作时间长于正常的工作日或工作周,并得到超时加班的额外报酬。这种方式可以用于按正常工作时间无法满足产出要求的情况,但是加班的代价一般很大。更糟糕的是,工人常常不愿意长时间地加班,而且过多的加班可能导致产品质量及生产率的下降。

空闲工时意味着员工在正常的工作日或工作周内并没有全力以赴地工作。例如,他们并没有在每天8小时或每周5天的工作时间内尽全力工作。当劳动力能力超过某一时期需求量时,就会出现空闲工时,而且多余的能力不能或不应该用来存储。

对空闲工时可能支付工资,也可能不支付工资。不付报酬的空闲工时的一个例子是对兼职员工按工作小时数和工作日数支付工资。他们也许只在每天的高峰时间或每周的高峰日工作,虽然不付报酬的空闲工时可以使成本最小,但是公司必须在成本方面的考虑与成为一个好雇佣者的道德因素之间进行权衡。

付酬空闲工时的一个例子是将未全力工作员工的名单仍然保留在工资册上,而不是解聘。在这种情况下,员工全天工作并得到全额薪酬,但由于工作负荷轻而并未尽到全力。付酬空闲工时的缺陷包括为没有完成的工作支付酬金以及降低的劳动生产率。

4. 休假计划

制造商可以在每年的销售淡季停产,只留下骨干力量负责日常运营并完成维修工作。

5. 转包

转包商可以用来解决短期产能不足的问题,例如在季节或业务周期的高峰期可以这样做。转包商可以提供服务、制造零部件和组装件,甚至组装整个产品。如果转包商能够以较低的成本提供与本企业自己进行生产相同质量或者更好质量的零部件或服务,这种安排就可能成为永久性的。

6. 备货、积压订单和缺货

运用备货方法的企业规定了一个从订货提交到交付之间的提前期。最可能用备货方式并在需求高峰期增加备货量的企业通常生产定制产品和提供定制服务,他们倾向于采用面向订单生产和定制化的服务策略。但是如果备货量太大就会成为市场竞争的不利因素,这是因为交付速度通常是一个很重要的竞争优先级,但是备货量越大,意味着交付时间越长。

所谓积压订单,就是不能马上履行但会尽快履行的顾客订单。虽然顾客对这种延迟交付不满意,但是并没有损失顾客订单,只是迟一些交付。缺货与积压订单很相似,但不同之处是失去了订单,且顾客另投别处。积压订单会增加下一期的需求,而缺货不会增加未来的需求。

(二) 进取型方案

运用反应型方案来应对季节性或不稳定需求的成本可能会很高。另一种方式就是尝试着通过改变需求模式来提高效率并降低成本。所谓进取型方案就是试图改变需求模式,从而改变资源需求的行动方案。通常由营销经理负责在营销计划中详细说明这些行动方案。

(1) 互补产品:企业可以让其资源利用得以均衡的一条途径,就是提供互补产品或服务,这些产品具有类似的资源需求,但是需求周期不同。

（2）创新定价：促销活动的目的就是利用创新定价来增加销售量。其实例包括价格回扣计划、夏末的夏衣降价、非旅行高峰期的减价机票及"买一送一"的销售活动。

管理层常常把反应型方案和进取型方案以各种形式结合起来，从而得到一个可接受的综合计划。

第四节　流程整合与供应链管理

一、供应链管理的定义

供应链管理就是要设计企业的客户关系流程、订单履行流程及供应商关系流程，并使这些流程与供应商及客户的关键流程同步，达到服务流、物料流及信息流与客户需求之间的匹配。

二、整合供应链的形成

成功的供应链管理要求实现高度的职能整合和组织整合。这种整合不是一蹴而就的。一般来说，组织在采购、生产和分销三大部门之间进行服务流和物料管理责任的划分。

（1）采购是对购买流程的管理，其中包括决定选择哪个供应商、合同谈判及决定是否在当地采购。采购部门经常要负责同供应商的合作，以确保公司服务和物料长期或短期的适时供应。采购部还要负责对原材料及维修用品库存水平的控制。

（2）生产是对专门提供生产及服务的转换过程的管理。生产部门要负责决定产出的数量，并对直接提供服务和产品的机器及员工进行调度。

（3）分销是对从企业到外部客户的产品流和服务流的管理。它可能还要负责产成品库存管理和对运输服务提供商的选择。

企业对供应链的整合分为三个阶段：

（1）在第一阶段，对大多数企业来说，外部供应商和客户被看作独立于企业的。企业与这些实体的联系只是表面上的，并且彼此之间很少有运营信息共享和成本分担。公司内部的采购、生产和分销部门间也各自独立行动，都使自己的活动最优，而不考虑其他实体。供应链上的各外部实体和内部实体都只对各自的库存加以控制，其使用的控制系统和程序也通常与其他实体的系统不兼容。由于组织和职能的边界，供应链中存在着大量的库存，而且整个服务流和物料流的效率也很低。

（2）在第二阶段，企业通过增设物料管理部门来实现内部整合。物料管理包括有关服务和原材料的购买、库存、生产水平、员工安置方式、生产进度及分销等方面的决策。第二阶段的重点是将供应链上公司直接控制下的各部分进行整合，形成一条内部供应链。这一阶段的企业利用一个从销售到采购的无缝的信息和物料控制系统，将市场营销、财务、会计和运营整合在一起，然而企业仍然将其客户和供应商看成独立的实体，因此关注的重点集中于战术性问题，而非战略性问题。

（3）内部整合的第三阶段将企业与供应商和客户之间的联系结合起来。包括采购在内的供应商关系流程、生产和配送在内的订单履行流程、客户关系流程以及它们之间的内部和外部联系都被整合到常规的业务程序中。企业以顾客为中心,但是企业不仅仅只是对客户的需求做出响应,而是努力与客户合作,也使双方都能从改进的服务流和物料流中获得收益。同理,企业也必须更好地理解供应商的组织、能力、优势和劣势,并且让供应商早一些介入新产品或服务的设计。

三、供应链的动态特性

供应链上的每一个企业都要依靠链上的其他企业来获取服务物料及信息,从而满足直接外部顾客的需求。由于供应链中的企业一般都是独立所有和经营的,因此其下游成员的活动会影响到上游成员,原因就在于供应链上游的企业必须对其下游的成员企业提出的需求做出响应,这些需求由下列因素决定:企业的库存补充策略、实际库存水平、客户需求水平以及所使用信息的准确性。当对供应链中各企业的订货模式进行研究时,经常会看到越往上游,订单数量的变化越大,这种可变性的增长被称为牛鞭效应。造成供应链变化与不确定的原因可分为外部原因和内部原因。

(一) 外部原因

企业几乎无法控制其外部客户和供应商。因此在设计流程时必须理解的就是企业可能还要应付供应商和客户带来的一些干扰,典型的外部干扰包括以下几个方面:

(1) 批量变化。客户可能会对已订购的某一个特定日期提交的服务和产品的数量进行改变,或者在意料之外增加统一标准的服务或产品的需求。如果市场要求的提前期很短,企业就需要其供应商做出快速响应。

(2) 服务和产品组合的变化。客户可能会改变订单中的产品组合,从而引起整个供应链的变动。

(3) 延迟交付。物料发货的延迟或必要服务的延迟将会迫使企业调整生产计划,从一种型号产品的生产转向另一种型号产品的生产。

(4) 未足额供货。供应商可能由于工厂内部生产的干扰,而只发送部分货物。未足额发货引起的后果与延迟发货类似,除非有足够的货物使企业能够坚持运转到下次发货。

(二) 内部原因

典型的内部干扰包括:

(1) 内部产生的短缺。一个企业可能会因为机器故障或工人的操作不熟练而使所生产的零部件出现短缺,这一短缺可能会引起企业生产进度计划的改变,并进而影响到供应商。

(2) 工程设计变更。对服务或产品设计的变更将会直接影响到供应商。

(3) 新产品或新服务的推出。新的产品或服务总是会对供应链产生影响。一家企业对应推出多少新服务或产品,以及在何时推出的决定会引起供应链的变动。新的服务产品可能会需要一条新的供应链,或者是在现有供应链中增加新的成员。

(4) 服务或产品的促销。采取价格折扣的方式进行促销是提供标准化服务和产品的企业的一种常见做法,这一活动会令整个供应链都感受到出现的需求高峰。

(5) 信息错误。需求预测的误差可能使企业订购太多或太少的服务和物料。同样,需求预测误差还可能会引起加急订购,迫使供应商为避免供应链中出现的短缺而加快响应速度。此外,实地库存盘点错误会引起短缺(导致恐慌性购买)或高库存(导致减缓购买)。最后,购买者和供应商的沟通联系也可能出现失误。

上述这些外部干扰和内部干扰都会降低供应链的绩效。许多干扰是由供应链流程间无效的协调和失败的管理所引起的。因为供应链中包含了众多的企业和分散的运营,要想将所有的干扰都消除是不切实际的。供应链管理者所面临的挑战就是尽可能多地消除这些干扰,并设计出一条可以使那些无法消除的干扰所造成的影响最小的供应链——首先就是要形成一条整合的供应链。

四、高效供应链和敏捷供应链

能应对供应链的动态性,获取竞争优势的两种供应链设计方案是高效供应链和敏捷供应链。高效供应链的目的是使供应链中的库存最小,并使服务提供商和制造商的效率最大。敏捷供应链的设计是为了对市场需求做出快速响应。

企业的服务和产品需求的性质是选择供应链设计方案的一个关键因素。在需求呈现高度可预测性的情况下,高效供应链就会运作得很好。高效供应链的重点在于物料流和服务流的效率,并使库存保持在最小。在以下情况适合使用高效供应链:企业所服务的市场中,由于服务或产品设计要持续很长的时间,新产品的推出不太频繁,产品的种类、数量也不多,这种企业一般以价格作为获取订单的关键因素。因此,企业的竞争优先级是低成本运营、一致性质量及准时交付。

当企业提供的服务或产品呈现较大的多样性和市场需求的不确定性程度较高时,敏捷供应链就会发挥最大的效用。企业在客户提交订单之前,可能根本不知道需要提供什么样的服务或产品,而且需求可能是很短暂的,比如时尚商品。敏捷供应链的重点在于快速反应,从而避免持有大量库存而最终引起大幅折价销售。这类企业典型的竞争优先级是开发速度、快速交付、客户化、多样性、批量柔性和顶级质量。

一家企业可能会同时运用两种类型的供应链,特别是当它将运营集中于某一特定的细分市场,或者是当它采用延迟策略时。在同一条供应链中,也可能同时具有高效供应链和敏捷供应链的成分。例如,吉列公司利用高效供应链来生产产品,以便能更好地利用资本密集型的制造流程,然后将产品的包装延迟到最后一刻,以便对零售层次上的需求做出快速的响应。

第五节　流程改造与再造

一、流程改造及其方法

流程改造从识别机会开始,到实施修改后的流程结束。从第一步到最后一步,形成持续改进的循环过程。

(一)识别机会

为了识别机会,必须特别关注四个核心流程:供应商关系流程、新服务/产品开发流程、订单履行流程及客户关系流程。上述的每一个流程以及嵌套于其中的子流程都与向外部顾客交付价值有关,顾客目前是否对所接受的服务或产品感到满意?是否还有改进的余地？内部顾客是否感到满意？必须定期对顾客满意度进行监测，既可以使用正式的测评系统，也可以进行非正式的检查或研究。管理者有时会制定核心流程与支持流程的详细目录，指出需要对哪些流程进行重点监测。

识别机会的另一种方法是从战略层面上考虑问题。在流程的竞争优先级与当前的竞争能力之间是否存在差距？成本、顶级质量、质量一致性、交付速度及准时交付等多项指标是否达到或超过预期的目标？流程是否有良好的战略适应性？如果是提供服务的流程，那么它在顾客—接触度矩阵中的位置看起来是否合适？顾客接触程度与流程结构、顾客参与、纵向整合、资源柔性以及资金密度之间的匹配程度如何？对于制造流程，也应该针对流程选择、批量及客户化之间的战略适应性提出类似的问题。如果对上述问题的答案是"否"的话，就找到了可能的改进机会。

还有一种识别机会的方法来自实际完成流程的员工，或者说来自内部供应商和内部顾客。应该鼓励他们向管理者及专业人员提出自己的建议，或者通过正式的建议机制提交建议。

（二）界定范围

流程分析的第二步是要对分析的流程确定边界。这是一个跨越整个组织，包含许多步骤和员工，且定义很宽的流程吗？还是仅仅局限于个人工作的一部分的嵌套子流程？流程范围可能会过窄或过宽。将其限定在一个小的子流程之中可能会错过流程设计中的重大突破。而对流程的定义过宽，使其超出了可用资源的范围，除了增加干扰不会产生任何实际效果，也是注定要失败的。

管理层分配给流程改造和流程再造的资源必须与流程的范围相匹配。对只涉及一名员工的小型嵌套流程来说，也许会要求这名员工自己对流程进行重新设计。专业人员有时会向他提供时间标准、当前的性能指标、信息技术选择方案、采购成本、工资和一般管理费用一类的数据。

（三）流程文档整理

一旦流程的范围被确定下来，分析人员就应对流程进行文档整理。流程文档包括以下几类：

（1）流程图：流程图对一个流程各环节的信息、顾客、设备或物料的流向进行描述。Microsoft PowerPoint 提供了许多用于画流程图的格式选择，其他用来画流程图的功能强大的软件还有 SmartDraw、Microsoft Visio。

（2）服务蓝图：好的服务流程设计首先并且主要取决于顾客接触的类型和数量，根据这一原则，可以绘制服务蓝图。

（3）流程程序图：流程程序图是对一个工位上由人、机器完成的全部活动进行文档整理的一种系统化方法。

（四）性能评估

要有能对流程性能进行评估的指标，以便找出改进流程的线索。指标为流程以及其中环节设置的性能的测度。一种好的办法是从竞争优先级着手，但这些竞争优先级必须是明确而具体的。分析人员可以在质量、顾客满意度、吞吐时间、成本、差错、安全性、环境指标、准时交付、柔性等方面设置多种指标。

例如,某公司特别强调低成本运营、一致性质量及交付速度这几个竞争优先级。在交易流程中与交付速度有关的具体指标包括:①对诸如交易录入、分配、确认/拒绝等消息的平均响应时间;②从接收交易到交易结束的平均时间;③各种不同类型的接收时间的平均值的比较。

(五)流程再设计

对流程及其所选择的性能指标进行认真分析,应该揭示出实际性能与期望性能之间的差距。性能的差距可能是由不合逻辑的、遗漏的或不必要的多余环节引起的。当流程跨越了几个部门时,性能的差距可能是因为选择了强化各部门独立的评价指标体系而引起的。

明确了性能上的差距之后,必须从解析式思维转向创造性思维,对可能的改进设想列出一长串清单。这时需要用质疑和批判的态度来找到突破口,然后对列出的想法进行筛选和分析。

(六)实施变革

一旦新流程获得批准,就必须予以实施。实施并不简单,许多流程都曾被有效地进行了再设计,但却从未得到实施。人们通常会抵制变革,找理由辩解说"我们一直都是那样做的""我们以前也曾尝试过"。因此,让更多的人参与流程分析是很必要的,不仅是因为流程中所涉及的工作,而且还因为这样可以达成共识。

二、流程再造

流程再造(reengineering)就是对流程进行根本性的再思考和彻底的再设计,从而使成本、质量、服务和速度等方面的绩效获得重大改善。流程再造指彻底的改头换面而不是小步改进,这是一种十分强硬的手段,并不一定总是必需的,也不能保证必然成功。巨大的变革总是伴随着阵痛,其表现形式为生产的中断以及由于信息技术投资而导致的大量的现金流出。但是,流程再造也可能带来巨大的回报。例如,大西洋贝尔公司对旗下的电话业务进行了流程再造,经过5年的努力之后,将接通新客户的时间从16天缩短为几个小时。流程再造的要点如下:

(1)核心流程。流程再造的重点必须放在核心流程上,通过流程分析,管理者可以发现消除不必要的作业提高流程效率的机会,而不是为了保护各部门的势力范围而操心。

(2)强有力的领导。为了流程再造获得成功,高层主管应该提供强有力的领导。否则,冷嘲热讽、阻力以及部门之间的界线都会对彻底的变革形成障碍。

(3)跨职能团队。流程再造项目的实施由受到流程变革影响的每一个部门的成员所组成的团队来负责。

(4)信息技术。信息技术是流程再造的主要贡献者。大多数的再造工程围绕诸如顾客订单履行一类的信息流向来设计流程。流程再造工作团队必须确定谁、何时、何地需要这些信息。

(5)从零开始原则。流程再造要求应用"从零开始"原则,也就是说,以顾客希望的与公司交往的方式作为出发点。为保证顾客导向,工作团队从内部顾客或外部顾客的流程目标着手。流程再造从未来开始,向后反推,不受当前情况的制约和限制。

(6)流程分析。尽管应用"从零开始"原则,但是流程再造团队还是必须对当前流程进行理解:流程的任务是什么?完成任务的情况如何?其影响因素有哪些?工作团队必须在整个组织范围内研究流程涉及的每一个程序,记录每一个步骤,质询其理由并消除所有不必要环节。

流程再造在20世纪90年代初期受到了高度重视,它几乎成了立即获得竞争优势的灵丹妙药。但是,流程再造既非简单易行,也并非对所有流程或组织都适用。许多企业无力提供时间和资源来进行彻底地从零开始的流程再造。能更好地适应公司战略和企业文化的中等收获可能比追求突破产生更好的累积效果。归根结底,对于流程最好的理解以及改造流程的方法,通常存在于每天完成工作的那些人的头脑之中,而不是存在于跨职能团队或高层管理者的头脑之中。

第六节 精益系统

精益系统(lean system)用整体、系统的观点将公司的运营战略、流程设计、质量管理、产能计划、布局设计、供应链设计以及技术和库存管理结合在一起,以创造高效的流程。精益系统是一个使每个活动增值最大化的运营系统,这些活动通过消除不必要的资源和延误来创造价值。

集中了精益系统各基本要素的一个最常见的系统是准时制(JIT)系统。准时制理念简单但作用强大,就是通过削减过多的生产能力或库存、取消运营中的非增值活动而消除浪费。JIT的目标就是根据需要来提供服务或产品,持续提高运营的增值效益。

一、服务业和制造业精益系统的特征

(一)工作流的拉动式方法

精益系统使用工作流的拉动方法,而另一种常见的普通方法是工作流的推动方法。以餐厅为例,推动式方法在顾客提出需求之前就开始生产,厨房依据对顾客实际需要的预测来生产各种食物,在自助餐厅选择的实际上是食物的库存。推动式方法调整的重点是确保拥有充足的食物库存。与之相对应,拉动式方法由顾客的需求来激活服务或产品的生产。运用拉动式方法的企业必须能够在可接受的时间内满足顾客的需要。

对推动式方法和拉动式方法的选择通常要视情况而定,具有高度重复性的生产流程和为标准化产品明确工作流的企业经常使用拉动式方法,因为它能够对工作站的库存和产出进行严格的控制。五星级酒店餐厅用拉动式方法来控制库存成本以及食物的新鲜度和味道。而那些生产流程具有较长提前期,可以以合理的精度预测顾客需求,多种产品可以使用相同的流程以及顾客不愿意长时间等待来得到产品的企业倾向于使用推动式方法来面向库存进行生产,这就是前述的自助餐厅和许多制造企业的情况。使用面向订单装配战略的企业有时会同时使用两种方法,用推动式方法生产出标准化的组件,用拉动式方法来满足顾客对零部件特定组合的需求。

（二）一致性质量

精益系统通过消除生产流程中的错误和返工,以实现均衡的工作流。高效的运营一贯地满足顾客对服务或产品的期望,符合广告宣传的或顾客所要求的产品规格,即使是顶级质量的要求也不例外。持续地达到目标是精益系统的一个特征。实施全面质量管理和 6σ 方法等行为方式和统计方法有助于维持运营的一致性。精益系统在源头上创造质量,其员工是他们自己的质量监察员。

（三）小批次生产

精益系统采用尽可能小的生产批次。批次就是一起加工的产品数量。小批次相对于大批次而言具有降低平均库存水平的优势,小批次能比大批次更快地通过系统。除此之外,一旦发现次品,由于需要检查整个批次以发现所有需要返工的产品,所以大批次引起的延误时间会更长。最后,小批次有助于实现系统的均衡工作负荷。大批次消耗掉工作站大量的生产能力,同时也使生产调度变得复杂。小批次能更灵活地调整,从而使生产调度人员可以更有效地利用生产能力。

虽然小批次对运营很有利,但它也带来了增加设备设置调整次数的不利影响。设置调整是指在相继的产品批次之间需要对流程重新调整的一系列活动,有时候称为转换。一般而言,无论批次大小,设置调整所花费的时间是相同的。因此,大量的小批次生产相对于少数几个大批次而言,会导致员工和设备的闲置,从而造成浪费。为了实现小批次生产带来的好处,就必须缩短设置调整的时间;为了缩短设备调整时间,经常需要工程部门、管理部门和人力资源部门的密切合作。

（四）均衡的工作站负荷

当各工作站每日的工作负荷相对均衡时,精益系统的运作状况最佳。服务流程可以通过预约系统来实现各工作站的工作负荷均衡。制造流程可以通过每天装配相同类型和数量的零件来实现均衡负荷,从而在各工作站产生均衡的日需求量。

（五）标准化组件和工作方法

在高度重复的服务性运营机构中,通过分析工作方法和记录整理所得到的改进以供全体员工使用,可以获得很高的效率。例如,联合包裹服务公司（UPS）持续对工作方法进行监测,并在必要时对其进行修正以提高服务质量。

（六）密切的供应商关系

由于精益系统以很低的能力缓冲水平或低库存水平运行,因此和供应商保持密切的联系就显得非常重要。库存的发货必须频繁、提前期短、按时到达而且质量高,合同可能要求供应商每天给工厂送好几次货。采购经理重点关注三个方面：减少供应商数量、利用当地供应商、改善与供应商的关系。一般来说,实施精益系统所采取的第一个行动就是削减供应商数量。

（七）柔性劳动力

在柔性劳动力系统中的员工经过培训可以同时完成多于一项的工作。就像前台办公室流程和混合办公室流程设计一样,服务的客户化程度越高,对具有复合技能的劳动力的需求量就越大。

（八）线性流向

混合办公室和后台办公室服务流程的管理人员可以对员工和设备进行组织，以在整个流程中提供均衡工作流量，从而消除员工的时间的浪费。线性流向可以减少设置调整的次数。如果某种产品的数量足够多，就可以将成组的机器和工人组织成线性流向布局，以此来完全消除设置调整。如果产品数量不足以保持相似产品流水线的繁忙工作，那么可以用成组技术来设计小型的生产线，生产具有相同属性的零部件簇，因为从一个产品簇的一种零部件向同一产品簇的另一种零部件之间的转换时间是很少的。

（九）自动化

自动化在精益系统中起着十分重要的作用，是低成本运营的关键所在。因库存削减或其他效率的提高，而腾出的被占用资金可以投资于自动化设备来降低成本。当然，这样做的好处就是可以获得更大的利润或更大的市场份额或二者兼有。

（十）预防性维护

由于精益系统强调工作流的精密协调，在各工作站之间几乎没有冗余能力或缓冲库存，因此计划之外的机器停工时间会造成很大的损失。预防性维护可以减少机器故障发生的次数和持续时间。在完成了日常维护活动之后，技师可以测试出其他可能需要更换的零部件。在定期计划的维护期内更换零部件比在生产过程中机器出故障时更换要容易和迅速得多。维护活动的安排要在预防性维护计划的成本与因机器故障而带来的风险和成本之间取得平衡。

另一个策略是让员工对自己所用设备的日常维护负责，并培养他们保持机器处于最佳工作状态的自豪感。然而，这种策略一般仅限于辅助性杂物以及稍微进行润滑和调整。高技术含量机器的维护都要经过专门培训的专家来负责，然而，即使执行非常简单的维护任务，也可以对改善机器性能大有帮助。

二、运用精益系统方法进行持续改善

通过将注意力集中到需要改进的地方，精益系统使生产率和质量得到了持续改进。这一流程改进方法的关键观点是：过量的生产能力和库存会掩盖提供服务或产品的流程中存在的问题，精益系统为管理层提供了一种揭露问题的机制，即系统地降低产能和库存直到问题暴露出来为止。

在制造业中，假定我们看得到的水面代表产品和组件的库存水平，水中的暗礁代表在服务和产品的提供中遇到的问题。当水面足够高，船只可以顺利通过暗礁，因为高水平的生产能力或库存掩盖了问题。随着产能和库存的缩减，问题就暴露出来了。最终如果水面下降太多，船只就会撞上暗礁。通过精益系统、员工、监督人员、工程人员和分析人员共同应用持续改进方法可以粉碎未暴露出来的暗礁。精益系统中物料流的拉动系统所要求的协作可能及时发现问题，并采取相应的措施。

服务流程，例如进度计划、账单处理、订单处理、会计和财务计划都可以用精益系统加以改进。持续改进指的就是员工和管理人员要不断地寻求改进运营的方法。在服务性运营机构中,管理人员使用的常用方法就是通过削减从事一项特殊活动和一系列活动的员工人数来向系统施加压力,直到流程的运作开始变缓或停止为止,这样就可以识别问题并找到解决问题的方法。

在制造领域,要消除过多的废品可能要求改进工作方法、提供员工素质培训和提高供应商质量。如果希望消除产能不平衡,那么要将注意力集中于主生产计划和劳动力柔性。要削减不可靠的供货则要求与供应商更好地合作或更换供应商。要维持低库存量,就要定期向系统施压以识别问题,将注意力集中在处于持续改进中心地位的精益系统的要素上。

三、精益系统的运作优势

当公司的战略重点是极大地改进库存周转率和提高劳动生产率时,精益系统就是一个有效的解决方案。例如像准时制生产这样的精益系统,因为将重点集中在加快生产节拍、改进库存周转率和提高劳动生产率上,所以就形成了强调基于时间竞争的整体公司战略。

精益系统的优势表现在:①减少对空间的需求;②减少在采购的零部件、原材料、在制品及产成品方面的库存投资;③缩短提前期;④提高一线员工、辅助人员和行政人员的生产率;⑤提高设备利用率;⑥减少书面工作,仅需要简单的计划系统;⑦对进度安排设置有效的优先级;⑧提高员工参与的积极性;⑨提高服务或产品的质量。

精益系统的一个目标是使设置调整时间足够短,以至于一次只生产一个最终产品或零部件都变得十分经济。虽然该目标几乎不可能实现,但其重点仍然是小批次生产。除此之外,还要一直注意消除生产过程中的非增值活动,这样做的结果是对存储空间、库存投资和生产能力的要求更低。更小的批次和更平滑的物料流有助于缩短提前期、提高员工生产率和设备利用率。

精益系统的另一个主要运作优势是系统的简化。精益系统也包括大量的通过小组交流会的形式而开展的员工参与活动,这种活动不仅提高了服务或产品的质量,而且使生产运营中许多方面的工作得到改进。总之,精益系统的优势已经使很多管理人员重新评估他们现有的系统,并考虑重新设计生产流程,以使其具有精益系统的特点。

四、精益系统实施注意事项

精益系统的优势看起来很明显,但即使是在精益系统已经运行的情况下也有可能会出现问题。哪怕是作为实施准时制系统先驱的日本汽车工业也难免出现问题。

(一)组织方面的考虑

实施精益系统要求管理层考虑员工的压力、员工与管理层之间的相互合作与信任,以及薪酬体系和员工分类的问题。

1. 精益系统的人工成本

精益系统可以与统计过程控制(SPC)方法相结合,以减少产出的变化。然而这种结合需要严格的控制,有时会给员工带来很大的压力。例如,在丰田生产系统中,员工必须满足特定的生产周期要求,而且在运用SPC时必须遵循事先规定的问题解决方法。这样的系统可能使员工感到紧张和压抑,从而导致生产率或质量的下降。

此外,由于需要员工在很少或几乎没有冗余的生产能力和安全库存的情况下保持工作站之间的工作流的严格同步,他们会觉得丧失了自主权。管理人员可以在系统中使用安全库存或松弛的生产能力,强调工作流而不是工作节奏,从而减轻对员工的不利影响。管理人员也可以鼓励员工以团队形式工作,并允许其在团队负责的范围内分配各自的任务,并进行工作轮换。

2. 合作与信任

在精益系统中,工人和基层管理者必须承担原先分配给中层管理者和辅助人员的职责。诸如进度计划、任务指派和提高劳动生产率这样的活动就变成了基层员工职责的一部分。因此,必须重新定位组织关系以使员工和管理层之间建立密切合作与相互信任的关系。但在现实中,这种合作与信任也许很难实现。

3. 薪酬体系与员工分类

在有些情况下,当实施精益系统时,必须重新设计薪酬体系。例如,在通用汽车公司,一项在一家工厂中削减库存的计划遇到了麻烦,原因是该厂的生产主管拒绝不需要的零件产量,因为他的薪水是与产量挂钩的。薪酬体系还不是唯一的障碍,传统的劳动合同降低了管理层在需要的时候重新为员工分配任务的柔性。

(二)流程方面的考虑

实施精益系统的企业一般都有一些占主导地位的工作流。为了利用精益活动的优势,企业也许必须改变其现有的生产布局。某几个工作站可能要搬到相互靠近的地方,可能必须建立专门生产特定零部件簇的机器单元。对 68 家运用精益系统的企业进行的一项调查表明,成功实施精益系统的一个最重要因素是将产品由生产布局改变为单元式结构,但是重新布局一家工厂以适应精益生产活动的要求,要付出很大的代价。

(三)库存与生产进度计划

在大批量、面向库存生产的环境中,每日生产进度计划必须在长时间内保持稳定。可是,如果要实施精益系统的库存优势,必须采用小批量生产。但是由于小批次生产要求大量的设置调整,所以企业必须大大缩短设置调整时间。有些公司还未能实现短的调整时间,因此必须放弃精益生产的某些优势而进行大批次生产。而且精益系统对耗费时间较长的转产新产品的适应能力较差,因为在系统停产期间,低水平的成品库存不足以满足需求,如果不能缩短转换时间,就必须持有大量老产品的成品库存以进行弥补。

此外,采购与物流如果无法安排供应商对企业的采购物品进行经常性、小批量的运送服务,就无法实现这些物品在库存方面的大量节省。

本章思考题

1. 服务流程与制造流程的主要区别是什么?
2. 流程的关键维度包括哪几个方面?
3. 什么是流程竞争的优先级?
4. 流程设计的关键指征包括哪些内容?

5. 服务业流程结构中的"顾客接触"要考虑哪几个维度？
6. 制造业流程结构可以大致分为哪几种类型？
7. 制造业流程的生产与库存策略有哪些？
8. 顾客参与的优势和劣势是什么？
9. 什么是流程改造？什么是流程再造？
10. 流程分析与改进的系统化方法包括哪些步骤？
11. 流程能力规划的内容是什么？
12. 流程能力战略包括哪几个要点？
13. 什么是供应链管理？
14. 供应链变化与不确定的原因有哪些？
15. 什么是高效供应链？什么是敏捷供应链？
16. 什么是综合计划？它和年度计划、主生产计划的关系如何？
17. 综合计划需要考虑哪六个方面的目标？
18. 什么是反应型方案？其核心与手段是什么？什么是进取型方案？其核心和手段是什么？
19. 什么是工作流的拉动式方法？
20. 精益系统有哪些特征？
21. 什么是柔性劳动力？
22. 精益系统为何会暴露流程中隐藏的问题？
23. 实施精益系统需要注意哪些问题？

第八章 人员配备与人力资源管理

第一节 人员配备与人力资源管理概述

传统上,人员配备是管理的职能之一。"人力资源"一词是由彼得·德鲁克于1954年在《管理的实践》一书中提出的。1958年,工业关系和社会学家怀特·巴克(E.Wight Balkke)出版《人力资源功能》,首次将人力资源管理作为企业管理的一项职能来论述。

一、人力资源管理的定义

(一)两种代表性观点

(1)人员配备的观点。如谢尔曼(Scherman)认为,人力资源就是负责组织人员的招聘、甄选、培训及薪酬等的活动,这种观点典型地将人力资源看成是人员配备,也是传统的人力资源管理观。

(2)人力资源的目的观。如蒙迪(Mondy)认为,人力资源管理是通过对人力资源的管理来实现组织的目标。

(二)两种观点的区别

人员配备的观点是以职位—员工为中心的。它关注:①员工的能力:包括员工是否拥有职位所需的知识、技能和能力;②员工的动机:包括员工的工作意愿和努力程度;③员工的态度:包括员工的工作满意度、组织承诺和组织公民行为。

人力资源的目的观关注组织的绩效或竞争优势。成本领先和差异化是两种常见的组织优势,以组织为中心的人力资源管理关注最终是否能形成组织的竞争优势。该视角的基本逻辑是:企业战略的升级,需要企业核心能力的支撑与驱动,企业核心能力的根本载体是核心人力资源,对核心人力资源进行识别、保有和提升就是获取、保持和提升企业核心能力,从而支撑企业战略的实现和升级,人力资源管理或规划的过程就是满足企业战略需要的核心人才队伍建设的过程。

人力资源的目的观尤其适合于互联网时代下激烈竞争的企业,很多创新型企业只要抓住核心人才,抓住几个主要的、关键性的人才,就可以支撑或促进企业的发展。同时,以核心人才来带动所有人才的发展,打造企业的竞争力,强调核心能力与核心人才一体化,实现企业核心能力与员工核心队伍之间协同发展。

二、人力资源系统的构成

李·派克(Lee Parker)等人于2006年提出人力资源管理活动的三个层次：人力资源管理实践、人力资源政策和人力资源系统。其中，最基础的层面是人力资源管理实践，一系列的人力资源管理实践构成和体现组织的人力资源政策，而人力资源管理实践和人力资源政策的有机结合则形成了组织的人力资源系统。

人力资源管理实践是企业为了达到某个具体的目标而设计实施的组织行为。它是指一系列获得、分配、使用并提高人力资源价值和使用价值的相关活动。比如招聘、培训、考核、计时工资、360度绩效反馈等都属于组织的人力资源管理实践，组织采用这些活动来选择和管理员工。

人力资源政策表明了组织人力资源活动、过程、技术所要达到的目标。决策层设计人力资源管理政策来指导人力资源管理实践，同时人力资源政策目标又是由一系列人力资源管理实践体现和完成的。人力资源政策可以分为三个领域，即员工能力领域、动机领域和参与机会领域，这就是著名的人力资源管理AMO模型。

在AMO模型中，首先毋庸置疑的是组织需要高能力的员工，所以员工能力领域的目标是提高员工知识、技术和能力。其次，人力资源系统要确保员工的能力与岗位需求相匹配，因而动机领域的目标是管理员工的工作动机，促进员工努力工作的意愿。最后，对于组织而言，拥有高能力且有意努力工作的员工是不够的，组织的工作设计应该给员工提供贡献的机会，这便是员工参与机会领域的目标。

人力资源系统是由各项具有一致性的人力资源管理实践和人力资源政策所构成的有机体系。不同人力资源管理实践组合而成的人力资源系统，能形成一套不易被模仿和替代的资源系统，并成为组织持续竞争优势的来源。

三、人力资源管理的理念

有关人力资源管理理念的分类中，较有代表性的分类主要有三种，如表8-1所示。

表8-1 人力资源管理的主要理念

Arthur	承诺型	通过强化员工与组织之间的感情联系来达到员工的自主行为与组织目标高度一致的目的
	控制型	通过要求员工严格遵守组织的管理制度和规则，以及依据可以测量的产出来奖励员工的方法，达到降低成本或者提高效率的目的
Delery 和 Doty	内部发展型	以长期、培育的观点来对待员工，也期望员工能对组织忠诚，进而产生长期贡献
	市场导向型	以短期、交易的观点来看待雇佣关系，劳资关系建立在相互利用、各取所需的基础上

（续表）

Arthur	承诺型	通过强化员工与组织之间的感情联系来达到员工的自主行为与组织目标高度一致的目的
	控制型	通过要求员工严格遵守组织的管理制度和规则，以及依据可以测量的产出来奖励员工的方法，达到降低成本或者提高效率的目的
Dyer	利诱型	要求员工在指定工作范围内有稳定的表现即可，并以利诱性工具作为激励员工的方式，组织与员工的关系纯粹是直接和间接的利益交换关系
	投资型	重视员工的创新，注重对员工的培训和激励，组织与员工建立在长期的工作关系上
	参与型	组织将决策权下放，大多数员工都能参与决策，对员工的主动性与创新性要求都较高

资料来源：刘善仕、王雁飞，《人力资源管理》，机械工业出版社，2015年版。

Arthur将人力资源系统划分为承诺型和控制型。承诺型通过强化员工与组织之间的感情联系来达到员工的自主行为与组织目标高度一致的目的。控制型通过要求员工严格遵守组织的管理制度和规则，以及依据可以测量的产出来奖励员工的方法，达到降低成本或者提高效率的目的。

Delery 和 Doty 将人力资源系统分为内部发展型和市场导向型。内部发展型以长期、培育的观点来对待员工，也期望员工能对组织忠诚，进而产生长期贡献。采取内部发展型的组织非常重视员工的发展，倾向于优先由内部渠道招聘员工，为员工提供广泛的培训，绩效评估以员工发展为出发点，较少使用利诱性的薪酬机制，员工工作有高度的保障，重视员工参与决策。市场导向型以短期、交易的观点来看待雇佣关系，劳资关系建立在相互利用、各取所需的基础上。

Dyer 更具组织特色与人力资源管理对应的做法将人力资源系统分为三类：利诱型、投资型和参与型。采用利诱型的组织，组织结构多为中央集权式，生产技术较为稳定，要求员工在指定的工作范围内有稳定的表现即可，并以利诱型工具作为激励员工的方式，组织与员工的关系纯粹是直接和间接的利益交换关系。采用投资型系统的组织重视员工的创新，注重对员工的培训和激励，组织与员工建立在长期的工作关系上。参与型系统的特点在于组织将决策权下放，大多数员工都能参与决策，因此对员工的主动性和创新性的要求较高。

四、人力资源三支柱模型

HR三支柱（人力资源三支柱）模型，是IBM基于人力资源管理专家戴维·尤里奇（Dave Ulrich）的思想，结合自身的人力资源管理实践提出的。三支柱模型将人力资源分为三个部分：专家中心、人力资源业务伙伴和标准服务提供者。

1. 支柱一：HR COE

人力资源管理部门提供解决方案意味着要有专业的业务服务，这要求人力资源部门精通业务及人力资源各领域的知识。在这种专业细分的需求下，便催生了HR COE（center of expertise,领域专家)角色。HR COE 角色定位于领域专家,它借助于本领域精深的专业技能和对领先实践的掌握,负责设计业务导向、创新人力资源政策、流程和方案,并为 HR BP(business partner,业务伙伴)提供技术支持。

HR COE 的角色包括:①设计者:运用领域知识设计业务导向、创新人力资源政策、流程和方案,并持续改进其有效性;②管控者:管控政策、流程的合规性、控制风险等。

2. 支柱二:HR BP

针对各个内部客户的不同需求,人力资源部门所对应的角色也不尽相同。三支柱的运作模式要服务于内部客户。同公司满足外部客户所面临的问题一样,最难满足的是定制化需求,于是 HR BP 的角色应运而生,它针对内部客户的需求,提供咨询服务和解决方案,这是确保人力资源贴近业务需求的关键。HR BP 一方面提供统一的服务界面和端到端的解决方案,另一方面为公司核心价值观的传承和政策落地提供组织保障。

HR BP 的角色和职责包括:①战略伙伴:在组织和人才战略、核心价值观传承方面推动战略的执行。集成解决方案,形成业务导向的解决方案。②HR 流程执行者:推行 HR 流程、支持人员管理决策。③变革推动者:扮演变革的催化剂角色,有效管理员工队伍关系。

3. 支柱三:HR SSC

由于 HR BP 和 HR COE 聚焦于战略性和咨询性的工作,他们就要从一些事务性的工作中解脱出来,与此同时,人力资源的第三类内部客户——员工的需求往往是相对同质化的,具有一定的标准化、规模化的需求,与此对应的 HR SSC(shared service center,标准服务提供者)角色专门为其提供服务。HR SSC 是标准服务提供者,他们专门负责解答管理者和员工的问询,对内部客户的满意度和卓越运营负责,提升人力资源整体服务效率。

HR SSC 的职责和角色包括:①员工呼叫中心:支持员工和管理者发起的服务需求;②HR 流程事务处理中心:支持由 COE 发起的主流程的行政事务部分(如发薪、招聘);③HR SSC 运营管理中心:提供质量、内控、数据、技术和供应商管理支持;④HR SSC 是 HR 效率提升的驱动器,其使命是为 HR 服务目标群体提供高效、高质量和成本最佳的 HR 共享服务。

五、最佳人力资源管理实践

不同的学者对"最佳"的人力资源管理实践有不同的看法。康奈尔大学赖特教授通过对美国公司管理者和人力资源经理的调查,发现了影响核心能力的五种关键 HR 职能及影响权重:学习与开发(47%)、高组织承诺的工作环境(34%)、吸引/甄选/维系人才(29%)、管理接班人的储备(21%)、绩效管理/薪酬(20%)。

六、高绩效工作系统

学术界对于高绩效工作系统(high performance work system,HPWS)还没有一个严格与统一的定义,相似的概念还包括高参与工作系统、高承诺工作系统、最佳人力资源管理活动和弹性工作系统等。

一般认为,高绩效工作系统是"一种能充分配置组织的各种资源,有效满足市场和顾客需求,并实现高绩效的组织系统"。休思理德等人把高绩效工作系统定义为,公司内部高度一致的、确保人力资源服务于企业战略目标的系列政策和活动。高绩效工作系统的理论假设是:组织善待自己的员工,员工会改变工作态度,并不断增加满意度和承诺度。这种态度会不断影响行为,反过来就能促进组织绩效的改善。

建立和实施高绩效工作系统的一个重要方面是企业人力资源管理。实践证明,在人力资源管理实践方面的创新活动是建立高绩效工作系统的基础,也是实施高绩效工作系统良好效果的根本保证。

七、人力资源成熟度模型

人力资源成熟度模型(people capability maturity model,PCMM)是由卡内基·梅隆大学等机构推出的人力资本成熟度的模型,共有五个等级,从低到高评定一个组织的人力资本成熟度,它的目标是通过不断完善人力资本管理体系,逐步提高企业人力资源的价值贡献,以保证企业持续发展。

PCMM将企业人力资源管理水平划分为五个等级:

(1) 初级层。典型特征:工作方式不一致、职责缺位、工作混乱、员工情感偏离。在本层中,企业组织所表现的是人员由于不能用一致的方式工作而出现混乱的现象,其整体工作中只有很少的工作过程是经过严格定义的,开发中超出预算、时程的情况频现,成功往往依靠的是某个人的智慧、努力或机遇。管理人员无法用可靠的方法来评估预完成的专案所需投入的资源需求,组织必须投入相当的精英人力才能结案。员工在专案中大量使用无法再利用的复杂技巧,并且直接答应客户的一些需求变更而破坏原有计划。

(2) 可管理层。典型特征:工作超负荷、工作环境复杂、业绩目标不明、执行反馈信息不清、相关知识和技能缺乏交流、沟通不畅、员工士气不高。此阶段的首要改进是使员工反复练习那些在过去使专案成功的技巧,而为此管理人员就需要好好管理专案需求与建构基准。如此针对相似的专案就可以重复使用,而组织应建立上述专案纪律,使整个组织均能在日常工作中遵行。

(3) 可定义层。此阶段的首要改进是找出组织内使专案成功的最佳专业技巧,并将其整合到共用程序中,因为一旦员工能够反复在其工作上使用组织中可找到的技能,组织就能由此区别出哪些技能最适合用在哪些环境中,而且这些技能将会被写成技术文件,在整个组织中当成教材,不断地传承下去。组织应该不断地评估或量测这些被用在流程中的技能,看其能否被定义成为用在企业活动中的标准处理程序,这将会使组织作业效能提升且形成一种文化,而所有专案的开发和维护都在这个标准基础或文化上进行。

(4) 可预测层。一旦组织开始透过管理历史资料与效能的统计过程所反映的现象时,组织就具备了鉴往知来的预测能力,组织应再从经验值中提取有效数据建立一些管理指标及标准程序、常见注意事项,以协助管理及预测。当组织能够对产品和开发过程定量地分析和控制时,组织自然就具备足够的支持来持续改善流程。

(5) 最优化层。这是最高的一层。通过第四层,组织自然就具备足够的知识来持续改善流程,所以组织应准备向更困难的目标前进。在本层,组织通过建立开发过程的定量反馈机制,不断产生新的思想,采用新的技术来优化开发过程。达到此层次时,变更管理程序已经是组织内标准程序了,而且持续改善将是组织的长期目标。由于员工们完全信赖程序,所有改善作为,包括缺陷预防、技术更新管理和流程改造管理等均是通过组织完成,因此组织成长与持续改善的目标是一致的。

第二节 人力资源甄选

一、职位与职位管理的概念

职位(position)是指承担一系列工作职责和工作任务的某一任职者所对应的组织位置:

(1)职位是最基本的组织单元。组织是由具体的职位及其任职者构成的,职位是组织最基本、最小的结构单元,是工作管理和组织管理的基础,支撑着组织目标的实现。

(2)职位是组织业务流程的一个节点,有明确的业务边界,为业务正常的运转而存在。

(3)职位是责、权、利、能的统一体。每个职位都对应着相应的职责、权限以及对任职者的要求,同时意味着任职者可以享受的待遇和受到的激励。

随着全球化、信息化和知识经济的发展,职位管理出现了一些新的特点:

(1)因人设岗。组织在坚持战略目标的前提下,可以根据个人的能力专门设置相应的职位、安排相应的工作甚至开拓新的业务,人力资源管理的重点由职位转向能力。

(2)职位与任职者并非一一对应。职位不再是组织中的一个点,而是组织中的一个线段或者一个区域,这时一个职位的工作可能有多个人参与,一个人可能参与多个职位的工作,职位之间的界线变得模糊,可能难以确定明确的职责和绩效标准。

(3)职位是动态的。组织为适应环境的变化而经常改变业务和工作内容,职位的职责不再固定,职位任职者也不再固定在确定的职位上。特别是团队成为现代组织的一种重要组织形式,团队的形成与解体成为常态,团队职责与目标也会在一项团队任务完成后发生变化,所以职位的变化也成为常态。

职位管理是指通过职位筹划对企业的职位进行分层分类,确定企业最合理的职位设置,在此基础上通过职位分析明确不同职位的工作职责与任职资格要求,并通过职位评价建立企业内部的职位登记体系。职位管理从组织战略与组织文化出发,经过业务流程分析、组织结构设计到人力资源管理,是实现企业战略的桥梁和重要环节。

组织结构和业务流程是企业职位管理的起点。企业战略决定了企业的组织结构,并确定了各部门的职能;业务流程决定了完成工作任务的要求,需要设置哪些岗位,这些岗位需要承担什么样的责任、具备什么样的能力等。

二、职位分析

职位分析又称工作分析,是人力资源管理的一项基础职能,是运用系统方法收集、分析、确定组织中职位的定位、目标、工作内容、职责权限、工作关系、业绩标准、人员要求等基本因素的过程。职位分析以组织中的职位以及任职者为研究对象,它所收集、分析、形成的信息及数据是有效联系人力资源管理各职能模块的纽带,从而为整个人力资源管理体系建设提供了条件。同时,组织由各种各样的员工角色构成,通过职位分析可详细说明这些角色,并从整体上协调这些角色的关系,避免工作重叠、劳动重复,提高个人和部门的工作效率及和谐性,为组织设计和工作设计奠定基础。职位分析的主要成果是职位说明书及职位分析报告。

(一)与职位分析相关的概念

(1)工作要素:指工作中不能再继续分解的最小活动单位,是职位分析的基本单位。

(2)任务:指为了达成某种目的而进行的一系列工作要素的组合。例如,回答客户的电话咨询。

(3)职责:指一项或多项相互关联的任务集合。例如,人力资源管理者的职责之一就是招聘,它由发布广告、筛选简历、面试、确定人选、最终录用等任务构成。

(4)职位:指职责的集合。

(5)权限:指为了保证职责的有效履行,任职者必须具备的对某事项进行决策的范围和程度。

(6)任职资格:指为了保证工作目标的实现,任职者必须具备的知识、技能与能力要求。

(7)业绩标准:指与职位的工作职责相对应的、对职责完成的质量与效果进行评价的客观标准。例如,人力资源经理的业绩标准通常包括员工满意度、空岗率、培训计划的完成率等。

(二)职位分析面临的挑战

进入21世纪,全球化与知识经济成为新的经济形态,知识型员工成为企业价值创造的主体。与传统工作相比,知识型员工的工作在工作内容的确定性与重复性、工作性质、对技能的要求、职责边界、与周边关系的协调等方面都发生了变化,这对职位分析提出了挑战。

(1)工作内容多变,难以确定。由于组织战略及业务流程的快速变化,职位的工作内容也相应发生变化。工作内容从确定性向不确定性、从重复性向创新性转变,而且变化的频度越来越高、程度越来越深,职位说明书中可以规范化和标准化的内容越来越少。

(2)大量创新性工作难以描述,其业绩标准也很难描述。

(3)职责范围模糊,难以界定。创新是一项系统工程,需要组织内部各个职能与业务之间的配合,所以知识型工作甚至鼓励职位与职位之间的职责与权限的重叠,而这种重叠的内容和程度如何界定,成为职位分析和编写职位说明书的一个难题。

(4)团队工作取代传统的个人职位。首先,团队成员都是按照角色界定来开展工作,不再存在固定的、稳定的职位,这样传统的职位分析就失去了研究与分析的对象。其次,团队成员工作交叉、职能互动,工作过程难以监控和界定,很难给每一位团队成员都编写明确的职位说明书。最后,对团队成员贡献的评价,不再仅仅依据个人直接的工作成果,而是依据其所在团队的整体工作业绩,使得组织成员个人的业绩难以衡量。

（三）职位分析的常用方法

1. 访谈法

访谈法是目前在国内企业中运用最广泛、最成熟、最有效的职位分析方法，职位分析访谈是两个或更多人交流某项或某系列工作信息的会谈。该方法适用于各层各类职位的分析，且是对中高层职位进行深度分析效果最好的方法。其成果不仅表现在书面信息的提供上，更重要的是，通过访谈，协助任职者完成对职位的系统思考、总结和提炼。

2. 问卷法

问卷法以书面的形式，通过任职者或其他职位相关人员单方面信息的传递来收集职位信息。在实践中，职位分析专家开发了大量不同形式、不同导向的问卷，以满足职位分析的不同需要。问卷法收集信息完整、系统，操作简单、经济，可在事先建立的模型的指导下展开，因此几乎所有的结构化职位分析在信息收集阶段均采用问卷调查的形式。

职位分析问卷主要分为结构化问卷和非结构化问卷。结构化问卷是在相应理论模型和假设的指导下设计的，分析结果一般可以使用统计分析加以量化，成熟的问卷经过大量实证检验，具有较高的信度。

3. 主题专家会议法

在具体的职位分析中，主题专家会议让所有与职位相关的人员在一起集思广益，在组织内部外部、流程的上下游等多方面、多层次都达到高度的协调和统一。

4. 文献分析法

通过对与工作有关的文档资料进行系统性分析来获取工作信息。

5. 工作日志法

通过任职者在规定时限内实时、准确记录工作活动与任务的工作信息来收集职位信息的方法。工作日志的主要用途是收集原始的工作信息，特别是在缺乏工作文献时，工作日志法的优势表现得较明显。

（四）常见的职位分析问卷

1. PAQ 问卷

1972 年，普渡大学的 McComick 开发了 PAQ 问卷，这是一种结构化的职位分析问卷。经过多年的验证和修正，PAQ 已成为使用较为广泛的有相当信度的职位分析方法。

2. 管理职位分析问卷（MPDQ）

MPDQ 是一种结构化的、以工作为基础、以管理型职位为分析对象的职位分析问卷。MPDQ 主要收集、评价与管理职位相关的活动、联系、决策、人际交往、能力要求等方面的信息数据，通过特定的计算机程序加以分析，有针对性地制作各种与工作相关的个性化信息报表。

三、胜任力与冰山模型

胜任力的应用始于 20 世纪 70 年代。当时美国政府以智力因素为基础选拔驻外联络官,却发现许多表面上很优秀的人才在实际工作中的表现令人失望,于是邀请心理学家麦克利兰帮助设计一种能够有效预测实际工作能力的人员选拔方法,这种方法采用行为事件访谈法(behavioral event interview,BEI)来获取第一手资料,对工作表现优秀与一般的外交官的具体行为特征、思维差异进行比较分析,从而找出驻外联络官的胜任素质。

麦克利兰在顺利完成这项工作后,于1973年发表 Testing for Competence Rather than for Intelligence 一文,他在文中批评了当时美国普遍采用智力测验、性向测验和学术测验作为选拔、考核和预测绩效的标准和工具的做法,提出了"Competence"即胜任力作为选拔和考核的标准。

麦克利兰同时提出,根据胜任力与工作绩效的关系,可以将胜任力分为普通胜任力和特殊胜任力两类。普通胜任力是指从事工作的必要条件,它不能作为区分普通员工和优秀员工的标准;特殊胜任力是指能够把普通员工与优秀员工区分开来的胜任力。

胜任力的冰山模型由美国学者斯潘塞夫妇在其著作《工作胜任力:高绩效模型》一书中提出。他们认为胜任力可分为知识与技能、社会角色、自我形象、个性以及动机等部分,分布在"水面上"与"水面下"。其中,知识、技能是"水面上"的部分,这部分是对任职者基础胜任力的要求,也称为显性胜任力。显性胜任力的观察和测评比较容易。

社会角色、自我形象、革新、动机等属于"水面下"的部分,也称为隐性胜任力。相对于知识和技能而言,这部分胜任力的观察和测评较难,也难以通过后天的培训获得。但隐性因素恰恰是区分绩效优异者和绩效平平者的关键因素,且职位越高,隐性胜任力对任职者的绩效影响越大。

很多人力资源管理工作者在招聘时往往把对应聘者知识层面的要求摆在第一位,过于看重专业的对口、工作经验的相关性等,但胜任力冰山模型告诉我们:对于很多关键的职位,知识往往是胜任力的必要条件,甚至也是在短时间可以提升的胜任力,而隐性的胜任力对于绩效的影响却是最大的。

四、胜任力构成要素的特点

(1)知识、技能等显性要素虽然很重要,但容易得到提高。通过培训、工作轮换、调配晋升等多种人力资源管理手段和措施,使员工个人具备或提高知识与技能水平是相对容易且富有成效的。

(2)动机、价值观等隐性要素非常重要,且不易改善,因而也难以在未来进行培养与开发。

(3)各要素之间存在相互的驱动关系。胜任力构成要素中的隐性要素决定了行为的方向、强度、持久性等,显性要素则制约了行为的具体内容和方式。所以,组织仅仅凭借知识与技能来甄选员工是远远不够的,还要评测动机、价值观等隐性部分,因为这一部分往往更重要、更不易改变。

五、胜任力分类

如前所述,可以将胜任力分为普通胜任力和特殊胜任力、显性胜任力和隐性胜任力。根据企业的实践经验,可将员工的胜任力分为通用胜任力、可迁移胜任力、专业胜任力、职位胜任力和团队结构胜任力五类。

（1）通用胜任力，是指所有组织成员都应当具备的基本胜任力和行为要素，即那些与企业所处行业、企业文化、企业核心价值观、企业战略等相匹配的胜任力。如IBM的核心价值观是服务，员工的服务意识是该公司的一项通用胜任力。该胜任力可用于人员的招聘、录用与甄选。

（2）可迁移胜任力，是指在不同专业类型中都应当具备的胜任力，主要是指领导力和管理胜任力及行为要素，表现为有效发挥计划、组织、领导、控制、创新等管理职能。可迁移胜任力一般分为高层领导胜任力、中层领导胜任力、基层领导胜任力。该胜任力主要用于领导者能力发展计划与领导团队建设。

（3）专业胜任力，是指员工为完成某一类专业业务活动所必须具备的能力与行为要素。这一类胜任力与工作领域直接相关，通常只要求特定类别职位的任职者具有，或对特定职位有较高要求。这些职位包括技术研发类、专业管理类、操作类、营销类等。例如，营销类职位的专业要求包括服务意识、沟通能力、管理能力等。

（4）职位胜任力，是指员工胜任某一特定职位所必需的能力与行为要素，它与所从事的具体工作相联系。该胜任力适用于那些职位相对固定的组织，主要用于人岗有效配置。

（5）团队结构胜任力，是指团队成员之间基于合作的前提，需要具备的不同类型的胜任力。例如团队中需要具备解决冲突能力的成员，也需要善于做决策的成员，还需要执行能力强的成员等。它与所在团队的职能与任务直接联系，是面向跨职能、跨部门团队的一群人基于某个特定时期的特殊任务所要求的胜任力。

六、胜任力辞典

麦克利兰对200多项工作所涉及的胜任力进行研究，经过逐步完善与发展，总共提炼了21个通用胜任力要素，构成了胜任力辞典。这21个胜任力要素主要概括了任职者在日常工作与行为中，特别是处理某些关键事件时所表现出来的动机、革新特征、自我认知与技能等特点，胜任力辞典可以作为胜任力的基本构成单元和衡量标尺。

胜任力辞典的意义在于它可以解释胜任力对于同类工作的不同绩效结果，也就是说，从事同类工作的绩优人员所具备的胜任力及其内涵在全世界范围内并没有太大的本质上的差异。

在实际编制与运用胜任力辞典的过程中，这21个胜任力要素的具体含义与相应级别的定义都经过了严格的专业标准测试以及企业/组织中不同层级、类别人员的实践与评估，根据企业/组织所处行业的特点及自身特性，通过对胜任力的不断修订、增删与重新组合，最终形成了符合行业与企业/组织个性需要的胜任力辞典。

麦克利兰把21个胜任力要素划分为六种基本的胜任力要项，包括目标与行动簇、影响力簇、帮助与服务簇、管理簇、认知簇、自我概念簇。

人力资源甄选是指组织通过一定的手段，对应聘者进行区分、评价，并最终选择哪些应聘者将被允许加入组织、哪些将被淘汰的过程。人力资源甄选所采用的技术主要有履历分析、笔试、管理评价中心、测试、面试。

七、履历分析

履历分析是根据履历记载的事实和信息,了解个人背景、成长历程和工作业绩,分析并判断其未来工作表现的一种人才评估方法。

在某一岗位的应聘人数较多的情况下,可以按照履历分析设置选拔条件或者按照得分高低排序排除明显不合格的人员,达到降低选拔成本、提高选拔效率和科学性的目的。同时,人力资源管理部门可以根据与工作要求相关性的高低,事先确定履历中各项内容的权重,将申请人员各项得分进行汇总分析,根据得分高低确定录用决策。

八、笔试

笔试主要用于测量应聘者的基本知识、专业知识、管理知识以及综合分析能力、文字表达能力等方面的差异。笔试的优点在于花费的时间少、效率高、成本低,对应聘者知识、技术、能力的考察信度和效度较高,成绩评价比较客观。笔试的缺点在于不能全面考察应聘者的工作态度、品德修养以及其他一些隐性能力。

九、测试

在人员选拔中常用的测试方法包括身体能力测试、智力测试、人格测试、职业性向测试等。

(1)智力测试。智力测试关注一般能力的测量。在人员甄选中常用的智力测试包括韦克斯勒智力量表、瑞文标准推理测验、奥蒂斯独立管理能力测验、汪德里克人员测验等。

(2)人格测试。人格是指一个人具有的独特的、稳定的对现实的态度和行为方式,具有整体性、独特性和稳定性的特点。对应聘者进行人格测试的目的是,寻找人的内在性格中对未来绩效具有预测效用或者与工作相匹配的特征,以作为人员甄选的依据。

大量的人格测试方法可分为两类:一类是自陈式测试,其资料来源主要是依靠应聘者提供的关于自己个性的回答,这种方法最大的特点在于不清楚应聘者是否诚信。典型的测试方式包括吉尔福特气质调查表、明尼苏达多项人格测试(MMPI)、卡特尔 16PF、艾森克人格问卷(EPQ)、加州心理调查表(CPI)以及"大五"人格量表。另一类是投射法测试。这种方法一般利用某种刺激物(图片、词语、物品等),要求应聘者根据刺激物进行联想,并以此来探究他们的心理、状态、动机、态度等个性特征。主要的测试方式包括夏克墨迹测试、主题理解测试和句子完成测试。

(3)职业性向测试。职业性向是指人们对具有不同特点的各类职业的偏好和从事这一职业的愿望。职业性向测试旨在揭示应聘者对工作特点的偏好,即应聘者喜欢从事什么样的职业,应聘者的这一态度将在多大程度上影响员工的工作绩效和离职率。

目前使用较多的职业性向测试主要是霍兰德职业性向测试(见本书"组织中员工的行为动力学"一章),该量表有六个维度,即现实型、研究型、艺术型、社会型、企业型、常规型。

十、管理评价中心

管理评价中心采用的模拟情境测试一般包括无领导小组讨论、公文处理、演讲、角色扮演等。

无领导小组讨论是指由一组应聘者(5—7人)组成一个临时工作小组,讨论给定的问题,并做出决策。其目的在于考察应聘者的表现,尤其是看谁会从中脱颖而出,成为自发的领导者。

无领导小组有自己的测试范围,当某职位需要应聘者具有以下几种类型的能力和个性特征时,可以采用这种方法进行选拔:团队工作能力,包括个人沟通能力、人际交往能力、合作精神、组织协调能力等;问题解决能力,包括理解能力、逻辑推理能力、创新能力及信息收集和提炼能力等;应聘者的个人风格,包括个人主动性、自信心、决断性和独立性等。

公文处理又叫公文筐测验,是管理评价中心技术中最常见、最具特色的工具之一。它是对实际工作中管理人员掌握和分析资料、处理各种信息,以及做出决策的工作活动的一种抽象和集中。测验要求受聘者以管理者的身份在规定的条件下对各类公文进行处理,形成公文处理报告。通过应聘者在规定条件下处理公文的行为表现和书面报告,评估其计划、组织、预测、决策和沟通的能力。

十一、面试

面试是由一人或多人发起的、以收集信息和评价应聘者是否具备职位任职资格为目的的对话过程。面试是组织中应用得最广的一种甄选方法。

（一）面试方式

（1）非结构化面试:是指没有既定的模式、框架和程序,主考官可以随意向应聘者提出问题,而对应聘者来说也无固定答题标准的面试形式。有经验的面试主考官可以据此判断应聘者的隐性胜任力,而且由于灵活性强,主考官可以针对某一问题深入询问,但这种灵活性也使得非结构化面试的信度和效度都大打折扣,而且面试结果的好坏与主考官的经验和技术水平有很大的关系。

（2）结构化面试:是指主考官严格按照提前准备好的各种问题和提问的顺序,对每个应聘者进行内容相同的提问的面试形式。这种面试的优势在于,每个应聘者面临相同的处境和条件,面试结果具有可比性,有利于人员选拔。

（3）情境化面试:是结构化面试的一种特殊形式,其面试题目主要由一系列假设的情境构成,通过评价应聘者在这些情境下的反应来做出评价。情境面试的试题多来源于工作,或者是工作所需的某种胜任力的体现,通过模拟实际工作场景,反映应聘者是否具备工作要求的胜任力。

（4）小组面试:是指由一群主试者对一位应聘者进行面试的面试形式。

（5）压力面试:其目标是确定应聘者将如何对工作上承受的压力做出反应。在典型的压力面试中,主考官提出一系列直率(甚至不礼貌)的问题,让应聘者明显感到压力的存在,甚至陷入较为尴尬的境地。主考官通常寻找应聘者在回答问题时的破绽,针对这一薄弱环节进行追问。

（二）面试中的常见错误

（1）第一印象:主考官通常在面试开始的几分钟就凭借对应聘者的第一印象做出判

断,随后的面试过程通常不能改变这一判断。

(2) 强调负面信息:主考官受不利因素的影响大于受有利信息的影响。例如,主考官从好的印象转变为坏的印象,要比从坏的印象转变为好的印象容易得多,事实上,面试本身经常是寻求负面信息的过程。

(3) 不熟悉工作。主考官未能准确了解某项工作包含的内容,以及什么类型的应聘者最合适,通常会形成关于合适人选的错误认识,然后根据这一框框去判断。

(4) 面试次序差异。在一项研究中,主考官在面试了数位"不合格的"应聘者之后,被安排面试一位"表现一般的"面试者,结果主考官对他的评价高于他实际应得到的评价。

(5) 刻板效应。主考官以某人所在团体的知觉为基础看待应聘者。

(6) 类我效应。当主考官听到应聘者的某种背景和自己相似,就会产生好的感情,导致面试有失公允和客观。

第三节 员工培训与开发

一、培训与开发概述

在知识经济时代,人力资源对企业的生存与发展越来越重要。企业要适应不断变化的市场环境就必须不断开发与培训人力资源,提高人员素质,使人力资本成为企业巨大的竞争优势。培训是人力资本投资的重要形式,是开发现有人力资源和提高人员素质的基本途径。

员工的培训与开发是指企业通过多种方式,使员工具备完成现在或将来工作所需要的技能并改变他们的工作态度,以改善员工在现有或将来职位上的工作业绩,最终实现企业整体绩效提升的一种计划性和连续性的活动。

培训和开发的区别在于,培训是一种具有短期目标的行为,目的是使员工掌握当前工作中所需要的知识和技能;而开发是一种具有长期目标规划的行为,目的是挖掘和激励员工潜在的能力和素质,使员工掌握将来工作可能需要的知识和技能,以应对随着企业内外部环境变化所带来的对员工工作上的新的要求。虽然两者的关注点不同,但实质是一样的,都是一种学习的过程,都是由组织来规划的,最终目的都是通过把培训内容与所期望的工作目标联系起来,促进个人与组织的双赢。

二、培训需求分析

培训需求分析就是采用科学方法弄清楚谁最需要培训、为什么要培训、培训什么等问题,并深入探索和研究的过程。培训需求分析包括企业的需要和员工个人的需要,一般应以前者为主,但也要激发后者才能使培训有效。

(一) 组织分析

组织分析是在企业的经营战略下,通过对组织的目标、资源、特质和环境等因素的分析,准确找出组织存在的问题和问题产生的根源,以确定培训是否是解决这类问题的最有效方法。

系统的培训规划要基于企业战略人力资源规划来制定,从战略发展高度预测企业未来的技术、市场及组织结构上可能的变化,对人力资源数量和质量的需求状况进行分析,确定适应企业发展需要的员工能力。

（二）任务分析

任务分析是为了确定培训内容,了解使员工达到令人满意的工作绩效所必须掌握的知识、技能和态度。

(1) 任务分析法:通过对某项工作进行系统、详细的分析以确定完成该工作需要具备的技能,由此来确定相应的培训项目和方法。

(2) 缺陷分析法:通过对工作中事故和缺陷产生的原因进行分析,以采取有针对性的培训方法消除工作中的事故和缺陷。

(3) 技能分析法:对某个岗位上员工现有的工作技能与胜任这个岗位工作必须具备的技能进行比较、分析,以确定培训需求。这种方法的关键在于系统性,从而为培训项目的设计提供充分的资料依据。

（三）人员分析

人员分析可以帮助培训者确定谁需要培训,即通过分析员工的目前工作绩效水平与预期工作绩效水平来判断是否有进行培训的必要。它包括:对员工个人的绩效做出评价,找出存在的问题并分析原因,以确定解决问题的培训需求;根据员工的职位变动计划,比较员工现有的状况与未来的职位要求,以确定解决问题的培训需求。人员分析可以从两方面进行:

(1) 基于员工的绩效考核来进行。这需要首先设定绩效考核的指标和标准,然后将员工目前的工作绩效和设定的目标或者以前的绩效进行比较,当绩效水平下降或者低于标准时就形成了培训需求的"压力点"。不过这个"压力点"并不意味着必须对员工进行培训,企业还要对员工绩效不佳的原因进行分析,以提炼出现实的培训需求。

(2) 基于员工的职位变动计划来进行。按照人力资源规划,员工将来可能会调配到其他职位上工作。不同的职位,工作任务不同,所要求的知识、技能和态度也不同。即使员工在当前职位不需要培训,但是为了适应将来要调配的职位,也可能需要接受培训。

三、培训目标的确定

培训目标:一是员工的知识、技能等综合素质通过培训应达到的标准;二是员工的工作态度及工作行为通过培训应转变的程度。提高员工的知识水准和技能水平,带来更高的工作效率和生产率;转变员工的工作态度和工作行为,使之适应组织文化和组织发展的需要,比如建立员工间的信任与合作关系,改善上下级关系,明确组织文化的内涵及具体要求等。

设定培训目标应注意以下问题:一是目标必须明确、具体,便于衡量和操作;二是目标必须建立在可靠的基础上;三是目标要有激励作用,不能太易或太难;四是目标要保持相对稳定性,不能朝令夕改;五是目标必须从全局出发,考虑整体的结果。

四、培训计划的制订

培训计划是保证培训良好实施的一个重要因素,所以培训计划是根据企业发展战略和企业文化,结合人力资源规划及企业的实际情况,对年度、季度或月度的培训工作进行规划,制定出培训时间、地点、讲师、参与者、经费预算的一系列工作。年度培训工作计划是最普遍的,在年末对当年的培训工作进行总结,根据企业经营情况,制订下一年的培训方案,在实施过程中不断细化、修改和完善,以增强培训效果。

本章思考题

1. 人力资源管理中的人员配备观和人力资源目的观各是什么?其区别和联系是什么?
2. Lee Parker 等人提出的人力资源管理的三个层次是什么?
3. 承诺型和控制型人力资源系统各有什么特点?
4. 内部发展型和市场导向型人力资源系统各有什么特点?
5. 利诱型、投资型和参与型人力资源系统各有什么特点?
6. 人力资源三支柱模型的内容是什么?
7. 康奈尔大学赖特教授发现,影响组织绩效的五种关键人力资源职能及权重是什么?
8. 什么是高绩效工作系统?
9. 什么是人力资源成熟度模型?
10. 随着全球化、信息化和知识经济的发展,职位管理出现了哪些新特点?
11. 知识经济时代职位分析面临的挑战是什么?
12. 常见的职位分析问卷有哪些?
13. 什么是普通胜任力和特殊胜任力?什么是胜任力的冰山模型?什么是显性胜任力和隐性胜任力?
14. 什么是胜任力辞典?
15. 人力资源甄选的技术主要有哪些?
16. 什么是非结构化面试?其优势和问题是什么?
17. 员工培训与开发包括哪些内容?

领 导 篇

第九章 领导理论概述

第一节 领导理论及其主要研究视角

一、对领导的多种定义

罗宾斯将"领导"定义为"那些能够影响他人并拥有管理职权的人",显然,这一定义并未涵盖领导的全部。研究者总是根据其个人视角以及他们最感兴趣的方面来定义领导,他们从领导特质、行为、影响力、互动模式、角色关系等不同方面对领导进行定义:

领导是指"个人指导群体朝着一个共同目标而努力的行为"(Hemphill and Coons);

领导是指"在组织日常指令的机械服从之上的增量影响"(Katz and Kahn);

领导是指"影响一个组织的团体朝着既定目标活动的过程"(Rauch and Behling);

领导是指"阐明愿景、赋予价值,并创建有助于获得成就的环境"(Richards and Engles);

领导是指"一个对集体努力赋予目标(有意义的方向),并使人们有意愿投入努力以实现该目标的过程"(Jacobs and Jaques);

领导是指"脱离现有文化、触发更具适应性的演化变革过程的能力"(Schein);

领导是指"为人们共同从事的活动赋予意义,使人们理解并做出承诺的过程"(Drath and Palus);

领导是指"一个人影响、激励和推动他人为组织效力和成功做出贡献的能力"(House et al.)。

对领导的大多数定义反映了一个假设:它涉及某个人对他人有意识的影响过程,并指导、构建、促成群体和组织的活动和关系。但这些定义在很多方面存在差异,包括影响的意图是什么、如何施加影响,以及期望影响达成何种结果。

1. 领导究竟是一种专业角色还是施加影响的过程

在前一种观点看来,承担完成所谓"领导角色"的人,被指定为"领导者",其他成员则被称为"追随者"。将领导视为专业角色的研究者更重视领导者的个人属性、典型行为,以及这些行为对群体或组织成员的影响。

后一种看待领导的方式是将领导视为一种在社会系统中自然存在并在其成员中扩散的影响过程。根据这一观点,正式的"领导人"和非正式的领导者都可能展示其领导力。

将领导视为共享、扩散过程的研究者,更有可能关注群体成员内部发生的复杂影响过程,决定这一影响过程在何时、如何发生的情境和条件,以及对群体或组织的影响结果等。

2. 影响过程的类型

领导定义的争论,不仅涉及由谁来施加影响,也涉及施加影响的类型和后果。有些研究者将领导定义限定在导致追随者热忱投入的方面,而不将制度条件下的服从或消极顺从列入领导的影响力后果中。这些研究者主张,运用奖罚的手段来实施管理,不是真正的领导。

相反的一种观点是,以上定义过于狭窄,因为它排除了权力对于领导的重要性——事实上,权力是影响力来源的重要因素,并且如何运用权力本身就是领导工作的重要内容。

3. 影响意图的目标

关于领导定义的另一项争论,是有关何种影响意图构成了领导的组成部分。一种观点认为,只有当受影响的人们所从事的是组织追求的目标时,才是所应关注的领导行为。另一种观点认为,在组织环境下影响追随者态度和行为的所有意图,都应纳入领导定义中。

4. 基于理性或情绪的影响

大部分领导的定义都强调领导的理性、认知过程。多年来,人们通常将领导视为一种领导者影响追随者,使后者相信合作达成某项共同任务目标符合双方最大利益的过程。

近期一些领导概念则强调情绪方面的影响力,更甚于理性方面的影响力。根据这一观点,只有加入感性的、基于价值观的领导影响,才能充分解释群体和组织取得的卓越成就。

5. 直接领导和间接领导

大多数有关有效领导的理论,都关注领导者用来直接影响下属的行为,但领导者也可能影响组织内部的人,包括同事、上级以及其他非直接汇报关系的基层员工。有些理论研究者对直接领导和间接领导加以区分,用于解释当不存在直接互动关系时,领导者如何影响他人。

间接领导用于描述高层领导影响组织中低阶员工的方式,这些员工没有机会与该领导者直接交流互动。间接领导的另一个形式,是对正式项目、管理制度和组织结构的影响。间接领导的第三种形式是领导者对组织文化的影响。

二、领导效能的评价指标

评价领导效能的一个重要指标,是团队或组织绩效改善及目标达成的程度。客观性绩效指标包括销售收入、净利润、毛利水平、市场份额、投资收益率、资产回报率、生产率、单位产出的成本和成本预算的执行情况及公司股票市值的变化。

领导效能的主观评价指标包括来自领导者上级、同级或下属的主观评价结果。追随者对领导者的态度和感受是另一项用于评价领导效能的指标,通常使用问卷调查或面谈来收集数据。访谈的内容通常包括:领导者在多大程度上满足了追随者的需要和期望?

他们是否喜欢、尊重和赞赏这位领导者？他们是否相信领导者并认为他是一个诚实的人？他们是对完成领导者的要求充满热情，还是会抵制、忽视或干扰其要求？领导者是否改善了追随者的工作质量、培养他们的自信、提升其工作技能，并推动其心理成长和发展？涉及追随者的一些定量指标也可以提供辅助解释，这些指标包括缺勤率、员工自愿流动率、员工申诉数量、调动申请等。

对领导者的评价，有时也会根据追随者或外部观察者认为领导者对群体过程质量的贡献程度来评价。如领导者是否提高了群体凝聚力、团队成员合作、成员承诺水平以及群体对达成目标的信心？领导者是否提高了群体的问题解决和决策能力，以及是否致力于提高角色专业化、活动组织、资源积累的效率？

三、领导理论与研究的主要视角

（一）领导特质理论

数以百计的领导特质研究的假设前提是，如果领导者确实有不同于下属的特殊个人特质，那么这些政治领袖、工商界领导和宗教领袖应该拥有这些特质。基于这种假设，研究人员对现有的领导者和下属进行观察和解释，收集了关于他们的人口统计学和个性特征的详细资料。然而通过40年的研究，"领导者是天生的"这一论断并没有得到证实，领导并不能仅仅通过一两个特质来进行说明。一些特质确实很重要，例如许多数据表明，与其他人相比领导者交际能力更强、更具有主动性、更加活跃，此外领导者通常具有一些创造性，较受人们欢迎而且具有幽默感。然而哪一种特质与领导相关似乎更依赖于环境的需要。换句话说，社交、主动和活跃性、创造性并不能确保一个人能在所有的情境下都成为领导者，更不用说成为一个有效的领导者。

（二）领导行为理论

由于特质研究并没有产生预期的结论，同时也因为第二次世界大战出现了对领导识别和训练的需要，领导学研究从特质取向转向行为取向，以寻求有效领导的答案。

勒温（Lewin）和他的助手早期关于民主、专制和放任的著作奠定了领导行为理论的基础。民主型领导者在制定决策时会与下属商讨，允许下属参加决策制定；而专制型领导者是那些自己单独制定决策的人；放任型领导既不为下属提供明确的方向，也不参与他们的决策制定。虽然可以明确界定这三种领导者类型，但该研究无法判断哪种类型是最有效的，或者在什么环境下应该采取哪种领导方式。每种方式对下属都有不同的效果，例如放任型领导除了提供信息几乎没有任何指导和评价，这会引起团队的失望和混乱，反过来又导致工作质量的下降；专制型领导者容易使下属逆来顺受；民主型领导者所领导的集体是松散的，但是也有一定的凝聚力。

在勒温等人的开创性研究基础上众多研究小组开始研究并辨别领导行为，其中最为著名的是在俄亥俄州进行的领导行为研究。该研究列出了大约2 000种领导行为清单，然后逐渐缩减变量，得出了几个关于领导行为的主要变量。这些变量之中，人们发现与工作相关和与人际关系相关的领导行为是最为关键的领导行为。俄亥俄州的研究导致了领导行为描述问卷调查表的开发，这些结果一直沿用到今天。

（三）权变或领导情境研究

权变或领导情境方法强调领导过程的多种情境因素的重要性。主要的情境变量包括追随者的特征、领导者所在组织所从事的工作性质、组织类型，以及外部环境的性质。菲德勒率先开展了这项工作，他的理论将在本章第四节介绍。

（四）追随者、交易型领导和变革型领导研究

有关领导的研究，在初期，绝大多数文献关注的都是领导者。但对于领导行为而言，没有追随者就没有领导者，因而对追随者的研究在领导学发展的中期之后处于不断增长中。

第二节 领导特质理论

个人特质法是最早的领导研究方法之一。这种方法试图寻找可以预测个人取得领导职位并能有效行使职权的个人特质和技能。在个人特质方法中最常用的理论概念，包括个人特质、领导技能及领导者个人的价值观。

一、个人特质与有效领导

（一）精力与高压力容忍度

研究发现，个人精力、体力和压力容忍度与管理效能相关。充沛的精力和高压力容忍度有助于管理者应对大多数管理工作的快节奏、长时间工作和无休止的需求。身体健康、情绪稳定使之更容易应对紧张的人际环境，如严厉的上级、麻烦的下属、不合作的同级或者充满敌意的客户。有效的问题解决要求管理者有能力保持冷静、持续聚焦于单个问题，而非态度慌乱、否认问题的存在或试图将责任转手给他人。除了能做出更好的决策，具有高压力容忍度和自控力的领导者，更有可能保持冷静镇定，在危机中为下属提供自信果敢的指导。

管理职位往往有较高的压力水平，这是因为管理者需要在缺乏充足信息的情况下制定重要决策，需要解决角色冲突并满足来自多个团队的不相容需要。压力容忍度对于高层管理者特别重要，他们需要应对各类不利的局面，而领导者本人的声誉和职业成功、下属的生活和工作，都取决于他们的管理效能。

（二）自信

"自信"一词，一般而言，包括几个相关的概念，如自尊和自我效能感。大多数针对领导者自信和自我效能感的研究，都发现自信与领导效能、晋升存在正相关关系。

缺乏强烈的自信心，领导者就不太可能努力去影响他人，即使去影响他人也不太会取得成功。拥有高度自信的领导者，更有可能尝试困难的任务，并为自己设定有挑战性的目标。自信的领导者会更主动地解决问题，推动期望的变革。对本人期望值很高的领导者，更有可能对下属也有很高的期望。这些领导者在追求困难的目标时，哪怕面临问题和挫折也会更加坚定不移，他们的乐观和坚持不懈中完成任务或使命的表现可能会提高下属、同级和上级支持该项工作的承诺水平。在面临危机时，成功往往取决于下属是否相信领

导者具有应对危机的知识和勇气,而自信的领导者,更有可能表现出果断的行动。

自信虽然有某些明显的益处,但过于自信可能导致领导者做出某些不当行为。过度自信可能使领导者对一项冒险能否取得成功过于乐观,而这可能导致冲动决策、否认计划存在缺陷。过度自信的管理者往往比较傲慢、专制、无法容忍不同意见,尤其是当管理者的情绪成熟度不高时。因此在领导者不具备明显超出下属的专业优势时,中等程度的自信可能比极高或极低的自信水平要好。

（三）内控点

另一个与管理效能有关的个人特质是控制点,这一特质可以使用罗特(Rotter)开发的人格量表来测量。拥有强内控点倾向的人(内控者),相信生活中发生的事件更多取决于他们自己的行动,而不是运气和不可控的力量。相反,因为拥有强外控点倾向的人(外控者),相信个人境况大多由运气和命运决定,自己无力改变生活状况。

由于内控者相信自己能影响命运,他们会对个人行动和组织绩效承担更大的责任。内控者更关注未来,更有可能积极计划如何达成目标,他们在发现和解决问题上表现出比外控者更强的主动性。他们相信自己有能力影响他人,更有可能运用说服劝导而非强制操控的影响策略。他们对问题的反应在管理战略过程中表现出灵活性、适应性和创新性。当出现挫折或失败时,他们更可能从中学习,而不是将其简单地归结为坏运气。

（四）情绪成熟度

"情绪成熟度"一词可以广泛定义,包括几种相互关联的动机、个人特质和价值观。一位情绪成熟的人会很好地自我调整,不会遭受严重的心理失调。情绪成熟的人对自身的长处和弱点有更好的自我意识,他们倾向于自我改善,而不是否认缺点、停留于对成功的空想中。情绪成熟度高的人较少以自我为中心,有强的自我控制,有更稳定的情绪,更容易接受批评、更愿意从错误中学习。他们也更有可能处于更高水平的认知道德发展阶段,因此高情绪成熟度的领导会与下属、同级和上级保持更好的合作关系。

（五）成就导向

成就导向包括一套相关的需要和价值观,包括成就需要、愿意承担责任、绩效导向,以及对任务目标的关注。关于成就导向与管理晋升、管理效能间的关系已经有大量的研究,但研究的结果并不一致,结论存在差异。一些研究发现,在成就动机和效能间存在正相关,但另一些研究发现两者存在负相关或者不存在显著的相关关系。

正相关的研究表明,与低成就导向的管理者相比,高成就动机的管理者可能更关心任务目标;他们更愿意承担解决与任务相关的问题的责任,他们更有可能主动发现问题,并果断行动以解决问题;并且他们偏好中等程度风险的解决方案,而不是过分激进或保守。这些管理者可能专注于任务行为,如设定有挑战性但可以实现的目标、提出具体的行动计划、确定克服障碍的方法,有效组织工作。相反,低成就导向的管理者没有意愿寻求涉及挑战性目标,不愿主动发现问题,也不愿意承担解决问题的责任。

低相关性的研究表明,高成就导向也可能导致损害管理效能的行为。如果成就需要是管理者的主导动机,那么管理者的努力方向就可能指向其个人的成就和晋升,而不是他所领导的团队、工作单元的成就。管理者会试图独自完成所有的事情,不愿授权,也无法培养下属的强烈责任意识和任务承诺。在多人分享领导责任的管理团队中，这类人很难有效工作。

二、领导技能与有效领导

我们在本书导论中已经指出，管理者或领导者需要掌握技术技能、概念技能和人际关系技能。

（1）技术技能是为完成管理者所在组织单元的专门活动，所需具备的关于方法、流程和设备的知识。技术技能也包括有关组织的事实性知识（规章、结构、管理制度、员工特征）以及关于组织的产品和服务的知识（技术规格、优点和缺点）。这类知识是通过正规教育、培训和工作经验等多种渠道取得的。

监督他人工作的管理者需要具备广泛的知识，了解下属完成工作使用的技术和设备。有关产品和流程的技术知识，对于计划和组织生产运作、指导和培训下属从事专业活动，以及监督和评价其工作绩效，都是必不可少的。

（2）概念技能是分析判断一种状况并能够识别其因果的能力。概念技能包括分析能力、逻辑思维、概念形成、归纳推理和演绎推理能力。概念能力是对上述多项具体技能的综合，被定义为发展概念和类型来描述事物、识别模式和理解复杂关系、提出问题的创造性解决方案的能力。概念技能较弱的人以非黑即白的简化方式看待事物，无法看清各种要素的相互契合构成了一个有意义的整体。概念技能较高的人有能力看到事物的细微差别，有能力识别复杂的关系模式并从当前趋势预测未来。

概念技能对于有效地计划、组织和解决问题是必要的。管理者的一个主要责任，就是协调组织中各个独立、专业的部门。为了实现有效协作，管理者需要了解各不同组织部门是如何相互联系的，一个部门的变化会如何影响其他部门。管理者也必须理解外部环境的变化将如何影响整个组织。战略规划要求管理者具备相当强的能力来分析事件、观察趋势、预见变化，并发现机会和潜在的问题。认知复杂性较高的管理者能够形成一个更好的组织心智模式，以帮助理解最关键要素及其相互关系。

（3）人际关系技能是指理解、改变、领导、控制其他个人和群体的能力。人际技能的具体类型，如同理心、社会洞察力、个人魅力、待人得体老练、说服力和口头沟通能力，对于形成和保持与下属、同级和外部人士的合作关系，都是至关重要的。与缺乏人际敏感性、容易冒犯他人的管理者相比，一个充满魅力、待人得体老练的管理者更有可能与他人保持合作关系。

人际技能是管理者影响他人的一项必要技能。同理心是识别他人心情和情绪、区分真实与表层的情绪表达，并了解他人如何对本人的情绪行为做出反应的能力，社会洞察力是指了解在特定情境下何种行为受到社会认可的能力。了解人们的需要以及他们如何感知事物，将使管理者更容易成功地选择适当的影响策略、说服和口头沟通影响方式。另一项人际技能是指运用来自他人的线索，来了解自身行为及其对他人的影响的能力。这一技能有时被称为"自我监控"，它帮助人们调整行为以适应特定情境的要求。拥有高自我监控水平的人，能更有效地使用影响策略和印象管理策略。

三、领导的胜任素质

虽然胜任素质有时被视为技能,但它们往往是多项具体技能和互补性特质的综合体。胜任素质常被用于描述某一特定组织或职业中的管理者所应具备的个人属性,但有些学者提出了管理者的通用胜任素质,如情商、社交智能及学习能力。

（一）情商

情绪包括愤怒、害怕、悲伤、喜悦、害羞、惊讶等。即使在强烈的情绪逐渐平静后,它仍可以积极或消极的方式长时间影响人们的心情,也会影响到领导行为。情商包括几种相互关联的技能要素:同理心是识别他人心情和情绪、区分真实与表层的情绪表达并了解他人如何对本人的情绪行为做出反应的能力;自我约束是将情绪转化为适合特定情境的行为,而不会做出冲动行为的能力;自我情绪意识是指了解自己的心情及情绪及其在不同情境间的变化波动,以及它对个人任务绩效和人际关系的影响;情商可以是一种习得的能力,但情商的明显改善可能要求高度的个人发展的强烈愿望。

情商通过几种途径与领导效能相关:高情商水平的领导者更有能力解决复杂问题,更有效地按计划利用时间,使个人行为适应情境需要并能有效管理危机;自我意识使管理者更容易了解自己的需要及对特定事件的可能反应,因而可能增进对不同解决方案的评估;自我约束有助于压力情境下的情绪稳定和信息处理,并且它也能在项目或任务面对障碍或挫折时帮助领导者保持乐观和积极的态度。同理心包括:有能力关注和倾听他人、有效沟通,以及向他人表达赞赏和积极评价。了解和影响他人情绪的能力可以帮助领导者激发下属对活动变革的热情与乐观态度。高情商的领导者也会更深入地了解,在特定情境下是理性诉求还是感性诉求有效。

（二）社交智能

社交智能包括两项要素,分别为社会知觉和行为灵活性。

社会知觉是指有能力了解对群体或组织重要的功能性需求、问题和机会,并了解足以强化或抑制群体或组织影响力的成员特性、社会关系和集体过程。具有高社会知觉能力的领导者,知道为了使群体或组织更有效需要做些什么,以及如何去做。

行为灵活性是指根据环境要求调整个人行为的能力和意愿。高行为灵活性的领导知道如何运用多种不同行为并有能力评估自身行为,并根据需要来修正行为。高的行为灵活性表明管理者具备一种能细致分别各类领导行为差异的能力,而不是使用过于简化的分类系统。管理者必须熟练掌握大量备选的行为组合,并了解各类行为的效果和限制条件。管理者的自我监控可以提高其行为灵活性,因为高自我监控的领导者能更有效地意识到自身行为及其对他人的影响。

社会智能和情商这两个概念间虽然存在重叠,但显然后者的定义范围相对狭窄。社交智能中还包括政治技能,这是了解组织如何制定决策、如何运用政治策略来影响决策和事件的能力。

（三）学习能力

身处动荡的环境中,组织必须持续调适、创新和自我再造,领导者也必须具有足够的灵活性,从错误中学习,改变其内在假设和信念,并重新定义其心智模式。在变革环境中,成功领导的一项最重要胜任素质就是从经验中学习和适应变革的能力。这项胜任素质与其他概念技能和社会技能有所不同,它是指"学习如何去学习",这是一种以内在观照分析自身认知过程并找到改进方式的能力,它也与"自我意识"有关,这是指对自身长处和局限的了解。

从经验中学习和适应变革的能力,可能与某些个人特质和技能有关,这些个人特质可能包括成就导向、情绪稳定性、自我监控和内控点。拥有这些个人特质的管理者,有意愿取得卓越成就;他们充满求知欲、心态开放;他们有信息和好奇心去试验新方法;他们积极寻求关于自身长处和不足的反馈。

第三节 领导行为理论

一、领导行为的分类

(一) 任务行为与关系行为

早期有关有效领导行为的许多理论和研究,都明显受到20世纪50年代美国俄亥俄州立大学研究的影响,它们很多都基于任务行为与关系行为的分类。

一类领导行为涉及对"关系"的关注,也称为"关怀维度"。这一行为类别包括:做出对下属友善的行为、腾出时间倾听下属的问题、支持或维护下属的利益、就重要事项咨询下属的意见、乐于接受下属的意见以及平等对待下属等。

另一类行为涉及对任务目标的关注,也称为"定规维度"。这一行为类别包括:向下属分配工作任务、保持明确的绩效标准、要求下属遵循标准程序、强调按期限完成工作的重要性、批评下属完成的工作并协调不同下属的活动等。

(二) 变革导向的行为

变革导向是一个有意义的、独立的行为类别,它与有效领导高度相关。与任务导向、关系导向相比,任务导向的行为强调以高效、可靠的方式完成任务;关系导向的行为强调增进相互信任、合作、工作满意度,以及对团队或组织的认同感;变革导向的行为强调了解环境,以创新方式适应环境,在战略、产品或流程等方面实施重大变革。

(三) 参与型领导与专制型领导

参与型领导或称"民主领导"或"授能领导",也延续了早期领导研究的有关线索。它是指领导者在运用决策程序的过程中,允许他人(下属)对某些相关决策施加某种影响。在决策过程中运用复权,体现了领导者对关系目标(如下属的承诺水平和个人发展)的强烈关注,但它也可能体现了领导者对任务目标(如决策质量)的关注。领导者的决策内容可能涉及任务目标(计划工作程序)、关系目标(决定如何改善员工福利)、变革目标(创新)或三种目标的综合。因此,将参与型领导独立作为一种领导方式是合适的。与参与型领导相反,专制型领导者掌握了大多数的权力。专制型领导者在决策时充满自信,假定团队成员都会保持顺从,从不过度关心他们对决策的态度。

二、领导行为的连续统一体理论

(一) 理论内涵

领导的连续统一体理论是坦纳鲍姆(Tannenbaum)和施密特(Schmidt)于1958年提出的。他们指出,领导作风多种多样,包括以领导者为中心到以下属为中心的各种作风,民主与独裁仅是两个极端的情况。在领导作风连续体的左端是独裁的领导行为,在连续体的右端是民主的领导行为,中间由左至右分别是领导者自行决策并予以宣布、领导者对部属"推销"其决策、领导者发表他的意见并征求有无疑问、领导者提出临时决策接受修改意见、领导者提出问题并接受部属建议再做决策、领导者提出限制条件要求集体共同决策、领导者允许下属在允许的范围内自由行动。

之所以形成这两个极端,首先,基于领导者对权力的来源和人性的看法不同:独裁型领导者认为权力来自职位,因而一切决策均由领导者做出;民主型领导者则认为权力来自群体的授予和承认,人受到激励能自觉自治地发挥创造力,因此决策可以公开讨论集体决定。其次,独裁型领导者比较重视工作并运用权力支配影响下级,下级的自由度较小;而民主型领导者重视群体关系,给予下属较大的自由度。领导行为连续体从左至右,领导者运用职权逐渐减少,下属的自由度逐渐加大,且由以工作为重逐渐转向以关系为重。

(二) 领导有效性条件

坦纳鲍姆和施密特认为,不存在哪一种领导方式绝对好于另一种领导方式,领导应当根据具体情况,考虑各种因素选择连续体上的某一点。何种领导作风合适,取决于领导者、被领导者和情境。影响领导者选择领导作风的因素有:

(1) 领导者的个性中起作用的一些因素。诸如他的价值观念体系、对下属的信赖、对一些领导作风的偏好以及在不确定情境中持有的安全感等。

(2) 下属会影响领导者行为的因素。诸如乐意承担责任的程度、下属的知识和经验、对模棱两可的容忍等。

(3) 情境因素。诸如组织的价值准则和传统、下属人员作为整体如何有效地工作、问题的性质和是否能把处理问题的权限稳妥地授予下级以及任务时间的压力等。

三、管理系统理论

这种理论是由美国密执安大学的利克特(Likert)等,在对连续统一体理论做了进一步推演后提出来的。他以数百个组织机构为研究对象,对领导人员的类型和风格做了长达30年的研究。利克特提出了四种管理方式:

(1) 管理方式Ⅰ被称为"压榨和权威式的"方式。采用这种方式的主管人员非常专权,对下属很少信任,主要用恐吓和惩罚、有时也偶尔用奖赏去激励人们;惯于采用上情下达的方式,决策权也只局限于高层。

(2) 管理方式Ⅱ被称作"开明和权威式的"方式。采用这种方式的主管人员对下属抱有信任和信心,主要用奖赏,也兼用恐吓和惩罚来激励下属,向下属征求一定的看法和意见,也下放一定的决策权,但对政策的控制绝不放松。

（3）管理方式Ⅲ被称为"协商式的"方式。采用这种方式的主管人员对下属抱有相当大的但并非十足的信心和信赖，他们通常积极设法采纳下级的看法和意见；在激励方面基本采用奖励的办法，偶尔也实行惩罚和一定的参与；他们的思想沟通方法是上下双向的；一般性的政策和总的决策由上层做出，允许下层做出具体问题上的决策，对其他问题则采取协商的态度。

（4）管理方式Ⅳ是最富有参与性的，因而把它称为"集体性参与的"方式。采用这种方式的主管人员对下属在一切事务上都抱有充分的信息和信赖，他们总是征求下级的看法和意见并设法采用。他们使上下级之间和同级之间信息畅通，鼓励各级组织做出决策，或者以群体一员的身份与其下属一起工作。

四、管理四分图理论与管理方格理论

1945年，美国俄亥俄州立大学的斯多基尔（Stogdill）和沙特尔（Chartres）两位教授在列出了一千多种刻画领导行为的因素之后，经过逐步筛选、归并，最后概括为"抓组织"和"关心人"这两个基本的领导维度，并据此将领导行为划分为四个象限，建立了管理四分图理论。

在管理四分图理论的基础上，罗伯特·布莱克（Robert Black）和简·穆顿（Jane Mouton）于1964年就企业中的领导行为方式提出了管理方格理论（见图9-1）。这是一张9等分的方格图，横坐标表示领导者对生产任务的关心程度，纵坐标表示领导者对人的关心程度。整个方格图有81个小方格，每个小方格表示"关心任务"和"关心人"这两个基本因素相结合而成的一个特定领导方式。

在评价领导者时，可根据其对生产的关心程度和对职工的关心程度，在方格图中寻找交叉点，这个交叉点所在方格就是他的领导倾向的类型。

罗伯特·布莱克和简·穆顿列出了五种典型的领导方式：

（1）"1.1方式"为贫乏型的管理，对职工和生产几乎都漠不关心，只以最小的努力来完成必需的工作。

（2）"9.1方式"为任务第一型的管理，领导作风非常专制，领导集中注意生产任务和作业效率，注重计划、指导和控制职工的工作活动，以完成组织目标，但不关注人的因素。

（3）"1.9方式"为俱乐部型的管理。在这类管理中，主管人员很少甚至不关心生产，而只关心人。他们促成一种人人得以放松，感受友谊与快乐的环境，而没有关心协同努力以实现组织的目标。

（4）"5.5方式"为中间型的管理。这种领导对人的关心度和生产的关心度都不算高，但是能保持平衡。一方面能比较注意管理者在计划、指挥和控制上的职责，另一方面也比较重视对职工的引导鼓励。但是，这种领导方式缺乏创新精神，只追求正常的效率和可以满足的士气。

（5）"9.9方式"为团队式管理。对生产和人都极为关心，努力使个人的需要和组织的目标最有效地结合，因而团队关系协调，士气旺盛，能进行自我控制，生产任务完成得很好。

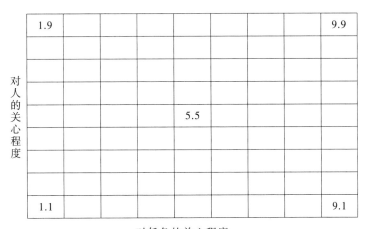

图 9-1　管理方格理论

第四节　领导权变理论

一、菲德勒的领导权变理论

菲德勒(Fiedler)提出，对一个领导者的工作最有影响的三个基本方面是职位权力、任务结构、领导者与下属的关系。

(1) 职位权力。职位权力是指与领导者职位相关联的正式职权以及领导者从上级和整个组织各方面所取得的支持程度。这一职位权力是由领导者对下属的实有权力所决定的。菲德勒指出，有了明确和相当大职位权力的领导者比没有此种权力的领导者更易获得下属的服从。

(2) 任务结构。任务结构是指任务的明确程度和人们对这些任务的负责程度。当任务明确，每个人都能对任务负责，领导者对工作质量更易于控制，群体成员也有可能比任务不明确的情况下能更明确地担负起他们的工作职责。

(3) 领导者与下属的关系。菲德勒认为上下级关系对领导者来说是最重要的，因为职位权力与任务结构大多置于组织的控制之下，而上下级关系可影响下级对领导者信任和爱戴的程度以及是否愿意追随其共同工作。

菲德勒指出，有一种类型的领导，我们称他们是"以关系为动因"的，他们从群体成员之间良好的人际关系及通过这种关系完成任务的过程中得到自我尊重。另外一种主要的个性类型是"以任务为动因"的领导者，他们从证明自己才干的较明确的证据中得到满足和尊重。

菲德勒将影响领导工作的三个方面因素组合成八种情况，对 1 200 个团体进行了观察，得到如下结论：

(1) 关心"任务"的领导者在"不利"的情况下，将是最有成效的领导者。就是说，当领导在职位权力不足、任务结构不明确、领导与其成员的关系恶劣、领导者处境不利时，关心任务的领导者将是最有效的。

(2) 关心"任务"的领导者在"有利"的情况下，将是最有成效的领导者。也就是说，在领导者职位权力很高、任务结构明确、领导与其成员关系良好、领导者的处境有利时,关心任务的领导者也是最有成效的。

（3）当情况是有些有利有些不利时,即领导面对中等情境时,注重人际关系的领导者是最有成效的。

许多学者对菲德勒的模型从经验、方法论和理论上提出了批评,认为他们取样太小,造成统计误差,还有人认为菲德勒只是概括出结论,而没有提出一个理论。尽管如此,这个模型还是有意义的：

（1）这个模型特别强调效果,强调为了领导有效需要采取什么样的领导行为,而不是从领导者的素质出发,这给研究领导行为指出了新的方向。

（2）这个模型将领导和情境的影响、领导者和被领导者之间的关系的影响联系起来,表明并不存在一种绝对最好的领导形态。组织的领导者必须具有适应能力,自行适应变化的环境。

（3）这个模型还告诉人们必须按照不同的情况来选择领导人,如果是最坏和最好的情况应选用任务导向的领导者；反之则应选用关系导向的领导者。

（4）菲德勒还提出有必要对环境进行改造以符合领导者的风格,他提出了一些改善领导关系、任务结构和职位权力的建议。如领导者与下属之间的关系可以通过改组下属的组成加以改善,使下属的经历、文化水平和技术专长更加合适；对任务结构可通过详细布置工作内容而使其更加定型化,也可以对工作只做一般指示而使其非程序化；对领导职位权力可以通过变更职位、充分授权或明确宣布职权而增加其权威性。

二、"途径—目标"理论

罗伯特·豪斯(Rober House)把期望理论和领导行为方格理论结合在一起,提出了"途径—目标"理论。这种理论认为,领导者的效率是以激励下级达成组织目标,并在工作中使下级得到满足的能力来衡量的。领导者的责任和作用就在于改善下级的心理状态,激励他们去完成工作任务或对工作感到满意,帮助下级达到目标。

"途径—目标"理论认为,有四种领导方式可供领导者在不同环境下选择使用：

（1）支持型领导方式。这种领导方式对下级友善、关心,从各方面予以支持。

（2）参与型领导方式。领导者在做决策时征求并采纳下级的建议。

（3）指导型领导方式。给予下级相当具体的指导,并使这种指导符合下级的期望。

（4）以成就为目标的领导方式。领导者给下级提出挑战性的目标,并相信他们能达到目标。

这种理论认为下级的特点和任务的性质这两个变量决定着领导方式。如果下级觉得有能力完成任务,他们不喜欢指令型领导方式,就应选择支持型领导方式。如果工作任务是常规性的,目标和达到目标的途径都是一目了然的,在这种环境下领导还是去发号施令就会引起下级的不满。但是如果工作任务变化性很大,下级经常干些自己不熟悉和没把握的事,这时领导者如能及时地告诉他们目标和达到目标的途径,采用指导型的领导方式,下级会感到高兴,因而也是适宜的。

这个理论的核心是：领导者是通过某种特定的领导方式清除员工实现业绩的障碍；谋

求群体成员的资源、促进群体的内聚力和协作力增加实现个人业绩的机会;减轻压力和外界的控制使员工期望目标明确化以及采取另外一些满足员工期望的措施。

三、领导的生命周期理论

领导的生命周期理论是卡曼(A.Korman)在1966年提出的,这一理论认为,领导类型应当适应组织成员的成熟度。在被领导者趋于成熟时,领导者的行为方式要做相应调整,这样才能取得有效的领导。与被领导者的成熟度相应的四种领导方式是:

(1)命令型。命令型领导适用于员工低成熟度的情况。组织成员对工作和目标缺乏技能和信心时,领导者可采取单向沟通的形式明确布置任务、制定工作规程,告诉他们在何时何地做什么和怎样做,这可能是有效的领导方式。例如,企业中的新职工可视为低成熟度的,领导应给予具体明确的指导,同时他们也需要这种命令式的指导,因此这种领导方式可能是最有效的。

(2)说服型。说服型领导方式适用于较不成熟的情况。组织成员对工作和目标有较高的愿望和信心,但是他们还没有足够的能力胜任时,领导者可采取双向沟通的形式,既要给予直接指导,又要激发他们的热情和信心。这种方式之所以被称为"说服型",是因为领导者通过双向沟通的形式获得组织成员心理上的支持和满足,这时领导者向他们提供这种帮助和指导,他们就会按照领导者指出的方向和目标去努力工作,从而超常发挥自己的能力。

(3)参与型。参与型领导方式适用于比较成熟的情况。组织成员能够胜任工作,不喜欢领导者过多地指导和约束时,领导者通过双向沟通的形式和他们平等地交流协商,尊重信任他们的工作和能力。在这种情况下领导者就没有必要再去做具体的指导工作了。

(4)授权型。授权型领导方式适用于高成熟度的情况。当组织成员有足够的信心和能力承担起工作的责任和目标时,领导者可以授权组织成员让他们自行其是,自己只起宏观调控的作用。比如与受过高等训练,同时具有高度成就感的高科技人员、专家、教授等共事时,领导者可以扮演不重要的角色。

第五节 追随者、交易型领导与变革型领导

领导领域初期的绝大多数文献关注的都是领导者,领导者的态度和行为得到了详尽的考察。但对于领导行为而言,没有追随者就没有领导者,因而对追随者的研究目前处于不断增长中。

一、追随者

对领导理论的探讨,如果没有考虑追随者将是不完整的。领导者很关键,但是如果没有有效的追随者,那么组织也不可能存活。一项研究要求人们给领导者和追随者所需品质排序,结果显示,人们对好领导者和好追随者的品质有不同的期望。领导者和追随者需具备的前五个品质如表9-1所示。

表 9-1 领导者和追随者的品质

领导者	追随者
诚实的	诚实的
能干的	能干的
有远见的	可靠的
鼓舞人心的	合作的
智慧的	忠诚的

领导者和追随者需要具备的品质可能存在一些差异,但是整体上,一个好追随者的很多品质与一个好领导者的品质是一样的。领导者必须加深对追随者的理解并创造条件来帮助追随者达到最佳状态。

Kelly 对管理者和他们的下属做了大量的采访,根据两个维度进行分类,提出了五种追随者风格。

在第一个维度的两端是独立的、批判性思维或依赖的、非批判性思维。独立的批判性思维对于自己及他人的行为,对实现组织目标的影响非常警觉。他们会比较老板的决定和自己的决定产生的影响大小,并且提出建设性的批评意见,给组织带来创造力和创新。相反,一个依赖的、不进行批判性思维的人,不会想到超越对他的要求,不会对组织的培养有所贡献,并且不加思考地接受上级的想法。

追随者风格第二个维度的两端是主动行为或被动行为,一个主动的追随者会完全投入到组织中,参与超越他的工作职责的行为,表现出一种主人翁精神,并且主动发起解决问题和制定决策的活动。一个被动的追随者的显著特征是需要上级。主动发起解决问题和制定决策的活动,一个被动的追随者的显著特征是需要上级不断地监督和激励。被动通常被视为懒惰,一个被动的人从不做要求以外的事情,并且避免额外的责任。

一个人主动或被动的程度,独立的、具备批判性思维和依赖的、具备非批判性思维的程度,决定了一个员工是疏远型追随者、被动型追随者、墨守成规者、实用主义生存者还是有效追随者。

(1) 疏远型追随者是一个被动但是独立的、具备批判性思维的人。疏远型的员工一般是有效率的追随者,他们经历过挫折和困难。因此他们很能干,也会关注老板的缺点。但是,愤世嫉俗的、疏远型的追随者虽然会独立思考,但很可能不会主动解决他们发现的问题,甚至会将宝贵的时间花费在抱怨老板上,而不是提出建设性的反馈意见。

(2) 墨守成规者会主动与老板建立关系,却不具有批判性思维。换句话说,墨守成规者往往甚至会执行所有的命令,而不管命令的本质是什么。墨守成规者愿意参与要求他们做的事情,但是却不考虑这些事情的后果,即使冒着给组织带来损害的风险,他们也会这样做。墨守成规者只关心如何避免冲突。这种追随者风格可能反映了个人对权威过度依赖的态度,但是,也可能是僵化的规章制度和独裁环境造成的墨守成规的文化所带来的结果。

(3) 实用主义生存者具备所有这四种品质,他表现出哪种品质取决于情境。这种类型的人会采用能给他所在职位带来最大好处并使风险最小化的任何一种风格。实用主义生存者往往出现在一个组织经历艰难困苦的时候,他们会做任何有助于组织渡过难关的事情。在任何一家特定的公司中,总有25%—35%的人是实用主义生存者,他们规避风险并维持现状。

(4)被动型追随者既不表现出独立的、批判性思维,也不表现出主动的参与。受制于被动和非批判性思维,这些人既没有主动性,也没有责任感。他们的活动仅限于他们被告知要做的事情,他们只有在监督下才能完成任务。被动型追随者将思考的任务留给他们的老板。通常,这种风格的追随者很可能是"凡事不放手"的老板造成的。因为人们认识到表现出主动性、承担责任或创造性思考不但不会受到奖励,反而会被老板惩罚,所以他们就变得越来越消极。

(5)有效追随者不仅是独立的、具备批判性思维的人,而且在组织中表现得很积极。无论别人在组织中占据何种职位,有效追随者在所有人面前都表现得一样。他们与领导者保持平等的关系,不回避风险和冲突。他们能够自我管理,能够认识到自身和老板身上的优点和缺点,能够全身心地投入某些超越自身能力的事情,并且致力于提高能力、解决问题、产生积极的影响。

二、交易型领导

同一位领导者与其所有下属之间的关系并非相同。交易型领导理论说明了领导者与其各位下属建立独特的交换关系,以及这些关系对有效领导的意义。领导—成员交换理论(LMX)的基本前提是:领导者与其各位下属均形成一种交换关系,其中双方共同界定对方的角色。根据这一理论,大部分领导者会与少数受到信任的下属建立高交换关系,这些下属可能充当着助理、副手或顾问的角色。当交换不断循环重复、强化,这些关系在一段时间中逐渐形成。除非周期循环遭到破坏和中断,这一关系可能逐步演化,直到形成高度的相互依赖、忠诚和支持。

建立高交换关系的基础是领导者的权力,包括指派有趣和下属喜欢的任务、授予更大的责任和权威、更多分享信息,让下属参与制定某些决策、物质奖励、特殊福利,以及推动下属的职业发展。为了对这些利益予以回报,处于高交换关系中的下属需要向领导者提供多种类型的利益、对领导者更忠诚,并完成一些额外的工作职责。

领导者从高交换关系中获得的利益明显可见。当领导者所在的工作单元的任务需要成员相当主动、努力才能取得成功时,下属的高承诺水平就是重要的。对于缺乏时间、精力完成所负责的全部行政性职责的管理者来说,高承诺下属的协助是有重大价值的。然而,高交换关系也使领导者需要承担一定的义务和约束。为了维持这些关系,领导者必须关心下属,及时回应他们的需要和感受。领导者不能轻易以强制或铁腕手段来运用权威,否则就会危及与下属的关系。

低交换关系的特点,是较低水平的相互影响。下属只需要服从正式的角色要求(如职责、规章、标准流程和领导者的法定命令),同时,每位下属只能获得工作相应的标准利益(如工资)。这一理论的早期版本描述了建立高交换关系和"圈内"下属,以及建立了低交换关系的"圈外"下属,但此后该理论的发展提出了领导者与所有下属建立高交换关系的可能性。

三、变革型领导

虽然对领导的变革行为研究较早,但伯恩斯(Burns)主要从交易型领导和变革型领导的差异,也就是追随者的视角最早提出变革型领导的概念。伯恩斯认为,交易型领导利用追随者的利己主义和利益交换,来激励追随者的行为。而变革型领导是通过追随者进行道德价值观感召,来提高他们对伦理问题的意识,并以此动员他们进行制度改革。

交易型领导最主要的影响过程可能是工具性服从,变革型领导可能涉及内化,因为感召激励包括努力向追随者的价值观与任务相联系,并将理想与行为相联系,如阐述激励性愿景。

变革型领导可能涉及个人认同,追随者能认同领导者、模仿领导者行为并接受领导者倡导的价值观和理想。个人认同可能包括追随者对领导者的领袖魅力归因。巴斯认为,"领袖魅力是变革型领导的必要组成部分,虽然它本身并不足以解释变革过程"。

根据巴斯(Bass)的说法,变革型领导在任何情境和文化中都基本是有效的。这一说法得到了大量实证研究的支持,即在不同权力等级、组织类型和国家的大量领导研究中,变革型领导与组织效能之间存在正相关关系。然而,普遍相关性并不表示变革型领导在所有情境下都是有效的。

变革型领导的变革导向要素,可能在动态、不稳定环境中更重要,因此当组织鼓励并赋权给领导者,要求其更具灵活性和创新性时,这类领导行为更有可能发生。对变革型领导的跨文化研究发现,在某些文化中可以更频繁地运用这类领导方式。

本章思考题

1. 什么是领导效能的客观评价指标和主观评价指标?
2. 领导研究的主要视角有哪些?
3. 什么是任务导向的领导行为、关系导向的领导行为以及变革导向的领导行为?
4. 什么是领导的连续统一体理论?
5. R.Likert 提出的四种管理方式是哪些?
6. 什么是管理四分图理论和管理方格理论?
7. 菲德勒的领导权变理论的主要内容是什么?
8. 什么是领导的"途径—目标"理论?
9. 什么是领导周期理论?
10. 领导者的哪些个人特质对领导绩效有较大影响?
11. 什么是社交智能?它和情商有什么区别?
12. Kelly 提出的两个维度、五种追随者风格是什么?
13. 什么是领导者—成员交换理论?
14. 变革型领导和交易型领导的区别是什么?

第十章 领导：权力和影响力

领导者意味着带领他人工作，实现一系列的目标。如前所述，积极有效的领导者并非凭空产生，而是需要领导者因时制宜，呼应追随者的意愿、需求和志向。领导者想要吸引追随者，需要说服他人加入团队共同工作。有时，领导者通过满足下属的个人动机或者愿望来说服他；有时，领导者用自己的职权迫使下属从事特定的活动或行为。

很多研究者认为，领导者离不开权力。权力是一种潜能，它使一个个体或团体，能够影响另一个个体或团体的行为、思想和态度。而影响力是行使权力的手段和工具。个人所拥有的影响力程度对其能否成功地成为一个领导者非常关键，它能帮助或者阻碍领导者达成整个组织的目标。权力和影响力联合起来才能成为公司的愿景和战略支持。换句话说，权力能将个人利益转化为共同行为，使下属团结合作，实现共同的目标。

当然，误用和滥用权力的证据比比皆是。由于丑闻众多，权力常遭到鄙弃。很多人认为权力意味着控制别人。同样，很多人认为影响力是一种操纵，而不是通过改变个体和团体的价值观来创造积极和互利结果。尽管权力有其阴暗面，但领导者离不开权力。为了有效地使用权力，我们需要了解其来源和表现形式。

第一节 权力和影响力的来源

权力和影响力在设定目标、决定优先权、统筹管理、分配任务、解决纠纷、设定任务完成期限等方面都发挥了重要作用。组织权力的下放、多员工协同工作以完成目标等，都需要更高的人际关系权力水平。对任务在身却又缺乏团队正式控制权的领导者来说，这一点尤其重要。为达到目标要依靠权力和影响力。

一、弗兰奇和瑞文的权力分类理论

1959年，美国管理学家弗兰奇（French）和瑞文（Raven）的权力分类理论"权力的社会基础"得到学界认同，他将权力分为法定权、奖赏权、强制权、专长权和感召权五种。

（1）法定权。法定权是指组织内各管理职位固有的、法定的及正式的权力，这种权力源于领导者在组织中的职位。下属的尊敬能增强领导者的法定权；反之，领导者的权威若遭质疑，则导致其法定权减弱。

（2）奖赏权。奖赏权是奖励下属的权力，它能鼓励积极行为、消除消极情绪。所以，通过加薪、晋升、赞美等方式认可下属的表现，就是奖赏权。积极行使奖赏权的关键在于懂得如何激励下属，奖励权对个人和集体同样有效。

（3）强制权。强制权是一种惩罚的权力，与奖赏权相反，它是对违规行为、表现不佳者的惩罚。这是一种强制性权力。一般来说，强制权在短期合作中更容易看到效果，在处理危机时更有积极作用。但滥用强制权会损害民主，导致士气低落。

（4）专长权。专长权建立在专业知识水平巨大差异的基础上。拥有更多专业知识、技术或技能的人即具有专长权。瑞文认为，信息权是专长权的延伸，也是人际关系权力的一个额外来源。信息权源于能够获取对最重要决策有巨大影响的信息源。

（5）感召权。感召权源于人们的爱戴和拥护。拥有感召权的人，有强大的个人魅力，会让别人发自内心地想要效仿他、跟随他、为他工作。

约瑟夫·奈（Joseph Nye）将如上几种权力大致划分为硬实力和软实力。硬实力是强制权，包括法定权、奖赏权和强制权。这些权力为职位本身所固有，如雇用、解雇、晋升、降职的权力。软实力则是一种吸引力，与个人的专业能力、人格魅力息息相关。无论职位高低，可信可靠、讨人喜欢等个人素质都会影响软实力。软实力通常表现为有效的沟通和说服能力。与硬实力跟职位信息息息相关不同，软实力则更体现在追随者的看法、意见和观点。约瑟夫·奈指出，最好的领导者能将硬实力和软实力结合起来，并获得成功。

二、大卫·惠顿和金·卡梅伦的权力分类理论

大卫·惠顿（David A. Whetten）和金·卡梅伦（Kim S. Cameron）将权力划分为职位权力和个人权力。他们指出，两个基本因素决定了个人在组织中的权力：职位特点和个人特质。惠顿和卡梅伦认为职位权力来自个人在组织机构中的正式职务，而职位特点包括职位的中心度、灵活性、可见性和相关性。与之相对，与个人权力有关的特质则包括专长、努力、积极、态度和正当性。

（一）职位权力

职位权力通常是人们对权力的直观印象。领导者位于组织中的哪一层级？有多少人向他负责？他的预算是多少？他掌握了哪些资源和资信？这些问题的答案在一般意义上界定了领导者在组织或团体中的正式职位和威望，并且定义了他的权力。职位权力的影响范围取决于多种因素，包括领导者在组织中如何管理、他的职位和工作方式等。

（1）职位权力的第一要素是"中心度"，即如何成为组织中举足轻重的人物。中心度通过接近组织核心人物得到。核心人物是那些占据重点职位、处理重要任务并协调组织人际网络的人。

（2）职位权力的又一要素是灵活性，即自由地行使判断。具有灵活性的领导鲜有定规，也不严格制定如何完成工作的例行步骤。对于非常规决策，具有灵活性的领导可以自行决断，不需要向上级请示。

（3）可见性是指获得有影响力的人的关注。一般来说，面向人际关系的职位比面向任务的职位更有权力，而那些能够频繁接触决策关键人物的职位更是如此。中心度的意义在于获取资信，可见性则使得个体与有影响力的人进行交流，易于向其展示成就。

(4) 相关性是指个人所从事的活动应与组织利益具有一致性。若要寻求有影响力的职位,则必须了解其所在部门的事务与公司整体的相关性。

(二) 个人权力

尽管职位权力(正式权力)是权力的重要来源,但不如个人权力那么积极有效。有的人无论在正式组织中处于何种阶层,都能表现出巨大的权力和影响力。

(1) 个人权力的首要来源是专长,即完成任务的能力或组织本身所需要的人际能力。专业可以是技术专长,即应对工作所必需的业务技能;也可以是人际专长即人际关系管理能力;或者是筹划专长,即将组织视作整体、通盘筹划的能力。专长来自教育经历和工作经验,建立业绩是个人专长的一部分。一份业绩记录包含了个人在完成工作任务和人际相关经验两方面的经验与教训,一个具有专长和良好的业绩记录的人值得信赖。

(2) 个人权力的第二个来源是努力,包括努力工作和忠诚坚定。一个人努力工作的热情如果超过了旁人的预期,就会被认为是更加坚定可靠的员工。

(3) 吸引力是使他人愿意与其打成一片,并积极效仿他的能力。个人的外表、魄力、威望都是其个人权力的来源,一个有吸引力的人有可能被描述为外向、坦诚、忠诚、有同情心。

(4) 最后,个人权力能够被正当性加强。正当性作为个人权力的成分,取决于个人信用。正当性来自对主流价值体系的坚持和他人眼中的可靠感。正当性是个人影响力的重要组成部分,因此,具有正当性的人更受欢迎。对于挑战现状者,正当性尤其关键,因为当根深蒂固的做法遭到批评时,该组织的成员必然倾向于反对。因此,不守常规的人一般要在专长和努力两方面达到更高的标准。

三、人脉权力

为了更进一步界定人际关系权力的类型,研究定义了人脉权力,即个体从其人脉网络中获得的权力,包括个体在人脉网络中所处的位置及其与人脉网络中他人的关系。本质上,人脉权力是一种非正式的权力,基于个体在组织中的各种关系而形成的。为了理解人脉权力,需要对人脉网络进行定义。人脉网络是一整套的人际关系,它对于具有该网络的个体完成任务、获得成功、发展人际关系和专业能力等都至关重要。个体在人脉网络中位于何处,是人脉网络对其能力产生影响的重要因素。人脉权力概念是惠顿和卡梅伦提出的,他们认为人脉权力是个人权力的基础之一。

人脉网络的广度是人脉的类型和其联系人的多样性。哈米尼亚·伊瓦拉(Herminia Ibarra)称,个体可以被定位在三种不同的人脉网络中:工作人脉、事业人脉和社会人脉。工作人脉提供与工作任务直接相关的资源,如资信、专家意见、忠告、政策优惠及物质资源;事业人脉则包括能提供职业方向和指导的人,与高层管理人员的接触并得到帮助,获得具有挑战性和可见性的任务,得到晋升机会;社会人脉则由具有共同背景和爱好的人组成,其成员的相互信任程度超过其他人脉网络。社会人脉网络与工作任务的关系不那么密切,但它有利于支配资源,传播资信,并且得到相应的帮助。

伊瓦拉认为,人脉网络的深度和强度取决于个人在人脉网络中的知名度和沟通频度。人际关系的强度影响着人们在其中交换的信息种类。某人处于另一人的核心人脉或者扩展人脉中,会影响到他对以上要素的评估。核心人脉的特点是长期存在的紧密互惠关系,也包括一些短期关系,一般与工作有关。功成身退后,这些短期关系就消弭了。与此相反的是扩展人脉,它由相对疏远的熟人构成,在个人与社会组织和团体之间起到桥梁作用。扩展人脉中的人际关系一般要比核心人脉疏远。

研究者将人脉的可移植性也作为人际关系权力的一部分。通过对成功股票分析师的研究,劳伦斯·格罗斯伯格(Lawrence Grossberg)发现女性和男性分析师在发展人际关系时的不同做法导致完全不同的结果。女性分析师的人脉网络具有更强的移植性,而男性分析师的人脉网络则相对固定于某家公司。

四、小结

有些领导者大权在握,却没有意识到权力和影响力能够互相转换:尽管领导者可能要花费大量时间来建立人际关系,培育人脉网络,但作为回报,他们更易于升迁。研究表明,对权力缺乏洞察的人很容易失去权力,在组织结构发生变动时也更容易受到伤害。

但同时,掌权者应该认识到权力有潜在的危险,有可能蒙蔽其对现实的清醒认知。当掌权者担任高级管理职务时,权力可能威慑到下属和同僚,他们将害怕提出建设性的批评和反馈,这阻碍着掌权者认知现实。当掌权者故步自封,拒绝改变时,他就可能丧失权力。要想持续拥有权力,掌权者就必须对问题保持清醒。

情境能影响权力的水平和程度。有研究者甚至认为,权力就是在适合的时间占据了适合的位置。如上面所述,权力源于领导者的职位、人际关系、个性和经验,以上每一个要素都会受到组织情境的影响。情境能够加强或削弱领导人的权力。那么,领导者的权力在情境中如何体现?领导者如何在情境变化中仍然保有权力?哪些因素具有可转移性?这些问题仍然是领导学研究的前沿。

第二节　组织中的权力与政治

组织行为研究者约翰·科特(John P. Kotter)和杰弗瑞·菲佛(Jeffrey Pfeffer)广泛地研究组织中的权力问题后发现,在参与决策的人较少且人际差异较小的情况下,工作更容易实现协调合作。当事人可以用相对简单的方式召开集会讨论问题,并且寻找符合所有人利益的解决方案,或者当事人可以听从权威专家提出的更优化的解决方案。在这种情况下,权力并非举足轻重。

然而,在大多数组织中,参与决策的人比较多。这时,工作效率取决于所有人的态度,个体差异也比较大。人与人之间既相互依赖又可能发生冲突,权力就显得十分重要,领导者也会发挥更明确的作用。

一、组织中的权力分布

(一) 高层的权力

研究组织行为的学者安弗莎妮·纳哈雯蒂(Afsaneh Nahavandi)提出,高层管理者拥有组织结构中的重要权力资源和极高的合法性。下属们尊重他们的地位和权威,从而服从其领导。领导地位会带来一些特权,包括如何分配资源。

(1)确定资源分配。无论是单独决策还是集体决策,高层管理者都要了解资源的分配与投入情况,并依此做出最终决策。

(2)控制决策准则。高层管理者决定组织的整体任务,并制定全面战略及规划执行目标,维持组织的集中性。

(3)保持在组织中的核心地位。高层管理者的地位确保他们能对关键性资源和信息加以利用,并不断扩展其范围。

(4)具有很大的权限。高层管理者在整个组织中所受限制最少,他们可以构建更多的战略联盟以加强权力。

许多员工愿意与高层管理者共事,并非出于恭敬和尊重,而是因为他们在组织中更有权力和政治影响力,并能更好利用它。这种政治影响力常常带来更多可见的机遇和升职机会。此外,一位很有权力的领导者能让下属在组织中更受尊重、更有地位,从而增加下属们的满意度和工作积极性。相反,权力不足的领导者,其下属在工作中获得的满足程度也较低。

(二)中层的权力

巴里·奥舍利(Bari Ashley)认为,中层管理者往往身陷两难甚至多重选择。不同的观点、优先级、需求都需要平衡。他们承受着来自高层管理者和所处团队的压力,同时还必须承受来自客户和供应商的压力。中层管理者对资源分配的决定权、对决策准则的控制力、对组织集中性的维持力和对关键信息与资源的利用力,都不及高层管理者。

(三)基层的权力

与高层管理者和中层管理者类似,基层员工也能从资源控制、决策制定、提高集中性、资源利用等方面获得有限的权力资源。例如,基层员工更多地为资源分配提供信息,而非决定资源分配。

由于在组织中所处的独特地位,基层员工能够通过利用关键信息对其具有决策权的管理者们产生影响。例如,一位技术工作者无论职务高低,都应当对影响战略决策的关键技术具有洞察力。基层员工虽然缺乏决定权以及相应的其他地位和权力,但他们可以提升专业素养,加强对上层管理者的影响力,从而创造个人权力。

(四)组织成员对权力的反应

在组织中,人们对于权力的反应不尽一致。管理决策面临的三种主要反应是主动奉献、服从管理和抵制。抵制有可能是明显的(拒绝完成决策要求的目标)或是消极的(假装服从管理,但并不执行)。在这样的情况下,管理者倾向于强制员工工作,但这有可能导致更严重的抵抗反对,因而不能无限维持。它表明管理者和员工之间出现了重大隔阂,也暗示团队内部不和谐。

服从管理是指员工完成任务但没有积极性,缺乏个人参与热情。出现这样的反应,说明员工并非热爱工作,而是被迫工作。善于利用职位权力激励员工的管理者,做出的决策更容易得到员工的顺从和支持。这种权力运用方式多用来处理日常工作,但在需要创造力的复杂任务中效率较低。

员工发自内心地拥护上司决策,并努力工作去执行,即积极工作,这是最好的反应。在这种情况下,员工与管理层的价值观和观点保持一致,投入更多的精力以获得成功。积极工作的反应产生于领导者的个人权力,包括专业素养和讨人喜欢的性格。

许多公司在使用一个越来越受欢迎的方法增强员工的积极主动性,即全面授权。对员工的授权包括共享资源分配权、决策推动力和对最低可能性任务的战略执行。这种授权增加了员工的影响力和权力。授权也是在组织中培养领导人物的方式。对于一个具有高度责任感的员工,完成新任务能使他更自信,感受到自我价值的实现,并提升其个人权力和技术。授权也是一种非常重要的观念,因为共享决策能使员工对公司业绩具有决定权,从而在根本上提高协同工作能力,并促进组织管理的战略改进。授权同时也改变了领导者的角色:领导者需要委任更多的员工,并改变自己的角色性质。

当具体工作更多地由员工承担,管理者们将有更多的时间抓住机遇,促进公司发展。当员工得到授权时,他们多少会因有机会参与公司决策而受到鼓舞。但若他们的意见未被尊重,授权将会产生相反的影响,降低员工的工作积极性。在得到机会表达观点后,员工希望自己的意见不被忽视。

二、权力为何重要

(一)权力与相互依赖

让我们先做一个一般性的假设:B 对 A 的依赖性越大,则 A 对 B 的权力越大。当你拥有他人需要的某种东西,而且你是唯一的控制者,你就使得他们依赖你,你也因此获得了对他们的权力。如果你掌控的资源是重要的、稀缺的和不可替代的,那么他人对你的依赖性就会增加。因此,我们可以预料到,那些能够使组织减少不确定性的个人或群体被认为控制着一种重要的资源。例如,对行业组织的一项研究发现,他们的市场部总是被看作最有权力的部门。研究者推断说,这些公司面临的最大不确定性就是产品销售。这意味着对于工程师群体来说,在高科技导向的松下公司要比在消费品巨头宝洁公司更有权力。这是因为高科技导向的松下公司主要依赖于自己的工程师来保持其产品的技术优势和高质量。因此,松下公司的工程师显然是一个很有权力的群体;而对保洁公司来说,市场营销占据主导地位,因此市场人员是最有权力的职业群体。

(二)资源稀缺性与权力

在有限的时间内,个人或组织必须通过制定重要决策,以在整个公司中实现可用资源的最优分配。不同部门可能会共享一种资源,如办公空间和办公设备。但有时公司必须决定将某些资源单独分配给某个部门,这就会带来竞争。

导致以上问题的根本原因是,组织是由具有不同价值观、目标和兴趣的个体和群体组成,这就导致了成员对有限资源(例如部门预算、办公空间、项目责任以及薪资调整)的配置发生冲突的可能性。如果资源充足,那么组织中所有部门和成员的目标都可以获得满足。但由于资源是有限的,因而无法满足每个人的利益。当员工或部门为了稀缺的资源而竞争时,权力和影响力就显得相当重要。

(三)不一致性

在很多工作场合,意见不一的情况不断地发生。意见不一致是决策制定和任务完成

第十章
领导：权力和影响力

的棘手障碍。出现意见不一致时，领导者常常通过影响力，影响他人达到意见统一。

这样的"不一致问题"很多，例如，什么是优良的绩效？什么是恰当的改进？什么因素导致不合格的工作？除了相距较远的各种观点之外，还存在很多相当接近的决策和人员选择——正是在组织生活中的这种广泛而模糊的中间地带，政治行为非常盛行。

（四）重要程度

不一致演绎出优先级的概念。个体的优先级排序、目标、期望很可能与他人的想法不同。但一个项目的重要程度不仅取决于该项目人员，同时也要考虑项目在其他人心中的地位。并且，绝大多数决策是在充满不确定性的环境中做出的——在这种环境中，事实很少是"客观"的，从而留下了对它们进行不同解释的余地——所以组织成员可以充分利用他们的影响力，从对自己有利的角度来解读这些事实，以支持自己的目标和利益——当然，这就产生了政治活动。

三、组织政治

组织政治是指管理者（以及组织的其他成员）所进行的旨在增加他们的权力并有效利用这些权力来实现组织目标、克服抵制或反对意见的一系列活动。管理者经常利用组织政治以自己的方式解决冲突。

政治性策略是管理者（以及组织的其他成员）在克服抵制和反对意见时，使用增加权力，并有效利用这些权力来影响并获得他人支持的具体策略。当管理者计划并实施一个关键的组织变革时，政治性策略尤其重要。管理者不仅需要为变革的发动争取支持，使组织成员以新的方式办事，还必须克服那些因害怕变革会带来威胁而宁愿保持现状的员工的反抗行为。通过加强自己手中的权力，管理者可以更好地实现他们想要的变革。除此之外，管理者必须确保他们运用权力的方式确实能对别人的行为造成影响。

很多人认为政治这个词带有一定的贬义。有些人认为"政治性"的管理者是靠自己认识的人而不是靠自己的努力和能力做到现在的职位。还有人认为他们是一些自私自利、以个人利益而不是以组织利益为重的家伙。事实上确实存在这些问题，一些管理者滥用职权，牺牲公司利益，中饱私囊。

然而，多数情况下，组织政治是一种正向力量。这是因为，管理者力求实施的必要变革很有可能遭遇那些因害怕变革带来威胁而宁愿保持现状的员工的反抗。有效的管理者会运用政治手段获取所需要的支持，以此来顺利推行必要的改革。此外，管理者也会经常遇到其他管理者的抵制，他们可能在群体和组织目标上存在分歧，或者在他们努力完成的事务上存在异议，而组织政治可以帮助管理者克服他人的抵制，以实现期望的目标。

实际上，管理者没有办法不重视组织政治，每个人——其他管理者、同事、下属以及组织外的人员，比如供应商等等，都在或多或少地使用政治这样一种工具。相反，那些对政治嗤之以鼻的人，将会因为无法为自己的首创行为和目标赢得支持而后悔万分。

四、增强权力的政治策略

那些善于利用政治策略巩固权力的管理者更容易对他人施加影响，促使他人努力工作，并最终实现群体目标。管理者可以通过以下方式来增强权力：控制不确定性因素、确保自己不可取代、身居要职、获取资源、建立联盟。

1. 控制不确定性因素

不确定性无论对个人、群体还是对整个组织都是一种威胁，它会影响工作效率和目标的实现。例如，工作缺乏安全保障就是威胁员工的一个很大的不确定性因素，它会使优秀员工突然跳槽到另一家较稳定的公司中去。当一个研发部门面临顾客偏好的不确定性时，其成员可能会浪费宝贵的资源去开发顾客根本不需要的产品。如果管理者能控制和减少其他管理者、团队以及整个组织面临的不确定性，那他就很有可能增强权力。工会领导，如果能消除员工工作的不安全性，其权力就会增强很多。营销和销售经理，如果能为其他部门准确地预测顾客变化的偏好，其权力也会增加。高层管理者，如果非常了解一个组织的产品在全球的需求状况，他们的地位就会得到提高。这种能够控制不确定性的管理者，对于其他组织来说也是求之不得的。

2. 确保自己不可取代

当管理者拥有宝贵的知识和技能专长，以至于能解决其他任何人都不能解决的事物时，他就拥有了权力。这就是不可替代的本质，管理者的知识或技术对组织越重要，他就越不可替代，其获得的权力也就越大；相反，如果管理者做得比较差，他就可能被取代。

3. 身居要职

身居要职的管理者负责那些与组织目标和竞争优势来源直接相关的活动，经常处于组织沟通网络中的重要位置。身居要职的管理者控制着关键的组织活动和环节，拥有获取重要信息的渠道。其他组织成员因这些管理者的知识、技术专长、建议和支持而依靠他们，组织的成功与否似乎也依赖着他们，他们的权力由此而产生。

业绩突出、知识面广泛，对组织做出过显著贡献的管理者很有可能被委以能增强其权力的要职。当那些处于要职的管理者不如预期中干得那么好时，他就很可能被替代。

4. 获取资源

一个组织需要三种资源，才能有效运行：投入资源（如原材料、熟练工人、金融资本）；技术资源（如机器和电脑）；知识资源（如营销和工程技术）。如果管理者能为公司争取一种或者多种资源，他的权力就会增加。

5. 建立联盟

建立联盟是指管理者与组织内外的人建立多方互惠互利的关系。联盟双方互相支持，因为这样做符合他们最大的利益，而且双方都将从联盟中获益。建立联盟会使管理者的首创行为更容易得到支持，因此权力也将增加。联盟各方会提供支持，因为管理者明白，当其他联盟需要支持时，他们也许同样需要配合。建立联盟可以帮助管理者在组织中实现他们的目标以及实施必要的变革，因为联盟加强了管理者的权力级别。很多实力派的高层管理者不仅在组织内部建立联盟，而且还为他们的组织提供资源的相关外部环境下的个人、群体、组织等建立联盟关系。同时这些个人、群体和组织也很乐于和管理者结盟，因为他们明白这样做对他们最有利——当他们需要时，同样也可以从管理者那里得到支持。

五、运用权力的政治策略

这些策略主要强调管理者如何委婉地行使他们的权力。在这种情况下,其他组织成员可能不会意识到他们的管理者正在用权力来影响他们。他们可能认为支持这些管理者有一系列理由:他们相信这样做是非常符合逻辑也非常理性的,或者是出于他们自身利益最大化的考虑,或者是相信管理者的立场或决策是合理的或恰当的,等等。

这种委婉使用权力的方式听起来像在走弯路,但很多管理者都是依靠这种方式成功地实施了组织变革,实现了组织目标。这种使其他人认同你的观点并支持你的政治策略包括依赖客观信息、引进外部专家、控制议程以及让每个人都成为赢家。

1. 依赖客观信息

管理者需要其他人的支持来实现目标,实施变革,克服反对力量。管理者获取支持和克服反对力量的方式之一是依赖他对自己创新行为有支持作用的客观信息。依赖客观信息会使其他人支持管理者,因为这反映了事实情况:客观信息也使其他人相信管理者的做法符合正常的行为流程。客观信息在善于运用政治的管理者手中,就变成了委婉行使权力来对别人施加影响的工具。

2. 引进外部专家

引进外部专家来支持一个建议或决策,有时候与使用客观信息有类似的效果。专家的认可会增加管理者某个想法的可信度,从而促使其他人也相信管理者的做法是正确合理的。

3. 控制议程

管理者还可以通过控制议程,即影响备选方案的选择甚至最终的决策制定来委婉地行使权力。当管理者对备选方案施加影响时,他们可以确保那些备选方案都是他们可以接受的,而那些管理者不想要的方案根本不会出现在方案列表上。

4. 让每个人都成为赢家

善用政治技巧的管理者总能在别人察觉不到的时候行使权力,因为他们确信每个支持他们的人都能因此获得好处。通过让每个人都成为赢家,管理者可以从组织其他成员那里获取支持。因为这些成员把支持这位管理者看作能给自己带来最大利益的选择。

六、权术

前述的政治策略都属于权术(power tactics)。除此之外,有关研究综述了组织中常使用的九种权术:

（1）合法性。依靠你的职权或者强调你的要求符合组织的规章制度。

（2）理性说服。提出符合逻辑的观点和事实依据来证明某个请求的合理性。

（3）鼓舞式诉求。通过呼吁某个目标的价值观、需求、希望和渴望来引起情感认同。

（4）商议。通过让他人参与决定你将如何实施计划来增加他人的支持。

（5）交换。通过给他人提供某些利益或好处来换取他人遵循某项要求。

（6）个人式诉求。利用友谊或忠诚来获得他人的同意。

（7）逢迎。在提出请求之前，先采取吹捧、赞扬或友善行为。
（8）施压。使用警告、威胁和反复要求等手段。
（9）联盟。通过寻求他人的帮助或支持来说服目标对象同意。

有的权术通常比其他权术更有效。相关研究认为，理性说服、鼓舞式诉求和商议往往是最有效的，尤其是当听众对决策过程的结果非常感兴趣时；相反，施压经常会有反作用，通常是这九种权术中效果最差的。领导可以同时或相继使用多种权术来增加成功的可能性，只要这些选择相互兼容。例如，同时使用逢迎和合法性可以减少命令引起的消极反应，但这只有当听众并不真正在乎决策过程的结果或者政策仅仅作为例行公事时才成立。

有些权术的效果取决于影响的方向。理性说服是在所有组织都有效的唯一权术。鼓舞式诉求作为上司影响下属的权术最为有效。当施压有效时，它通常都只是上级对下级的影响。个人式诉求和联盟作为横向影响最有效。除了影响的方向之外，其他很多因素也会影响权术的效果，其中包括权术的先后顺序、使用权术的能力以及组织文化。

有关研究建议领导者开始使用依赖于个人权力的较为"柔性"的权术，例如个人式诉求、鼓舞式诉求、理性说服及商议。如果这些行不通，可以转而采用更强硬的权术，例如交换、联盟和施压，但它们强调正式权力，并且导致更高的成本和风险。研究发现，单一的柔性权术比单一的强硬权术更有效；将两种柔性权术结合起来或者将某种柔性权术与理性说服结合起来，其效果比任何单一的权术或者各种强硬权术的结合更好。

权术的效果还取决于听众，那些最有可能服从柔性权术的人，往往更加深思熟虑，属于自我激励型，具有高自尊和高控制欲。而那些最有可能服从强硬权术的人则更加以行动为导向，属于外部激励型，更重视与他人处好关系而不是各行其是。

人们的政治技能，或者说影响他人以达到自己目标的能力往往是不同的。政治技能熟练的人能够更有效地使用所有这些权术。另外，当涉及重大的利益关系时，比如当个体对重要的组织绩效负责时，政治技能似乎更有效。最后，政治技能熟练的人更有可能在不被他人察觉的情况下施加自己的影响。权术要想变得有效，这一点至关重要——一旦被贴上政治手腕的标签，就难以取得预期效果。

不同组织的文化是截然不同的，有些组织文化是热情的、自由的、开放的、支持性的，有些组织文化则是正式的、保守的。哪些权术被认为是合适的，所在组织的文化会对此产生显著影响。有些组织文化鼓励参与和商议，有些组织文化则鼓励理性，还有一些组织文化则依赖于施压。

与组织文化相一致的组织成员往往会拥有更多的影响力。具体而言，外倾者在以团队为导向的组织中更具影响力，而责任心强的成员在重视独立从事技术任务的组织中更具影响力。与组织其他成员相一致的成员之所以更有影响力，在一定程度上是因为他们能够在那些对本组织最重要的领域中表现得尤其出色。换句话说，他们具有影响力是因为他们能够胜任工作，因此组织本身会影响哪些权术将被采用。

第三节 组织政治行为的原因和后果

一、引发政治行为的因素

并非所有群体或组织都具有完全相同的政治行为。例如，在有些组织中，政治活动是公开的、普遍的。而在一些组织中,它们对结果的影响相当有限。为什么会存在这种差异?最近的研究发现,一些因素似乎会鼓励政治行为。其中一些因素属于个人特征,来自组织成员的独特品质;另一些因素是组织文化或组织内部环境的结果。

(一) 个人因素

研究者发现,在个体层面上,某些特定的人格特质、需求以及其他因素很可能与政治行为有关。就人格特质来说,高自我监控、内控型、权力需求多的员工更可能参与政治行为。与低自我监控者相比,高自我监控者对社交线索更加敏感,表现出更高的社会从众程度,而且更有可能擅长政治行为。内控型个体相信自己能掌控所处的环境,因此更容易采取积极主动的立场,并尝试按照自己的愿望来操控局面。毫不奇怪,具有马基雅维利主义人格特点的个体(这些人的特点是具有操纵欲和权力欲),能够心安理得地把政治行为当作进一步获得个人利益的手段(见图10-1)。

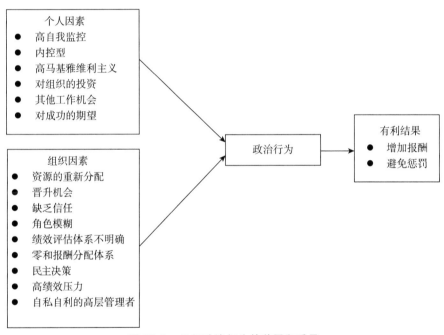

图 10-1 组织政治行为的前因和后果

此外,个体对组织的投资、其他工作机会、对成功的希望都会影响人们愿意采取政治行为的程度。如果一个人预计使用不当手段获得成功的可能性越低,该个体就不会贸然行事。对使用不当手段获得成功有着较高期望的往往是两类人:一类是经验丰富,政治技巧娴熟,而且拥有权力的人;另一类是那些天真、缺乏经验的人,他们错误地判断了自己成功的可能性。

(二) 组织因素

政治行为对组织特征依赖更强。因为许多组织的员工都具有我们上面列出的那些个体特征,但是在这些组织中,政治行为的范围和程度截然不同。或者,我们可以说,特定的情境和文化促进了政治行为。

具体来讲,当组织的资源不断减少,现有的资源分配模式发生变化时,在晋升过程中更有可能出现政治行为。具有如下特征的组织文化——缺乏信任、角色模糊、绩效评估体系不明确、零和报酬分配体系、民主决策、高绩效压力、自私自利的高层管理者,往往会成为滋生政治活动的温床。

（1）当组织为了提高效率而精简规模时,其资源也在相应缩减。由于受到失去资源的威胁,组织成员可能会采取政治行为来保护自己的利益。任何变革,尤其是那些能够显著改变组织内资源分配的改革,都很可能引发冲突,并导致更多的政治活动。

（2）晋升决策一直是组织中最能导致政治行为的因素之一。晋升和发展机会能够刺激组织成员竞争有限的资源,并设法对决策结果产生有利于自己的影响。

（3）组织中的信任程度越低,政治行为的程度就越高,出现不当政治行为的可能性也就越高。因此,从总体上来说,高信任度可以抑制政治行为,尤其是不当政治行为。

（4）角色模糊性意味着对员工行为的规定并不明确。因此,对员工政治活动的范围和功能也几乎没有什么限制。根据定义,政治行为是处于员工正式角色之外的活动,因此角色越模糊,员工就越容易采取政治行为,并不会被他人察觉。

（5）组织在绩效评估中采用的主观标准越多,或者仅仅强调一项测量标准,或者在行动发生很久之后才予以评估,那么员工采取政治行为并且蒙混过关的可能性就会越高。主观的绩效评估标准会导致模糊性。仅仅使用一种测量标准,会鼓励员工绞尽脑汁在这项标准上显得"成绩斐然",但常常因此牺牲了工作中那些重要的、没有获得评估的部分。行动与评估的时间间隔也是一个相关因素。时间间隔越长,员工为自己的政治行为承担责任的可能性就越低。

（6）组织文化越是强调采用零和方法来分配报酬,就会经历越多的员工参与政治行为。零和方法把报酬当作一块大小固定的蛋糕,因而某个成员和群体的任何所得必定来自另一个成员和群体的损失。如果一方获得了,另一方就必然失去了。这种做法激励人们设法使自己显得劳苦功高,并使其他人显得无关紧要。

（7）要求员工表现出色的压力越大,员工采取政治行为的可能性就越高。当组织严格要求员工对工作结果负责时,就迫使员工必须交出一份"看起来不错"的绩效报告。如果一个人认为自己的整个职业生涯都取决于下个季度的销售额或者下个月的工厂生产报告,那么他就会受到激励,采取一切必要手段来确保获得对自己有利的数据。

（8）当员工看到高层管理者采取政治行为,尤其是看到这些人成功地实施了政治行为并因此获得奖赏时,组织中就会形成一种支持政治行为的氛围。从某种意义上说,高层管理者的政治行为意味着这种行为是可接受的,因而为低层员工的政治行为提供了许可。

二、政治行为的后果

本章第一节和第二节讨论与政治行为有关的那些因素时,我们主要关注的是政治行为会导致的有利结果。但是对于很多人来说,他们只具有有限的政治技能,或者是不愿意参与这种政治游戏,因而政治行为所导致的结果往往是消极的。许多研究考察了组织政治与个人结果之间的关系。比如,有非常确切的证据表明,对组织政治的察觉与工作满意度呈负相关关系。对组织政治的察觉,往往还会增加工作压力和焦虑,这也许是因为这样一种看法:如果不参与组织政治,组织成员就可能拱手把自己的领土让给那些积极的政治活动者;或者相反,是因为组织成员参与政治行为并与他人展开政治竞争而导致额外的压力。毫不奇怪,当面对政治活动太多以致难以应对时,就会导致员工离职。最后有初步证据表明,组织政治会导致员工绩效下降,这也许是因为员工认为存在组织政治的工作环境是不公正的,从而失去了工作动力。

研究者还注意到几种有趣的限定条件或调节因素。首先,个体成员对组织政治的运作方式和原因的理解似乎会影响到组织政治—绩效水平关系。"如果某个组织成员充分了解谁负责决策,以及他为何被任命为决策者,那么与那些不了解这个决策过程的组织成员相比,他应该能够很好地理解这些事情的来龙去脉。"当某个成员的政治技能和理解能力都很强时,他的工作绩效很可能会提高,因为他会把政治行为视为一种机会,这符合对具有高超政治技能的个体进行的研究。但是,当人们对组织政治的领悟能力较低时,他们更有可能把组织政治视为一种危险,从而对其工作绩效产生不利影响。

其次,当人们把组织政治视为一种威胁时,他们常常会采取防卫行为。防卫行为常常与对工作和工作环境所持的消极态度息息相关。短期内,员工可能会发现防卫行为保护他们的自身利益。但长此以往,他们就会感到厌烦。总是依赖于防卫行为的员工会发现他们最终只剩下这一种行为方式。

本章思考题

1. 美国管理学家弗兰奇和瑞文将权力分为哪几种类型?
2. 职位权力包含哪些要素?个人权力包含哪些要素?
3. 什么是人脉权力?
4. 组织成员对权力的反应有哪三种类型?
5. 什么是组织政治和政治策略?
6. 领导者增强权力的政治策略有哪些?
7. 领导者运用权力的政治策略有哪些?
8. 组织常用的权术有哪些?
9. 引发政治行为的常见组织因素有哪些?

第十一章 领导：激励和教练

第一节 内容型激励理论

一、需要层次理论

1943年,马斯洛把人的需要分为生理的需要、安全的需要、友爱和归属的需要、尊重的需要和自我实现的需要五个层次。到1954年后又把人的需要分为生理的需要、安全的需要、友爱和归属的需要、尊重的需要、求知的需要、求美的需要和自我实现的需要七个层次。

马斯洛的激励理论认为,在某一种需要得到相对满足之后,这种需要就失去了对于行为的动力作用或失去作为主要动力的作用。这时,另一种需要就会产生,于是人们又继续采取新的行为来满足新的需要。其主要论点为:

(1) 人的最迫切的需要是激励行为的主导性动机。这种某一时期内最迫切的需要的强烈程度取决于这种需要的相对重要性。

(2) 激励是动态的,处在连续发展变化之中,行为是受不断变化的、最迫切的需要支配的。当低层次需要得到相对满足之后,就要上升到较高层次的需要。

(3) 上述基本需要的心理强度是由低到高逐级上升的,但这种次序不是完全固定的,可以有变化和例外。

(4) 人存在各种基本需要,只不过在不同的时期所表现出来的强烈程度有所不同。

人的需要是多种多样的,这在实际管理中是难以一一识别与区分的。马斯洛的主要理论贡献在于,他以结构的观点和方法论将人的多种多样的需要归结为若干种(五种或七种),并且这些基本需要有其内在联系和相对重要性。正如马斯洛所言,"人类的基本需要是一种有相对优势的层级结构"。

马斯洛的需要层次理论对领导者的启示有两点:

1. 满足不同层次的需要

既然五个层次和七个层次的需要是客观存在的,管理者的任务就是找出相应的激励因素,采取相应的组织措施来满足不同层次的需要,以引导和控制人的行为,实现组织目标。这种需要与相应的激励因素和组织措施的关系,如表11-1所示。

表 11-1 需要层次与相应的激励因素、组织措施

一般激励因素	需要层次	组织措施
成长 成就 提升	自我实现	有挑战性的工作 创造性 在组织中提升 工作的成就
承认 地位 自尊 自重	尊重	工作职称 奖励增加 同事和上级承认 工作本身 责任
志同道合 爱 友谊	社交	管理的质量 和谐的工作群体 同事的友谊
安全 保障 胜任 稳定	安全	安全的工作条件 外加的福利 普遍增加薪水 职业安全
空气 食物 住处	生理	暖气和空调 基本工资 自选餐厅 工作条件

从表 11-1 中可以看到,要满足不同层次的需要,应找出一般激励因素和采用相应的组织措施。比如,为满足员工的生理需要,就应采取适当增加薪水、改善劳动条件、创办各种福利事业等组织措施,以保证员工的基本生活条件,使他们的吃、穿、住等问题能基本解决。又比如,当自我实现需要占统治地位时,人们最富有创造性与建设性的技巧就会融合到他们的工作中去。为了满足这种需要,管理者就应认识到,无论哪种工作都会有允许进行创新的领域,每个人都应具有创造性,从而充分发挥人的能力、技术和潜力,允许他们发展和使用具有创造性和革新精神的方法,以便为个人成长、成就和提升提供保证。

2. 满足不同人的需要

上述需要层次仅是一般人的需要,实际上每个人的需要并不都是严格按照表中的顺序由低到高发展的。对领导者来说,了解这种情况十分重要。因为有些人对社交的需要比对尊重的需要更多些,有些人对某些生理需要也许要求更多些,金钱仅仅是激励他们的一种物质而已。美国管理学家霍奇茨(R.M.Hodgetts)指出,对美国人进行调查的研究结果表明,约占人口 20% 的人处于生理和安全的基本层次需要,只有不到 1% 的人处于尊重和自我实现这两个高层次需要,而大约 30% 的人处于第三层次即社交的需要上。

马斯洛的研究结果对领导者来说是很重要的。因为它表明,当某层次需要基本上得到满足时,激励作用就不能保持下去。为了激励个人,就必须转移到满足其另一个层次的需要上去。然而,对管理者来说,困难的问题是要了解到底工作者想要满足的具体需要是什么。如果具体需要是生理的需要,那么企业就要提供更多的工资福利;如果具体需要是尊重的需要,那么企业就应考虑对这些人所完成的工作给予更高的评价。在回答这些问题的过程中,管理人员必定对某些人有某些看法,可是有时这些看法是不正确的。例如,在美国企业的一次调查显示,要求主管人员回答工人们想要从工作中得到什么,结果主管人员的回答与工人们自己的回答相差较大。

二、ERG 理论

美国耶鲁大学教授阿尔德弗(Alderfer)于 1969 年提出一种新的需要层次理论。他把人的需要归纳为生存需要、关系需要和成长需要。这三种需要与马斯洛提出的五种需要之间存在对应关系。由于这三种需要的英文名称第一个字母分别为 E、R、G,因此被称为 ERG 理论。

(1)生存需要。这种需要是维持人的生命存在的需要,相当于马斯洛的需要层次论的生理需要和安全需要。它们包括衣、食、住以及组织为其得到这些因素而提供的手段,如报酬、福利和安全条件等。

(2)关系需要。这种需要是个体对社交、人际关系和谐及相互尊重的需要,相当于马斯洛理论中的社交需要和尊重需要。这种需要通过工作中和工作以外与其他人的接触和交往得到满足。

(3)成长需要。这种需要是个人要求得到提高和发展,取得自尊、自信、自主及充分发挥自己能力的需要,相当于马斯洛需要层次论中的尊重需要和自我实现需要。这种需要通过发展个人的潜力和才能得到满足。

ERG 理论对马斯洛理论进行了如下修正:首先,ERG 理论并不强调需要层次的顺序,这种理论指出某种需要会在一定时间发生作用,而当这种需要得到基本满足后,可能上升为更高层次的需要,也可能没有这种上升趋势。其次,该理论指出,当较高层次的需要受到挫折而未能得到满足时,会产生倒退现象,即退而求其次,对较低层次需要的渴求就越大,而不像马斯洛所指出的那样继续努力去追求。再次,该理论认为人的需要有的是生来就有的,有的则是通过后天学习产生的。

三、双因素理论

在检验马斯洛和阿尔德弗理论的过程中,弗里德里克·赫茨伯格(Frederick Herzberg)就工作态度和工作满意度两方面对员工进行了调研。他的研究结果支持了上述理论中需要有高层次和低层次之分这一观点,但是他不认同每一种需要都会成为激励因素。根据他的双因素理论,他认为低层次需求是潜在的不满意因素,而高层次需要才是真正的激励因素。仅仅满足潜在的不满意因素,不会提高人们的满意度,这只是会使他们的不满意情绪变得更少而已;反之,满足激励因素机会则会提高人们的满意度,并让他们更愿意做出某种业绩表现。赫茨伯格把这两个因素分别称为保健因素和激励因素。

保健因素也称潜在不满意因素,与生理、安全和社交需求有关,这些因素是构成工作环境的主要内容。赫茨伯格还发现,导致潜在不满意的最主要原因有严苛的公司制度、压迫式的监督管理、恶劣的工作环境和不合理的薪资等。根据赫茨伯格的理论,改善与工作环境有关的因素不会带来满意情绪,也不会激励人们在工作中做出更好的业绩,本质上,这些只不过是员工期望可获得的底线条件。

与此相对的是激励因素,这是做事的直接结果,也是产生满意情绪的原因。激励因素与马斯洛需要层次理论中的尊重和自我实现需要相对应。马斯洛和赫茨伯格都认为满足这些高层次需要可以激励人们在工作中做得更好。双因素理论认为满意来自具有挑战性的任务、获得高成就与个人认同的机会、自主性及个人责任感、义务感。

赫茨伯格还发现,员工的满意和不满意情绪会同时存在。员工可能会在满意工作带来升职机会的同时,对薪水仍不满意。激励因素的影响可以从零(不满意)直至对可以获得的成就和发展机会感到高度满意。与此相似,保健因素的影响也可以从零开始(没有不满意)直到因薪资、公司政策或者安全感得不到满足而感到高度不满。

赫茨伯格又进一步将马斯洛理论中的需要分为外在激励驱动型和内在激励驱动型。薪资和安全感是两个主要的外在激励性因素。尊重和自我实现的需要则更多由内在激励所驱动。个体依靠他们的内心想法、感受和心智模式来满足更高层次的需要。

四、麦克利兰的需要理论

麦克利兰和他的同事通过评测个体对工作环境的喜好差异,用以确定人们更喜欢完成哪种类型的任务,哪些工作对他们有挑战性并让他们感到满意,以及这些在不同的工作环境中,他们愿意呈现哪种绩效表现。通过这项研究,他们发现,个体特别是领导者会因三种需要受到激励或驱动:对成就的需要、对交往的需要以及对权力的需要。

对成就的需要包括设定、满足和超越目标的需要。因这类需要受到激励的个体属于任务驱动性,他们会因竞争和成功应对挑战而充满活力。换言之,高成就需要型的人喜欢赢得胜利,在大多数情况下,他们更喜欢自主的工作,并且依靠自己独立实现他们的目标。

相反,那些因交往需要而受到激励的人们通常被关系所驱动。他们会因存在互动、社交和发展友谊的机会受到激励。高社会交往需要型的人希望成为团队的一员并获得他人的喜爱。这种对建立关系的渴望通常意味着这类人倾向于不喜欢冲突和社会混乱。

麦克利兰提出的最后一个需要是对权力的需要,针对需要有两种不同的表现形式:个人化权力和社会化权力。顾名思义,那些因个人化权力受到激励的人们,关心他们在与他人关系中所处的地位和主导权。他们倾向于寻找可以获得个人权力扩张的机会。相反,那些因社会化权力受到激励的人们则喜欢施加影响并影响他人。他们所期望的是,与他人共同工作并起到督导的作用,而不是控制别人。为此,他们注重团队建设和自身与他人的共同发展(见表11-2)。

表 11-2　成就、社会关系和权力导向型领导者的行为方式

	主要需要	行为方式	在何种情境下更为有效
成就导向的领导者	满足或超越自我设定的目标 有新收获 对职业发展有长期规划 超过他人的表现	事必躬亲 独立做事 反馈不足 命令—控制型领导风格 对他人缺乏耐心	创业
关系导向型的领导者	建立、修复或保持良好的关系 希望被喜欢或被接纳 乐于参加团体和社交活动	回避冲突和负面反馈 不照章办事 缓和而不是解决问题 更关心人而不是业绩	服务管理 人力资源
社会化权力导向的领导者	说服他人 提供建议、指导和支持 激发他人的正面情绪 在组织内外都注重维护声誉	教练和教授 关注团队 注重与他人合作 具有政治智慧且交友广泛	复杂组织 官僚机构

资料来源：Scott W. Spreier, Mary H. Fontaine, and Ruth L Malloy, "Leadership Run Amok: The Destructive Potential of Overachievers", *Harvard Business Review*, 2006(6).

虽然几乎所有领导者都会在某种程度上满足每一种需要，但麦克利兰指出，个体通常会将满足一种需要的追求凌驾于其他需要之上，这种对于某种特定需要的倾向性会影响个体的领导方式。高成就需要导向的管理者通常会事必躬亲，因为他们渴望追求成功和胜利，这类管理者在授权时通常会犹豫不决，尤其是当他们相信这项工作自己能比其他人做得更好的时候。由于不想放弃任何机会，高成就需要导向的管理者倾向于采取一种命令—控制式的领导风格，这会使团队成员感到沮丧。矛盾的是，高成就需要导向的人希望得到持续的反馈和鼓励，但他们却不愿意向团队成员提供对等的反馈信息。

在极端情况下，高成就需要导向的人会不惜代价去赢得生理需要的满足，甚至当这意味着要投机取巧，或者越过道德边界，他们也在所不惜。当然，这类人中的大多数人还是会以积极的方式引导这种个体驱动力。在创业公司中，高成就需要导向的人居多，他们的个体驱动力能够被成功引导。

麦克利兰还发现，高社会交往需要导向的管理者，倾向于基于同理心和同情心做出决策，他们更关注让问题得到缓和，而不是解决问题。当他们认为任务可能会让自己的团队成员不堪重负时，他们也会因授权问题而感到困扰。因此，他们也经常自己承担任务。由于他们关心他人的感受，也极其厌恶产生冲突，他们允许例外情况的存在，而不是完全根据组织的规范来做事。具有讽刺意味的是，由于缺乏一致性和一味回避冲突，反而会导致更低的组织凝聚力和满意度，而这恰恰是这类管理者所追求的。虽然社会交往需要型的管理者经常会在制度及其边界挣扎，但他们在特定的高压环境下和承担服务型管理角色上会非常成功。

因社会化权力受到激励的个体通常会成为好的教练和老师。他们希望在组织内外都

可以影响他人。他们喜欢通过他人施加影响,也是有效的授权者。权力需要导向型管理者更易于在大的、复杂的组织中获得成功,在这类组织中,他们的政治头脑和政治意识对自己很有帮助。当然,权力也可能是把双刃剑。当管理者的权力受到个人权益的激励时,他们更倾向于关注自己的个人声望和利益,更关注如何操纵而不是影响他人。

麦克利兰的需要理论对于我们把握人的高层次需要或者高层管理者的需要具有积极的参考意义。对于具有高层次需要的管理者,组织可以分配给他们具有挑战性和一定风险的工作,以满足他们的成就需要,激发他们的工作性。相反,如果将毫无挑战性的工作分配给他们,只会挫伤他们的积极性。此外,高层次需要并不是与生俱来的,而是在他们的实践活动中培养起来的。所以,组织应尽量创造有利条件,将他们培养和训练成为具有高层次需要的人。

第二节 过程型激励理论

前面所讨论的内容型激励理论解释了隐藏在人们行为方式背后的潜在需求,以及在工作情境中能够激励某些特定行为的因素,但这些理论都没有对员工决定采取行动的过程加以说明。

与内容型激励理论不同,过程型激励理论把个体看作积极的决策者。有些过程型激励理论强调员工对基于努力所应得奖励的期望,其他过程型激励理论强调奖励的公平性,也就是人们会如何与付出相同程度努力、具有同等能力和经验水平的其他员工进行比较。过程型激励理论也描述和分析那些可以让人们采取、倾向、维持或停止某种行为方式的驱动因素。最后,过程型激励理论还讨论了能够影响人们行为方式的情境因素和个人因素。

一、目标设定理论

艾德·洛克(Ed Locke)和加里·莱瑟姆(Gary Latham)发现,设定较高的目标,并引导员工朝着这个目标努力,是产生激励的一个关键驱动力。他们发现,对员工而言,实现某个既定目标而获得兴奋感及为此所付出的努力,与他们因此得到的物质奖励同等重要。目标设定理论提出,只要设定一系列虽困难但仍可实现的目标就可以成为一种有效的激励因素。洛克和莱瑟姆建议可以依据下述四种方式设定目标以及激励员工和他们的工作表现:

(1)直接关注与目标相关的活动,并为此付出努力,而不是与目标无关的活动。换言之,目标应激励员工进行那些有助于他们实现组织整体目标的活动。

(2)困难或不易实现的目标都会激励员工更加努力地工作,无论这些目标是由管理者设定还是员工自己设定的。有难度的目标,通常会令人工作更加努力、坚持和专注于目标。

(3)为目标设定紧迫的截止日期会加快工作节奏。

(4)为了实现新目标,人们会自然而然地想到他们从其他活动中获取的知识和技能并加以应用,以满足新目标。

两位学者还提出,那些具有明确且挑战性目标的组织会从员工更高的工作积极性中获利更多,当然,这些目标对员工来说应当是可接受的。同时,这类组织应当通过定期的反馈,帮助员工追踪实现目标的过程。当目标是明确且可衡量的,而不是模糊且界定不清的时候,员工的绩效表现就会提升。同样,在目标设定有明确的完成时间框架时,也可以达到。有助于制定符合这些标准的目标的一个简化的原则,可缩写为 SMART,即目标应当是定义明确(specific)、可以有效衡量(measurable)、可以实现(attainable)、与公司业务相关(relevant)并能够在既定的时间框架内完成(time-bound)。以上内容与目标管理有很大的相似之处。

二、期望理论

在为了实现某个特定目标开始行动之前,人们通常会下意识地对付出—获得的结果进行评估。期望理论是由维克托·弗罗姆(Victor H. Vroom)提出的。这一理论指出,员工会期待努力付出就能有好的绩效表现,而作为回报,好的绩效表现将会为他们带来奖励。从本质上讲,努力、绩效和奖励(或结果)之间的关系是这个理论的假设前提。有关期望理论的研究是领导力中途径—目标理论的基础。

在工作中,人们期望他们的工作表现被奖励,尤其是当需要他们投入大量精力和付出努力时。例如,那些在工作日工作更长时间、在周末也要加班的员工会认为他们应该得到更多的薪酬福利。同样,承担富有挑战性且能够帮助公司成功的那一类任务的员工,可能会认为他们应当获得升职奖励。

期望理论指出员工在决定付出多少努力时,(在他们的思考过程中)会对以下三个变量加以考量:努力可带来绩效的预期、绩效可带来回报的预期以及价值评判。这三个变量之间是相乘的关系,这就意味着缺少任一变量也就不会有激励产生。

(1)努力可带来绩效的预期(E to P),是对投入努力是否可以带来更高绩效做出评估。为了得出结论,员工需要考量他们是否具备所必需的能力、过往经验以及工具。例如,若想成功地执行一项艰巨的任务,员工必须有适当的教育背景、技术能力和人际交往能力。如果员工认为努力工作将会有好的绩效表现,努力可带来绩效的预期就会较高。如果努力可带来绩效的预期高的话,那么员工就会有很高的积极性来做事。

(2)绩效可带来回报的预期(P to O)是对好的绩效是否可以带来期望的奖励做出评估。例如,员工一定会认为,如果在一项艰巨的任务中表现优秀,他们就会得到升职或加薪奖励。如果绩效可带来回报的预期高的话,那么员工也会有很高的积极性来做事。

(3)价值评判是指对可获得的结果是否有吸引力做出评估。为了让员工以更高的积极性投入工作,他们可获得的奖励应当在他们看来是有价值的。正如前面我们曾经讨论过的,这些奖励可以是外在的(如奖金),也可以是内在的(如增加知识储备和提高技能的培训机会)。给予员工奖励的时机也非常重要,如果及时给予奖励,这类奖励通常在员工看来更有价值。

三、公平理论

期望理论有助于我们理解当人们决定完成一个特定的任务和目标时,对付出—获得的衡量取舍,但这只是等式的一部分。人们不仅希望他们付出的努力能够获得奖励,也希望那些奖励会是公平和公正的。这种与激励相关的预期可以用公平理论加以解释。

公平理论是由心理学家亚当斯(Adam)于1967年在他的著作《奖酬不公平时对工作质量的影响》中提出的。这一理论也称为社会比较理论,认为人与人之间存在社会比较,且有就近比较的倾向。

(一)公平理论的基本内容

亚当斯通过大量的研究发现:员工们对自己是否受到公平合理的待遇十分敏感。他们的工作动机不仅受其所得报酬的绝对值的影响,更受其相对值的影响,也就是说每个人不仅关心自己收入的绝对值,更关心自己收入的相对值。这里的相对值,是指个人对其工作的付出及所得与他人的付出及所得进行比较,或者把自己当前的付出及所得与过去进行比较。通过比较便产生公平及不公平感。用方程表示为:

$$\frac{O_p}{I_p}=\frac{O_r}{I_r} \quad 公平(公平感)$$

$$\frac{O_p}{I_p}<\frac{O_r}{I_r} \quad 不公平(吃亏感)$$

$$\frac{O_p}{I_p}>\frac{O_r}{I_r} \quad 不公平(负疚感)$$

式中,O为所得结果,是指投入后所得到的奖酬,如地位、工资、奖金、福利待遇、晋级、表扬、赞赏、进修机会、有趣的挑战性工作等;I为投入,是指个人对自己或他人的努力、资历、知识、能力、经验、过去成绩、当前贡献的主观估计,也就是参与者认为自己所做出的值得或应该获取回报的贡献;p为当事者;r为参照者,即所选择的比较对象。

在判断分配的公平性时,人们当然可以选择其他人作为参照者,人们也可以选择一个参照群体进行比较,这虽然不像前者那样明确具体但却是常被人选用的方法,这些都属于横向的人际性比较。他们有时也会选择自己作为参照者,但这指的是过去条件下的自己,如"我以前在那个公司待遇如何如何",这属于纵向的历史性比较。也可指在某一不是现实的假想条件下的自己,如"我要是调去那个公司,待遇将会怎样怎样"等。人们在比较时,往往会同时选择不止一名参照者。

当事者p通过与参照者r比较,若感到自己的投入及所得之比与r的投入及所得之比相等,便认为公平,因而心情舒畅,努力工作。当事者p若感到自己的收付比例小于r,于是产生吃亏感。这时当事者往往采取下列方式以求恢复公平感:①采取相应对策,改变自己的收付比例,如减少工作投入、降低工作质量与数量,或者要求增加收益以达到平衡;②采取进一步行为,减少参照对象的收益或增加其投入,改变他的收付比例以求平衡;③改变参照对象,即所谓"比上不足比下有余",获得认识上新的平衡;④发牢骚、泄怨气,甚至放弃、破坏工作,退出交换关系。以上方式往往被混合使用。

但是当事者的比值大于比较对象时,也就是占了便宜时,也会感到内心不安,有一种负疚感。这时当事者可能有四种表现方式:①受到激励,增加自己的投入或要求,减少所得,以减少负疚感;②通过认识歪曲或改变自己的投入收益因素,如重新评估自己的贡献,从而达到心理平衡;③把多得收益归结于运气好以回避心理不安;④增加组织承诺。

亚当斯方程表明,一个人所获得的奖酬的绝对值与他的积极性高低并无直接的、必然的联系,真正影响人的工作积极性的是他所获得奖酬的相对值。也就是说,一个人的工作热情并非只受"自己得到什么"影响,而往往还要受到"别人得到什么"影响。一旦有了不公平感,奖酬的绝对值的激励作用将大打折扣。

(二)公平理论的其他要点

(1)有关公平与否的比较的关键在于员工的感觉,因此并不总是客观的。组织通常让人们得到的奖励更加适当,以确保达到实际和感知的公平。要做到这一点,他们需要了解,对每一个个体而言,什么是有价值的。

(2)不公平的产生,并不是亚当斯方程两端略显不等,便能立即显现和感知。人们心中的"公正天平"并不太敏感,存在一个感知阈值。只有在不公平程度超过此阈值时才会被感知。还需补充说明的是,吃亏感阈值往往低于负疚感阈值,也即"吃亏"一点较易察觉,"占了便宜"则需待相当明显时才能感知,这说明了阈值的非对称性。

(3)亚当斯方程的建立应以做比较的双方的机会均等为前提,即要有平等的竞争机会。没有均等机会,空谈结果,平等就失去了意义。由于绝对的、完全的机会均等是不现实的,所以这里所指的只是大体上的机会均等。

机会均等的一个很重要因素是分配标准的选择与分配程序自身的公平性与合理性。影响分配标准与程序公平性的因素很多,最重要的是标准选择与程序制定的透明性与公开性。使这一过程民主化,让群众亲自参与,再感到自己对分配过程有较大发言权,人们往往就会认为该程序较公平。此外,若认为分配时所依据的资料以及取得这些资料的手段合理,也会较易感到结果的公平性。

(4)人们常常对公平性进行归因判断,其判断也会影响组织激励的有效性。

(5)资源分配在分配前是否对分配接受者做过一定的承诺,不论是明确的许愿,还是暗示性的默契,不管是实际上有过还是接受者误会而自认为有,都会被作为判断后来分配结果公平与否的依据之一。如不符合接受者的期望,不公平感便会更强烈。

(三)公平理论的应用

(1)正确诱导,改变认知。公平理论告诉我们,公平与不公平来自个人感受,易受个人偏见的影响。人们都有一种"看人挑担不吃力"的心理,易过高估计自己的绩效和别人的收入,过低估计别人的绩效和自己的收入,把实际合理的分配看成不合理,把本来公平的差别看成不公平。因此,管理者要及时体察员工的不公平心理,认真分析、诱导、教育员工正确认识和对待自己和他人。

(2)科学考评,合理奖励。公平理论告诉我们,人人都有一种寻找公平的需要,这种需要一旦受到挫折,其奖酬的绝对值再多,也会逐渐失去激励作用。因此,管理者要善于创造条件,坚持将绩效与奖酬挂钩的分配奖励制度。首先,应打破平均主义。其次,要制定科学的奖酬体系。最后,管理者要克服偏见和个人感情因素,公平合理地处理员工提职、提薪、奖金分配的问题。

第三节 调整型激励理论

调整型激励强调在激励过程中的调整,例如强化等。强化理论是最重要的调整型激励理论。强化理论也叫操作性条件反射论,是美国当代著名心理学家、哈佛大学心理学教授斯金纳(Skinner)在巴甫洛夫的条件反射论、华生的行为主义论和桑代克的学习理论的基础上提出的一种新行为主义理论。

一、强化的概念

强化的概念,最早是由俄国心理学家巴甫洛夫在研究条件反射时提出的。在条件反射形成以后,为了防止条件反射消退,必须不时伴以无条件刺激物(食物),这就是强化。但是在巴甫洛夫的古典条件反射学说中,强化仅仅是巩固条件反射的一种措施。

美国心理学家斯金纳对强化的概念做了系统的论述。斯金纳是操作性条件反射理论的创始人,他在长期用动物做实验的过程中创造了一种特殊的实验装置——"斯金纳箱"。箱内装有一个按压杠杆,把白鼠放在箱内自由走动,偶然碰到杠杆,就会有一粒食物沿沟槽滚入箱内。由于按压杠杆可以得到食物,所以白鼠很快学会了按压杠杆取食物的操作。这就是说,形成了操作性条件反射,而这种操作性条件反射形成的关键则是食物的强化。

可见,斯金纳对强化的解释与巴甫洛夫有些不同。巴甫洛夫只是把强化看作条件反射避免消退和得以巩固的措施,而斯金纳则把强化看作增强某种反应、某种行为概率的手段,是保持行为和塑造行为必不可少的关键因素。

在斯金纳之后,不少学者对人的行为强化问题进行了大量的研究,强化的概念也得到进一步发展。实际上,所谓强化是指随着人的行为发生的某种结果会使这种行为以后发生的可能性增大。这就是说,那些能产生积极和令人满意结果的行为,以后会经常得到重复,即得到强化;反之,那些产生消极或令人不快结果的行为,以后重新产生的可能性很小,即没有得到强化。从这个意义上说,强化也是人的行为激励的重要手段,而强化理论也应属于激励理论之一。

强化过程及操作性条件反射包含有三个要素:①刺激是指所给定的工作环境;②反应是工作中表现出的行为和绩效;③后果是奖惩等强化物。这三个要素的关系,在心理学中被称为基本耦合,对于被强化者未来的行为模式有着显著的影响。

二、强化的类型

利用强化的手段改造行为,一般有四种方式:

(1)正强化。正强化是用某种有吸引力的结果或奖酬,如认可、赞赏、加薪对某一行为进行奖励和肯定,使其重现和加强。使用正强化有三个要点:所选的强化物要恰当,对于被强化对象有足够的奖惩威力;强化要有明确的目的性和针对性,必须以所希望的行为的出现为施予条件;反应与强化的顺序必须安排得当,确保能激发今后所希望的行为再度出现。

(2)负强化。当某种不符合要求的行为有了改变时,减少或消除施于自身的某种不愉快的刺激(批评、惩罚等),从而使其改变后的行为再现和增加。负强化和正强化的目的一样,都是想维持和增加某一有利的行为。应用负强化应记住两个要点:要采用负强化,事先必须确有不利的刺激存在;通过去除不利刺激来鼓励某一些有利行为时,要待这一行为出现后再去除方能奏效,以使受强化者明确行为与后果的联结关系。

（3）自然消退。自然消退有两种方式：一是对某种行为不予理睬，以表示对该行为的轻视和某种程度的否定，使其自然消退；二是对原来用正强化建立起来的，认为是好的行为，由于疏忽或情况改变，不再给予正强化，使其出现的可能性下降，最终完全消失。大量的研究表明，一种行为如长期得不到正强化，便会逐渐消失。可见，消退其实就是不予强化，不强化就会自然消退。

（4）惩罚。惩罚是用批评、降薪、降职、罚款等带有强制性、威胁性的结果来创造一种令人不愉快乃至痛苦的环境或取消现有的令人满意的条件，以示对某一不符合要求的行为的否定，从而消除这种行为重复发生的可能性。

一般说，上述四种强化类型中，正强化是影响行为发生的最有力的工具，因为它能增强或增加优秀的工作行为。惩罚和自然消退只能使员工知道不应做什么，但并没有告诉员工应该做什么。此外，负强化就会使员工处于一种被动的、不快的环境之中，因而可能产生适得其反的结果。

美国心理学家班杜拉认为，人的行为除可以获得外在的强化，还可以自我强化和替代强化。自我强化是指个体通过自己支配的积极强化物（如良心、收获感、成就感、责任心等）和自己设置掌握的绩效评定标准来自我激励、自我强化、自我鼓舞；替代强化，是指个体通过观察社会组织对他人的强化，而使自己的行为受到强化。

三、强化理论的应用

（1）在某一行为发生之后，能否把握好强化的施予时机和程序，将直接影响强化措施的效果。

原则上说，施予强化越及时，效果就越好，但具体实行起来却遇到不少困难和问题。实际上，强化的时机可有多种安排方式，称为强化的时间和程序安排。

强化的时间和程序安排分为连续性和间歇性两种。连续性强化是指每次发生的行为都受到强化。间歇性强化是非连续的强化，即不是每次发生的行为都受到强化，而是在目标行为出现若干次之后才给予一次强化。这种间歇性的强化一般有固定间隔、固定比率、可变间隔和可变比率四种形式。

（2）分步实现目标，不断强化行为。强化理论的研究结果表明，当人的行为得到及时的奖励和肯定时，该行为出现的频率就会增强。根据这一规律，管理者对员工的要求或制定的目标及奖励的标准要具体、客观、适宜。目标标准太低、过细，一点小事就奖励会变得庸俗烦琐，使激励作用减弱。目标定得太高、太远或太空，既不能检测、反馈和修正，又不能使员工的积极行为得到及时的强化、扶植，最终其积极性就会消退。大量的研究结果表明，当目标较大时，应采取分步到位的方法。把复杂的目标行为过程分解为许多小的阶段性目标来完成，利用每步所取得的成功结果，强化员工奔向总目标的积极性。

（3）强化力度必须达到最小的临界值。奖惩的数量要大小适当，要让接受者感受到影响力。如奖金的数量太小，不如不给，否则既给员工提供了相互比较、易产生不平感的机会，又不能产生激励作用。如数量过大，不但成本高，也失去了进退的余地。另外，强化物要投其所好，满足不同人的不同需要，以提高其效价。

（4）奖励要及时，方法要创新。当员工做出成绩时，如能给予及时的奖励，就可以使被强化者及时意识到强化与目标行为之间的联系,取得最佳激励效果。如果时过境迁,再给予奖励,甚至受奖者都忘了奖从何来,激励作用就会大大降低。另外,同一种刺激如果多次重复,其作用就会衰退,因此,管理者要善于更新奖励方法和方式,利用新颖奇特的刺激来提高激励效果。

(5)奖惩结合,以奖为主。在对员工正面强化的同时,也要善于用惩罚的手段削弱、改变、控制员工的不良行为。但是进行惩罚时应注意:惩罚要合理及时;惩罚要考虑行为的原因与动机;对员工的一般错误应给予教育,从严处理,从宽处罚,只是员工感到内疚,可避免产生抵触情绪或逃避心理;惩罚方式要适当,对错误较小、影响不大者,宜采用口头形式的惩罚;对犯有重大错误、对企业影响较大者,以公开的书面方式惩罚为宜。表11-3列出了企业经常使用的奖励手段。

表11-3 企业经常使用的奖励手段

类别	形式
物质性的奖励	加薪、股票认购、期权奖励、实物刺激、奖金
额外福利	医疗保健、保险、假日旅游、公司汽车、费用记账
地位标志	单间办公室、专用电话、办公室装饰、停车位
社交性	邀请共饮咖啡/共进午餐、公司杂志表彰、征询建议
与任务相关	晋升、工作轮换、成果反馈、列席高级主管会议

第四节 领导与工作场所的教练

有效的领导者都是好的教练,而好的教练都是有效的激励者。所有层次的领导者都需要有一个教练身份。例如,百盛公司的董事长戴维·诺瓦克更多地把自己看作一个教练和啦啦队长,而不是老板,他的部分教练身份就是仔细地听取员工的想法。

教练是一种使他人有能力去采取行动、加强他们力量的方法。组织也从教练中受益,因为很多员工因为受到教练辅导而提高了生产力。教练也被看作鼓舞(或者激励)员工的关键手段。詹姆斯·哈特指出,大多数投入型的员工会为那些持续投入时间帮助他们获得成功的管理者工作。

一、教练的作用

工作场所的教练技术也许通常被解释为管理的艺术。创新领导力中心的研究发现,管理者常常简单地将教练理解为告诉别人去做什么,而事实上,有效的教练关注个体的成长和发展而不是直接告诉对方在特定的场合下应该如何去做。为了帮助下属成长和发展,作为教练的领导者应该为下属提供资源,让他们自己做出决定。受训者应该挑战自己去寻找解决方案,并且提供他们表现如何的反馈。

(1)一个有效的教练保有热情,并且不断地给予赞扬和认可。
(2)优秀的教练还促进个人发展。

（3）优秀的教练使团队成员受到鼓励去相互培训,相互支援。

（4）优秀的教练使得团队成员意识到彼此的优势技能,以及这些优势技能如何促进团队目标的实现。

二、教练技术的误区

（1）错误地认为,教练只用于一对一的工作中。实际上,小组或者其他团队成员也能接受教练。作为一个团队的领导者,教练也可能会向团队提出意见。

（2）错误地认为,教练主要是提供新的知识和技能。事实是人们经常在潜在的习惯上而不是知识和技能上需要更多的帮助。例如,在教练某人关于工作习惯和时间管理的内容时,领导者能够向个人提供很多有用的知识和技术。然而,如果某人是一个拖延者,这个人必须先克服拖延的习惯,之后时间管理技能才能有所帮助。

（3）错误地认为,如果教练不只是给予知识和技能上的指导,那么领导者就可能陷入被认为是"心理治疗师"的麻烦。事实上,教练型领导只是倾听他人,努力理解他人真正关心的东西,并且提供支持和鼓励。

（4）一种特别顽固的思维定式是,教练应该是业务领域的专家。事实上,若以运动来类比,一个好的教练并不一定是或者曾经是一个杰出的运动员。教练的一个重要作用是问一些中肯的问题和倾听,提问和倾听能够帮助其他人较快地达到目标。

（5）错误地认为,教练活动必须是面对面的。确实,面对面的方法能够帮助教练执教,然而,当时间和距离形成障碍时,电话、邮件和文本信息也是有用的替代物。

三、教练技能和技巧

（1）与团队成员沟通清晰的期望。为了使人们表现出色并且不断地学习与成长,他们需要清晰地知道对他们的期望是什么。对于一个职位的期望是将来判断绩效的标准,因此这是教练执教的一个基点。

（2）建立关系。有效的教练与团队成员建立私人关系。与团队成员建立和谐的关系,能够促进培训中的教练关系。有建议表明,主动倾听和给予情绪支持是建立关系的一部分。

（3）在需要改进的方面给予反馈。为了教练一个团队成员达到更高的绩效水平,领导者应指出需要改进的具体行为、态度和技能是什么。一个有效的教练可能会说,"我已经读了你提交的关于扩大生产的建议书。这很好,但是它没有达到你通常的创意水平。我们的竞争者已经在采用你提到的产品。你是否考虑过……"在具体反馈方面,另一个重要因素是避免泛泛而谈和夸张,比如,"你从来没有提出过关于产品的好点子",或是"你是我遇到过的最没有想象力的产品开发专家"。为了给出更好的反馈,领导者和管理者不得不直接和经常去观察绩效和行为,比如观察一个主管如何处理团队建设问题。

为了让反馈过程不那么吓人,在领导者开始教练别人之前获得许可是有帮助的,暗示一下你的目标,并且解释一下你的积极意图。比如,"我们来分享一下我的想法好吗？就几分钟(许可)""我想和你谈谈你刚才做的关于风险投资家的展示(目的)""我喜欢你的创意,但是我有几个你在下次展示上可能会用到的点子(积极的意图)"。当教练解释了哪

第十一章
领导：激励和教练

种行为需要减少而哪种行为需要增加之后,反馈也变得没有那么吓人了。这种方法结合了赞扬和批评,避免让受训者难堪。

（4）积极倾听。倾听在任何教练活动中都是最重要的部分。一个积极的倾听者努力同时抓住事实和情感。观察团队成员的非语言沟通是积极倾听的另一个方面。领导者也必须耐心,但不是犹豫地对待自己与团队成员之间任何不一致的反驳观点。在每个教练活动开始时,一个提问有助于为积极倾听做准备,问题也将激发员工的思维,框定讨论内容。例如,"我们如何利用已经购买类似产品的客户的新数据资料来帮助我们的员工创造更多的销量？"

成为一个优秀的倾听者的一部分就是鼓励受训人谈谈自身绩效表现。开放式的问题有助于会谈的进展,例如,"关于你昨天处理与市场团队冲突的方式,你有什么感受？"一个关于同一内容的封闭式问题"你认为可以用更好的方式来处理昨天与市场团队的冲突吗？"

（5）帮助去除障碍。为了以最大的能力开展工作,员工可能需要有人帮助他们去除障碍,比如混乱的规则和规定、严格的预算等。于是,组织中的领导者所扮演的重要角色就是障碍清除机。领导者或管理者在获得高层管理者赞同、促成一个新的预算或者批准雇用一个临时工等方面,常常比团队成员更有优势。但是,如果教练太快地帮助团队成员去去除障碍,团队成员也许就无法培养出足够的自己解决问题的能力。

（6）给予情绪支持和表达同理心。领导者通过有益的帮助和建设性的方式,向表现不佳的团队成员提供足够的情绪支持。一次教练活动不应当是一次审讯,给予情绪支持的一个有效方法是利用积极的而不是消极的激励因子。例如,领导者可以说,"我喜欢你昨天做的一些事情,而且我有一些可能会使你获得更高绩效的建议"。

表达同理心是给予情绪支持的有效方法。用一些话来表示你理解团队成员所面临的挑战,比如,"我能理解,现在员工的减少使得你处在很大的时间压力之下"。表现出真情实意的关注会有助于营造和谐气氛,有助于共同努力解决问题。

（7）反映问题背后的真正内容和真正含义。反映含义的一个有效方法是简单地概述和总结团队成员所说的内容。一个绩效较差的员工可能会说,"我落后这么多的原因在于我们公司可怕的官僚管理制度,我们正好需要完成客户满意度调查表。而我还有50封邮件没有看"。你可能回答说,"你落后这么多是因为你有那么多表格信息需要处理"。

（8）给出温和的建议和指导。提供太多的指导会阻碍双向沟通,而适当的建议能够提高绩效。同样,受训人通常希望得到中肯的建议。给出温和的改进指导,其中一个方法是利用"可以"这个词,而不使用"应该"这个词。说"你应当做这个"意味着这个人目前做错了,只会激发抵触情绪;说"你可以做这个",留给个人一种选择,这个人可以通过衡量结果来接受或者拒绝你的建议。

（9）获取变革承诺。团队成员可能无法实现更高的绩效,除非领导者获得来自团队成员的承诺,执行事先确定的解决方案。一个有经验的管理者对员工什么时候会致力于提高绩效有一种直觉。缺乏变革承诺的两大诱因是：①过度赞同变革的需求；②没有情感地同意变革。

（10）称赞好的结果。运动场上和工作场所中有效的教练都是啦啦队长。他们对好的结果大力给予鼓励和正强化。一些有效的领导者在他们的员工和团队获得杰出成果时会欢呼,而不只是赞赏性地鼓掌。

本章思考题

1. ERG 理论的要点是什么?
2. 双因素理论对需要层次论进行了什么修正?其要点是什么?
3. 麦克利兰需要理论的要点是什么?
4. 目标设定理论的要点是什么?
5. 什么是目标设定的 SMART 原则?
6. 期望理论的要点是什么?
7. 公平理论的要点是什么?
8. 强化有几种类型?
9. 领导教练技术的误区有哪些?
10. 常见的领导教练技能和技巧有哪些?

第十二章 沟通、冲突管理与谈判

第一节 沟通概述

一、沟通的定义

沟通是人们通过语言和非语言方式传递并理解信息、知识的过程,是人们了解他人思想、情感、见解和价值观的一种双向的互动过程。管理沟通是指为实现组织目标而进行的组织内部和外部的知识、信息的传递和交流活动。

很多人对沟通的含义缺乏全面的认识。比如,有人认为,我们天天都在与人打交道,这是家常便饭,非常容易。然而正是因为把沟通看得过于简单,而忽视了其复杂性和难度,在处理沟通问题时容易简单化,不做充分准备,所以沟通失败也就在所难免。又如,有人认为,只要我告知对方,就完成了沟通任务,至于对方是否理解我的意思,产生怎样的结果都与我无关。这种观点导致生活、学习和工作中事与愿违,与此相关的抱怨随处可闻。殊不知,沟通并不是单向的,而是双向的,只有当听众正确了解了信息的含义,才是真正意义上的沟通。此外,也少有人注意到,沟通不光是信息的沟通,还包括思想、感情、态度、价值观等的沟通。

简单地说,沟通应该涵盖以下五个方面:想说的、实际说的、听到的、理解的、反馈的。

如图 12-1 所示,A 和 B 分别表示信息发送者和信息接收者。而此时的"说"和"听"具有宽泛的含义,分别指"说、写、做或其他信息传递形式"以及"听到、看到或接收到"。事实上,你想说什么与实际说了什么是有差异的。例如,有时人们说自己的表达有些"词不达意",就是这种情况。同时,听众听到的与其理解的意思也存在差异,听众会从自身的角度去理解所听到的信息,然后做出反馈。这种差异会从反馈中表现出来。理想的情况是,听众所反馈的、对该信息的理解恰好是你的初衷或你所期望的,但现实往往并不尽如人意。因此,沟通并不像我们想象的那样轻而易举,相反,它是一门技巧性和实践性很强的学问,领导者只有通过正确认识沟通,不断加强学习和训练,才能真正领略沟通的真谛。

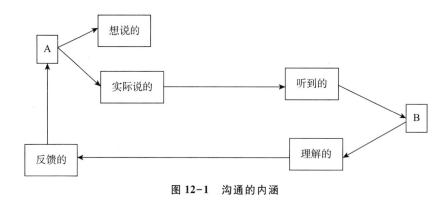

图 12-1 沟通的内涵

资料来源:康青,《管理沟通》(第二版),中国人民大学出版社,2009年版。

二、沟通的方式

人们会根据不同的沟通目的、听众及沟通内容等,选择不同的方式与他人沟通。沟通方式的选择往往取决于两个方面的因素,即信息发送者对内容控制的程度以及听众参与的程度。

(1) 告知:是指听众参与程度低、内容控制程度高的方式,如传达有关法律、政策方面的信息、做报告、讲座等。

(2) 推销:是指有一定的听众参与程度,对内容的控制带有一定的开放性的方式,如推销产品、提供服务、推销自己、提出建议和观点等。

(3) 征询:是指听众参与程度较高、对内容的控制带有更多的开放性的方式,如咨询会、征求意见会、问卷调查、民意测验等。

(4) 参与:是四种沟通方式中,听众参与程度最高、控制程度最低的一种方式,如团队的头脑风暴、董事会议等。

沟通方式的选择完全取决于沟通目的、听众和沟通内容。既可以选择单一的方式沟通,也可以结合运用多种方式沟通。

三、沟通的基本模型和有效沟通

一个完整的沟通过程包括六个环节(信息发送者、编码、渠道、接收者、解码、反馈)和一个干扰源(即噪声)。

(1) 信息发送者。信息源于发送者,信息是否可靠、沟通是否有效,与发送者的可信度密切相关。一般来讲,影响发送者可信度的重要因素有身份地位、良好意愿、专业知识、外表形象及共同价值。例如,通过强调自己的头衔、地位,或将自己与某个地位更显赫的知名人士联系在一起,可以增强可信度;通过向听众表达良好意愿,并指出听众的利益所在,可以使听众产生信任与认同感;显示出自己的专业背景或向听众叙述有关的经历,可以在听众中树立起专业或权威的形象;注重外表形象设计与展示,或借助认同你的听众的利益,或运用诙谐幽默的语言吸引听众,以拉近沟通的距离。应该指出,在沟通的初始阶段,就应该注重与听众达成共识,将信息与共同利益和价值观联系起来,这将大大增强听众的信任感,提高可信度,从而为有效沟通奠定基础。

第十二章

沟通、冲突管理与谈判

（2）编码。将信息以相应的语言、文字、符号、图形或其他形式表达出来的过程就是编码。虽然我们很少能意识到编码过程的存在，但是编码过程却十分重要。通常，信息发送者会根据沟通的实际需要选择合适的编码形式向接收者发出信息，以便其接收和理解。因为编码过程非常重要，为了使信息顺畅地传递至听众并使其易于接受，策略性地组织信息至关重要。

（3）渠道。随着通信工具的发展，信息发送的方式越来越多样化。人们除了通过语言进行面对面的直接交流，还可以借助电话、电子邮件、微信等来发送信息。在发送信息时，发送者不仅要考虑用合适的方式传递信息，而且要注重选择恰当的时间与合适的环境。沟通的内容只有与沟通的渠道相匹配，才能取得最好的效果。

（4）接收者与解码。接收者理解所获信息的过程称为解码。接收者的文化背景及主观意识对解码过程有显著的影响，这意味着信息发送者所表达的意思并不一定能使接收者完全理解。沟通的目的就是使信息接收者尽可能理解发送者的真正意图。信息发送者和接收者采取同一语言沟通是正确解码的重要基础。完全理解只是一种理想状态，因为每个人都具有自己独特的视角，这些个体的差异必然会反映在信息的编码和解码过程中。只要沟通双方以诚相待、精诚合作，沟通就会接近理想状态。

因为解码这一过程非常关键，所以为了确保有效沟通，了解听众及其需求是非常重要的。在沟通前应该了解听众究竟是些什么人：他们是积极的听众还是被动的听众？是主要听众还是次要听众？另外，还应了解听众的背景材料：他们对于沟通的主题了解多少？他们需要了解哪些新的信息？掌握了这些信息，就明确了该对听众说些什么，知道在什么情况下可以运用一些专业术语，在什么情况下应该叙述得更通俗易懂。此外，听众对你的信息是否感兴趣？感兴趣的程度又如何？这些也是把握沟通过程的风向标。如果听众对沟通主题兴趣浓厚，可以开门见山直奔主题。对于那些对沟通主题兴趣不大的听众，应该设法激发他们的热情，征求他们的意见并诱导他们参与讨论。当然，通过强调信息中可能使听众受益的内容，可能会更有效地吸引听众。

（5）反馈。信息接收者对所获信息做出的反应就是反馈。当接收者确认信息已收到，并对信息发送者做出反馈，表达自己对所获信息的理解时，沟通过程便形成了一个完整的闭合回路。反馈可以折射出沟通的效果，可以使信息发送者了解信息是否被接收和正确理解。反馈使人与人之间的沟通成为双向互动过程。在沟通过程中，信息接收者应该积极做出反馈，信息发送者也可以主动获取反馈。例如，直接向接收者发问或通过察言观色来捕捉接收者对所获信息的反应。

反馈可以使信息发送者据此进行必要的调整。如果信息发送者不断追踪接收者的反应，就能不断对沟通的内容、形式进行修正以达到最佳效果。在管理实践中，沟通是一系列连续的过程，管理者必须重视反馈，并善于根据反馈不断调整，才能达到预期的管理效果。

反馈的形式是多样的，可以是口头的或书面的、语言或非语言的、有意的或无意的、直接或间接的、即刻的或延缓的、内在的或外在的。反馈从本质上讲分为正反馈和负反馈两种。

（6）噪声或背景。能够对信息过程产生干扰的一切因素都称为噪声。噪声是一种干扰源,它可能有意无意地交织,会影响编码或解码的正确性,导致信息在传送与接收过程中变得模糊和失真,影响正常交流与沟通。噪声贯穿整个沟通过程,甚至构成了沟通的背景。有效沟通必须考虑沟通的背景。常见的噪声或背景包括:①认知背景:价值观、认知水平的差异会阻碍相互理解;②心理背景:情绪波动以及交流环境会对沟通产生显著影响;③社会背景:身份地位的差异会导致心理落差和沟通距离;④语言、习惯或风俗背景:编码与解码所采用的信息代码的差异会直接影响理解和交流;⑤文化背景:不同的文化;⑥物理背景:沟通发生的场所,如在家里、在办公室、在工作单位等。

以上所讨论的沟通过程模型只反映了由两个人参与的信息交流过程,它是对实际情况的一种简化,是对人际沟通中最简单、最具代表性的一对一沟通过程的描述。在管理过程中,沟通常常发生在组织或团队中,需要借助会议、研讨、报告等形式,沟通模式变得更为复杂,常常表现为一对多或多对多沟通,并且涉及组织网络和系统。

第二节　基于沟通的领导者类型

一、约哈瑞窗

约哈瑞窗是由约瑟夫·哈特(Joseph Luft)和哈瑞·英格姆(Harry Ingham)提出的一种用于研究人们改进信息沟通的方法,它将人的心灵想象成一扇窗,其中四个区域分别代表个体或领导特征中与沟通有关的部分(见图12-2)。

(1) 公开的我 他人和自己都了解的信息	(2) 背脊的我 他人了解但自己不了解的信息,自己的盲区
(3) 隐秘的我 自己了解而他人不了解的信息	(4) 潜在的我 他人不知道且自己不了解的信息

图 12-2　约哈瑞窗

约哈瑞窗提示了个体或领导进行沟通和信息处理的方式,它不仅有助于我们认知自己,而且有助于我们更加客观地了解他人,减少沟通中的知觉偏差。

第一扇窗:公开的我。这个区域包括我们知道、他人也知道的信息。它反映彼此互相理解并分享信息,如关于你的工作能力与工作表现,你和你的同事都非常了解。在这个领域,自己了解,他人也了解,双方不存在沟通障碍。共同拥有的信息是直接从有效的公开反馈场合中获得的,但是沟通的畅通程度会因人、因时、因地而异,主要取决于你与沟通对象之间的融洽程度。假设生产率和人际关系效率与共同拥有的信息直接相关,那么你的公开区越大,工作关系越倾向于高回报和高效率。

第二扇窗:背脊的我。这个区域包括他人完全知道而自己却一无所知的信息,是一个隐藏且难觉察的区域。例如,你在紧张时表现出来的习惯动作是什么;你的上司究竟需要你有多大的能力去组织与领导一个项目团队的工作。通常,除非经过专门、坦诚的探讨,否则你不可能知道这些问题的答案。此外,你的同事如何评价你的管理沟通能力,是太武断还是非常果断,通常你也无法真正了解。常言道,"当局者迷,旁观者清",必须通过不断的沟通以获得反馈,才能了解他人对你的评价。

第三扇窗:隐秘的我。这个区域包括自己知道但他人完全不知道的信息。在工作场所,这指的是你的同事或其他重要的人并不了解的有关你的工作表现与能力的信息。由于你觉察到同事对于工作关系存在偏见,或者考虑到个人发展的宏伟计划,或者害怕遭遇嘲笑或遭到刁难、报复,你有时会表现得很含蓄,没有对所有的人敞开心扉。换言之,你是戴着面具与人交往。显然,过度暴露自我会显得天真幼稚,但是过于自我封闭又会拒人于千里之外。

第四扇窗:潜在的我。这个区域由自己不知道、他人也不知道的信息组成,是一个有潜力与创造力的领域,通过有效的沟通,可以加强工作联系与自我认知,缩小未知区域。通过自我学习与团队学习来促进自我潜力的开发,可以将潜在意识与愿望变成美好的现实。

二、基于沟通的领导者类型

根据约哈瑞窗的分析维度,可以将领导者分为四种类型:

(1)双盲型。这种类型的特点是既不暴露也不反馈,占据双盲的位置,自我充满焦虑与敌意。这种类型的管理者往往采取专横独断的管理方式,在他所领导的群体、团队或组织中,人际交往效率低,缺乏有效的管理沟通,下属缺乏创造性。

(2)被动型。这种类型的特点是仅仅依靠反馈,缺乏自我暴露,是一种戴着面具的沟通。起初,下属与上司互相比较满意,但长此以往,如果上司不愿打开心扉与下属坦诚交流,就可能产生信任危机。

(3)强制型。这种类型的特点是一味以自我暴露取代反馈,认为自我至高无上,他人一无是处。在与员工的沟通中,管理者常常滔滔不绝,言过其实,以此巩固自己的地位与威信。这种类型的管理者采取的是强制灌输的管理方式,下属会对其心存戒备,常感到忐忑不安,甚至怨愤。

(4)平衡型。这种类型的特点是合理使用暴露与反馈,达到最佳沟通状态。这种类型的管理者会自由而适度地暴露自己的情感,及时收集他人的反馈,注重自我与他人的互动,采取平衡有效的管理方式。下属与上司坦诚交流,会感到心情舒畅。这种类型管理者的效率最高。

第三节 组织沟通与战略沟通

一、组织沟通

组织沟通包括纵向沟通和横向沟通。纵向沟通是指沿着组织结构的直线等级进行的信息传递,包括下行沟通和上行沟通。

(一)下行沟通及其效果

下行沟通,是指上司作为信息发送者与下属进行沟通。传统上,下行沟通一直是组织沟通的主体。公司管理所涉及的各种职能运作,如计划的实施、控制、授权和激励等,基本上依赖下行沟通来完成。

不少公司认为在下行沟通中，员工不仅 100% 地接收到信息，而且准确无误地理解了信息。单纯采用这种沟通形式的领导者，不准备从下属那里得到任何反馈。这是导致下行沟通失败的最重要原因。下行沟通的效果可以用漏斗模型加以说明：当下行沟通经过若干中间层级时，每经过一层，都会引起信息的丢失和扭曲——就如同一个漏斗。下行沟通中的常见问题还有：

（1）管理者沟通风格与情境不一致。本书前面曾指出，领导行为风格方式多样，有命令式的、支持式的、授权式的，它们之间体现在沟通方式上也存在很大差异。针对不同的任务，应该采用不同的沟通方式。

（2）接收者沟通方面的差异。员工在组织中的职位不同、在组织中工作的时间长短不一，因而他们对信息的理解能力不同。此外，员工的沟通技能也存在差异。因此，原则上讲，对不同的员工应采取不同的沟通方式才能获得较好的沟通效果。

（3）沟通各方心理状态不同。本书前面已指出，不同的心理状态，如兴奋、期待、愤怒、怀疑等状态下接收到的信息和理解的信息很不一样。

（二）上行沟通及其效果

上行沟通就是下属主动作为信息发送者而上司作为信息接收者的沟通。上行沟通的目的之一是主动开辟一条让管理者听取员工意见、想法和建议的渠道。上行沟通的另一个目的是对下行信息的反馈。上行沟通可以：为员工提供参与管理的机会；减少员工因不能理解下达信息而造成的失误；营造民主式的管理文化，提高组织的创新能力；缓解工作压力。

显然，上行沟通比下行沟通遇到的阻力要少。上行沟通也有很多途径，例如意见箱、小组会议、反馈表等。但是，如何使得上行沟通更有效率，仍然存在很多可以改善的地方。研究表明，这些途径真正发挥作用的关键在于营造上下级之间良好的信赖关系。一般来说，上下级的依赖关系需要很长时间的培养与长期的努力。此外，有效的上行沟通还与组织环境、组织氛围直接相关，在参与式管理和民主管理的组织中，上行沟通会更好。

（三）横向沟通

横向沟通是指沿着组织结构中的横线进行信息传递，包括同一层面上的管理者或员工进行的跨部门沟通。它与纵向沟通的实质性差别是，横向沟通不存在上、下级关系，沟通双方均为同一层级的同事。横向沟通是为了增强部门间的合作，减少部门间的摩擦，最终实现组织的总体目标，这对组织的整体有着重要的作用。此外，横向沟通还可以弥补纵向沟通的不足。这是因为，尽管组织努力地创建上下行沟通渠道，但囿于沟通场合、时间及形式等因素的限制，误解、信息遗漏、理解差异等情况仍不可避免。从某种程度上讲，员工间相互传递信息的沟通氛围比纵向沟通更轻松，有利于员工达成共识。因此，横向沟通无疑可以起到相互确认信息、强化纵向沟通信息的作用。

根据沟通涉及的主体是否来自同一部门，横向沟通可以分为同一部门内的横向沟通和不同部门间的横向沟通，后者又可分为部门管理者间的沟通和不同部门员工间的沟通。不同部门管理者之间的横向沟通通常采取会议、备忘录、报告等沟通形式。这种跨部门会议根据目的可以分为决策性会议、咨询会议和信息传递性会议。部门内员工的横向沟通，则更多地采用面谈等方式。

对于横向沟通的障碍,可以通过"树立内部顾客的理念"、换位思考、选择正确的沟通方式等来解决。

(四)组织中的沟通网络

组织中的沟通网络分为正式沟通网络和非正式沟通网络。正式沟通网络通过组织正式结构或层次系统运行,并包含于上、下行沟通与横向沟通之中,非正式沟通网络则通过正式系统以外的途径运行。

尽管正式沟通网络在组织中占据重要地位,但它并不是组织沟通形式的全部。组织内的非正式沟通网络也起着不容忽视的作用。非正式沟通与正式沟通不同之处在于其沟通的目的、对象、形式及内容都是未经计划或难以预料的。一般的,非正式沟通网络具有以下特点:不受管理层控制;被大多数员工视为可信的;信息传播迅速;关系到人们的切身利益。

非正式沟通不是根据组织结构、按组织规定程序进行的,其沟通途径很多,且无固定形式。由于这一特点,通过非正式沟通网络,能够及时、快捷地获得一般正式沟通渠道难以提供的小道消息。

小道消息或办公室传闻是非正式沟通内容的重要组成部分。小道消息的传播有助于缓解员工的焦虑情绪,传达员工潜在的愿望和期待。但是,假如组织成员的焦虑和期望长期得不到及时的缓解或满足,小道消息便会失控而四处蔓延,谣言四起,导致人心涣散、缺乏凝聚力、士气低落。

二、战略沟通

战略沟通是有关组织使命和战略方向的信息沟通,它是基于组织战略在组织内部及组织外部进行的沟通,是推进和实施组织战略的必要过程。对于一个组织而言,组织的战略执行力主要取决于三个方面,即组织成员达成战略共识、战略协同及战略控制,而战略共识、战略协同及战略控制的实现取决于有效的战略沟通。

(一)通过战略管理沟通形成战略共识

战略共识是指组织各级部门和员工对组织使命、价值观及组织发展前景等重大战略问题形成的共同认识。事实证明,如果没有战略共识,组织内部就会缺乏向心力和凝聚力,从而失去战斗力。长此以往,组织在市场竞争中将逐渐丧失优势,而战略沟通有助于制定战略决策并形成战略共识。

在战略决策形成初期,常见的以达成战略共识为目的的有效战略沟通方式是战略研讨会。战略研讨会主要由组织的高层和中层管理者参与,旨在通过与会人员头脑风暴式的充分沟通使组织掌舵人与管理团队共同谋划和制定战略;通过这种形式的战略沟通来共同确定组织的战略方向和价值定位,并在总结成功的经验和失败的教训的基础上,明确组织未来发展的战略目标。显然,由此形成的战略决策更容易在管理层达成共识,拥有战略共识的管理团队会同心同向,自觉自愿地推进和实施战略规划。

当战略决策形成后,在组织实施战略的过程中,战略沟通的另一种有效方式是针对组织一线管理人员和基层员工的学习与培训,使组织的战略理念、使命和战略目标深入人心,内化于组织各层面的管理人员和基层员工的脑海里,外化于组织每一个成员的行动上,从而形成实施组织战略决策、实现组织战略目标的合力。

在组织各层面达成战略共识的过程中,每一个步骤都是通过有效的战略沟通来实现的。有效的战略沟通有利于促进组织各部门之间以及组织与组织之间的战略信息的传递,从而促进高管层、中层管理团队、基层员工、部门之间达成战略共识,凝心聚力,共同致力于组织的发展。

(二) 通过战略管理沟通促进战略协同

战略协同是指组织内部多个部门或员工围绕组织长期发展战略协调联动,从而使组织绩效获得整体提升。良好的战略协同可以为组织创造更大的效益,而战略沟通是实现战略协同的助推器。通过战略沟通,可以促进组织的经营活动与其战略目标保持一致,使管理人员与基层员工协同作战,稳健实现组织的既定战略目标。

(三) 通过战略管理沟通有效把握战略控制

战略控制是指在组织实施战略中,进行过程监控、绩效评估、纠正偏差,使组织朝着既定目标前进。从战略控制的概念不难看出,战略控制过程就是战略沟通的过程。通过战略沟通对战略实施过程实时控制,及时发现战略执行中的问题并加以解决,旨在确保战略实施不偏离预定的目标。

此外,通过战略沟通,战略控制过程中产生的信息在组织内部及时传递和反馈,有助于企业内部各级部门之间、管理层与员工之间在战略层面上取得互谅互信,从而促进组织上下步调一致,同心协力,达到进一步的战略协同,为实现组织战略目标而努力。

第四节 冲突管理

对冲突的定义很多,不过大多数定义都认为冲突是一种知觉。如果人们没有意识到冲突,那么常常会认为没有冲突。对立或不一致以及某种形式的互动,也是冲突过程开始的必要条件。

罗宾斯认为,冲突是当一方感觉对方对自己关心的事情产生或将要产生不利影响时随之会产生的一个过程。这是一个广义的定义,它描述了从互动变成相互冲突时所进行的各种活动。它囊括了人们在组织中经历的种种冲突:目标不一致、对事实的解读存在分歧、对行为预期的不一致,等等。另外,这一定义非常灵活,它可以涵盖所有层面的冲突,从公开的暴力行为到微妙的意见分歧。

一、关于冲突的三种观点

有关冲突的一种观点认为,必须避免冲突,因为冲突意味着群体内的功能失调,我们把这个派别称为传统观点。另一派观点认为,冲突不仅可以成为群体内的积极动力,而且有些冲突对有效的群体工作来说是必不可少的。我们把这种思想称为相互作用冲突观。最近的研究认为,更重要的是高效解决那些自然发生的冲突,这种观点就是冲突管理的观点,或者可以称为"以解决方法为中心的冲突观"。

（一）传统冲突观

早期的冲突观认为所有冲突都是不良的，应该避免。冲突被视为消极因素，常常与暴乱、破坏和非理性等词语同时使用，以强调其消极意义。这种传统冲突观与人们在20世纪三四十年代对群体行为所持的主流态度是一致的。那时候，人们认为冲突是恶性结果，导致冲突的原因来自这样几个方面：沟通不良、人们之间缺乏坦诚和信任、管理者对员工的需求和抱负没有做出有效应对。

这种观点认为，所有冲突都有害无益，因而提供了一种过于简单的方式来看待冲突引发者的行为。在这种观点看来，为了提高群体和组织的绩效，人们只需直截了当地找出冲突的原因并纠正这些功能失调即可。随着研究的深入，人们逐渐认识到某种程度的冲突是不可避免的。这表明传统冲突观已经过时了。

（二）相互作用冲突观

相互作用冲突观鼓励冲突。这种观点认为融洽、和平、安宁、合作的群体容易变得静止和冷漠，并且无法对变革和创新的必要性做出快速应对。这种观点的主要贡献在于，它认识到某种最低程度的冲突有助于一个群体保持旺盛的生命力、善于自我批评和不断推陈出新。

相互作用冲突观并不认为所有冲突都是好的。良性冲突（functional conflict）能够支持群体的目标和提高群体的绩效，是具有建设性的冲突。恶性冲突（dysfunctional conflict）妨碍群体的绩效，是具有破坏性的冲突。如何区分良性冲突与恶性冲突？研究证据表明，首先要看冲突的类型是任务冲突、关系冲突还是程序冲突。

任务冲突（task conflict）与工作的内容和目标有关。关系冲突（relationship conflict）侧重于人际关系。程序冲突（process conflict）与完成工作的方式有关。研究表明，绝大多数关系冲突是恶性的，因为关系冲突总是会表现出人与人之间的敌意、不和与摩擦，会加剧彼此之间的性格差异，并削弱相互的理解，从而妨碍组织任务的完成。遗憾的是，管理者花费了大量精力来解决员工之间的性格冲突，有一项调查显示，这花费了管理者18%的工作时间。

低水平的程序冲突以及低到中等水平的任务冲突，能够成为良性冲突。但这要取决于具体情况：

（1）高水平的任务冲突，例如就应该做什么事情产生的激烈争论往往会变成恶性冲突，因为它会使人们在任务中的角色变得不清晰，延长完成任务所需的时间，并导致人们追求不同的工作目标。低到中等水平的任务冲突会对群体的绩效有积极影响，因为它可以激发人们对不同的观点进行讨论。

（2）任务冲突与创新性和创造性具有正相关关系，但是与常规任务的绩效不存在相关关系。那些执行不需要创造性的常规任务的群体不会受益于任务冲突。

（3）如果群体已经以非对抗形式对各种观点进行了积极活跃的讨论，那么增加冲突将无助于产生更多的观点。

（4）只有当所有成员具有相同的目标和很高的信任程度时，任务冲突才有助于实现这些积极的结果。

(三) 以解决方法为中心的冲突观

研究者,包括那些极力提倡相互作用冲突观的研究者,已经开始认识到鼓励冲突所带来的一些问题。正如我们将看到的那样,在一些特定的情况下,冲突是有益的。然而工作场所的冲突并不总是会促进生产率,因为它会占用从事工作任务和与客户互动的时间,并伤害人们的感情。而且在冲突看似结束之后,往往会激发愤怒。人们很少能够清楚准确地划分"任务分歧"和"关系分歧",因此任务冲突有时候会升级为关系冲突。冲突会引发压力,而压力可能会使人的思维变得更加封闭和更具对抗性。研究表明,所有类型的冲突都会减少群体内的信任、尊重和凝聚力,而这会削弱该群体的长期生存能力。

受到这些研究结果的启发,学者们开始更多地关注于对冲突发生的完整情境进行管理,包括冲突行为发生之前和之后。越来越多的研究提出,人们可以通过聚焦于为解决冲突做准备、开发解决战略和促成开放式讨论而使冲突的负面影响最小化。

综上所述,传统冲突观认为所有的冲突都应该消除,这是一种短视的观点。相互作用冲突观认为冲突可以激发活跃的讨论,而不会导致消极的、破坏性的情绪,这是不全面的观点。以解决方法为中心的冲突观承认,在绝大多数组织中,冲突很可能是不可避免的;而且,它更多地关注卓有成效的冲突解决方法。

二、冲突过程

我们可以把冲突过程划分为五个阶段,即潜在的对立或失调、认知和人格化、行为意向、行为、结果。

(一) 阶段一:潜在的对立或失调

冲突过程的第一个阶段是出现能够导致冲突的前提条件,这些条件并不一定直接导致冲突,但它们中至少有一项是产生冲突的必要条件。为了简化起见,我们可以把这些引起冲突的条件概括为沟通、结构、个人变量三类。

1. 沟通

沟通能够成为一种冲突源,沟通中的误解、理解分歧以及沟通过程中的噪声都有可能成为冲突的潜在因素。一份研究综述指出,词汇含义的差异、行话、信息交流的不充分以及沟通渠道中的噪声等因素构成了沟通障碍,可能会成为冲突的前提条件。有研究进一步论证了一项令人惊奇的发现,无论是沟通过少还是过多,都会提高发生冲突潜在的可能性。显然,在某个特定范围内沟通的增加会产生积极效果,但是如果超过这个范围,就会导致过度沟通,从而增加发生冲突的可能性。

2. 结构

正如本书前面章节所指出的,结构包括这样一些变量:规模、员工任务的专业化程度、管辖范围的清晰度、员工与目标之间的匹配度、领导风格、薪酬体系以及不同群体间的依赖程度。

规模和专业化程度能够激发冲突。群体的规模越大,任务越专业化,则越可能出现冲突。研究发现,任职时间与冲突呈负相关关系;如果群体成员更年轻,而且离职率越高,那么出现冲突的可能性越大。

职责划分越模糊,出现冲突的可能性就越大。管辖范围的模糊性会加剧不同群体为掌控资源而产生的冲突。不同群体的目标差异也是产生冲突的主要原因之一。当一个组织中的各个群体追求的目标不同时,其中一些目标必然会针锋相对,从而增加了冲突出现的可能性。当一个成员的所得是以另一成员的损失为代价时,这种薪酬体系也会导致冲突。最后,如果一个群体依赖于另一个群体(而不是两者相互独立),或者这种依赖关系允许一方的获益来自另一方的损失,那么也可能导致冲突。

3. 个人变量

最后一类潜在的冲突源是个人变量,其中包括个性、情绪和价值观。个性确实在冲突过程中扮演着重要角色,有些人就是容易卷入冲突。具体而言,在不合群、神经质或低自我监控等人格特质方面得分较高的人更容易、更经常和他人产生冲突,而且不善于应对冲突。情绪也会引起冲突。

(二) 阶段二:认知和人格化

如果阶段一中提到的那些条件对其中一方关心的事物造成消极影响,那么潜在的对立和失调就会在阶段二中成为事实。

在冲突的定义中,我们强调需要有一方或多方意识到已经存在冲突的前提条件。不过,感觉到的冲突(perceived conflict)并不意味着冲突被人格化。换句话说,A 可能意识到 B 与 A 之间存在严重的意见分歧,但这并不一定会让 A 感到紧张或焦虑,也不一定会影响 A 对 B 的感情。当个体投入情感时,则会出现情感上的冲突(feeling conflict),此时双方会体验到焦虑、紧张、挫折或敌意。

(1) 阶段二之所以重要,是因为冲突事项往往在这个阶段被明确界定。在这个阶段,相关双方会确定冲突的主要内容是什么。比如,如果我们把我们的薪水分歧界定为一种零和情境,也就是说你的薪水增加多少,我的薪水就相应减少多少,那么我当然不乐意妥协。但如果把这种冲突界定为一种潜在的双赢(即薪水总量可能会增加,因此你和我都可以得到自己希望的加薪),那么我可能愿意采取妥协方案。可见,对冲突的界定非常重要,因为它通常会勾勒出各种潜在的解决方案。

(2) 情绪能够显著影响认知。消极情绪可能会导致我们过于简单化地处理问题,失去信任,从消极的方面来解读对方的行为。相反,积极情绪往往会促使我们更愿意发现一个问题的组成要素之间的潜在关系,采用更广阔的眼光和视野来看待整个情境,开发出更加创新的解决方案。

(三) 阶段三:行为意向

行为意向介于人们的认知及情感与他们的公开行动之间。它是以某种特定方式行事的决策。

我们之所以要把我们的行为意向划分为一个独立的阶段,是因为我们必须推断对方的行为意向,以知道自己应当如何应对对方的行为。很多冲突之所以不断升级,主要原因在于一方错误地推断了另一方的行为意向。另外,行为意向与行为之间通常还存在明显的间隔,因此一个人的行为并不总能准确地体现他的行为意向。

可以使用两个维度来对行为意向进行分类：一是合作性，即一方愿意满足对方愿望的程度；二是主见性，即一方愿意满足自己愿望的程度。我们据此确定五种行为意向：竞争（有主见但不合作）；协作（有主见且合作）；回避（没主见且不合作）；迁就（没主见但合作）；折中（合作性与主见性均处于中等程度）。

（1）竞争。当一方在冲突中寻求自我利益的满足，而不考虑冲突对立一方的影响时，他就是在竞争。

（2）协作。当冲突双方均希望充分满足双方的利益时，他们就会开展合作，并寻求共同受益的结果。在协作中，双方通过澄清差异与分歧而不是迁就各种不同的观点来设法解决该问题。如果你能找到一个能够使双方的目标都得以充分实现的双赢方案，这个方案就是协作。

（3）回避。一个人意识到冲突的存在，但希望退出或抑制该冲突。有关回避的例子包括：竭力忽略冲突；回避与自己存在意见分歧的人。

（4）迁就。如果一方想安抚对方，那么可能愿意把对方的利益放在自己的利益之上。换句话说，迁就是指为了维持相互关系，一方愿意做出自我牺牲。

（5）折中。在折中做法里，没有明显的赢家和输家。冲突双方愿意共同面对冲突，并接受一种双方都无法彻底满足的解决方案。因此，折中的明显特点是，双方都打算放弃一些东西。

人的行为意向并不是固定不变的，在冲突过程中，如果双方能够发现对方的观点和立场，或者其中一方带着强烈的情绪来应对对方的行为，那么行为意向可能会发生改变。不过，有研究表明，对于我们前面描述的这五种行为意向，每个人通常都有自己特定的偏好。也就是说，每个人往往总是采用同一种或几种行为意向，通过综合判断一个人的智力特征和性格特征，我们能够比较准确地预测他的行为意向。

（四）阶段四：行为

在考虑冲突情境时，大多数人都是聚焦于阶段四，因为在这一阶段冲突才变得显而易见。行为阶段包括冲突双方的声明、行动和应对，它们通常是冲突双方为实现自己的行为意向而做出的公开努力。由于判断失误或在实施过程中缺乏经验，所实施的公开行为有时候会偏离最初的行为意向。

如果把阶段四视为一个动态的互动过程，那么就会对我们的思考有所帮助。比如，你向我提出一个要求，我对此提出争辩；于是你威胁我，而我反过来又威胁你；如此继续下去。所有的冲突都处于这个连续体的某一位置上。在该连续体的低端，冲突以微妙的、间接的、受到严格控制的紧张状况为特点。学生在课堂上对老师讲的某个观点提出质疑，就是这样的例子。如果冲突水平不断升级到连续体的顶端，那么就具有极大的破坏性，罢工、骚乱和战争显然都处于顶端位置。绝大多数情况下，处于连续体顶端位置的冲突通常都是恶性的。良性冲突一般来说位于该连续体的较低位置。

如果是恶性冲突，那么冲突双方如何降低冲突水平？或者反过来说，当冲突水平过低必须要升级时，双方可采取哪些办法？冲突管理技术研究的正是这些问题，表12-1中列出了一些主要的冲突解决和激发技术，可以帮助管理者控制冲突程度。

第十二章
沟通、冲突管理与谈判

表 12-1　冲突管理技术

解决冲突的技术	
解决问题	冲突双方面对面交流,通过坦率真诚的讨论确定并解决问题
提出一个更高的目标	双方提出一个共同的目标,该目标不经冲突双方的协作努力是不可能达到的
拓宽资源	如果冲突是由于资源(例如资金、晋升机会、办公室空间)稀缺造成的,那么拓宽资源就可以找到一个双赢的解决方案
回避	逃避或抑制冲突
缓和	弱化彼此间的分歧,强调冲突双方的共同利益
折中	冲突双方各自放弃一些有价值的东西
改变个人变量	通过行为改变技术(例如人际关系培训)来改变引起冲突的态度和行为
改变结构变量	通过工作再设计、工作调动、创建协调性的职位等方式来改变正式的组织结构以及冲突双方的互动模式
激发冲突的技术	
沟通	利用模棱两可的或具有威胁性的信息来提高冲突水平
引进外人	在群体中补充一些在背景、价值观、态度或者管理风格方面与当前群体成员不同的员工
重组组织	调整工作群体、改变规章制度、提高相互依赖性,并且实施其他类似的结构安排,以打破现状
任命一名吹毛求疵者	安排一名批评者,他有意与该群体中的大多数人的观点针锋相对

(五) 阶段五:结果

冲突双方的行为—反应互动会导致:如果冲突提高了群体的工作绩效,那么这些结果可能是良性的;如果冲突妨碍了群体的绩效,那么结果是恶性的。

1. 良性结果

冲突如何充当一种动力来提高群体绩效？很难想象这样一种情况:公开或激烈的挑衅或攻击会是良性的,但是中低水平的冲突有可能提高群体的绩效。

如果冲突能够提高决策质量,激发创新与创造力,激发群体成员的兴趣与好奇心,提供一种渠道使问题公开化和缓和紧张状况,促进一种有利于自我评估和变革的环境,那么该冲突就是建设性的。有证据表明,通过允许百家争鸣,尤其是一些不同寻常的建议或由少数人提出的建议在重要决策中受到重视,冲突能够提高决策质量。冲突还是治疗和矫正群体思维偏移(见本书"群体与团队"一章)的一种方法。这是因为冲突不允许群体消极地、不加思考地赞同以下决策:建立在不堪一击的假设基础上的决策;未充分考虑其他备选方案的决策;具有各种弊端的决策。冲突向现状提出挑战,进而有助于激发各种新的观点和创意,促使成员对群体目标和活动进行重新评估,提高该群体快速应对变化的能力。

261

重点关注更高层次目标的开放式讨论可以增加这些良性结果成为现实的可能性。过于涣散的群体无法有效管理其潜在的观点分歧,容易接受非最优化的解决方案,或者是避免共同制定决策而不是群策群力地解决冲突。

由于缺乏良性冲突而使公司遭受损失的例子很多。例如,自20世纪60年代以来,通用汽车公司的很多问题都可以追溯到良性冲突的匮乏。公司聘用并晋升那些总是点头称是的"好好先生",这些人从不对公司的任何行动提出质疑。很多人批评该公司管理层回避冲突,因为他们同意了丰厚的医疗保险和养老金福利的建议,这些成本随着时间而不断膨胀,直到高额的养老金和医疗保险费最终将该公司拖垮。2009年通用汽车公司破产,这是大家从来没有预料到的结果。

许多考察不同情境的研究结果证实了积极讨论的良性功能。一项研究发现,当群体对个体成员制定的决策进行分析时,对观点分歧进行频繁讨论的群体的平均绩效改进要比没有进行积极讨论的群体高73%。其他研究也发现了类似的结果:相比同质群体来说,拥有不同兴趣的成员组成的群体能够为许多问题找出质量更高的解决方案,在工作风格和经验上有较大差异的团队成员往往也会彼此分享更多的信息。

这些证据使我们可以推断,提高员工队伍的文化多样性,能够使组织获益。研究表明,在绝大多数情况下,事实确实如此。在群体或组织中,成员的多元化可以提高灵活性,进而提高该群体或组织的创造力,改进决策质量和促进变革。

2. 恶性结果

冲突对群体或组织绩效的破坏性结果已经广为人知:失控的对立与冲突能够滋生不满,导致共同纽带的破裂,并最终导致群体的灭亡。当然,有大量文献阐述了恶性冲突如何削弱群体的凝聚力。比较明显的不良结果有沟通受到阻碍、群体凝聚力降低、群体成员之间的明争暗斗成为主流而群体目标降到次要位置。所有形式的冲突(甚至包括良性冲突),似乎都会降低群体成员的满意度和彼此之间的信任。当群体成员之间的积极讨论演变为公开冲突时,成员间的信息分享也会显著减少。在极端的情况下,冲突会导致该群体停止运转,进而威胁到该群体的生存。

之前已经提到,多样性通常会改进群体的绩效和决策。然而,如果观点分歧不断升级,那么就会导致恶性冲突显著减少信息共享。例如,在一个性别不同的团队中,如果观点分歧是如此泾渭分明,以至于所有男性持一种观点,而所有女性持另外一种观点,那么团队成员往往就再也不会听取对方的意见,他们会在群体内划分阵营,只坚持本方的立场,不再考虑对方的观点。在这种情况下,管理者需要特别注意这些重要分歧,并强调团队的共同目标。

3. 管理良性冲突

如果管理者认识到在有些情况下冲突是有益的,那么他们如何有效管理组织中的冲突?

众所周知,管理良性冲突是一项很艰难的工作。一些企业顾问指出,"很大一部分高层管理者是冲突回避者,他们不喜欢听负面意见,不喜欢谈论或考虑负面的事情,他们之所以能升到高层位置,一部分原因是他们从不惹怒上司"。

这些抑制冲突的文化过去还行得通,但在当今竞争激烈的全球经济中却是绝对不可行的。那些不支持、不鼓励不同意见的组织会发现自己的生存受到严重威胁。许多组织正在采取一些措施来激励员工挑战现有体系和开发新的创意。

能够成功激发良性冲突的组织都有一个共同特点:鼓励持异议者,惩罚冲突回避者。不过说起来容易做起来难。要接受你不想听到的观点,并且让冲突回避者发出自己的声音,需要极大的耐心。通常我们认为持异议者会延缓我们迈向目标的步伐,这可能是对的,但是他们在持有异议时,也可能是在询问一个至关重要的问题及追求的这个目标是否正确。

能够成功解决冲突的群体会开诚布公地讨论观点分歧,并且事先做好准备,以便发生冲突时对其进行有效管理。始终采取回避的态度,不直接解决冲突,冲突就会产生最大的破坏力。对所面临的问题进行一次开诚布公的讨论,这样更容易形成一致意见,而且会使群体更有可能达成一个双方认可的解决方案。管理者在解决冲突时,需要强调双方的共同利益,从而使存在观点分歧的双方不至于变得过于固执和情绪化,以合作的方式解决冲突并强烈认同整体目标的群体,要比以竞争的方式解决冲突的群体更加有凝聚力。

第五节 谈 判

在组织和群体中,谈判几乎渗透到每个成员的互动中。有些谈判是很明显的。另一些谈判则不那么明显或正式,例如,管理者与上司、同事、下属之间的谈判;销售人员与客户之间的谈判;采购人员与供应商之间的谈判。

可以把谈判定义为双方或多方决定如何分配稀缺资源的过程。虽然我们通常只从经济角度来考虑谈判结果,比如对汽车价格进行谈判。但是组织中的每一次谈判,还会影响到谈判者之间的关系以及谈判者对他们自己的看法。对于谈判双方来说,考虑到双方未来发生互动的频繁程度,维系双方之间的社交关系,并按照道德规范行事有时候与每次谈判达成的直接结果同样重要。

一、谈判类型

谈判有两种基本类型:分配谈判和综合谈判。分配谈判和综合谈判在目标、动机、焦点、利益、信息共享以及关系持续时间方面是不同的。

(一)分配谈判

分配谈判最明显的特点是在零和条件下操作。也就是说,我所获得的任何收益,恰恰是你所付出的代价;反之亦然。因此,分配谈判的本质是对一份固定大小的利益谁应分得多少进行协商。固定大小的利益是指谈判双方用来分配的产品或服务在量上是固定的。如果利益大小固定,或者谈判双方认为如此,他们往往就会进行分配谈判。

图12-3描绘了分配谈判的实质。A、B代表谈判双方。每一方均有自己希望实现的目标点,也有自己的抵制点。抵制点代表本方可接受的最差结果。如果在抵制点以下,本方宁可终止谈判,也不会接受这种不利方案。目标点与抵制点之间的区域为本方的愿望

范围。如果双方的愿望范围存在一定的重叠,就会有一个解决区间,使双方的愿望均能实现。

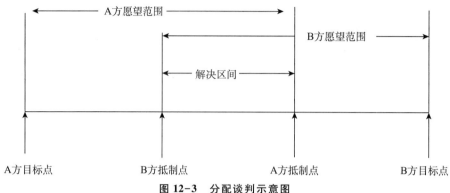

图12-3 分配谈判示意图

大量研究一致表明,在进行分配谈判时,你能采取的最有效行动之一就是首先出价,并给出一个激进的价位。这样做的理由之一就是首先出价可以显示你的强势,强势的个体更有可能首先出价,在会议中先发言,因此获得优势。另一个原因就是锚定偏见,人们往往会聚焦于最先出现的信息。一旦锚定偏见被设定,人们就无法根据随后的信念进行准确的调整。一位聪明的谈判者会通过首先出价来设定基数。数十项谈判研究表明,这样的基准可以为设定者提供极大的帮助。

分配谈判的另一种策略是提出最后期限。提出最后期限的谈判者会加快谈判对手让步的速度,迫使对方重新考虑自身的立场,即使谈判者并不认为这个策略切实有效,但是在现实中提出最后期限的一方确实做得更好。

（二）综合谈判

与分配谈判相反,进行综合谈判是基于这样的假设,有一种或多种办法能够达成双赢的解决方案。对于发生在组织内部的行为,当其他条件既定时,综合谈判比分配谈判更为可取,因为前者能够构建长期的合作关系。综合谈判可以使谈判双方团结起来,并使每一方离开谈判桌时都感到本方圆满实现了目标。相反,分配谈判则会使其中的一方成为失败者,而当谈判双方需要长期共同合作时,这可能会使双方加深分歧并产生憎恨。

那么,为什么我们在组织中,看不到更多的综合谈判？答案在于,这种谈判要想取得成功必须具备一些条件,包括信息的公开和谈判双方的坦诚;双方对对方需求的敏感性;对对方的信任;双方保持灵活性的意愿。由于在组织中很多情况下达不到这些条件,因此谈判常常采用零和的方式也就不足为奇了。

有一些方法可以帮助我们获得更多的综合谈判。例如,组成团队来进行谈判要比个体单枪匹马进行谈判更容易通过综合谈判达成协议。之所以会这样,是因为当有更多人在谈判桌上时会集思广益,从而产生更多的办法。实现双赢的另一种办法是把更多事项摆上谈判桌,在谈判中引入的谈判事项越多,相互妥协的机会就越大,因为每一方都可以换取对本方有利的条款。与针对每个事项分别进行谈判相比,这个办法会给谈判双方带来更好的结果。

最后，你意想不到的是，折中在某种情况下是实现双赢谈判的最大敌人。因为折中会减少进行综合谈判的压力，从而减弱了所有人发挥创造力来达成一项更好的解决方案的创造力。折中导致"双输"的经典例子是：两姐妹为了一个橘子发生争执，但是她们不知道其中一个想喝橘子汁儿，另一个想用橘子皮烤蛋糕，如果一方轻易让步并把橘子让给另一方，她们就不会被迫去探寻她们想要橘子的原因，也就不会发现双赢的解决方案。而实际上她们每个人都可以获得这个橘子，因为她们要使用的部分是不同的。

二、谈判过程

谈判包括五个阶段：准备与计划、界定基本规则、阐述与辩论、讨价还价与问题解决、结束与实施。

1. 准备与计划

谈判开始前需要做一些必要的准备工作：本次谈判的实质是什么？是什么情况导致了本次谈判？谁卷入了本次谈判？他们对本次谈判持什么观点？你想从本次谈判中得到什么？你的目标是什么？

你还要评估一下对方的谈判目标是什么。他们可能会提什么要求？他们会如何坚持本方立场？有哪些无形的或隐含的利益可能对他们很重要？他们希望达成什么协议？如果你能预判到对方的立场，你就能更好地利用支持本方立场的事实和数据来反驳对方的观点。

由于谈判，关系会随之改变。这也是需要考虑的另一个结果。如果你赢得一场谈判，但是将对方逼到对你产生憎恨或厌恶的地步，那么更明智的做法也许是采取一种更折中的方式；反之，如果维持现有关系，会使你显得很软弱，或者很容易被剥削，那么你可能需要考虑一种更具侵略性的方式。

一旦你收集到了所需的信息，就要运用这些信息来制定一种战略。例如，在象棋比赛中，专业棋手能够对对手的招数和自己的应对做出预判。作为谈判战略的一部分，你应该判断双方在本次谈判中的最低接受方案。如果对方所提出的要求达不到你的最低接受方案，你就不会终止谈判。反过来说，如果你的报价不能让对方感到高于他的最低方案，你也别指望自己能获得谈判的成功。如果你在开始谈判时，能够比较清楚地了解对方的最低接受方案，那么即使你不能满足该方案，你也可以对其加以有效利用。仔细考虑对方愿意放弃什么是非常重要的。无论你在谈判前低估还是高估了对方在关键问题上让步的意愿，都会影响你最终获得的谈判结果。

2. 界定基本规则

一旦制订好计划和战略，你就可以和对方共同界定本次谈判的基本规则和程序。谁将进行本次谈判？谈判在哪里进行？谈判时间是多长（如果有时间限制的话）？本次谈判仅限于哪些事项？是否在谈判陷入僵局时采用某个特定程序？在这个阶段，双方还将交换各自的最初议案和要求。

3. 阐述与辩论

彼此交换了最初议案后，双方都会对自己的提议进行解释、阐明、澄清、论证和辩论。

这个过程并不需要是对抗性的。相反，它是双方就谈判事项交换信息的机会：为什么这些事情很重要？本方为什么要提出这些议案或者要求？在这个阶段，你可以向对方出示任何支持你方立场的材料。

4. 讨价还价与问题解决

谈判过程的实质是一个为达成协议而相互让步的过程。在这个阶段，谈判双方毫无疑问都需要做出让步。

5. 结束与实施

谈判过程的最后一步是将已经达成的协议规范化，并为实施和监控该协议制定任何必要的程序。对于一些重要的谈判，还需要在正式合同中敲定各种细节信息。

三、个体差异与谈判

有三种因素会不同程度地影响个体在谈判中的效果：人格（或个性）、心情/情绪，以及性别差异。

1. 谈判中的人格

如果你对对方的人格有一定的了解，那么你是否能够预测他的谈判策略？如果人格和谈判结果只有微弱的相关性，因此这个问题的答案最多是"在一定程度上"。例如，我们推测，随和的或者外向的谈判者在分配谈判中可能不太成功。因为外向的人性格活泼并且友善，往往向他人提供过多的信息，而随和的人更愿意与他人合作，而不是与他人争得头破血流。这些特质虽然在综合谈判中能够提供些许帮助，但是在双方利益针锋相对时就会成为一种负担。因此，最好的分配谈判者似乎是不随和的、内向的，他们更看重自己获得的结果，而不是取悦对方和获得良好的社交关系。

非常喜欢和他人保持良好关系的人，以及对自身利益不太关心的人是非常差劲的谈判者。这些人往往对分歧感到非常焦虑，甚至在谈判开始之前就打算迅速让步，以避免不愉快的冲突。研究还显示，智力与谈判结果存在相关关系，但正如人格与谈判结果的关系一样，这种相关性并不是那么明显。从某种意义上讲，这些微弱的相关性是个好消息，因为这意味着即使你是一个随和的、外向的人，你在谈判时也并不总是处于明显劣势——我们都可以通过学习而变成更好的谈判者，事实上，这样想的人更可能在谈判中表现出色，因为他们即使面对暂时的逆境，也会坚持不懈。

2. 谈判中的心情/情绪

心情和情绪对谈判的影响似乎取决于谈判类型。在分配谈判中，当谈判者更强势或者与对方旗鼓相当时，如果他们表现出愤怒，那么往往会获得更有利的谈判结果。这是因为他们的愤怒会诱使对方做出让步，即使是谈判者有意表现出愤怒（而非真正的愤怒），情况也还是如此。同时，对处于弱势地位的谈判者来说，表现出愤怒往往会导致更不利的结果。因此，如果你是正在与下属或同级进行谈判的管理者，表现出愤怒可能会对你有所帮助，但如果你是一位正在与上司进行谈判的员工，表现出愤怒可能适得其反。

反之，在综合谈判中，积极的心情和情绪似乎会导致对谈判双方都更有利的结果（谈判双方的总收益增加），因为积极的心情与创造力是息息相关的。

3. 谈判中的性别差异

男性与女性在谈判时有差异吗？性别是否会影响谈判结果？对第一个问题的回答是"否"，而对第二个问题的答案是"是"。

很多人都持有这样的刻板印象：在谈判中，女性比男性更易合作和令人愉悦。证据并不支持这种观点，不过，人们发现男性会获得比女性更有利的谈判结果，尽管两者之间的差异并不是很大。有研究者认为这种差距可能源于男性和女性对各种结果的重视程度不一样，可能对于女性来说，多获得几百美元薪水或者在边角位置办公，并不如建立和维持良好的人际关系那么重要。

如果在谈判中的女性会比男性更"友好"，这很可能是因为人们把性别与女性在绝大多数大型组织中缺乏权力搞混了。研究显示，当女性发起谈判时，她们会处于不利地位，这是由于人们通常认为女性是"友善的"，而男性是"强硬的"。有趣的是，当男性和女性在现实中真地遵循这些刻板印象——女性友善而男性强硬，这就会成为一个自我实现预言，从而强化男性和女性谈判者存在性别差异的刻板印象。因此，谈判青睐男性的原因就是女性怎么做都不讨好。如果她们表现得很强硬，她们就会因为违背了性别差异的刻板印象而受到谴责。如果她们表现得很友善，这只会强化这种刻板影响，并让其他人加以利用。

有证据表明，女性的态度和行为也会在谈判中对她们造成伤害。女性管理者对谈判的预期表现出较低的自信，她们在谈判结束后对自己的成绩更不满意，即使她们的表现以及所实现的谈判结果与男性旗鼓相当。相比于男性，女性不太可能将模糊的情况视为谈判机会。当谈判可能最符合女性的利益时，她们也可能不愿意进行谈判，从而无法实现自己的最佳利益。

本章思考题

1. 沟通包含哪五个方面的内容？
2. 一个完整的沟通模型由哪些要素构成？
3. 什么是沟通过程的解码？这一沟通环节有什么重要意义？
4. 沟通过程中常见的噪声或背景包括哪些？
5. 常见的沟通方式有哪些？
6. 什么是约哈瑞窗？它对领导行为的启示是什么？
7. 组织的非正式沟通网络有什么特点和作用？
8. 战略沟通的意义有哪些？
9. 关于"冲突"有哪几种观点？
10. 什么是任务冲突、关系冲突、程序冲突？
11. 什么样的任务冲突通常会是良性的？
12. 以解决方法为中心的冲突观的核心内容是什么？
13. 冲突过程分为哪几个阶段？

14. 引起冲突的条件有哪些?
15. 谈判的基本类型有哪两种?
16. 分配谈判中经常使用的手段有哪些?
17. 什么因素妨碍了组织中综合谈判出现的概率?
18. 为什么说"折中"往往是实现双赢的最大敌人?
19. 谈判过程包括哪五个阶段?
20. 哪几种个体因素会影响谈判的效果?

控制篇

第十三章 管理控制概述

第一节 管理控制的观点、时机与过程

如本书导论所指出的那样,当管理者进行计划或者组织活动时,他们往往会制定出组织战略,建立组织结构,希望这样能够最有效地利用组织资源,为消费者创造出最大的价值。在控制过程中,管理者要评估组织完成目标的程度,并采取相应的行动以保持或者改善组织的业绩。

但是,控制并不意味着只在事情发生之后才对其做出反应,它还意味着组织保持在正常的运行轨道,并预测可能发生的事情。控制最主要的作用在于保持员工对于解决组织所面临的重要问题的积极性和注意力,并使员工团结协作,充分利用有助于组织长期提高绩效的机遇。

一、管理控制的几种观点

(一) 基于会计的管理控制

罗伯特·N. 安东尼(Robert N. Anthony)设计的管理控制框架包括战略计划、预算编制、资源配置、业绩计量评价和奖酬、责任中心分配及转移定价。他认为每个控制框架都至少具备探测器、鉴定器、效应器和通信网络四个要素。其中,探测器的作用是向管理层报告组织中正在发生的事情,鉴定器是将实际结果与预算标准进行比较,如果实际结果与预算标准之间存在较大偏差,效应器就会采取纠偏行动,而通信网络则会向管理层报告出现偏差的具体位置。

安东尼的理论内容与形成基础决定了它是基于会计的控制,但如果从更一般意义来分析,它是以会计信息为导向的、偏向于技术理想主义的、较为刻板的管理控制。因为它假设完全知道系统内的"因果关系",企业目标是明确的,计划预测模型是准确的,绩效是能够被精确度量的。因而,安东尼的控制系统基本上是一个封闭的系统,它借助于活动评价、信息反馈、偏差发现、及时纠正而自动维持系统平衡。

综合来看,安东尼的管理控制理论可以从三个角度进行分析:首先,该理论的会计控制特征决定了该学派最终的重点是提高度量水平与完善信息系统,以便更好地实施会计

控制。其次,该学派重视内部环境而不关注外部环境,一般适合于外部环境变化小以及传统大批量、标准化的制造业生产模式。在一个外部环境动荡的条件下,预测模型不一定存在或者预测的精确度很低,未来的不可预测性和任务的复杂性很容易导致会计控制的失效。再次,该系统的有效运作依赖于传统的、真实的官僚式组织。另外,该系统割裂了战略与管理控制之间的一体关系,仅局限于战略的既定实施,而忽略了战略在经营过程中的形成与演化,忽略了管理控制在战略生成中的积极作用。平衡计分卡针对这一问题做了大量改进。

(二) 基于控制对象的管理控制

K. A. Merchant 认为管理控制应以控制对象为研究中心,以保证人的行为正确性为控制目标,以行为控制、结果控制、人事/文化控制为控制手段,进而保障控制对象实现企业目标。

(1) 行为控制是最直接的控制类型,通过直接关注员工行为来确保员工执行与组织一致的行为以实现企业目标,包括行为约束、预先行为审查、行为责任追究和裁员等控制方式。

(2) 结果控制通过对最终结果(或产出)实施奖惩来引导员工关注自身行为产生的后果,鼓励他们向企业期望的目标努力,同时帮助他们发现并提升自己的才华,以便于在工作中找到能够胜任的位置。

(3) 人事/文化控制被视为一种软控制,通过共享企业价值、高效的人员选聘、培训、工作设计、提供必要的资源、行为准则、集体奖励、轮岗等方式,培养员工自我监督和共同监督,确保每位员工都为企业价值最大化而努力工作。

此外,Merchant 等人还对控制的范围与程度进行了探讨。控制范围体现在管理者可以对企业全部活动进行广泛的控制,也可以对其认为最关键的活动进行有限的控制;控制程度则体现在管理者可以根据实际需求实施严格或松散的控制。

行为控制的一个问题是较少考虑个人能力的限制,但个人能力有限、知识的缺乏、职业技能的水平都需要组织去引导和扩充。行为控制的其他问题将在本章后续章节中介绍。

(三) 基于杠杆的管理控制

西蒙提出了一种具有交互作用的控制杠杆(LOC),并将管理控制定义为:管理人员为维持或改善组织内部活动模式而采用的正式的、基于信息的例行程序和步骤。西蒙设计的控制杠杆框架包括了信念控制、边界控制、诊断控制和交互控制机制。这四种控制机制形成两种对抗的作用力:信念控制和交互控制产生积极和鼓动的力量,边界控制和诊断控制产生约束的力量确保员工服从命令。这两种对立力量之间的平衡形成了有效的管理控制框架。

(1) 信念控制是指由高管人员确立的组织的核心价值,决定组织的整体文化和价值观。

(2) 边界控制通常指出哪些活动和行为是不好的,为组织成员勾画出可接受的活动领域。

(3) 诊断控制是一种反馈控制,主要有差异分析、例外管理报告等控制机制,目的是确保实现可预测目标。

（4）交互控制是管理人员用以定期参与下属决策活动的信息系统，它可用来对不再适用和需要修正的战略进行早期预警，激发和引导新战略的产生。

西蒙框架从更广的视角考察了管理控制系统，拉近了战略、环境与管理控制之间的距离。控制杠杆的四个核心概念是核心价值、规避风险、重要的绩效变量（诊断系统）与战略不确定性，每一个分别由不同的控制系统控制（见图13-1）。该理论克服了单纯行为控制的问题，既要求员工为实现既定目标努力工作又保持创新；既重视组织目标的刚性又强调现代组织结构的柔性；权衡创新与可预测的控制；加强组织内的上下交流。

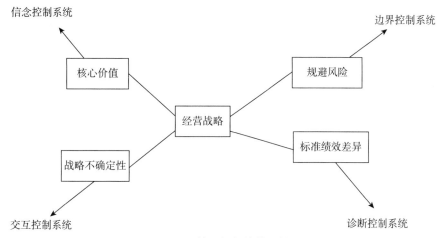

图13-1 基于杠杆的管理控制

循着以上线索，还有一种激进的观点，即将激励也看作控制的一种形式。因为给予激励的控制与自我控制是相匹配的，员工对其行为进行自我约束，使行为能够与组织目标一致。当激励与团队绩效挂钩时，这同时也鼓励了团队配合和团队成员间的互相监督，从而降低了对其他控制机制的需求。有关激励的内容在本书前面章节已有介绍，至于激励是否属于控制的一种形式或者二者之间是何种关系，读者可自行判断。

（四）基于绩效的管理控制

D. T. Otley 提出的管理控制框架重在强调绩效本身对于控制的作用。Otley 的框架主要基于以下五个部分：①设定组织目标以及衡量目标的方法；②制定与实施组织战略和计划，并评估实施效果；③设定目标业绩水平；④对管理者或员工给予奖励或惩罚；⑤进行信息交流以促进组织学习。

Otley 的管理控制系统与目标管理是一脉相承的。本篇后续章节介绍的平衡计分卡、绩效管理与控制、质量管理与控制、项目管理与控制等都综合了以上所介绍的管理控制思想，是当代管理中最常使用的控制方法。

二、控制系统和控制时机

控制系统是一套正式的目标设定、监督、评价和反馈的系统，它能够向管理者提供关于组织的战略和结构是否在高效且有效运作的信息。有效的控制系统会在问题出现时向管理者发出警告,并为他们留出一定的时间,以便对机遇和威胁做出反应。

有效的控制系统具有三个特征:第一,它应该具有足够的灵活性,允许管理者对突发事件做出必要的反应;第二,它能够提供准确的信息,为管理者描绘组织绩效的真实图景;第三,它能够为管理者提供及时的信息,因为基于过时信息而做出的决策最容易导致失败。

开发控制系统,目的就是考核从组织投入到转化成最终产品和服务的整个过程中每一个环节的绩效。

(1) 在投入阶段,管理者运用前馈控制。在问题出现之前对其进行预测,并防止问题在随后的转换过程中出现。例如,通过事先向供应商提出高标准的产品要求,组织就可以控制供应商所提供投入品的质量,从而避免转换过程中的一些潜在问题。同时,信息技术也可以被用来与供应商保持联系,监督他们的工作进程。有效的管理者总是随时对外部环境中的趋势和变化进行监督,以便预测可能出现的问题。

(2) 在转换阶段,管理者使用同步控制,迅速向管理者提供有关投入品是否高效率地转化为产品的反馈信息,以便管理者能在问题出现时及时采取措施进行纠正。通过应用信息技术实施同步控制,能够向管理者发出警告,要求他们对任何导致问题出现的根源做出迅速的反应。问题的根源可能是一批质量有缺陷的投入品,也可能是一台出现问题的机器,还可能是一名缺乏高效率完成任务所需技能的员工。同步控制是全面质量管理的核心。全面质量管理要求员工在生产过程的每一个环节,持续监督所生产产品和服务的质量,一旦发现问题,尽快通知管理人员。

(3) 在输出阶段,管理者运用的是反馈控制。这种控制为管理者提供消费者对产品和服务的反馈信息,便于管理者在必要时采取纠正措施。例如,如果正在生产的产品存在质量缺陷,监控顾客退货数量的反馈系统将向管理者发出警告,提示不同产品的相对销售量是增长还是减少的。管理信息系统向管理者发出消费者偏好变化的情况,从而使管理者能够及时地调整特定产品的生产量。

三、管理控制的过程

传统上,可以把控制过程大致分解为四个步骤:确立绩效标准,然后考核、比较并评价实际绩效。

1. 确立评价绩效所需要的绩效标准、目标或者指标

在控制过程的第一步,管理者需要确定绩效标准、目标或者指标,以便在将来对组织整体或组织某一个部分(比如一个事业部门、一个职能部门或者一名员工)的业绩进行评价时使用。管理者所选择的绩效标准,应该能够对效率、质量、顾客响应度及创新能力进行考核。例如,如果管理者决定实施低成本战略,那么绩效标准应该能够考核组织各个层级的效率高低。

一个组织的管理者用来评估效率、质量、顾客响应度和创新能力的绩效标准有成千上万种。每一个管理层面的管理者都需要从这些标准中选择出最适合评估本部门绩效的标准,管理者必须谨慎地选择绩效标准。本篇的后几章从组织层面、员工层面、产品与服务层面专题论述了各自绩效标准的选择和使用。

2. 考核实际绩效

管理者确定了用来评估绩效的标准或者指标之后,就要实施控制过程的下一个步骤即考核实际的绩效。现实中,管理者经常考核和评估两件事情:①他们的下属员工创造的实际产出,即产出控制。②员工的行为本身,即行为控制。

有时候,产出和行为都很容易考核。例如,在快餐店中,衡量产出和行为相对比较容易,因为员工从事的是常规性工作。当一个组织及其员工所从事的是复杂的、本质上难以考核的非常规性活动时,对管理者来说,单纯地衡量产出或者评估行为要困难得多。这是因为,组织活动的非常规性或者复杂性程度越高,管理者对产出和行为的考核就越困难。但是产出通常比行为更容易衡量,因为与行为相比较,产出更真实、更客观。因此,管理者首选的绩效衡量方法通常都是考核产出,其次才是评价员工行为的绩效衡量标准,以便确定各个层面上的员工是否在朝着实现目标的方向努力。

3. 将实际绩效与所选择的绩效标准相比较

在第三个步骤中,管理者需要评估实际绩效,以确定它是否偏离了第一步中所选择的绩效标准。如果有偏离,管理者还要测量偏离的程度有多大。如果绩效高于预期值,管理者可能会判定他们设定的标准太低了,从而提高下一阶段的绩效标准以激励下属。相反,如果实际绩效太差,没有达到预设的标准或者标准设置得过高,以至于员工无法实现,管理者就必须决定是否采取纠正措施。

4. 评价结果,如果没有达到既定的标准,就采取纠正行动

控制过程的最后一个步骤就是评价结果。无论是否达到了绩效标准,管理者都能够从这一步骤中了解到大量的信息。如果管理者认为实际的绩效水平令人无法接受,他们必定会努力解决存在的问题。

为了提高绩效,管理者需要改变资源的利用方式。当绩效很差的原因能够确定时,采取纠正措施是件容易的事情。然而,更为常见的情况是,造成绩效差的原因需要仔细研究才能确定。外部环境中发生的变化,比如,出现新的全球竞争、经济衰退、利率上调等,都有可能成为问题出现的根源。此外,问题还可能出现在组织内部。比如,或许是最新的技术没有被投入使用,或许是员工缺乏从事更高水平工作所需的高级培训,或许是组织需要从国外购买投入品,或许是组织需要进行重组或者再造工作流程以提高效率。

综合以上控制系统的设置和管理控制的步骤,总的来说,对于管理者来说,设立目标或者设计衡量系统是一件困难的事情,因为组织环境具有高度的不确定性,管理者很难预见将来要发生的事情。也正因为如此,设计一套控制系统对于管理者来说是至关重要的,因为控制系统能够帮助管理者对潜在的问题保持警惕,以便在问题变得危险之前就着手解决掉。管理者建立控制系统的目的,不仅仅在于确保组织绩效达到预定标准,他们还希望提高绩效标准,希望激励各个层级上的员工努力寻找新的方法来提高绩效水平。

一般而言,存在三种最重要的控制类型:产出控制、行为控制和组织文化控制。本书在以上三种类型的基础上再加上"行为引导"方式。管理者通常都使用以上这四种控制方法对组织活动进行协调和规范,以确保员工致力于实现卓越的效率、质量、顾客响应度和创新能力。

第二节 产出(结果)控制

所有的管理者都会为组织建立起一套产出(结果)控制系统。首先,管理者选择一些他们认为最能够准确衡量效率、质量、创新能力和顾客响应度的目标或产出绩效标准与指标。然后,他们衡量公司、分部、职能、个人等各个组织和个人层面是否达到了既定的绩效目标和标准。管理者用来评估产出或绩效的机制主要有三种:财务指标、组织目标及运营预算。

一、财务指标

高层管理者最关心的是组织的整体绩效,他们运用各种各样的财务指标来评估绩效。最常用的几种财务指标是利润率、流动资产比率、杠杆比率及周转率等。在"平衡计分卡"一章我们还会详细介绍管理控制的财务指标。

(1) 利润率。利润率衡量管理者利用组织资源获取利润的效率。组织的税前净收入除以组织的总资产得到的是投资收益率(ROI)。投资收益率是最常用的财务绩效指标,因为一个组织的管理者可以用它来与同行业其他组织的绩效进行比较。此外,管理者还能够依据投资收益率来评价一个组织的竞争优势。销售毛利率是产品销售收入与其生产成本的差额(即毛利)同销售收入的比率。这个指标为管理者提供了有关组织利用资源的效率以及产品对消费者的吸引力程度等信息。此外,销售毛利率还为管理者提供了一种评估组织建构竞争优势情况的方法。

(2) 流动资产比率。流动资产比率是衡量管理者保护组织资源以偿付短期债务的能力。流动比率(流动资产除以流动负债)告诉管理者,组织是否有可利用的资源偿付到期的短期债务。速动比例则显示,能否在不动用存货的前提下偿付这些债务。

(3) 杠杆比率。杠杆比率包括资产负债率和利息保障倍数,主要衡量管理者使用债务(借款)和股本(发行新股票)为后续经营筹集资金的程度。如果一个企业的债务多于股本,那么它的杠杆率就比较高。利息保障倍数这一指标提示当利润不足以支付债务利息时,就有可能产生债务危机。

(4) 周转率。周转率提供了一个尺度以衡量管理者利用组织资产创造价值的能力。存货周转率衡量管理者为避免维持过多存货而周转存货的效率,而应收账款周转天数则衡量管理者收回客户应付账款、支付运营开支的效率。

绩效财务指标的客观性是众多管理者使用它们来衡量组织的效率和效果的原因所在。当一个组织不能达到绩效标准(比如投资收益率、营业收入或者股票价格)的目标时,管理者就知道自己必须采取纠正行动了。因此,财务控制能够使管理者明了:什么时候组织应该反思其战略,什么时候必须进行业务重组,什么时候必须出售某些分部以退出相关领域。

尽管财务信息是一种重要的产出控制,但是财务信息本身并不能为管理者提供有关竞争优势构成因素的所有信息。财务结果只能告诉管理者已经实施的决策所产生的结果,却不能给管理者提供有助于建构未来竞争优势的新机遇。为了鼓励人们采用着眼于未来的方法,高层管理者必须设立鼓励中层和基层管理者追求卓越的效率、质量、创新能力和顾客响应度的组织目标。以上思路在平衡计分卡设计中得以完全体现。

二、组织目标

高层管理者与其下属各级管理者进行协商,然后确定了组织的整体目标之后,通常情况下他们就会为分部或职能部门设定绩效标准。这些标准将明确地告诉分部和职能部门的管理者,要想帮助组织实现其总体目标,他们所在的部门就必须实现特定的绩效目标。每一个分部都被指定一组需要实现的具体目标。我们在第一篇曾经指出,绩效反馈是目标管理的一个重要组成部分。

例如,通用电气公司的前任首席执行官杰克·韦尔奇及他的继任者杰弗里·伊梅尔特都宣称,每一个分部的目标都是在赢利性方面达到其所在行业数一数二的水平。于是分部的经理为实现这一目标而制定出各自的业务层面战略。随后,分部经理再与职能部门经理进行协商,在此基础上制定出具体详细的职能部门层面目标,并要求各个职能部门经理努力实现这些目标,以帮助实现分部的目标。例如,对销售经理的评价可能是依据其增加销售量的能力,对原材料管理经理的评价依据可能是他们提高投入品质量或降低投入品成本的能力;而对于研发经理,则会依据其开发创新产品或获得专利权的数量来评价他们。职能部门层面的目标确定之后,职能部门的管理者将为基层管理者和非管理层员工设定他们必须实现的目标,以便实现职能部门的目标。

产出控制被广泛应用于组织的各管理层面,每个管理层面设定的目标必须与其他管理层面设定的目标协调一致,这一点是至关重要的。只有做到了这一点,组织上下各个层面上的管理人员和其他员工才能够团结一致,共同致力于实现高层管理者设定的公司层面目标。

此外,目标的设定一定要恰当,这一点也是相当重要的。只有目标设定得恰当,管理者才有实现目标的动力。如果目标设定在一个不可企及的高度,管理者就很可能不会全心全意地努力工作,因为他们确定自己再努力都不可能实现这个遥远的目标;相反,如果目标设定得太低,不费吹灰之力就能实现,管理者就没有动力尽可能高效并且有效地利用他们拥有的资源。

研究表明,最佳目标是具体且有难度的目标,能够最大限度地激发并发掘管理者的能力。判断什么是一个具体且有难度的目标,以及什么是过于困难的目标或者过于简单的目标是管理者必须掌握的一种技能。组织各个层面上的管理者都需要在自己的判断和工作经验基础上评估一项特定任务的难度,评价某个下属管理人员实现目标的能力。如果他们成功地做到了这一点,那么其他具有挑战性的相互关联的目标——这些目标相互补充,并且集中于实现的整体公司目标——将会为组织带来活力。

三、运营预算

一旦各个层级上的管理者获知了需要实现的目标,建立产出控制系统的下一个步骤就是确定运营预算,以控制管理者和员工完成目标的过程。

运营预算是描述管理者计划如何有效地利用资源以实现组织目标的一幅蓝图。通常，处于某个层次上的管理者会向自己的下属管理者分配一定数量的资源，确保他们能够提供合乎标准的产品和服务。一旦低层管理者被给予一个预算，他们就必须决定如何在不同的组织活动之间分配这些资金，随后，还要对自己在预算内实现目标的能力以及最有效地利用所有资源的能力进行评估。

大型组织往往将每一个分部作为一个独立的或者单一的责任中心，然后由公司层的管理者就每一个分部对公司绩效做出的贡献进行评估。分部管理者可能会得到一笔固定的预算资源，然后，公司高层的管理者根据他们用于生产产品和提供服务的资源的数量和质量来评估他们的能力（成本或费用预算），或者是根据管理者实现产品和服务销售最大化的能力来评价他们（收益预算），或者是根据他们销售产品和服务所得的收入与生产这些产品和服务的预算成本之间的差额来评价他们（利润预算）。

总之，客观的财务目标、富有挑战性的目标和绩效标准、恰当的运营预算是有效产出控制系统必不可少的三个要素。大多数组织都建立起了复杂的产出控制系统，以便于各个层级上的管理人员对组织保持一个准确的认识，从而在必要时迅速采取纠正措施。产出控制系统是管理工作中必不可少的一个部分。

四、与产出控制相关的问题

在设计产出控制系统的过程中，管理者必须十分谨慎，以避开一些陷阱。例如，必须确保设定的产出标准能够激励各个层级上的管理人员，并且不会导致管理人员采取不恰当的手段实现目标。

假定高层管理者为分部管理者设定了一个在三年之内实现利润翻一番的目标，当时大家一致认为这个目标虽然具有挑战性但却是可以实现的。在前两年中，利润增幅都超过了70%，然而到了第三年，经济出现衰退。受经济形势的影响，公司的销售额急剧下降，分部管理者觉得实现目标的可能性越来越小了。而一旦达不到目标，就意味着失去与实现目标挂钩的大笔奖金。为了保住诱人的奖励，管理者将如何行动呢？

管理者可能采取的行动方案之一就是寻求降低成本的途径，因为增加利润的方法无外乎增加销售收入和降低成本两个。所以分部管理者可能会减少耗资巨大的研发活动，推迟机器设备的维护工作，削减市场营销的费用，或者解雇一些中层管理人员或工人。分部管理者试图通过这些手段降低成本，以便实现利润翻番，从而保证自己能够拿到丰厚的奖金。虽然这种计谋可以帮助这些管理者实现利润翻番的短期目标，但是却会损害组织的长期盈利能力和投资收益率。因为减少研发费用会减缓产品创新的速度，而削减营销费用就会导致顾客流失。

以上内容清楚地传递了这样一个信息：尽管产出控制是激励组织各个层级管理者和员工努力工作、保持组织正常运营的一种有效工具，但是它并非无所不能。管理者必须对如何运用产出控制了如指掌，并随时监督它在组织各个层级上的实施效果。

第三节 行为控制、规范与引导

一、直接监督

行为控制机制中，最直接、有效的方式就是直接监督。通过这种方式，管理者可以积极地监督和观察下属的行为,告诉他们哪些行为是合适的,哪些行为是不合适的,并在必要的时候进行干预,并采取相应的纠正措施。

然而,直接监督也存在不少问题。第一,直接监督的成本高昂,因为一位管理者能够亲自进行有效监督的下属数量一定不多。如果一个组织采取的主要控制方式是直接监督的话,那么他将需要雇用大量的管理人员,从而导致成本增加。也正是因为这个原因,产出控制在某些情况下可能要比行为控制更受管理者青睐。

第二,直接监督可能会使下属失去动力。因为他们可能会觉得自己处于严密的监督之下,没有自主决策的自由。此外,如果下属觉得上司就待在自己的附近,并随时准备斥责任何一个犯了小错误的员工,那么他们就有可能互相推卸责任,避免承担责任。

第三,正如前面的论述,对于大多数工作来说,直接监督不具备可行性。工作越是复杂,管理者对下属业绩的评估就越是困难。例如,分部和职能部门管理者的绩效只能在一个相对比较长的时期内进行评估。因此,对于高层管理者来说,连续地对下属管理人员的绩效进行监督的意义不大。

二、科层控制和行为规范

当直接监督的成本过高,而目标管理又不适用时,管理者可能会转而运用另一种激励和塑造员工行为的控制机制:科层控制。科层控制,又称为官僚制控制,指的是通过运用由规则和标准程序构成的综合系统而实施的控制,而这些规则和程序可以塑造和规范分部、职能部门和个人的行为。韦伯的官僚行政管理理论指出,所有的组织都使用官僚规则和程序,只不过有的组织用得多,有的组织用得少而已。

规则和标准程序不仅给予员工日常的行为指导,并且能够在他们碰到一些需要解决的问题时,详细地说明应该如何行动来解决问题。制定使员工高效并且有效地完成工作的规则是管理者的职责。当员工遵循管理者制定的规则时,他们的行为是标准化的(即行为以相同的方式重复进行),其行为的结果是可以预测的。此外,由于管理者可以在一定程度上预测员工的行为,因而也在同样的程度上不再需要对行为的产出进行控制,因为标准化的行为必然带来标准化的产出。

假设丰田公司的一名工人想出来一种能够减少装配步骤以提高效率的排气管安装方法。由于使用长期形成的标准操作程序,管理者可能会把这种方法作为新规则的基础:"从现在开始安装汽车排气管的程序如下所示……"如果所有的工人都严格遵循书面说明的规则,按照新的方法安装汽车排气管,那么当汽车离开生产线时,原则上就不再需要对排气管进行检查。虽然现实中错误和疏忽是经常出现的,但是在生产线终端还需要进行产出控制,还需要对每一辆汽车的排气系统进行常规检测。然而,由于严格执行的规则,官僚制控制排气系统便出现质量问题的概率实现了最小化。

零售商店和快餐店等一些服务性组织也试图实现员工行为的标准化,比如给予员工正确接待顾客的行为指导,或者正确烹制和包装食物的方法指导等。组织对员工进行培训,使他们严格遵循已经被证明在特定场合最有效的规则。员工接受的培训越好,他们的行为就越标准,管理者对产出的一致性就越有信心。

三、科层控制的问题

建立起科层控制系统以后,管理者就可以通过异常处理法进行管理,只在必要时进行干预并采取纠正措施。然而,管理者必须对与科层控制相关的大量问题有一个清楚的认识,因为这些问题将会损害组织的有效性。

首先,建立规则总要比废止规则容易得多。由于管理者做每一件事都要遵照规则手册,随着时间的流逝,组织会变得过于官僚主义。如果繁文缛节过多,就会减缓决策速度,管理者对环境变化的反应也会越来越迟钝。如果出现新的灵活的竞争对手,那么行动迟缓将会危及组织的生存。

其次,由于规则约束人们的行为,并使之标准化,导致人们以一种可预测的方式行动,这是相当危险的,因为人们会习惯于自动遵循规则,以至于不再动用自己的头脑进行思考。因此,过度的标准化实际上会降低组织内部的学习能力。而且,如果管理者和员工严格遵循的是错误的规则,组织就会偏离正常的轨道。只有当组织成员不断地思考新的方法来提高效率、质量和顾客响应度时,组织才会充满活力,才会兴旺。

因此,管理者必须对官僚制控制的使用方式有一个敏感性,当组织活动是易于理解的常规性工作时,例如大批量生产企业或者常规性服务企业,官僚制控制是最有效的。而当进行非程序化决策或管理者必须对组织环境的变化做出快速反应时,官僚制控制就不会有什么效果。

四、行为引导

为了正确使用产出控制和行为控制,管理者必须确定自己想要获得的结果以及希望员工为实现这些结果所采取的行动。然而,对于许多意义重大的组织活动来说,产出控制和行为控制并不适用,原因主要包括以下三点:

(1) 管理者无法通过观察日常行为来评估诸如医生、科研人员及工程师等员工的绩效。

(2) 规则和标准操作程序不能告诉医生如何应对出现的紧急情况,也无法告诉科学家如何发现一种事物。

(3) 对外科医生实施一个手术所用的时间或者科学家研究一个新发现的成本进行产出控制是一种愚蠢至极的绩效质量标准。

当亲自监督不起作用时,当不能制定告诉员工该做什么的规则时,当产出和目标无法衡量,只有或者只有经过较长时间才能有效衡量时,管理者如何才能控制和规范下属的行为呢?有两种方式:一是行为引导的方式,二是通过强有力的文化。

行为引导是指使用一种示范性的、表彰性的、软性的规范来引导员工的行为。在实践中,行为引导有两种方式:其一,通过管理者或绩效优异者的示范行为。其二,通过一些软性的规范、约定来对员工的行为进行引导。通过行为引导的方式还可以帮助下属发展并提高自己的技能水平,因此是一种激励员工努力提高其行为效率和效果的有效方法。实际上,组织文化的控制方法也是一种引导性的手段,我们通常讲的文化却是内化于员工心中。

例如，有关下属向上级汇报工作，可以进行如下引导：①汇报工作，及时有效；②好事坏事都要汇报；③汇报时最好同时提出建议；④汇报工作不吹捧、不越权、不依赖。又例如，关于公司会议的组织，可以提倡如下组织方式：①全力做好会议准备工作，不开无准备的会议；②发言简短、直击问题；③做好记录、提高会议效率；④强调会议落实。

史蒂芬·柯维是世界著名管理咨询公司富兰克林柯维的管理顾问。柯维博士因其著作《高效能人士的七个习惯》而闻名。这本书中提到的"七个习惯"成为很多公司的行为引导指南，这七个习惯是：①积极主动。通常情况下我们往往被环境控制，管理者和员工需要控制自己所处的环境，运用自我决策，以及表现出应对多变环境的能力。②以始为终。这意味着做任何事情前要先在心中构想，然后付诸行动。③要事第一。④双赢思维。⑤知己知彼。通过良好的交流来开拓和维持积极的人际关系。⑥统合综效，也即促进创造性的人际合作。⑦不断更新。这一点涉及从先前的经历中吸取经验。

第四节　组织文化控制

一、组织文化作为管理控制的手段

组织文化影响组织内个人和团队之间的相互作用，以及他们为实现组织目标而进行合作的价值观、规范、行为标准及共有期望的集合。组织文化与直接监督及规则和标准化程序不同，它不是外部强加的约束系统。相反，员工把组织的价值观和规范内化为自己的价值观和行为规范，然后用这些价值观和规范指导自己的决策和行动。

组织文化之所以成为一种重要的控制方式，原因有两个：第一，在管理者无法使用产出控制和行为控制的情况下，组织文化却能够实现控制。第二，也是更为重要的一个原因，当组织形成了一套强大的、有凝聚力的组织价值观和规范时，员工会思考哪些行为对组织的长期发展是有利的，他们所有的角色行为也都会以有助于组织健康发展为出发点。例如，一位教师牺牲自己的课余时间为学生提供指导和建议；一位研发人员一周工作80个小时，夜以继日，废寝忘食，努力加快新项目的进展速度；一位百货公司的售货员来回奔波，寻找在收银台遗失信用卡的顾客。很多研究人员和管理者都认为，一些组织的成员之所以会不遗余力地帮助自己的组织，是因为这些组织塑造了具有强大凝聚力的组织文化，即控制员工态度和行为的文化。

二、创造强有力的组织文化

本书前面章节曾经讨论过价值观。价值观指的是社会成员应该追求的目标以及为实现这些目标应该采取何种行为模式的信念和观点。规范可以是成文的，也可以是不成文而内化的——内化的规范即组织文化。价值观和规范说明了在特定场合下，人们应该采取何种行动才是恰当的。在组织中，价值观告诉组织成员，他们应该追求什么样的目标，以及为实现这些目标应该采取什么样的行动。因此，组织文化、价值观起着与正式目标、书面规则和直接监督相同的作用。

管理者能够影响组织所塑造的价值观。有些管理者可能会培育这样一种价值观和规范，使下属明白：组织欢迎他们以富有创新和创造力的方式开展工作，组织希望他们富有创新精神和首创精神,乐于实践并敢于冒险,即使失败的可能性很大。一些组织的高层管理者鼓励员工接受上述价值观,支持他们对创新的承诺,从而建立竞争优势。英特尔、微软及谷歌公司的高层管理者就是这样做的。

然而,其他一些组织的管理者可能培育另一种相反的价值观。这种价值观告诉员工:当他们和别人打交道时,应该总是保持一种保守和谨慎的态度。在做出某些重要决策之前,应该先征求自己上司的意见,还应该随时记录自己的行动,以便能够对发生的任何事件做出解释。在确实需要谨慎的组织中,比如核电站、大型石油冶炼工厂、化工厂、金融机构、保险公司等,保守和谨慎的决策方式可能是十分适当的。

不同类型的组织管理者,会相当慎重地培育和建立一种与组织的任务和一般环境、战略或者技术相配的组织价值观。组织文化通过多种方式传输给组织成员,其中包括创始人的价值观、社会化过程、典礼和仪式以及故事和语言等。

(一) 创始人的价值观

有一类管理者对组织内形成的组织文化类型具有特殊重要的影响,那就是组织的创始人。组织创始人及其个人的价值观和信念,对于组织经过长时期建立起来的价值观、规范和行为标准,具有巨大的影响。创始人为组织中的文化价值观和规范的形成做了准备,因为他们雇用其他的管理者帮助他们经营企业,按照常理,创始人往往会选择与自己有着相同的组织目标和行为规范的管理者。不管情况如何,他们聘请的管理者很快就能够从创始人那里了解到,这个组织最适合什么样的价值观和规范,从而明白组织对自己的期望是什么。通常,下属模仿创始人的行为风格,然后把创始人的价值观和规范再传递给自己的下属,就这样依次向下传递。随着时间的推移,创始人的价值观和行为规范,就逐步渗透到整个组织中。

如果一个组织创始人要求下属对上司表现极大的敬意,并坚持制定一套规则,比如正式的工作头衔或者正式的工作制服等,那么下属也会依照他的方式要求自己的下属。创始人的价值观会影响组织的竞争优势。例如,麦当劳的创始人雷·克罗克(Ray Kroc)从一开始就坚持麦当劳快餐店要保持高标准的顾客服务和洁净的店堂,这正是麦当劳竞争优势的主要来源。同样,微软公司的创建者比尔·盖茨也在公司开创了特定的文化价值观,公司希望员工富有创造力,努力工作,同时又鼓励员工随意穿着,并且可以根据自己的个性爱好布置自己的办公室。盖茨还举办一系列的公司活动,比如户外烧烤、野餐和运动会等,借此强调员工既作为个人又作为团队成员的重要性。

(二) 社会化过程

随着时间的推移,组织成员通过彼此学习将会了解哪些价值观对组织中最重要,并熟悉那些详细说明行为恰当与否的规范。最终,组织成员将会根据组织的价值观和规范来处事,而他们自己往往没有意识到这一点。组织社会化指的是新成员熟悉组织的价值观和规范,掌握有效完成工作所必需的行为规范的过程。社会化过程的结果就是组织成员将组织的价值观和规范内化为个人的价值观和行为规范,并自觉地按照这些价值观和规范行事。这不仅是因为他们觉得自己处于这样一个组织中不得不这样做,更是因为他们认为这些价值观和规范描述了正确的或者恰当的行为方式。

大多数组织都拥有某种形式的社会化活动,以此来帮助新员工学习组织的价值观、规范和文化。例如军队以其严格的社会化过程而闻名,通过社会化过程,军队能够把新兵塑造成为训练有素的战士。一些组织也通过严格的培训项目使新职员社会化。例如四大会计师事务所,公司的培训项目不仅向新员工提供有关做好本职工作所必需的知识和技能方面的培训,还培训他们如何恰当地向客户介绍自己的公司。新员工必须到培训中心参加公司为他们提供的为期六周的培训项目。在这里,他们可以向经验丰富的组织成员学习,了解今后自己在公司中应该怎样行为,应该做些什么。所以通过组织社会化项目,组织的创始人和高层管理者能够向员工灌输组织文化的价值观和规范,从而塑造组织成员的行为。

(三) 典礼和仪式

管理者用来创造会影响组织文化的另一种方法是举行组织典礼和仪式。通过这种相当正式的形式,管理者能够使组织成员充分认识到组织整体和特定仪式对个人是十分重要的事情。组织向成员传递文化规范和价值观的最常见的仪式有入门仪式、融合仪式和强化仪式。

(1) 入门仪式决定个人如何进入组织,如何在组织内得到晋升或者如何离开组织。

(2) 融合仪式,比如共同参加组织的庆功会、公司户外聚餐等,能够建立并强化组织成员之间的团结精神。西南航空公司就是以致力于举行典礼和仪式而闻名的组织。通过举行各种典礼和仪式,公司向员工传递了这样一种信息,即他们都是相当有价值的人,都是公司的宝贵财富,从而把员工紧密团结在组织中。西南航空公司经常在达拉斯总部外的停车场举行户外聚餐会,公司的创始人赫布·凯莱赫(Herb Kelleher)还坚持亲自参加在全国各地举办的每一场员工圣诞舞会。由于需要参加的圣诞舞会如此多,以至于凯莱赫经常发现都到了七月份,自己还在参加圣诞舞会。

公司年会也可以作为融合仪式来应用,它为管理者、员工及股东提供了一个交流组织价值观的机会。例如,沃尔玛把公司的年度股东大会变成了庆祝公司成功的盛典。公司经常一次性地邀请几千名杰出员工参加在阿肯色州总部举行的公司年会,观赏乡村歌手和西部演艺明星参与演出的大型周末娱乐表演。沃尔玛公司认为,奖励支持者的娱乐休闲能够强化公司追求高绩效的价值观和文化。年会的整个过程通过闭路电视在所有的沃尔玛商店中进行现场直播,以便公司所有的员工都能感受到这场庆祝公司成就的盛会氛围。

(3) 强化仪式,诸如颁奖晚宴、新闻发布会及员工晋升等,是组织公开认可和奖励员工所做贡献的仪式。通过这些仪式,组织能够加强员工对组织价值观的承诺。强化仪式能够把员工紧密团结在组织中,有助于促进团队控制。

(四) 故事和语言

故事和语言也能够传播组织文化。有关组织英雄或反面人物及其行为的故事(不管是真实的还是虚构的),提供了一个关于组织价值观和规范的重要线索。这种故事揭示了组织认为有价值的行为方式与组织反对的行为方式。

麦当劳公司拥有一套内容丰富的企业文化,文化的核心内容体现在组织成员讲述的关于创始人雷·克罗克的几百个故事中。这些故事大多数都是讲述克罗克是如何建立起作为麦当劳公司文化核心内容的严格的运营价值观和规范的。克罗克力图使麦当劳在质量、服务、整洁和价值等方面做到尽善尽美,因此这四项核心价值观构成了麦当劳的文化。

由于口头语言是在组织中进行交流的主要媒介,所以人们用来表达和描述事情的特色俚语或行话,也即组织专用的词汇和短语,也为规范和价值观提供了重要的线索。例如麦当劳语言就是在麦当劳公司各个层级流行的语言。麦当劳公司还对新员工进行一系列培训,教授他们麦当劳式的说话方式,同时向他们说明克罗克的严格要求。马云在阿里巴巴设置的一套"内部称呼"和"武侠语言"也鲜明体现了企业的文化。

组织语言的概念不仅包括口头语言,还涉及人们的穿着、工作的办公室、驾驶的汽车以及互相称呼的正式程度等。随意的衣着反映并强化了微软公司的文化和价值观,正式的工作制服则支持四大会计师事务所的保守文化——强调遵守组织规范(如尊重权威)和恪守本职的重要性。当员工能够说出并理解组织文化的语言时,他们就已经知道自己应该如何在组织中行事以及组织期望他们采取什么样的态度。

本章思考题

1. 管理控制的作用是什么?
2. Merchant 所认为的行为控制、结果控制、人事/文化控制各是什么?
3. 西蒙基于控制杠杆的管理控制的要点是什么?
4. 有效的控制系统有哪几个特征?
5. 实施管理控制通常有哪几个步骤?
6. 管理者用来评估产出或绩效的机制主要有哪几种?
7. 直接监督的管理控制方法有什么问题?
8. 什么是科层控制?科层控制有什么优势和问题?
9. 当直接监督和科层控制实施难度都很大时,有什么行为控制方法可以使用?
10. 组织文化为什么能成为一种重要的管理控制方式?
11. 组织文化可以通过哪些方式传输给组织成员?

第十四章 平衡计分卡：战略视角的管理控制

第一节 概述

工业革命之后，企业的衡量系统大多倚重于财务性质，即本书所述基于会计的管理控制。19世纪的工业革命造就了巨无霸式的纺织、铁路、钢铁、机床和零售公司。财务业绩，包括投资报酬率、经营预算和现金预算等，对20世纪初像杜邦和通用汽车这样的企业的巨大成功至关重要。

21世纪的今天，衡量企业财务业绩的方法和手段已十分先进。但是，这种广泛的甚至一味地采用财务衡量的做法遭到了许多评论家的批评。即如果过分追求并维持短期财务结果，可能会造成过度投资于短期的行为，而对创造长期价值的活动投资不足，尤其是对创造未来成长的无形资产和知识资产投资的不足。在激烈的竞争环境中，财务指标不足以引导和评价企业的运行轨道，它们是滞后指标，对于为创造未来财务价值所采取的行动，财务指标不能提供充分的指导。

理想的做法是扩展会计模式，对企业无形资产和智力资产进行评价。这些资产包括优质的产品和服务、干劲十足而技术娴熟的员工、反应灵敏和稳定的内部经营、满意而忠诚的客户群等。对无形资产和企业能力的评价之所以有益，是因为在信息时代，这些资产对成功的影响远比传统的有形资产的大。

一、平衡计分卡的概念和特点

大势所趋之下，一方面企业要培养长期竞争力；另一方面，传统成本会计模式也不可忽视，这两股力量的碰撞催生一种新的综合体——平衡计分卡。

平衡计分卡保留了传统的财务指标。但是财务指标针对的是已经发生的事情，这对工业时代的企业是足够的。然而，当企业必须大量投资于客户、供应商、员工、工艺、技术和创新，才能创造价值之际，财务指标就无法发挥导航和评价作用。

平衡计分卡采用了衡量未来业绩的驱动因素指标，弥补了仅仅衡量过去业绩的财务指标的不足。计分卡的目标和指标来自企业的愿景和战略，这些目标和指标从四个层面来考察企业的业绩，即财务、客户、内部业务流程、学习和成长，这四个层面组成了平衡计分卡的框架。

平衡计分卡使得公司管理者能够衡量自己的经营单位如何为目前和将来的客户创造价值,如何提高内部能力,并投资于必要的员工、系统和程序,以改进未来的业绩。平衡计分卡捕捉了技能高超的、有活力的企业员工创造价值的活动,一方面通过财务视角保持对短期业绩的关注,另一方面可明确揭示获得卓越的长期财务和竞争业绩的驱动因素。

许多公司的业绩衡量系统已包括了财务和非财务指标,那么采用一套平衡的指标有什么新意呢?的确,几乎所有的企业都采用财务和非财务指标,但他们仅仅把非财务指标用于局部的改进。高层管理者仍然采用总计的财务指标,好像这些指标能够充分概括基层员工及中层管理者的经营成果。这些企业运用财务和非财务业绩指标,只是为了战术性的反馈和对短期经营的控制。平衡计分卡的特点是:

(1) 平衡计分卡强调财务指标与非财务指标必须是信息系统的一部分,应该遍及公司各级员工。

(2) 一线员工必须了解他们的决策和行动所造成的财务结果,高层管理者必须了解长期财务成功的驱动因素。

(3) 平衡计分卡的目标和指标并不是把财务指标和非财务指标进行特定的组合,它们是在经营单位的使命和战略驱动下,通过一个自上而下的流程发展起来的。

(4) 平衡计分卡将经营单位的使命和战略转变为特定的目标或指标:平衡计分卡平衡了关于股东和客户的外部指标和关于关键业务流程创新、学习和成长的内部指标,平衡了反映以往工作结果的指标和驱动未来业绩的指标;平衡了对客观的、容易量化的成果指标和对这些成果的主观的、带有一定判断性的业绩驱动因素指标。

(5) 平衡计分卡不仅是一个战术性的或经营性的衡量系统,富于创新的企业还把计分卡视为一个战略管理系统来规划企业战略,利用计分卡的衡量重点来完成重要的管理流程:①阐明并诠释愿景和战略;②沟通并联接战略目标和指标;③计划、制订目标值并协调战略行动方案;④加强战略反馈与学习。

二、平衡计分卡系统的四个组成部分

(一) 阐明并诠释愿景和战略

建立平衡计分卡的过程使战略目标得到阐明,并为实现战略目标确认了几个关键的驱动因素。在许多企业,高级管理层对其战略目标的相对重要性从未达成充分的共识。总的来说,这些企业管理良好,管理层也和谐共事,之所以缺乏共识往往要归咎于职能历史和企业文化。经理们的事业往往围绕着单一职能建立,某些职能往往起主导地位。例如,石油公司经常受到炼油厂的技术和成本支配而牺牲营销利益;消费品公司往往被营销和销售重点所主宰而牺牲技术革新;高技术公司往往注重工程设计和技术而忽略了制造。当职能部门不同的经理们组成一个团队试图合作时,盲区便出现了,原因在于总的经营目标与不同经营单位的贡献在一体化问题上存在分歧。

因此,平衡计分卡始于高级管理层把经营单位的战略转化为特定的战略目标。在确定财务目标时,管理层必须考虑的是注重收入和市场成长、盈利能力还是创造现金流量。在客户方面,管理层必须明确指出他们应该在哪些客户群体和市场中竞争。当财务和客户的目标已确定,企业接着就应确认其内部业务流程的目标和指标,这是平衡计分卡方法

第十四章
平衡计分卡：战略视角的管理控制

的一大突破和优点。传统的业绩衡量系统，即使采用了非财务指标，也只是改进既有流程的成本、质量和周期。

平衡计分卡会暴露缺乏共识和团队精神的问题，但也为解决问题做出贡献。由于平衡计分卡是由高级管理层开发的，作为一个高级管理层项目，平衡计分卡创造了一个"整个企业人人为之做出贡献的合作模式"。平衡计分卡目标作为高级管理层的共同责任，它可以成为许多重要团队管理流程的组织框架，促使各高层管理者摒弃个人经历和专业成见，建立共识和团队精神。

（二）沟通并连接战略目标和指标

通过企业简报、板报、录像、微信群，平衡计分卡的战略目标和指标在整个企业中得到推广，这种推广的目的是让全体员工明白他们必须完成哪些重大目标，企业的战略才能够获得成功。

甚至可以将经营单位平衡计分卡的指标分解为营运层次的特定指标。例如，平衡计分卡上的一个目标是按时交货，到了经营层次，这个目标可以转变为缩短机器的安装时间，或订单从一道工序迅速转到下道工序的时间。这种做法，就理顺了局部改进工作和经营单位总的成功因素之间的关系。沟通和连接过程结束时，企业中的每一个人都应该了解企业的长期目标和达到这些目标的战略，每个人所制定的局部行动方案将会为实现企业的目标做出贡献。

（三）计划、制订目标值并协调战略行动方案

平衡计分卡最大的冲击力在于驱动组织的变革。高层管理者应当为计分卡指标设计三到五年的目标值，一旦达到，公司将转型。这些目标值标志着企业业绩的飞跃，如果该企业是一家上市公司，那么目标值的实现可能是股票价格上升一倍或更多，公司的财务目标值包括投资报酬率增加一倍，或者在今后五年内销售额提高百分之一百。

为了实现这种雄心勃勃的财务目标值，经理们必须为其客户、内部业务流程与学习成长等层面确定挑战性的目标值。设定挑战性目标值的方法很多，在理想情况下，有关客户的目标值应当来自满足或超过客户期望，对现有的和潜在的客户偏好都应该加以研究，以确认人们对出色业绩的期望。标杆法是一个值得参考的方法，它可以用来效法他人的最佳模式，同时还可以验证内部建议的目标值，使得战略指标不至于落后于人。

一旦有关客户、内部的业务流程、学习和成长的指标确立以后，管理者就能对其战略质量、反映时间、行动方案再造进行安排，以达到突破性的具体目标。因此，平衡计分卡为持续改进、再造和转型提供了自始至终的合理性、重点和整合的基础。管理者不是急功近利地对局部过程进行基本改造，而是努力完善和改造对企业的战略成功至关重要的过程。与传统再造企业计划的目标（大量削减成本）不同，平衡计分卡再造计划的目标不以节省开支为唯一衡量标准。战略行动的目标值源自平衡计分卡指标，如大幅缩短订单完成周期、提前产品上市时间和员工能力的提高等。当然，压缩时间和提高能力并不是最终目标，最终目标是通过平衡计分卡所体现的一系列因果关系，把这些能力转变为出色的财务业绩。

平衡计分卡还使企业能够把整合战略计划和年度预算结合起来。当管理者把企业的战略指标确定为三到五年的挑战性目标值时，也同时预测了每个指标和下个会计年度的

目标。这些短期的里程碑为企业长期战略进程中的评估提供了具体的目标值。计划并制定目标值可以帮助企业：①量化预计的长期结果；②确定达到这些结果的机制并提供必要的资源；③为计分卡的财务和非财务指标建立短期的里程碑。

（四）加强战略反馈与学习

最后一个组成部分是把平衡记分卡融入战略学习的框架之中。我们认为在整个计分卡管理流程中，这一部分是最具创新性也最为重要的方面，它使组织学习得以在高级管理层进行。当今企业中，没有固定模式能帮助管理层获得战略反馈和检验战略所依据的假设。平衡计分卡使他们能监督和调整自身战略的实施，并在必要时对战略本身进行根本性的改变。

通过为财务及其他计分卡指标制定的近期里程碑，每月和每季的管理研讨仍能检验财务结果。然而更重要的是，管理层还能仔细研究企业在客户、内部经营与创新、员工、系统和程序等方面是否达到了其所规定的目标值，于是管理研讨和更新从回顾过去转向了解未来。管理层不仅可以讨论过去的业绩如何获得，而且研究他们对未来的预期是否保持在正常轨道上。

平衡计分卡的第一个组成部分——阐明企业的共同愿景，拉开了战略学习过程的序幕。利用衡量作为语言，有助于把复杂的、模糊不清的概念转变成一种能使高级管理层达成共识的比较精确的形式。第二个组成部分——沟通和协调，则动员每个人采取行动以实现企业的目标。计分卡的设计注重因果关系，这就为企业引进了动态的系统思维，促使不同部门的员工都能了解企业全貌，以及他们的角色如何相互影响并最终影响全局。第三个组成部分——计划、制定目标值和战略行动方案，则是利用一套平衡的成果与动因指标，为企业界定了特定的、量化的业绩目标。把预期的业绩目标与当前的业绩水平进行比较，可以看出业绩差距，因此平衡计分卡不仅衡量变化，而且助长变化。

前三个组成部分对于战略实施至关重要，但只有这三个组成部分是不够的。企业需要双循环的学习能力，当管理者质疑战略的假设前提，并讨论理论是否与眼前的经营、观察和经验相一致时，双循环学习就出现了。诚然，管理者需要单循环流程来帮助他们了解战略实施是否按计划进行，但更重要的是，他们需要双循环学习流程来帮助他们了解计划的战略是不是可行的、成功的战略。管理者需要获得信息，否则无法质疑战略制定之初的基本假设是否站得住脚。战略反馈和学习完成了这一循环，并将其融入下一个愿景和战略流程之中。

三、平衡计分卡系统的四个层面

平衡计分卡把使命和战略转变为目标和指标，形成四个不同的层面：财务、客户、内部业务流程、学习和成长。计分卡提供一个框架、一种语言以传播使命和战略，它利用衡量指标来告诉员工当前和未来成功的驱动因素。高级管理层通过计分卡阐述企业渴望获得的结果和这些结果的驱动因素，借此凝聚企业员工的精力、能力和知识来实现长期目标。

许多人把衡量指标看作控制行为和评价以往业绩的工具。而正如我们在第一节所述，一份计分卡衡量指标应该有不同的用途——阐明企业战略，沟通企业战略和促使个人、组织、跨部门的行动方案一致，以实现一个共同目标。用这种方法使用计分卡，会发现计分卡与传统控制系统目标的不同。它不会试图控制个人和部门严守一个事先制定的计划,计分卡应该是沟通、告知和学习系统,而不纯粹是控制系统。

计分卡的四个层面使企业能够在短期目标和长期目标、结果和动因、硬性客观指标和软性主观指标之间达到平衡。虽然计分卡的衡量指标的多样性可能令人困惑,但是正如我们将会看到的那样,一个适当的计分卡只有一个目的,因为所有的指标都旨在实现一个整合的战略。

(一) 平衡计分卡的财务层面

平衡计分卡保留财务层面,因为财务指标概括了过去的容易衡量的经济结果,自有它存在的价值。财务业绩指标可以显示企业的战略及其实施和执行是否对改善企业盈利做出贡献。财务指标通常与获利能力有关,其衡量指标有营业收入、资本报酬率或经济增加值;财务目标也可以是销售额的迅速提高和创造现金流。

(二) 平衡计分卡的客户层面

在平衡计分卡的客户层面,管理者确立了其参与竞争的客户和市场以及业务单位在这些目标客户和市场中的衡量指标。客户层面通常包括几个核心的或概括性的指标,这些指标代表一个经过深思熟虑和确实执行的战略应该获得的成果。核心结果指标包括客户满意度、客户保持率、客户获得率、客户盈利率以及在目标市场中所占的份额。但是,客户层面还应包括特定的指标,以衡量公司提供给目标客户的价值主张。核心客户成果的具体驱动因素与特定市场有关,它反映客户是否转移或维持与供应商的忠诚关系。例如,客户可能重视交付周期和按时交货,或不断推出新的产品和服务,也可能认为最重要的是供应商能够掌握客户的新需求并开发新产品和制定新的方法来满足这些需求。客户层面使业务单位的管理者能够阐明客户和市场战略,从而创造出色的财务回报。

(三) 平衡计分卡的内部业务流程层面

在内部业务流程层面,管理层要确认组织必须擅长的关键的内部流程。这些流程帮助业务单位:①提供价值主张,以吸引和保留目标细分市场的客户;②满足股东对卓越财务回报的期望。

内部业务流程指标,重视的是对客户满意度和实现企业财务目标影响最大的那些内部流程。内部业务流程层面揭示了传统业绩衡量和平衡计分卡业绩衡量的基本差异。传统方法试图监督和改进现有的业务流程,它们可能包括质量和时效指标,从而超出财务指标的范围,但是它们重视的仍然是改善现有的流程;而计分卡方法通常确认全新的流程,企业要想实现客户和财务目标,就必须善于采用这些流程。例如,一个公司可能会认识到,它必须制定一个流程来预测客户的需求,或开发一个流程来提供目标客户所重视的新服务。平衡计分卡的内部业务流程目标以执行流程为重点,而这些流程中的一些流程目前可能并未采用,但却攸关公司战略的成功。

平衡计分卡与传统业绩衡量的第二个不同在于把创新流程引入到内部业务层面之中。传统的业绩衡量系统所关心的流程,是向当前的客户提供当前的产品和服务的流程,它们试图控制和改善目前的经营。但是,为了获得长期的财务成功,企业可能需要创造全新的产品和服务以满足现有的和未来的客户的新需求。对这些公司来说,成功管理一个创新流程比高效、稳定和灵敏地管理好现有经营能力可能更为重要。但是管理者无须对这两种重要的内部业务流程进行取舍，平衡计分卡内部业务流程层面既包含了长期的创新周期，也包含了短期的经营循环。

（四）平衡计分卡的学习和成长层面

平衡计分卡的第四个层面是学习和成长，它确立了企业要创造长期的成长和改善就必须建立的基础框架。客户和内部业务流程层面确立了目前和未来成功的关键因素，但是企业利用目前的技术和能力或许不能达到客户和内部业务流程层面的长期目标，此外，激烈的全球竞争也迫使企业必须不断改善其向客户和股东提供价值的能力。

企业的学习和成长有三个主要来源：人、系统和组织程序。平衡计分卡的财务、客户、内部业务流程一般会揭示人、系统、程序的实际能力和实现突破性业绩所必需的能力之间的巨大差距。为了弥补这个差距，企业必须投资于员工技术的再造、信息技术和系统的加强、组织程序和日常工作的理顺，这些都是平衡计分卡学习和成长层面追求的目标。

与客户层面一样，涉及员工的指标也包括一些概括性的指标，如员工满意度、员工保持率、员工培训和技能等，以及这些指标的特定驱动因素，如为应对竞争环境而拟定的企业特定技能的具体指数。信息系统能力可以通过精确的、关键的客户和内部业务信息的适时可获得性来衡量，这些信息指导一线员工的决策和行动。组织程序可以检验员工激励是否与组织总的业绩保持一致，并可衡量关键客户和内部业务层面的改进情况。

总而言之，平衡计分卡以一套平衡的框架，把愿景和战略转变为目标和指标，平衡计分卡包括预期成果指标和驱动这些预期成果的流程。

四、平衡计分卡系统诸指标之间的因果关系：结果指标（滞后指标）和动因指标（领先指标）

许多公司可能已经混合使用财务和非财务性两种指标，甚至在高级管理层总结和董事会沟通方面也多有所用。依我们的经验，最好的平衡计分卡不仅是重要指标和重要成功因素的集合，一份结构严谨的平衡计分卡应当包含一系列相互联系的目标和指标，这些目标和指标不仅前后一致，而且相互强化。平衡计分卡应该包含各种重要变量之间的一系列复杂的因果关系。

战略是一套关于因果的假设。管理系统必须把各个层面的目标和指标之间的关系阐述得一清二楚，如此才能够被管理和证实。因果关系链应该涵盖平衡计分卡的四个层面。例如，资本报酬率可能是平衡计分卡的财务指标，而这一指标的驱动因素可能是客户的重复采购和销售量的增加，而这二者都是客户高度忠诚带来的结果。因此客户忠诚度被纳入平衡计分卡的客户层面，因为它将对资本报酬率产生很大的影响，但是企业如何获得客户忠诚？假定对客户偏好的分析显示，客户比较重视按时交货率这个指标，因此按时交货率的提高会带来更高的客户忠诚度，进而引起财务业绩的提高，于是客户忠诚度和按时交货率都被纳入平衡计分卡的客户层面。

循着这个逻辑，下一个问题是，企业必须在哪些内部流程上表现杰出才能有较佳的按时交货率呢？为了提高这一比率，企业可能需要缩短经营周期，并提高内部流程的质量，这两个因素可能成为平衡计分卡内部流程的指标。然而，企业应如何改善内部业务流程的质量并缩短周期呢？为达到这个目标,企业需要培训员工并提高他们的技术,因此员工技术成为学习和成长层面的目标。通过以上这个例子我们看到如何建立一个完整的因果关系链,使之成为贯穿平衡计分卡四个层面的一个垂直向量。

因此,一份优良的平衡计分卡还应当综合结果指标与动因指标。只有结果指标没有动因指标,则无法说明怎样才能达到这些结果,而且这些结果也不能显示战略是否正在成功地实施;反之,只有动因指标(如生产周期和每百万次产品的次品率)而没有结果指标,业务单位或许可以获得短期的改进,但却无法显示这些改进是否已被转化为对现有的和新客户业务的扩展,并最终转化为财务业绩的提高。从整个平衡计分卡的结构来看,财务指标是总的结果指标,平衡计分卡的思路是将其层层分解为各种动因指标。一份出色的平衡计分卡应当把业务单位战略的结果指标(滞后指标)和动因指标(领先指标)适当地结合起来。

第二节　平衡计分卡的指标系统

一、财务层面

（一）业务生命周期

业务生命周期的每个阶段(成长期、保持期和成熟期)各有不同的财务目标:

（1）成长期是业务生命周期的初期,在这一阶段,产品或服务拥有巨大的成长潜力,为了发挥这一潜力,企业必须投入大量的资源来开发和改进新产品和服务,建设和扩大生产设施,增强经营能力,投资于系统、基础设施和销售网络,培养和发展客户关系。成长期的企业实际上可能出现负的现金流,其投资报酬率也可能很低。

（2）业务发展的保持期,仍然需要吸引投资和再投资,但是必须使投资产生的报酬率提高。企业希望这些业务单位维持现有的份额,也许每年还应该有适度的增长。与成长期所做的投资回收期长、以成长为目的的投资性质不同,投资项目旨在消除瓶颈、提高生产能力和增强持续改进。处于业务保持期的大多数业务单位都采用与获利能力有关的财务指标,如经营收入和毛利,并将会计收入与投资水平相联系,使用投资报酬率、经济增加值等指标。

（3）在业务的成熟期,企业的目的是收回前两个阶段的投资。对这一阶段的业务,已经没有理由再进行大量投资,只要足以维持设备和生产能力即可。任何投资项目都必须具有十分明确和快速的回收期,这个阶段的主要目标就是使现金回流最大化。

（二）财务层面衡量指标群

1. 收入增长和组合主题

该主题通常包括以下指标:

（1）成长期和成熟期的业务单位,最常用的营业收入增长指标是销售增长率和目标地区、市场和客户的市场份额。

（2）处于成长期的企业通常注重扩大既有的生产线或者提供全新的产品和服务。这个目标常见的指标是新产品和服务在上市后的一段时间(如2—3年)内,所创造的经营收入占全部营业收入的百分比。当然,实现这一目标的方法也有好有坏,理想的做法是拓展新产品或延伸新产品并显著改善现有产品,因而赢得新的客户和市场,而不仅仅是取代现有产品的销售。

(3)开拓既有产品的新客户和市场,可能是增加营业收入的另一途径。例如新客户、新市场细分、新地理区域占营业收入百分比等指标可以体现营业收入的新的来源。

2. 降低成本/提高生产率主题

该主题通常包括提高生产率、降低单位成本、改善渠道组合、降低经营费用等指标。

3. 资产利用/投资战略主题

该主题通常包括现金周转期和资产利用率两个指标。

二、客户层面

在平衡计分卡的客户层面,企业确定他们希望竞争的客户群体和细分市场,这些细分市场代表了公司财务目标的收入来源。客户层面使企业能够根据目标客户和细分市场(见表14-1)。它也协助企业明确辨别并衡量自己希望带给目标客户和细分市场的价值主张,而价值主张是核心客户成果指标的动因指标和领先指标。

表14-1 核心客户指标群

市场份额	反映一个业务单位在既有市场中所占的业务比率(以客户数、消费金额或销售量来计算)
客户获得率	衡量一个业务单位吸引或赢得新客户或新业务的比率,可以是绝对或相对数目
客户保持率	反映一个业务单位与既有客户保持或维持关系的比率,可以是绝对或相对数目
客户满意度	根据价值主张中的特定业绩准则,评估客户的满意程度
客户获利率	衡量一个客户或一个细分市场扣除支持客户所需的特殊费用后的净利润

(一)基于细分市场的核心客户指标群

一般而言,现有的和潜在的客户并非同一的,他们各有各的偏好,所重视的产品或服务特色是不同的。在构筑战略的过程中,利用深入的市场调查成果,应当揭示不同的市场和客户群体,以及他们对价格、质量、功能、形象、商誉、关系和服务的偏好,然后企业便能针对自己选择的客户和细分市场制定自己的战略。

(二)衡量客户价值主张的指标群

客户价值主张代表企业通过产品或服务而提供的特征,其目的是创造目标细分市场的客户忠诚和满意度。价值主张是表14-1中客户满意度、客户获利率、客户保持率和市场份额等核心指标的驱动因素和领先指标。虽然不同的产业有不同的价值主张,甚至一个产业中不同细分市场的价值主张也有所不同,但是几乎所有产业的价值主张都有一套共同的特征,这些特征可以归纳为三种:

(1)产品/服务特征:包括功能、价格和质量。

(2)客户关系:包括产品/服务的交货,涉及反应时间、交付周期和客户购买产品的体验。

（3）形象和声誉：是企业吸引客户的无形因素。有些公司能够利用广告及高质量的产品和服务创造客户忠诚，使得客户对其产品或服务的支持程度，远远超过产品或服务本身的有形价值。

三、内部业务流程层面

在内部业务流程层面，平衡计分卡系统先确定一套完成的内部流程价值链。内部流程价值链的开端为创新流程，即弄清当前和未来客户的需要并开发新产品满足这些需要；接下来是经营流程，即提供既有的产品和服务给现有的客户；末端为售后服务，即在销售之后提供服务给客户，增加客户从企业的产品和服务中获得的价值。

每个企业都有自己独特的创造客户价值和产生财务结果的流程，它们都可以划分为三个主要的业务流程：①创新流程包括确认市场、开发产品和服务；②经营包括生产产品和服务、提供产品和服务；③售后服务即服务客户。

（一）创新流程衡量指标群

（1）对基础和应用研究的衡量可以采用以下指标：新产品在销售额中所占比例；专利产品在销售额中所占比例；新产品上市速度与竞争者的上市速度相比，新产品上市速度与计划相比；制造能力；开发下一代新产品的时间。

（2）对产品开发的衡量可以采用收支平衡时间（break-even time，BET），即从产品开发到上市并产生足够的能够偿付研发成本的利润为止需要的时间。

BET指标有三个含义：第一，如果公司希望研发流程做到收支平衡，就必须收回在产品开发上的投资，因此BET不仅关注衡量产品开发流程的成果，也关注流程的成本，它鼓励产品开发流程增加效率；第二，BET强调获利能力，它鼓励营销、生产和设计等部门员工之间的合作，从而开发出满足客户真正需要的产品，包括为产品提供高效的销售渠道和有吸引力的价格，同时把成本维持在一个能使公司利润足以偿付产品开发投资的水平；第三，BET强调时间，它鼓励员工先于竞争对手推出新产品，这样才能更快地销售更多的产品，从而偿付产品开发的成本。

BET是一个相当有吸引力的指标，但它作为一个成果指标则稍显不足。这是因为：第一，只选用递增式的产品开发也一样可以达到优秀的收支平衡时间，不一定需要突破性的产品开发；第二，如果公司有数个项目，那么有一个累计的BET，很难计算出BET的平均值，因为只要其中一个项目的BET过长，就会扭曲累计指数；第三，项目收支平衡时间的真正价值不是立刻可以显现出来的，只有在项目流程完成之后很久才能显现出来。

惠普公司使用BET的经验强调，必须用创新产品来平衡产品开发流程中缩短周期时间、减少开支和提高良品率的压力。否则，产品设计和开发人员可能会重视那些容易快速实现和可以预期的递进式的产品改进，而不愿选择突破性的产品。有些指标，如新产品毛利率，有助于区别哪些产品是真正创新，哪些产品只是既有产品和技术的简单升级。另外一个指标是新产品上市后的销售时间。递进式产品是现有产品线的简单延伸，因此可能只有短短几年的寿命，通常到第五年时，销售只占前一两年的一小部分而已；反之，创新产品或服务通常享有较长的寿命周期，往往未来几年内的销售要大于起始阶段的销售。

（二）经营流程衡量指标群

经营流程从接到客户的订单开始，到递交产品或服务给该客户为止，强调以高效率、一致和及时提供既有的产品和服务给既有客户。

在经营流程层面，近年来，受到日本制造业先进的全面质量管理和时间竞争法的影响，许多企业都采用了与质量和周转期有关的衡量指标，来弥补传统成本和财务指标的不足。经营流程质量、周期时间和成本的衡量等已得到充分的发展，这些指标具有较好的概括性。

（三）售后服务流程衡量指标群

企业内部流程价值链的最后一环是售后服务。售后服务包括提供担保和产品维修、次品、退货和付款等手续。出售复杂先进设备或系统的很多公司深知它们设备的任何故障都会给客户带来极大的损失和不便，所以它们通过提供迅速、可靠的服务来提高它们设备的价值，尽量减少设备可能出现的故障。

企业如果希望达到目标客户期望的售后服务，可以把诸如时间、质量和成本等指标运用到售后服务流程中来衡量他们的业绩。因此，反应时间（从客户提出问题到问题解决所需的时间）可以衡量企业对产品故障做出反应的速度；成本指标可以衡量售后服务流程的效率（使用资源的成本）；一次成功率可以衡量多少客户的要求是一个电话而不是数次电话就能满足的。

总之，在内部业务流程层面，为了保证企业满足股东和目标客户的目标，管理者确定他们必须表现卓越的关键流程。传统的业绩衡量系统仅把重点放在监控和改进现有业务流程的成本、质量和时间上。相反，平衡计分卡可以从满足外部利益相关者的需要衍生出内部业务流程业绩。

四、学习和成长层面

财务、客户和内部业务流程层面的目标确定了企业为获得突破性业绩必须在哪些方面表现突出。学习和成长层面的目标为其他三个层面宏大目标的实现提供了基础框架，是前面三个计分卡层面获得卓越成果的驱动因素。

一些企业的管理者已经注意到，当他们纯粹以短期财务业绩进行评价时，为加强员工、系统和业务流程的能力而进行的投资很难维持下去。由于传统财务会计模式把这种投资计入期间费用，所以削减这方面的投资就变成产生短期利润的一条捷径。一贯疏于加强员工和企业能力的长期不良后果在短期内不会显现，而且一旦弊端显现，这些管理者就把责任推卸到别人头上。

平衡计分卡强调为未来投资的重要性，它认为企业不能只投资于传统的领域，对设备和研发的投资固然重要，但只在这些方面投资是远远不够的。如果企业希望达到宏大的长期财务增长目标，就必须对企业的基础框架——员工、系统和程序进行投资。

平衡计分卡的学习和成长层面可以分为四个主要的范畴：①员工状态；②员工技术再造；③信息系统能力；④激励、授权和协作。

（一）衡量员工状态的核心指标群

大多数公司都是从三组核心的成果指标衍生出它们的员工目标，然后根据成果的特

第十四章
平衡计分卡：战略视角的管理控制

定驱动因素来弥补这些成果指标。这三组核心的员工衡量指标是员工满意率、员工保持率、员工生产率。

1. 员工满意度

员工满意度反映员工士气以及员工对工作的整体满意度，如今大多数企业都认为这是一个极为重要的目标。员工感到满意是提高生产率、反应速度、质量和客户服务的必要前提。

对那些工资和技能水平都较低的员工直接同客户打交道的服务单位来说，员工士气尤其重要。衡量员工满意度的方法，通常是每年举行一次员工满意度调查，或是每月随机抽样调查一定比例的员工。员工满意度调查内容包括参与决策、工作表现优良时是否得到肯定、是否能得到胜任工作所必需的充足信息、企业是否鼓励员工的创造性和主动性、行政职能部门是否给予足够的支持、对企业的整体满意程度。

2. 员工保持率

员工保持率以挽留那些与企业长期利益息息相关的员工为目标。这个指标暗含的理论是，企业在员工身上进行了长期投资，因此任何的员工主动离职，都表示了公司智力投资的损失。长期而忠诚的员工，不但拥有企业价值和企业流程的知识而且拥有对客户需求的敏感度。员工保持率通常用关键员工流失率来衡量。

3. 员工生产率

员工生产率是一项结果指标，是提高员工技能和士气、加强创新、改善内部业务流程以及满足客户等综合影响而形成的。考察员工生产率的目的是寻求员工生产的产品和生产这些产品所耗费的员工人数之间的关系。最简单的生产率指标是人均产出，它表示每一个员工能生产多少产品。

人均产出是一个简单而又容易理解的生产率指标，但它有许多局限。例如，问题之一是没有把相关成本考虑在内；其次，部门经理还可能通过裁员的方法来提高人均产出。修正的方法之一是采用人均增加值的指标，计算方法是从营业收入中扣除成本，再除以员工人数；另一种修正方法是以员工薪资而非员工人数作为分母，这个方法可以防止雇用生产率高但工资也高的员工来取代既有员工。总的来说，只要企业内部结构没有太剧烈的变动，人均产出每年的变动是一个非常有用的诊断性指标。

企业学习与成长的驱动因素往往来源于三个关键的驱动因子，即员工的技术再造、信息系统能力以及激励、授权和协作。

（二）衡量员工技术再造的指标群

许多采用平衡计分卡的企业正在经历着重大变革，如果企业希望达到客户和内部业务流程的目标，员工就必须肩负与以往截然不同的新责任。

可以从两个方面看待员工技术再造的需求，一是技术再造的程度；二是技术再造的员工比率。当需要技术再造的程度很低时，一般的培训和教育足够维持员工的能力。在这种情况下，员工技术再造将不会在平衡计分卡中占据重要地位。

表 14-2　员工技术再造的类型

技术再造情况	关键战略主题:为了达到企业的愿景,需要改造或提升员工的技术
战略性技术再造	部分员工需要高水准的战略性技术
大规模技术再造	大部分员工需要大规模的技术革新
技能升级	大部分或小部分员工需要提高核心技术

(1) 战略性技术再造。可以使用战略工作胜任率,这个指标计算的是符合特定战略工作资格的员工人数与企业预期需要的人数之比。工作胜任是指担任某一工作的员工为达到客户和内部业务流程需要具备的重要能力。战略工作胜任率往往会暴露企业目前的技术、知识和态度,距离未来需要的差距程度,这个差距会激励企业采取必要的战略行动来缩小人力资源上的差距。

(2) 需要大规模技术再造的企业,可以采用另一个指标,即需要多长时间才能把既有员工提升到新的、必要的技术水平。如果企业希望达到大规模技术再造的目标,就必须缩短员工技术再造的周期。

(三) 衡量信息系统能力的指标群

员工积极性和员工技能对于企业实现客户和内部业务流程来说必不可少,但仅做到这一点显然是不够的。要想使员工在当今竞争环境中发挥应有的作用,就必须使他们获得关于客户、内部业务流程和决策所造成的财务后果等方面的足够信息。

一线员工必须准确、及时、全面地了解每位客户与企业的关系,这些信息可能包括利用成本分析法计算每个客户的获利率;一线员工还应该知道某个客户属于哪个客户群,从而判断自己应尽多大努力才能满足既有客户的需要,以及设法认知客户潜在需求并满足这些需求。经营部门的员工需要快速、及时、准确地得到所生产产品和所提供服务的信息反馈,唯有获得这些信息反馈,员工们才能坚持执行改进计划,有系统地根治缺陷和消除生产系统的超支、超时和浪费现象。不管企业实施的是持续改进式的全面质量管理计划,还是采用跃进式的流程再造方案,良好的信息系统都是员工改进流程的必要条件。

据此,有些企业设计了战略信息覆盖率指标,用来衡量目前可用信息与企业预期需求之比。

(四) 衡量激励、授权和协作的指标群

尽管员工拥有技术,又能毫无障碍地获得信息,但是如果他们无心追求企业的最大利益,或无权做决策和采取行动,还是一样无法对企业的成功做出贡献。因此,学习和成长还需要第三个驱动因子,即为激励员工的积极性和主动性营造企业氛围。

(1) 衡量员工建议和建议的采纳。企业可以采用多种手段衡量员工是否被激励和充分被授权。一个简单而又广泛使用的指标是员工提出建议的次数,这个指标可以衡量员工对改善企业业绩的参与程度;另一个辅助的指标是建议被采纳的次数,这一指标不仅衡量建议的质量,而且向员工展现了企业在广开言路上的诚意和重视。

(2) 衡量改进。

(3) 衡量个人和企业的一致性。个人和企业的一致性,关注的是部门和个人的目标

第十四章
平衡计分卡：战略视角的管理控制

是否与平衡计分卡上载明的企业目标保持一致。从高级管理层开始，向下层单位逐渐推行平衡计分卡，这个流程有两个主要目标：个人及次级单位的目标、奖金和表扬制度与业务单位的目标保持一致；以团队为基础的业绩指标。

（4）衡量团队关系与意识。企业的管理者相信，仅凭员工个人工作更卖力、更聪明和更有知识，不足以达到内部业务流程的挑战性目标值。越来越多的企业正转向利用团队协作，完成产品开发、客户服务和内部经营等重要的业务流程。这些企业希望利用一些目标和指标来激励、监督企业的团队意识。以下是一些值得参考的指标：①内部调查团队意识：调查员工意见，了解业务单位是否相互扶持并为彼此创造机会。②利润分成程度：记录企业与其他业务单位、企业与客户建立团队关系的程度。③一体化项目的数目。有多个业务单位参与的项目数量。

第三节　平衡计分卡的实施

平衡计分卡的实施一般有四个步骤：

（1）制定挑战性目标值。管理层应该为计分卡制定挑战性目标值，挑战性目标值必须是所有员工都能够接受和信服的。从计分卡的因果关系中，可以识别出关键的驱动因素来推进重要的成果指标（尤其是财务和客户层面）以取得突破性的业绩。

（2）确定战略行动方案。计分卡指标的当前业绩与挑战性目标之间的差距，使管理层能够定出资本投资和行动方案的优先顺序以缩小现实和期望的差距。对于那些与计分卡目标关系不大的行动方案，则予以撤销或降温。

（3）确定关键性的跨业务单位行动方案。管理层确定对其他业务单位或母公司的战略目标相互协同的行动方案。

（4）将年度资源分配与预算挂钩。管理层把3—5年的战略计划与下一年度的酌量性支出和预算业绩（里程碑）挂钩。这些里程碑有助于他们跟踪业务单位战略实施的进展。

这四个步骤首先确定了企业希望取得的长期成果。成果不仅包括企业希望改进的指标，而且包括了这些指标明确的挑战性目标值。其次，它确定了实现这些成果的机制。最后，这个统一的规划和预算编制流程，为平衡计分卡的财务和非财务指标建立了短期的里程碑。

一、确定挑战性目标值

以平衡计分卡来推动企业变革，最能发挥其功效。为了宣传变革的必要性，管理层应该为平衡计分卡制定3—5年的目标值，一旦达到这些目标值，企业便转型成功。这些目标值应该代表业务单位的业绩突破。

虽然大部分管理者对制定挑战性财务目标毫无惧色，可是被迫追逐这些目标值的员工却常常质疑这些目标值的可信度。美国通用汽车公司的斯蒂尔·科夫对"许多公司做不到他们的挑战性指标"是这样解释的：公司动辄要求员工销售收入翻番，或将产品上市速度提高三倍，可是这些公司很少提供必要的知识、工具和方法，来帮助员工达到如此宏伟的目标。

大部分挑战性目标值的问题在于,它们采取各个击破的方式,企图依靠孤立的指标建立起宏伟的体系。最为业界所常用的"标杆法"是其中的一个典型,它的做法是先独立研究其他企业在某一方面的业绩,把这些企业的业绩水平当作自己的目标,然后制订一个计划来追求同样的业绩水平。标杆法的概念颇具吸引力,但即使企业在各个孤立的业务流程方面实现了宏伟的目标,也未必能导致整体财务业绩的突破。

事实证明,平衡计分卡是一个争取人人接受富有进取心的目标的强大工具,因为它强调通过若干相关的而不是孤立的指标来实现杰出的业绩。

我们可以列举凯恩尼商店的一个分店如何运用计分卡逻辑,把一个原以为不可能的目标值变成大家都可以接受的目标值:这个不可能的目标值是 5 年内使收入增加一倍,目前的计划距离这个目标甚远,产生了一个 10 亿美元的收入差距。营运经理认为无法弥补这一差距,但是 CEO 带领管理层以平衡计分卡涵盖的因果业务关系对业绩模式进行了一次情境规划。情境规划法可以使管理层为不同战略提供建议,并测试战略的可行性,然后才达成一组最终的目标值。管理层把收入增长目标值系统地分解为以下增长指标:新商店数量;每家商店新增客户人数;每家商店将闲逛者转变为真正购买者的比率;老客户的保持率;每位客户的平均销售额。

他们对假设的几种情境进行评价。经过一番深思熟虑,管理者发现其中某一方案是可行的,于是以此为基础修订战略。在会议结束之际,管理层终于欣然允诺收入增长一倍的目标值。情境规划法把一个遥不可及的目标分解为一连串较小的目标。小目标积少成多,从而使收入增长目标成为一个可以实现的目标值。通过确定收入增长目标的关键驱动因素,并对每个驱动因素的目标值和行动方案做出承诺,在平衡计分卡这一监控战略实施的工具之下,管理层向挑战性收入增长目标值冲刺并没有想象中那么困难。

二、确定行动方案

管理层为财务、客户、内部流程、学习和成长层面的各项指标制定了目标值之后,接着是评估目前的行动方案是否能够帮助他们实现这些目标值,以及是否需要新的行动方案来配合。目前,许多企业都在执行数不清的行动方案,如全面质量管理、时间竞争法、员工授权和流程再造等。不幸的是,这些行动方案往往与实现既定的战略目标改进毫无联系。每个部门自行其是,而且互相争夺有限的资源,包括所有资源中最为稀缺的一种:高级管理层的时间和注意力。如果以平衡计分卡作为企业管理系统的基石,不同的行动方案就可以聚集于追求企业的目标、指标和目标值。

为实现挑战性目标值而制定和部署行动方案在很大程度上是一项创造性的过程,有三类常见问题及其主要应对方法,即创设或修正衡量指标、设定变革比率指标、流程再造。

1. 创设或修正衡量指标

平衡计分卡设计完毕后,立即会冒出一大堆业绩改进的机会。我们常常发现,平衡计分卡的指标中起码有 20% 缺乏相关数据。指标的缺失通常不是数据的问题,它其实也暴露了一个管理问题,"如果你无法衡量它,就无法管理它"。如果一个指标缺乏支持数据,问题可能是某个关键战略目标的管理流程不完善或根本不存在。

但如果我们正视"衡量指标的缺失"并加以创设或修正,那么就会导致企业推出可行的战略行动方案,同时也有助于更好地管理关键内部流程,而这两者均是卓越业绩不可或缺的因素。

2. 设定变革比率指标

管理层必须决定以何种方式实现他们的挑战性目标值,比如是以业务流程的全面质量管理这样的持续改进方式,还是以再造或转型方案这样的突变式改进方式。全面质量管理(TQM)从既有流程入手,以系统化解决问题的方法来减少流程中的缺陷(例如延迟交货、流程周期中的非增值时间、产品缺陷、加工误差、员工素质不高等)。突变式改进或再造方式则发展了一个全新的方式来运转流程。它假设既有的流程存在根深蒂固的缺陷,需要彻底重新设计才能纠正过来。

如果管理层决定采取持续改进的方式,那么就该使用"改进比率"来追踪近期的努力是否有助于实现富有进取性的长远目标值。例如,"半程量尺"就是一个很好的衡量指标,该指标衡量减少50%的流程缺陷所需要的时间,它假设全面质量管理小组成功地实施正式的质量改进流程,并能以一个固定的速率减少缺陷。管理层一旦设定了消除系统缺陷的速率,便可有效地掌握持续改进流程能否在规定的时间内产生预期的业绩。

3. 流程再造

持续改进并非适用于所有情形。管理层常常发现,持续改进方法不足以实现3—5年的挑战性目标值。这表明他们需要开发和部署全新的方法来完成这些流程。平衡计分卡方法为企业的改造和转型方案提供了依据和着眼点,促使管理层放弃重新设计任何局部流程,转为能使企业战略成功的流程再造。

如果运用平衡计分卡的力量来驱动再造与转型方案,可以把注意力集中在创造成长的议题上,而摆脱一味关心如何减低成本和增加效率的陷阱。此外,平衡计分卡中蕴含的因果关系将成为再造方案优先顺序的决定因素。平衡计分卡化战略为行动的威力,在这一点上表现得淋漓尽致。

三、确定重大的跨业务单位行动方案

规划流程的一个重要内容是确定企业中不同战略业务单位(SBU)之间以及SBU与总公司的职能活动之间的连续。SBU之间的联系可以提供相互支持并分享最佳实践的机会,这些机会包括开发和分享关键技术和核心能力,协调对共同客户的营销活动,以及分享生产和分销资源,以获得规模经济和范围经济的效应。总公司的一个重要职能就是提供必要的机制,确定并利用SBU之间的协同效应,而平衡计分卡提供了这样的机制。

四、将年度资源分配与预算挂钩

目前大部分企业的战略规划和经营预算是两个分开的流程,各由不同的部门负责。而事实上战略规划和经营预算非常重要,不能当作两个独立的流程来对待。如果企业希望行动与愿景结合在一起,那么战略规划就必须与预算相挂钩,而平衡计分卡提供了将两者挂钩的机制。

本章思考题

1. 平衡计分卡的设计初衷和主要内容是什么？
2. 平衡计分卡怎样把结果指标（滞后指标）与动因指标（领先指标）结合在一起？
3. 平衡计分卡的四个组成部分是什么？
4. 平衡计分卡是如何将战略、控制紧密结合在一起的？
5. 平衡计分卡的实施有哪四个步骤？

第十五章 质量管理：产品与服务视角的管理控制

第一节 质量的定义、质量成本与质量改进

一、产品质量的概念

质量定义或质量维度有很多，哈佛大学商学院的戴维·加文（David A. Garvin）提出了著名的质量维度，包括八个方面：

（1）性能：是指产品的基本运行特性。以汽车为例，其性能包括加速、刹车距离、行驶性能、油耗和操纵性能等。

（2）特色：是指产品的"诱人之处"。一辆轿车可能有油电混合、CD播放器、移动互联网连接等。

（3）可靠性：是指产品在规定使用条件下在规定时间内正常运行的可能性。汽车在冷天的启动能力或未能启动的概率都是可靠性特征。

（4）符合性：产品的外观或性能符合预先确定的标准的程度。通常在进行产品设计时会将产品的性能量化，例如容量、速度、大小等，这些量化的产品维度称为规格。如果一种产品的某一维度在规格允许的误差范围之内，则具有符合性。

（5）耐久性：是指产品能忍受压力或撞击而不会出现故障的程度。

（6）可服务性：是指产品易于修复。如果一种产品可以很容易地修复且费用低，那么该产品具有很好的可服务性。如果维修服务是快速的、有礼貌的、易于获得的且有能力的，那么该产品可视为具有良好的可服务性。

（7）美学特性：是指产品的外观、感觉、声音、味道。例如，轿车的颜色、仪表板设计、控制器布置可以产生美学上的愉悦感。

（8）感知质量：是以顾客感知为准的质量。质量被顾客感知，顾客以他们感知的质量的好坏来决定产品和服务的质量，这就是感知质量。

二、服务质量的概念

服务质量比产品质量更难定义。三位来自美国德克萨斯农工大学的市场营销学教授——Parasuraman、Zeithamel 和 Berry（简称 PZB），发表了著名的服务质量维度列表并被广泛使用。

（1）有形性：是指有形的设施和设备、人员的外表。有形性包括吸引人的设施、穿着得体的员工，以及设计适当、易于阅读和理解的表格等。

（2）可靠性：不同于产品的可靠性，服务质量的可靠性是指可靠、准确地提供所允诺事项的能力。例如咨询顾问如果能提供顾客所需要的服务，顾客将会很满意；相反，如果顾问提供的服务不是顾客所期望的，顾客将不会支付顾问费。

（3）确信性：是指雇员的知识、礼貌及其表达出自信与值得信任的能力。如果要动心脏手术，你必定想要找一位有能力而非健忘又无条理的医生来主刀。

（4）响应性：是指帮助顾客并迅速提供服务的意愿。例如，当你打电话给银行时，它响应的时间；公司迅速退回所退换商品的款项，快速更换缺陷产品。

（5）移情性：是指给顾客以关爱和个别注意的程度。这方面的例子如根据顾客的方便安排服务日程，以通俗的语言解释技术术语，记住顾客的姓名等。

三、多视角下的"质量"定义

尽管前述了较为常见的"质量"的概念，但关于"质量"的定义并不完全统一。事实上，可以从五个不同的视角定义质量：超凡产品、用户、价值、生产、整合的观点。

1. 超凡产品的观点

关于质量的一种普遍认识，是将之视为优秀或超凡的同义词。1931年，沃尔特·休哈特首次将质量定义为产品良好的程度，这一观点被称为是超凡的质量定义。从这种定义上来说，质量是绝对和普遍认可的，标志着一个不可妥协的标准和高水平的成就。常见的与超凡的形象相关的例子是，劳力士手表、丽思卡尔顿酒店等。

超凡是一个抽象主观的表述，超凡的标准因人而异。因此，这种超凡的质量定义对经理而言，没有什么实际价值，它不能提供衡量或者评估质量的手段来作为决策的依据。

2. 用户的观点

不同的人有不同的欲望和需要，因而有不同的产品期望。由此引申出基于用户的质量定义：质量被定义为相对于预期用途的适用性，或产品履行其预期功能的程度。例如劳斯莱斯和本田都适合使用，但它们服务于不同的需要和不同的顾客群。如果你想要的是能在高速公路上行驶的豪华旅行车，那么劳斯莱斯能够更好地满足你；如果你需要一辆在上下班拥挤的城市中使用的车辆，本田或许是更好的选择。

3. 价值的观点

质量的第三种定义以价值为基础，即产品价格与价值的关系。消费者不再单单以价格为基础购买产品，他们将企业提供的整套产品和服务有时称为顾客利益包（customer benefit package）的质量与价格及其他有竞争力的产品进行比较。顾客利益包括有形的产品及其质量维度；售前支持，如方便订购；快速、及时和准确的交货；售后支持，如现场服务、保证和技术支持等。如果竞争对手按同样的价格提供更好的选择，消费者会理性地选择感知质量最高的利益包。如果竞争对手以较低的价格提供同等质量的一揽子产品和服务，消费者通常会选择价格较低的那个。从这个观点来看，优质的产品意味着与竞争产品具有同样的利益而售价更低，或者在同样价格下提供更大的利益。

第十五章

质量管理：产品与服务视角的管理控制

竞争迫使企业以更低的价格来满足顾客的需要，保持价格低廉的能力需要专注于内在效率和质量，而运营质量的改善通常会通过减少废料和返工，从而降低成本。因此，企业必须既专注于顾客利益包，又专注于其内部运营质量和效率的不断改进。

4. 生产的观点

顾客和企业都在追求产品和服务的一致性。通过制定严格的质量和包装标准，公司努力做到使顾客在世界任何一个角落都可以买到相同的产品，甚至服务型组织也在努力提供一致的服务产品。

为产品和服务制定标准并满足这些标准，引申出质量的又一种定义：符合规范。规范，就是产品或服务的设计所确定的目标和工差。目标是生产要努力达到的理想值，而之所以要规定工差，是因为设计者知道，生产中不可能总是满足目标要求。类似的在服务方面，"飞机的准时到达"可规定为在计划时间的15分钟左右到达，目标是计划时间，规定的工差是15分钟。该定义提供了一种明确的方法来衡量质量，并确定产品或服务是否按设计要求进行生产或交付。

5. 整合的观点

1978年，美国国家标准学会（ANSI）和美国质量学会（ASQ）规范了质量术语的定义。质量被定义为"表征产品或服务满足给定需要的能力的特征和特性的总和"。这一定义很大程度上来自产品和用户的质量定义，是由创造满足顾客的需要驱动的。到20世纪80年代，许多公司开始采用一种更简洁、更有力的顾客驱动的质量定义，这种定义在当下依然影响甚广。它可以表述为，质量就是满足或超越顾客的期望。如本书前述，这里的顾客既包括"外部顾客"，也包括"内部顾客"。

顾客驱动的质量是高绩效组织的基础。例如希尔顿酒店集团公司实施其终极服务计划，培训员工对客人需求的敏感度，提供个性化服务，并在必要时快速处理投诉，准确无误地致力于确保高水平顾客满意度，以及进行严格的检查和满意度忠诚度跟踪调查。

6. 各种观点的应用场合

不同业务职能中的个人，如设计者、生产者、服务提供者、分销者和顾客讲不同的"语言"。因此，在价值链上不同点的不同质量观点对最终创造和提供满足顾客需求和期望的产品和服务而言都是重要的。

顾客是生产产品和服务的驱动力，他们通常用超凡产品的观点来看待质量。

确定顾客的需求和期望是营销部门的任务，因此，对于营销部门的人员而言，基于用户的质量定义是有意义的。

企业的研发、设计和工程部门必须把顾客的要求转化为具体的产品和过程规范。产品的规范规定了大小、形状、精度、口味、尺寸、工差、材料、运行特性及安全特性等。过程的规范则规定了生产过程中所使用的设备类型、工具、金融设施和营销目标等。因此基于价值的质量的定义最适合这一阶段。

生产部门的责任就是保证在生产中能够遵守设计规范，保证最终产品能够按照要求发挥功能。因此，对于生产部门的人来说，质量的定义是基于生产的。

在整个价值链中，每个职能都是其他职能的内部顾客，公司本身可能是其他公司的外部顾客或供应商。因此基于整合的质量定义,为协调整个价值链奠定了基础。

四、质量成本

在大多数公司中,成本会计都是一项非常重要的职能。所有的组织都把测量和报告成本作为控制和改进的基础,质量成本的概念出现于20世纪50年代。质量成本分为四个主要类别:预防成本、鉴定成本、内部故障成本和外部故障成本。

(一) 预防成本

预防成本是为了避免不合格产品的出现,以及防止不合格产品流到顾客手中而进行的投资,它包括以下具体的成本:

(1) 质量计划成本,包括从事质量计划活动和参与问题解决团队、新产品开发、新设备设计和可靠性研究等的人员的工资。

(2) 过程控制成本,包括花在生产过程、分析和实施过程控制计划上的成本。

(3) 信息系统成本,即花在制定数据要求和测量上的成本。

(4) 培训及一般管理成本,包括内外部培训项目、事务人员支出和杂项支出等。

(二) 鉴定成本

鉴定成本是与为了确保符合要求而进行的活动相关的成本,通常涉及通过测量和数据分析来检测不符合的情况。鉴定成本的种类包括:

(1) 试验和检验成本,涉及对进厂原材料、在制品和产成品的试验和检验,包括设备成本和工资在内。

(2) 仪器维护成本,包括测量仪器的校准和维修费用。

(3) 过程测量和控制成本,涉及工人为了收集和分析质量测量结果所花的时间。

(三) 内部故障成本

内部故障成本是在产品交付给顾客之前所发现的不满意质量造成的成本。例如:

(1) 废品和返工成本,包括原材料、劳动力和一般管理费用。

(2) 纠正措施成本,源于为了检测故障原因和纠正生产问题所花的时间。

(3) 降级成本,如因产品不符合规范而降价销售所带来的收入损失。

(4) 过程故障,如计划外的机器停工或设备维修。

(四) 外部故障成本

外部故障成本是指因质量不良的产品交付给顾客而发生的成本,例如:

(1) 顾客投诉和退货成本,包括退回品的返工、订单取消和额外费用等。

(2) 产品召回成本和担保,包括维修或更换的成本,以及与管理成本相关的成本。

(3) 产品责任成本,源于法律行动和调解的成本。

像维修服务、产品设计、修复工程、返工、制造检测和工程变更损失等这些成本通常需要估计或者按照特定的方法计算。有些外部故障成本,如客户不满和未来的收入损失,不能精确地估算出来。

专家估计,在总的质量成本中,有60%—90%是内部故障成本和外部故障成本,这些都属于管理层的责任,但并不易为管理层控制。以前,管理者是通过增加检验来对高故障成本做出反应。然而,这样的行动只是增加了鉴定成本,对于质量和利润的改进而言效果甚微。在实践中增加一定的预防成本,通常会带来比所有其他成本类别更大的节约。

五、质量改进:改善与突破性改进

质量改进既包括细小的、逐步的渐进式改进,也包括那些突破性的、巨大而快速的改进。质量改进是全面质量原则的一大基石。在竞争市场中,它是重要的企业战略。

(一)改善

在日语中,改善注重在较长一段时间内的小规模、渐进性和经常性的改进活动。改善所要求的财务投资是最低的,组织的全体成员都参与其中。改善理念涵盖了组织中所有的业务活动和人员。根据该理念,所有业务领域的改进(包括成本、满足交货日程、员工安全和技能培训、供应商关系、新产品开发、生产率等)都能起到提高公司产品和服务质量的作用。因此,能够实现改进的任何活动都属于改善范畴。诸如建立传统的质量控制系统、采用自动化的先进技术、建立员工建议系统、维护设备以及实施JIT生产系统等活动,都能带来改善。

日本的改善研究院提出了一些实施改善的基本建议,这些建议包括:不要追求完美;摒弃常规的思维定式;思考如何做某事而不是找理由不去做;不去找借口,但应该对当前的行为保持质疑;追求"集体智慧而非个人知识"。通过接受改善的理念和使用基本质量改进工具的培训,使员工把这一理念贯彻到他们的工作中并持续地改进本职工作。这种基于过程的改进方法鼓励员工和管理者之间的持续沟通。改善的概念是如此深地植根于管理者和员工心中,以至于他们经常意识不到他们在进行改进的思考。

改善需要组织每位成员(从最高管理层到一线员工)都经历重大的文化变革。大多数组织很难实现这一点。由于这一因素,再加上一般企业都追求短期结果且试图寻找一劳永逸的解决方案,改善并非总是能得到妥善的实施。

成功的改善计划具有三大要素:操作实践、全员参与和培训。首先,操作实践将带来新的改进机会。其次,在改善活动中,所有员工都要努力追求改进。最后,所有这些改进都需要相当数量的培训,包括理念方面的培训,也包括工具、方法的培训。

虽然改善本意是要成为日常活动的一部分,但许多组织面临亟须立即处理的质量问题或绩效问题。在这种情况下,改善概念将被引入到团队以及实施的由项目驱动的改进计划,即快速改善(kaizen blitz)中。快速改善是一种紧张、快速的改进过程,与传统上由兼职完成的改进方法不同。在快速改善中,一个团队或部门在短期内将全部资源投入改进项目。快速改善团队一般由过程中各相关领域的员工组成,他们能够理解过程并及时实施变革。快速改善中,改进快速且激动人心,令过程中所有相关者都感到满意。

(二)突破性改进

与主张渐进、持续改进的改善理念正好相反,突破性改进(breakthrough improvement)是指不连续的变革。突破性改进是革新和创造性思维的结果,一般由挑战性目标或突破性目标推动。挑战性目标强迫组织以完全不同的方式思考,在实施渐进改革的同时鼓励重大的改进。

当设定10%的改进目标时,管理者和工程师一般可以通过一些细小的改进来实现。

不过如果设定的改进目标是200%，员工就必须具有创造性，打破思维的禁锢。通过实现重大改进并极大鼓舞士气，那些看似不可能的目标通常都能达成。例如，摩托罗拉实施六西格玛的动力来自其设定的产品服务质量改进目标：两年内提升10倍，四年内至少提升100倍。

挑战性目标要想成功，必须与公司战略保持一致。组织绝不能设定可导致员工无端压力的目标，或是对失败进行惩罚。此外，组织还必须向使用者提供适当的帮助和工具以完成任务。

公司在挑战性目标上实现突破性改进，可以用两种方法：即标杆分析法和再造法。标杆分析法的定义是，对照最佳公司的绩效来测量其自身的绩效，分析最佳公司是如何达到这种绩效水平的，并以这些信息为基础，来确定本公司的目标战略和实施方法。或者更简单地说，标杆分析法就是"寻求实现卓越绩效的行业最佳实践"。所谓最佳实践，是指能产生杰出效果的做法，它通常在技术或人力资源管理上有创新，并得到顾客或行内专家的认可。

组织实施标杆分析的理由有若干种，它消除了因"重新发明轮子"而造成的资源和时间浪费。它帮助组织识别与竞争对手的绩效差距，从而设定现实的目标，它鼓励员工持续创新。同时，它是一个持续学习的过程，所以标杆分析强调对顾客需求不断变化的敏感性。很多组织在开始时多采用竞争性标杆分析——研究同行业竞争对手的产品或业务绩效来对比产品或服务的定价、技术质量、特点及其他质量和绩效特征。

过程标杆分析识别具有相似职能的公司中那些关键工作过程的最佳实践，而不论这个公司所处的行业。如果一个公司只是在行业内寻找标杆，它可能变得没有竞争力，原本处于行业领先地位的领域也会逐渐失去优势。然而通过从其他行业寻找标杆，公司可能学到使自己超越行业最佳者并获取独特优势的理念、过程和新的应用。

通过标杆分析，企业能够发现自己的优势和劣势，以及行业领先者的优势和劣势，并学会如何将最佳实践融入自己的运营活动。标杆分析能够帮助员工认识到别人能做到什么，从而激励他们完成挑战性目标。

突破性改进通常与业务流程再造紧密联系在一起。再造的定义是对业务过程进行根本的再思考和彻底的再设计，以在成本、质量、服务和速度等关键指标绩效方面实现显著的改进。对业务过程的质疑能够揭示过去陈旧、错误或不恰当的前提假设。彻底再设计意味着废除现在的过程并重新设计而非仅仅加以改进，其目标是实现绩效的巨大飞跃。成功的过程再造需要彻底理解过程，用创造性思维打破老传统和旧框架，同时还要有效利用信息技术。再造必须对业务过程提出这样一些问题：我们为什么要做？为什么要按照这种方式来做？

第二节　质量管理的历史和质量管理理论的发展

一、质量管理的历史

（一）20世纪早期

20世纪早期，科学管理之父泰勒的工作催生了一套新的生产理念。泰勒的理念是将计划职能与执行职能相分离:管理者和工程师负责计划,监工和工人则专司执行。通过将工作细分为特定的任务,并全力关注提高效率,质量保证的任务被交到检验人员的手中,制造商可以生产出质量合格的产品。但这种方法代价高昂,缺陷的产生不可避免,只有通过检验发现。最终,生产组织创造了独立的质量部门,这种生产工人与质量保证责任的人为分离,导致工人及其管理者对质量漠不关心,他们认为质量只是质量部门的责任。为此,工厂雇用成百上千的检验人员,20世纪前半叶检验成为质量控制的主要手段。

贝尔系统是现代工业质量保证的先驱者,它于20世纪早期在其西方电气公司成立检验部门以支持贝尔的运营公司。20世纪20年代,西方电气公司检验部门的一些人员被派到贝尔实验室,他们的任务是开发新的检验理论和方法以维持和改进质量。沃尔特·休哈特、哈罗德·道奇、乔治·爱德华兹以及约瑟夫·朱兰和爱德华兹·戴明等一些质量保证的先驱者都是这个团队的成员。这些先驱者开发出包括统计质量控制(statistical quality control, SQC)在内的许多有用的测量、控制和改进质量的方法。由此质量成为一个技术性的专门领域。

第二次世界大战期间,美国军队开始采用统计抽样程序,并为供应商订立了严格的标准。战时委员会免费提供由贝尔系统开发的统计方法培训课程,这些举措培养了大批质量方面的专家。于是统计质量控制开始广为人知,并逐渐为制造业所采用。

(二) 第二次世界大战以后

在这一时期,两位美国的咨询专家——朱兰和戴明把统计质量控制技术介绍到日本,以帮助其战后重建。他们培训的重点是高层管理者,而不只是质量专业人员。在最高管理层的支持下,日本人将质量渗透到整个组织当中,并建立起一种持续改进的文化。日本的质量改进进行得缓慢而坚实。经过20年左右的时间,日本产品的质量超过了西方制造商产品的质量。到20世纪70年代,凭借其更高的产品质量,日本企业开始大举进入西方市场。

1980年NBC播放了一个名为"日本能……为什么我们不能?"的特别节目,这个高收视率的节目向世人揭示了戴明在日本质量运动中发挥了关键作用,戴明很快便成为公司高管挂在嘴边的名字。从1980年开始,直到他1993年去世,戴明运用他的领导力和专业知识,帮助了诸多美国公司进行质量提升。自此以后,卓越的质量日益被视为全球竞争取胜的关键,从而在产业界受到高度重视。美国的大部分公司都开展了广泛的质量改进运动,这些举措不仅改进了内部的运营,也实现了外部顾客的满意。

施乐公司及其前CEO戴维·卡恩斯对于美国公司的质量管理运动起到了重要的推动作用。卡恩斯在施乐发起了著名的质量领先活动。五年的持续改进,使得该公司于1989年荣膺马尔科姆·鲍德里奇国家质量奖,每百台机器的缺陷率降低了78%,计划外维修降低了40%,制造成本降低了20%,产品开发时间缩短了60%,总体产品质量改进了93%,服务响应时间缩短了27%。公司收回了失去的大部分市场,该公司在20世纪90年代实现了显著的增长。

随着企业和行业开始重视质量,美国政府也认识到质量对于国家经济健康发展的重要作用。1984年,美国政府将十月设定为国家质量月;1985年,美国航空航天局设立了一项质量和生产率优秀奖;1987年,美国国会通过一个法令,设立了马尔科姆·鲍德里奇国家质量奖,这表明国家在质量方面发挥了领导作用。鲍德里奇国家质量奖成为提高美国企业界质量意识的最具影响力的手段。1988年,里根总统针对美国政府部门设立了联邦质量标兵奖和总统奖。从20世纪80年代末到90年代中期,人们对质量的热情空前高涨,制造商和服务组织在质量改进方面迈出重要的一步。

（三）从产品质量管理到全面质量管理

20世纪70年代,通用汽车公司的一个小组研究了消费者对通用电气产品线的质量感知。调查结果显示,质量声誉较差的那些产品线不怎么重视顾客的观点,人们将质量视为工差小和符合规范,将质量目标限于生产流程,质量目标表述为每单位产品的缺陷数,只是在制造过程中使用正式的质量控制系统。与此形成对照的是,受到顾客赞赏的那些产品线重视满足顾客的期望,通过市场调查来确定顾客的需要,使用基于顾客的质量绩效指标,在企业的所有职能领域都有正式的质量控制系统,而不只是在制造过程中应用质量控制。该研究小组得出的结论是,质量管理绝不只是一个技术领域,而应当被视为一个管理领域。也就是说,质量问题渗透到企业的方方面面,如设计、营销、生产、人力资源管理、供应商关系管理及财务管理。

随着企业界逐步认识到质量所涉及的广泛领域,出现了全面质量管理(total quality management,TQM)的概念。1992年9家大企业的主席和CEO及著名大学的商学院和工学院院长以及知名咨询专家联袂推出了全面质量管理或者全面质量(total quality,TQ)的定义。

全面质量管理系统是一个以人为中心的管理系统,它致力于在不断降低成本的基础上,不断提升顾客的满意度。全面质量管理系统是一个综合的系统方法(而不是一个孤立的领域),是高层级战略的组成部分。它横跨所有的职能和部门,涉及所有的员工,从高层到低层,并前后延伸至供应链和顾客链。全面质量管理系统强调学习和适应不断的变化是组织成功的关键所在。全面质量管理系统的基础是其理念,这便是科学方法。全面质量管理系统包括系统、方法和工具。系统是可以改变的,但其理念保持不变。全面质量管理系统依托于这样的价值观,即强调个人的尊严和共同行动的力量。宝洁公司采用了一个更为简洁的定义:全面质量管理系统就是组织中的每一个成员为了理解、满足并超越顾客的期望而进行的坚决而持续的改进活动。

TQM改变了组织对于顾客、人力资源、生产和服务过程的看法。众多的企业高层管理者都认识到,所有重要的经济活动,如组织的领导作用、组织制定战略计划的方式、用于经营决策的数据和信息的收集方式等,都需要与质量原则保持一致,作为一个系统共同发挥作用,并随着经济条件和方向的改变持续改进。从这一观点来看,基于产品的质量演化出一个新的概念,称为卓越绩效(performance excellence)。我们可以将卓越绩效定义为一种整合的组织绩效管理方法以做到:为顾客和利益相关者提供持续改进的价值,提高组织的可持续发展能力;提升组织的整体有效性和能力;促进组织和个人的学习。

遗憾的是在大张旗鼓地宣传和倡导下,许多公司草率地实施了质量管理计划。许多公司在匆忙中遭到惨败,导致令人失望的结果,TQM因此受到尖锐的批评。然而,TQM的失败通常是由于不适当的做法和管理系统,如质量低劣的战略计划或不完善的执行,而不是由于质量管理的基本原则。正如《质量文摘》的编辑所言,"TQM没有失败,TQM的失败恰好证明了糟糕的管理的存在"。

（四）六西格玛

20世纪90年代后期，在保持对竞争力的追求下，以及吸取全面质量管理的经验和教训之后，一种被称为六西格玛的新的质量改进方法出现了。这是一种以关注顾客和结果导向为特征的业务改进方法。六西格玛将许多长期以来被证明行之有效的质量工具和方法整合在一起，注重企业收益和战略目标，因而对于高层经理具有很大的吸引力，并获得了他们的支持。许多组织将六西格玛作为一种提高其质量的方式，最近六西格玛工具又整合了丰田生产系统的精益工具，使得这种方法不仅可以解决质量问题，而且还可以解决其他涉及成本和效率的关键业务问题。六西格玛与全面质量管理的诸多差异将在本章后续介绍。

二、质量理论的重要贡献者：戴明

戴明（1900—1993）的一贯信念就是"持续不断的改进"。虽然过高的质量目标无法完全达到，但公司仍要不断地改进以求越来越好。这就是为什么我们常称质量改进是一个难以达到的目标。戴明的主要理论可归纳为"戴明质量管理14点"。

（1）树立改进产品和服务的坚定目标，以期更具竞争力。戴明相信，企业不应只是追求利润，而应以服务顾客及雇员为基本宗旨。坚定的目标意味着管理层需要长期支持质量改进，而不是在完成质量"计划"之后，就希望立即获得回报和最终结果。

（2）接受新的理念。为了在当今竞争激烈的环境中生存，企业必须树立顾客驱动的观点。要做到这一点，每一个人，从最高管理者到仓库保管员，都必须了解质量和卓越绩效的原理。

（3）对"质量检验"的重新理解。在20世纪初中期，检验一直是质量控制的主要手段。企业雇用几十人甚至数百人来全职从事质量检验。有时甚至和普通生产工人一样多。常规的检验只能找出已经存在的缺陷，并在事实上鼓励了生产工人对质量关注的缺失。戴明主张工人要为他们自己的工作负责，而不是把问题留给生产线上的其他人。可以运用简单的统计工具来帮助控制过程，并消除将大规模检验作为主要质量控制活动的做法。

（4）停止单纯依据成本做决策。采购部门长期以来一直被认为是被成本最小化和供应商之间的竞争所驱动的，而不论质量的好坏。戴明认识到，由于采购劣质物料而在生产中及保质期内造成的直接成本的增加，再加上商誉方面的损失，会大大超过采购部门所意识到的成本的"节约"。因此，采购部门必须理解它作为生产部门供应商的这一角色及其对系统的影响。

（5）持续不断的改进。改进对设计和运营来说是必不可少的。产品和服务设计上的改进源于对顾客需求的理解、持续的市场调研、从其他途径获得反馈，以及对制造和服务提供过程的理解。运营改进则通过减少变异的根源和影响，以及鼓励全体员工创新工作方法，来寻求更加有效的工作方法。一旦质量获得改进，生产率就会随之提高，同时成本也会降低。正如戴明的链式反应所反映的那样，持续改进在当今这种高度竞争和全球化的经营环境中已经成为一个求得生存的途径。改进工具处在不断的发展之中，组织必须确保员工能够理解和有效使用这些工具，这就要求进行培训。

（6）开展培训。人是组织最宝贵的资源，他们想做好自己的工作，但很多时候却不知道如何去做。管理层必须承担责任去帮助他们。培训不仅可以促进质量和生产率的提高，同时还可以提高工人的士气，它向工人表明公司愿意帮助他们，并为他们的未来进行投资培训。必须超越诸如如何操作机器，或者按照规定脚本与顾客交谈这些基本的岗位技能。培训内容应该包括诊断、分析和解决问题及识别改进机会等。当今的许多公司在直接生产领域都有着非常好的培训计划，但在强化员工的辅助技能方面不尽如人意。

（7）进行领导。戴明认为，缺乏领导是改进的最大障碍之一。管理层的工作应当是领导而非监督。监督只是对工作进行监视和指挥，领导则意味着帮助员工用最少的力气把工作做得更好。发挥领导作用，有助于消除工作中的恐惧并鼓励团队合作。

（8）驱除恐惧。由于担心完不成指标奖金受到影响，或者因为系统的问题使自己受到责备，员工往往害怕报告质量问题。经理也害怕跟其他部门合作，因为其他部门的经理可能会获得更高的绩效排名和奖金，或者他们也害怕被接管或重组。创造一种没有恐惧的文化是一个缓慢的过程，因此，今天的管理者需要继续对恐惧给他们的组织可能造成的影响保持敏感。

（9）优化团队的努力。团队有助于打破部门间与个人间的壁垒。当经理担心可能会失去权力时，职能部门间的壁垒就会形成。为了晋升和绩效排名而产生的内部竞争会加剧壁垒的产生。缺乏合作导致质量低劣，因为各个部门不清楚它们的内部顾客需要什么，也无法从它们的内部供应商那里获得所需要的资源。培训和雇员参与是消除这种壁垒的重要手段。

（10）停止说教。许多早期的质量改进活动都聚焦于行为改变方面。可是标语、口号和动员活动都指错了对象。这些动员活动假定所有的质量问题都源于员工的行为，而忽视了诸多问题的主要根源在于管理层所设计的系统。一个设计良好的系统能为员工提供恰当的工具和环境，比口号和目标更能提高人们的积极性，并能获取更高的信任。

（11）取消数量定额和目标管理。许多组织都是用数字和主观性的目标来管理。标准和定额并不鼓励改进，特别是当奖励和绩效评估与完成定额联系在一起时。工人们会牺牲质量去完成目标，而且发生的频次比想象的还要多。一旦达到了标准，工人几乎不会再有什么动力去继续生产或者提高产品质量。他们不会比所要求做得更多。主观性的管理目标，如明年提高5%的销售额或下季度降低10%的成本等，如果没有恰当的方法去完成，就是毫无意义的。戴明承认目标是有用的，但是为他人所设定的、没有途径实现的数量目标只会招致挫折和怨恨。再者，系统中年度之间或季度之间的变异，如5%的增加或6%的减少，使得对比毫无意义。管理层必须理解系统，并不断地进行改进，而不应将目光集中在短期目标上。

（12）清除影响人们工作自豪感的障碍。用戴明的话来说，生产一线甚至包括管理层在内常常被视为一种"商品"。一线工人被赋予单调乏味的工作，使用劣质的机器、工具或原料，按照指令生产出劣质的产品，以缓解销售压力，并向那些对工作一无所知的主管汇报，而一旦出现质量问题，首先被问责的便是他们。有效的组织需要了解和激励吸引员工的因素，并建立一种工作环境，使他们能够为所从事的工作感到自豪、理解工作的意义并根据取得的成绩获取相应的奖励。

（13）鼓励教育与自我改进。这一项与（6）之间的差别非常细微。（6）强调对特定岗位技能的培训,这项是指为了自我发展而进行持续广泛的教育。组织必须投资于各个层次的员工以确保长远的成功。企业的一个基本使命是提供工作,但企业和社会还负有提升个人价值的责任。个人价值的开发是一个强有力的激励措施。许多公司都认识到,在岗位技能的范畴之外,提升员工队伍的一般性知识水平能够带来许多好处。也有不少公司仍将此工作视为一项成本,因此需要在财务方面加以权衡时,该项支出就很容易被砍掉。

（14）采取行动。任何文化的变革都始于最高管理层,但会涉及每个人。一个公司的文化变革通常会遭到怀疑和抵制,很多企业会感到难以应付,尤其是戴明主张应当根除的传统管理方式根深蒂固的那些企业。许多公司根据戴明的理念制订它们的质量计划,其中一些公司获得了巨大的成功。也有很多人对戴明提出批评,认为他的观点只是一种理念而已,缺乏特定的指导和具体的方法,不符合传统的美国企业文化。但正如戴明经常指出的那样,没有一蹴而就的事情,卓越的质量需要通过学习、努力工作、奉献及许多人不愿做出的承诺来实现。

三、约瑟夫·朱兰的质量理论

约瑟夫·朱兰（1904—2008）出生于罗马尼亚,1912年来到美国。20世纪20年代,他加入西方电气公司,此时该公司正引领着统计质量控制方法的发展。他在该公司做了很长一段时间的工业工程师。1951年,他负责《质量控制手册》一书的绝大部分的编写、修订和出版工作。这本有史以来最详尽的质量工作指南已经修订数次,是一本备受欢迎的质量管理参考书。

与戴明一样,朱兰也在20世纪50年代向日本人传授质量原理,并在他们的质量管理运动中扮演了重要的角色。在朱兰的带领下,日本企业所采取的步骤:由高层管理者指导质量;在所有管理层级培训质量原则;以革命性的速度努力提高质量;向各行政层级报告质量目标的进展情况;使员工参与质量活动;修订奖励和表彰体系,将质量要求融入其中。

在20世纪下半叶的质量管理运动期间,朱兰也同意戴明的观点,即由于质量低劣和国外竞争所导致的巨大损失,美国工商界正面临严重的质量危机。他们都认为,这一危机的解决有赖于包括所有管理层级在内的人们对于质量的新思维。高层管理者尤其需要质量管理方面的培训和经验。即使进入21世纪,朱兰仍然警告美国说,除非提高产品和服务的质量,否则美国将失去作为一个经济超级大国的地位。

然而,与戴明不同的是,朱兰并不主张在组织中进行重大的文化变革,他更希望在经理们所熟悉的系统内提高质量。因此,他的方案尽可能设计得更适应公司现有的战略计划,以使被拒绝的风险降至最低。他认为,组织不同层级的员工使用他们各自的"语言"（而戴明认为,统计学应当成为通用的语言）,高层管理者使用的是"钱"的语言,而员工使用的是"物"的语言,中层管理者必须能够同时使用这两种语言,并应当学会充当两种语言之间的翻译。为了引起高层管理人员的关注,质量问题应当用他们能够理解的语言来表达。因此,朱兰主张通过质量成本核算和分析来关注质量问题。在操作层面,朱兰注重通过消除缺陷来提高与规范的符合性,并通过统计工具的分析来加以支持。因此他的理念与现有的管理系统很匹配。

朱兰的质量定义建议从内外两个角度来看质量。也就是说,质量涉及:①产品性能,这导致顾客满意;②没有缺陷,这避免了顾客的不满意。朱兰提出了我们在第一节介绍的基于用户的质量的定义:"适用性"。产品和服务的设计、制造和提供以及现场的服务,都影响着适用性。因此,对质量的追求体现在两个层次上:①企业作为一个整体,其使命是实现高水平的设计质量;②企业中各个部门的使命是实现高水平的符合性质量。与戴明一样,朱兰提倡开展一种永无止境的螺旋式上升的改进活动,包括市场调研、产品开发、产品设计、工艺设计、采购、制造过程控制、检验和试验、销售,以及随后的顾客反馈。这些职能间的相互依存必然要求在整个公司范围内实行有效的质量管理,高层管理者必须在质量管理过程中扮演积极热心的领导角色。

朱兰的"药方"体现在三个主要的质量过程上,称为质量三部曲:①质量计划——为实现质量目标而进行的准备的过程;②质量控制——在实际运营中达到质量目标的过程;③质量改进——通过突破来实现前所未有绩效水平的过程。

质量计划始于识别顾客(包括内部顾客和外部顾客),确认他们的需要,将顾客需要转为规范,确定满足顾客需要的产品特征,建立能够产出这些产品或提供服务的过程。因此,与戴明一样,朱兰希望员工了解是谁在使用他们的产品,无论顾客是来自下一个部门还是另一个组织。然后,就要确定质量目标,目标应以最低的总成本来满足顾客的需要,同样也要满足供应商的需要。接着,要设计相应的过程。过程应能够生产出满足顾客需要的产品,并在实际运行条件下满足质量目标。战略性的质量计划与企业的财务计划很相似,决定长短期目标,设定优先次序,将结果与先前计划进行比较,并与公司其他的战略目标进行整合。

与戴明关于识别和减少变异源的观点相对应,朱兰主张,质量控制包括确定应当控制什么,建立测量单位以客观地评价数据,确立绩效标准,测量实际绩效,解释实际绩效与标准之间的差异,并对这种差异采取措施。

在质量改进方面,与戴明不同的是,朱兰制定了一个非常具体的质量改进程序。朱兰认为,所有的突破都遵循发现、组织、诊断、矫正和控制的自然顺序:

(1)需求的证据:通过努力收集数据,低质量、低生产率或低服务质量的信息被翻译成货币的语言——全世界高层管理者的通用语言,以证明一个质量改进项目需要的资源投入的合理性。

(2)项目确立:所有的突破都是通过一个个项目实现的,没有其他途径。通过项目的方法,管理者提供了一种环境,将抵制或抱怨的氛围转变为建设性的行为。参与项目提高了参与者改进最终结果的可能性。

(3)组织突破:组织改进需要一个明确的项目负责人。项目负责人的管辖范围可以大到拥有正式组织结构的整个部门,也可以小到某个生产车间的一小组工人。质量改进项目有明确的目标,并针对这一目标进行试验,然后将试验的结果用于质量问题的解决。问题到解决方案的路径由两部分组成:一部分从现象到原因(诊断历程);一部分从原因到矫正(矫正历程),两部分都需要由具备相应技能的人来完成。

（4）诊断历程：诊断者需要具备收集数据、进行统计的技能，这一阶段还需要使用其他问题解决工具。一些项目需要全日制、专业化的专家（如六西格玛黑带大师），一些可以由员工完成。管理可控的问题和操作可控的问题需要不同的诊断和矫正方法。

（5）矫正历程：矫正历程由几个阶段构成，即选择一个使总成本最小的选项，实施矫正行为。

（6）保留成果：最后一步包括建立新的标准和程序、培训员工和建立控制机制，以确保突破不会随着时间而消亡。

朱兰的方法论反映在当今众多企业的实践当中。朱兰和戴明的质量理念，在很多方面是相似的，如对高层管理者承诺的关注、改进的必要性、质量控制技术的应用、培训的重要性，这些都构成了两者质量理念的重要内容，当然，他们并不是在所有方面都是一致的。

四、菲利普·B. 克劳斯比的质量管理定律

菲利普·B. 克劳斯比（1926—2001）担任国际电报电话公司（ITT）的质量副总裁一职长达14年之久，他最早是从生产线检验员做起的。在离开ITT之后，他于1979年创办克劳斯比学院，开发和提供培训课程。克劳斯比的质量管理定律包括以下要点：

（1）质量意味着符合要求，而非优美。克劳斯比对质量的定义类似于我们在第一节讨论过的基于生产的质量的观点。

（2）不存在孤立的质量问题。质量问题来自各个职能部门，因此一个企业可能会遇到会计问题、制造问题、设计问题、技术支持问题等，在克劳斯比看来，这些都是质量问题。

（3）一次就把事情做好总是便宜的。克劳斯比相信"质量经济学"毫无意义。质量无须付费，花钱的是所有那些没有在第一次就把事情做好的行为。戴明的链式反应反映了类似的看法。

（4）克劳斯比强调说，绝大多数公司在质量成本上花掉了销售额的10%—20%，质量管理良好的公司能达到质量成本不足销售额2%的水平，主要用在预防和评价领域。克劳斯比建议组织测量并公布其不良质量成本，以引起经理人员对问题的关注、选择时机采取纠正措施并跟踪质量改进的效果方面。朱兰也支持这种做法。

（5）零缺陷的中心思想就是第一次就把事情做好，这意味着全神贯注于预防缺陷，而不是找出缺陷来修补。人们习惯于相信差错是不可避免的，他们不断接受差错，而且还期待差错。工作中出点差错，不会让我们不安，是人就会犯错误……错误是由于缺乏注意力，而非缺少知识。当我们认为差错不可避免时，就会产生缺乏注意力的情况。如果我们认真考虑这些事情，并决心持续认真地从一开始就把工作做好，我们就将在消除因返工、报废和修理而造成的浪费方面迈出一大步，正是这些浪费提高了成本，减少了个人的机会。

然而，与克劳斯比相比较，朱兰和戴明可能更愿意指出，暂且不论人们的良好愿望，造成质量问题的绝大多数原因来自设计不合理的系统，而非人为过失，而设计出良好的系统恰恰是管理层的责任。

克劳斯比提出的改进的基本要素包括"决心、教育和实施"。决心是说，高层管理者必

须认真看待质量改进。每个人都应该理解上述定律,这只有通过教育才能够实现。同时,管理团队的每一个成员都必须理解实施的过程。

五、费根鲍姆的质量理论

费根鲍姆曾担任通用电气全球生产和质量控制经理达十年之久。他被选为国际质量科学院(International Academy of Quality)理事会的创始主席,该机构得到欧洲质量控制组织、日本科技联盟和美国质量学会的积极参与。

费根鲍姆因其提出的"全面质量管理"而广为人知,他将之定位为"全面质量管理是为了能够在最经济的水平上,在充分满足用户要求的条件下,把企业内各部门形成质量、维持质量和提高质量的活动融为一体的一种有效体系"。费根鲍姆的著作《全面质量管理》最早于1951年出版,当时的书名是《质量控制:原理、实践和管理》。他将质量视为需要组织中每个成员都参与的战略性的经营工具,并将质量成本作为一种测量和评价工具加以推广。

费根鲍姆的理念集中体现在其质量三步骤中:

(1)质量领导:持续管理的重点应当建立在计划的基础之上,而不应是对失败的被动反映。管理层对质量管理必须保持持续的关注和领导。

(2)现代质量技术:传统的质量部门有80%—90%的质量问题无法解决,必须将工程师、一线员工和办公室职员在过程中整合起来,他们对新技术进行持续的评估和实施,以便将来能够满足顾客的需要。

(3)组织的承诺:将质量融入经营计划中,持续培训和激励员工队伍,这体现了质量的重要性,并使质量纳入企业各方面的活动中。

20世纪60年代,日本人将全面质量管理这一概念作为他们活动的基础,并将之命名为"公司范围的质量管理"。费根鲍姆的许多观点继续存在于当代的认识中,成为马尔科姆·波多里奇国家质量奖准则中的关键要素,包括:顾客是质量的评判者;质量和创新相互影响、相互促进;对质量的管理就如同对企业的管理;质量是一个持续改进的过程;顾客和供应商也应纳入这一过程中。2008年,他被授予美国国家技术和创新奖。

六、石川馨的质量理论

作为日本质量革命的先驱者,石川馨始终是日本质量界中最重要的人物,直到1989年去世。他在日本质量战略的发展中扮演着重要的角色,没有他的领导,日本的质量运动根本无法取得今天这样的成功并享誉世界。石川馨博士多年担任东京大学工学部的教授,作为创刊于1962年的日本《现场质量管理》杂志的编委会委员以及日本联盟科技QC本部的委员长,石川馨博士影响了这种全员参与、自下而上的质量管理运动的进程。同时石川馨也获得了高层管理者关注并使他们认识到,公司范围的质量控制对于最终成功来说必不可少。

石川馨在费根鲍姆全面质量概念的基础上,进一步推动了从高层领导到一线员工的全体员工的更广泛参与,减少了对质量专家和质量部门的依赖。他主张运用简单直观的工具来收集和分析事实数据,运用统计技术和发挥团队精神作为实现全面质量的基础。与其他人一样,石川馨确信质量始于顾客,因此理解顾客需求是改进的基础。应当积极收集顾客的抱怨,他的一些主要观点为:质量始于教育,终于教育;质量工作的第一步就是了解顾客的需求;当检验不再必要时,就达到了质量控制的理想状态;消除问题的根源而非症状;质量控制是所有员工和部门的责任;不要混淆手段与目标;质量第一,要着眼于长远的利益;营销是质量的入口,也是出口;当下级如实汇报时,上级不得发怒;公司内95%的问题可以用简单的分析工具和问题解决工具来解决;没有离散信息及变异的数据是假数据。

石川馨最著名的成就是开发和推广质量管理的七种基础工具(basic seven tools of quality, B7)。作为这些工具的开发者,石川馨非常相信大众化的统计学。虽然统计质量控制已成为专业统计学家的研究范围,但石川馨认为公司的成功必须建立在公司每个人都能进行统计分析和解释的基础上。

七、田口玄一的质量理论

田口玄一首次将田口方法引入美国的 AT&T 贝尔实验室。由于田口方法的接受度和利用率的提高,它对改进质量的作用与戴明的方法一样重要。质量改进工作开始于休哈特在统计过程控制方面和戴明在改进质量方面的努力,而田口方法是该工作的继续。

田口认为任何与目标规格的差异都会导致社会损失。相反,传统观念认为如果测量的结果接近所设定的规格界限,但仍在规格界限之内,那么就不存在社会损失。基于质量损失函数,田口提出了稳健型设计的思想。稳健型设计是指被设计的产品和服务应该先天无缺陷且具有高质量。田口提出了稳健型设计的三阶段过程,即概念设计、参数设计和容差设计。

第三节 顾客与质量管理

关注顾客可能是质量管理最重要的原则。顾客是产品和服务质量的最终评判者,"没有顾客就没有企业"已经是一个不争的事实。顾客购买、拥有和服务体验过程中的许多因素,都会影响到他对价值和满意度的感知。通用汽车公司的全球质量战略执行董事曾评论说:只有当顾客对产品的整个体验过程都感到满意,才能说你拥有一个高质量的产品。这里的关键词是"整个体验过程"。为了满足甚至超越顾客的期望,组织必须充分理解构成顾客价值并决定顾客满意和顾客忠诚的所有产品和服务的特性。为此,企业的努力绝不仅限于使产品符合规范、减少次品和差错或者处理顾客投诉。他们必须能够设计出真正让顾客欣喜的产品,还必须能够快速应对市场和顾客需求的变化。贴近顾客的企业知道顾客需要什么,顾客如何使用其产品,能够预测顾客尚未表述出来的需求,他们还能不断开发出强化顾客关系的新方法。

关注顾客是 ISO 9000:2000 的一项核心要求。例如在管理职责部分,其中一个要求是"最高管理者应以增强顾客满意为目的,确保顾客的要求得到确定和满足"。这就将关注顾客的职责置于高层领导之下。在产品实现部分,标准要求组织识别顾客的要求,包括交付及交付后的活动中,以及顾客没有提出但对于规定和预期用途而言必要的要求。另外,组织必须建立相应的程序,以便与顾客沟通产品信息及其他问题,以及获得包括投诉在内的反馈。在测量、分析与改进部分,标准要求组织监测顾客感知以确定组织是否满足了顾客要求,也即顾客是否满意。

一、顾客满意和契合

ASQ 的质量术语表将"顾客满意"定义为:提供满足顾客要求的产品或服务所获取的结果"。顾客满意对顾客维系和业务增长来说至关重要。顾客满意对于公司收益而言也是一个重要因素。典型公司65%的业务来自现有顾客,挖掘一名新顾客的成本是使一名现有顾客满意所花费成本的五倍还要多。统计表明,市场份额以及财务收益的增长与顾客满意度高度相关。一项研究发现,顾客保有率为98%的公司的盈利是顾客保有率为94%的公司的两倍。JCI 公司发现,91%的续签合同都来自那些满意或者是非常满意的顾客。总体满意度分值提高1个百分点的价值,相当于每年续签1 300万美元的合同。JCI 发现,那些表示不满意的顾客的流失率要高得多。认识到顾客满意对于财务的这种影响后,JCI 将提高顾客满意度作为企业的关键举措。

首先,公司必须避免因产品或服务失败而产生不满意的顾客。研究表明,不满意的顾客向朋友讲述不好的体验的次数是讲述好的体验的次数的两倍。其次,他们必须努力发展忠诚的顾客,即追随一家公司并积极向他人推荐的那些顾客。满意和忠诚是两个完全不同的概念。按照丽丝卡尔顿酒店的首席质量官帕特里克·梅尼的话来说,"满意是一种态度,忠诚则是一种行为"。满意的顾客还可能因便利、促销或其他因素而常常向竞争者购买,忠诚的顾客则将与某家特定的机构做生意放在优先的地位,他们常常愿意绕道,或者是出高价来与某个公司保持往来。忠诚的顾客花费更多,他们愿意付出较高的价格,会推荐新的主顾,而与之做生意的成本较少。

顾客满意和忠诚已经演变成一个新的概念:顾客契合(customer engagement),指顾客对某一品牌和产品的投资或承诺。顾客契合这一概念的产生是企业关注顾客以及对卓越绩效的追求综合形成的一项重要成果。顾客契合的特征包括:顾客忠诚;顾客愿意为和该组织保持业务往来而努力;顾客愿意积极地拥护和推荐该品牌和产品。

顾客契合受一个组织的信誉以及与顾客所建立的关系的影响。这一概念是在《2009—2010鲍德里奇卓越绩效评价准则》中被引入的,对于全球市场和竞争激烈的当地市场中的组织而言是非常重要的。

二、美国顾客满意度指数

1994年,密歇根大学商学院与美国质量学会首次发布美国顾客满意度指数(ASCI),这是一个在全国层面测量顾客满意度的新的经济指标,也是在美国测量顾客满意度的第一个跨行业的标杆。与消费者价格指数和其他经济指标一样,该指标的目标之一是提高公众对质量的感知和理解,这种认识的提高有助于解释价格和生产率测量指标,并提高由顾客驱动的质量(见图15-1)。

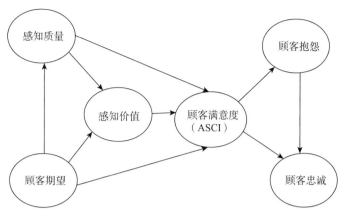

图 15-1　ASCI 模型

1994 年的 ACSI 成为一个基准,以此为参照可以按时间来追踪满意度的变化。ASCI 用于回答这样的问题,即全国产品和服务的顾客满意度及评价是在改善还是在恶化？特定的产业部门或行业的顾客满意度及评价是在改善还是在恶化？

该指数量化了顾客给产品赋予的价值,从而对质量的改进起到推动作用。利用这些数据。企业可以评估顾客忠诚的情况,识别进入市场的潜在壁垒,预测投资回报,查明顾客期望未得到满足的那些领域。ASCI 按每季度测量 1—3 个经济部类来滚动更新。

三、提供顾客要求的狩野模型

日本东京理科大学的狩野教授,将顾客要求分为三个类别：

（1）不满因素（必备因素）：预期的产品或服务要求。如汽车的收音机、空调和安全特性。通常,顾客会认为这是不言而喻应具有的特性。如果不具备这些特性,顾客就会不满。

（2）满意因素（期望因素）：顾客想实现的要求。例如,许多买车者希望有天窗、卫星广播或导航系统。这些要求人们一般不会奢望,但满足这些要求可以让人满意。

（3）魅力因素/欣喜因素（超越预想因素）：顾客不曾想到的、新的或创造性的特性。例如汽车内部独立的可供孩子们观看 DVD 电影的后座视频等,这些未曾预料到的特性使人们一旦拥有便爱不释手。

提供不满因素和满意因素一般被认为是保证企业生存的最低要求。这些因素通常可以通过问卷调查、投诉分析以及与流失顾客进行面谈的方式得以确定。要想真正具有竞争力,企业就必须超越顾客的基本要求和期望,从而使顾客喜出望外和心悦诚服。

为了实现创新,组织可以利用其领导人和雇员的创造力、外部专家顾问和顾客焦点小组的建议和意见以及在新技术论坛上捕获的想法。然而,创新不会令人欣喜很久,顾客会随着时间的流逝而对魅力因素习以为常,从而使这些因素转变为满意因素。例如,汽车的防抱死制动系统和牵引力控制系统在初期无疑属于魅力因素,但现在绝大多数买主都期望汽车有这些装置。

在狩野的分类系统中,不满因素和满意因素比较容易通过常规的市场研究来确定。然而,用传统的市场研究来了解魅力因素,也许并不奏效,甚至会适得其反。

四、顾客满意度的测量

Blanton Godfrey 就测量顾客满意度提出了以下几个要点：

（1）设计一个良好的测量计划。只是用一个 5 分制的李克特量表来衡量满意和非常满意的顾客百分比，无法提供可采取行动的信息。由于不满的顾客不回答，调查的样本量不足或是随机性不够，许多调查给出的都是有偏的结果。调查设计者需要具备相应的统计学知识。

（2）识别适当的质量维度。许多调查针对的是公司认为重要的问题，而非顾客认为重要的问题。造成这种失败的原因是未掌握有关顾客的需要和期望的可靠信息。

（3）赋予各个维度适当的权重。一些组织测量的维度正确，但他们可能不了解哪一个维度最重要。结果他们在得分低但对顾客并不重要的维度上花了太多的努力。应用重要性—绩效分析这样的方法有助于将注意力集中在关键维度上。

（4）与主要竞争者的比较。质量与感知质量是比较而言的，没有适当的比较数据，竞争者的改进速度可能比组织意识到的快很多。

（5）测量潜在的顾客和以前的顾客。若是不了解哪些顾客为什么不光顾本公司，或更为重要的，为什么顾客会离开本公司，组织就面临着市场份额被竞争者夺走的风险，就可能会走向灭亡。

（6）区分忠诚与满意。顾客保留和顾客忠诚所反映的是一个组织的未来，顾客满意仅仅涉及的是现在。

五、顾客忠诚度的测量

满意度和忠诚度是两个不同的概念，常用来衡量顾客忠诚度的因子有：总体满意度；首次购买者重复购买的可能性；推荐的可能性；继续购买同一产品或服务的可能性；购买其他产品或服务的可能性；增加购买频次的可能性；转而投向其他供应商的可能性。

如今，许多公司使用一种净推荐值（net promoter score，NPS）的度量指标，它是由 Fred Reichheld、Bain & Company 和 Satmetrix 开发的。NPS 宣称与市场和收入增长强相关。该指标以一个简单的问题为基础——"你向他人推荐我们的可能性有多大？"评价的范围为 0—10。9—10 分通常与忠诚的顾客，也就是回头客（推荐者）相关联；7—8 分与满意但有可能转向其他竞争对手的顾客（被动者）相关联；6 分及以下代表不满且有可能散布负面评论的顾客（贬损者）。回头客（推荐者）对价格较不敏感，因而公司可能从这类顾客中获得更大利润；而贬损者对价格比较敏感，流失率较高，因此公司可能从中获得的利润较少。

成功的公司，如苹果的分数可能为 7—9，分数超过 5 的公司就被认为是不错的。然而，一些研究者批评道，NPS 并非与顾客基于忠诚的行为密切相关，其本身也不能完整地反映顾客意图。它应该有其他相关指标和方法作为辅助，以更好地了解顾客行为。

此外，顾客感知价值（customer perceived value，CPV）测量是另一种选择，该测量更加关注顾客忠诚，而不是顾客满意。CPV 测量顾客在进行购买决策时如何评价相对于成本的利益（利益是指产品的性能、易用性或时间的节省；成本是指采购价格、安装成本和时间等）。在顾客进行购买决策时，总是由能够提供最高 CPV 的卖主赢得合同。CPV 测量中包括潜在的买主,而不只是当前的顾客,它是往前看,而不是回顾过去,是相对于其他的选择而非期望来进行评价的。这些提问关注的是对未来价值的感知,而不是对过去体验的感知。

CPV 方法识别出潜在顾客比较不同厂商产品时所使用的最重要的产品属性及其相对重要性和表现。评价重要性的一种做法是让顾客给每一个属性赋一个用百分比表示的重要度,所有属性的重要度之和为 100%,这样就避免了通常人们会给每个因素都赋高值的问题。让顾客对不同提供者的产品的同一属性按 10 分制评分,就可以评估相对绩效。

第四节 员工与质量管理

员工满意度与顾客满意度密切相关,最终对公司业绩产生影响。例如,美国联邦快递公司发现,在顾客满意度和员工满意度之间存在直接的统计相关性。如果员工满意度下滑,顾客满意度也会在大约两个月后相应下滑。研究者在通信、银行和快餐等服务行业的组织经验中也观察到类似的相关性。盖洛普组织曾对 36 家公司的 7 939 个业务小组进行广泛的调查,结果发现,员工满意度和契合度不但与顾客满意度和忠诚度正相关,还与公司的生产率、利润率、离职率和安全正相关。

员工是基本质量体系的一个重要组成部分。ISO 9000:2000 就包括了多个以员工为关注焦点的需求。该标准要求"基于适当的教育、培训、技能和经验,从事影响产品质量工作的人员应当具有胜任工作的能力"。标准进一步要求组织决定各类员工所需的能力水平,通过提供培训或其他方式来确保员工能力,评估培训或其他相关措施的有效性,确保员工清楚他们的工作对质量目标的作用,并确保他们维持适当的教育、培训和经验履历。标准还从提供建筑物、工作场所、设施、设备、支持性服务方面,对组织确定、提供并维护基础设施等进行了规定,同时还对工作环境的确定和管理提出了要求,内容涵盖安全、人体工程学及其他环境因素等。

一、员工契合度

约瑟夫·朱兰称赞日本管理者充分运用了全体员工的知识和创造性,并认为这是日本在质量管理上迅速取得成就的一大原因。当管理者为员工制定良好决策提供工具,鼓励并放权让他们做出贡献时,他们实际上保证了获得更高质量的产品和生产过程。高绩效员工管理实践建立在理解员工契合度和激励原则的基础上。

让员工更加满意的方法就是让他们专注地投入工作,并成为组织的一部分。员工契合度(workforce engagement)是指员工为完成工作、任务和实现组织愿景,在情感和智力上的投入。契合度也体现在戴明 14 点提出的"自豪和喜悦"的工作概念中。契合度意味着员工在工作中找到了个人存在的意义和激励,与组织产生了强烈的情感联系,积极全身心地投入工作,感到他们的工作非常重要,知道他们的意见和想法有价值,为了组织利益通常愿意承担额外的责任。研究表明,契合度可为员工带来更高水平的满意度,并提高组织绩效。拥有高水平员工契合度的组织通常拥有高绩效工作环境,这类组织中的员工积极主动,为了顾客的利益和组织的成功全力以赴。

员工往往受到激动人心的工作、责任和认可三方面的激励。契合度能为员工提供自我实现和满足最高层次个体需要的强大方法。与传统的管理实践相比，员工契合度具有多方面的优势：用信任与合作取代敌对心态；发展个人技能和领导能力，创造使命感，培育信任感；提高员工的士气和对组织的支持；培育创造力与创新，它们是竞争优势的来源；帮助人们理解质量原则，并将其注入企业文化；让员工能够迅速在源头解决问题；改善质量和生产率。

每个组织都有独特的文化。不同组织驱动员工契合度的内容各不相同，因此每个组织都应该实施自己的研究，确定本组织员工契合度的驱动因素。

Right Management 公司实施了一项关于员工契合度的全球标杆研究，并从得出的26项员工契合度驱动因素中提取了十大因素：全力支持组织价值观；知道顾客的满意度主要基于产品和服务；相信意见是有作用的；清楚了解工作期望；了解个体贡献是如何帮助满足顾客需求的；得到公平的认可和奖励；知道组织高层对员工的重视；受到尊重和平等对待；能够将精力投入职位和工作过程；根据工作计划调整个人工作目标。

盖洛普对调查结果进行分析，并生成一个契合度指数，该指数将人们分为三类：

（1）契合（engaged）员工。对工作充满激情，对公司有一种深厚的归属感。他们驱动创新并推动组织向前发展。

（2）非契合（not-engaged）员工。在工作中如同梦游，他们在工作中也投入了时间，但是并没有投入精力和热情。

（3）消极怠工（actively disengaged）员工。不但在工作中毫无愉快感，还不断地将其不快表现出来。每天，这些员工都在对那些契合同事完成的工作进行破坏。

盖洛普表示，在世界的一流组织中，契合员工和消极怠工员工的比例为 9.57∶1，而在普通组织中，这一比例是 1.83∶1。他们估计，单是在美国，由消极怠工所造成的生产率损失就超过 3 000 亿美元。盖洛普的研究结果对组织有着重要的意义，并推动组织去构建可培育契合度的工作环境和掌握员工的契合度水平。

研究发现，不同国家契合度的驱动因素并不相同；但无论在哪个国家，都有全力支持组织价值观这个因素。这表明，创建价值观驱动型组织具有重要的意义。在许多非营利组织中，员工和志愿者大多受到工作性质的吸引，并从工作中寻找意义，因为这些工作与他们的个人价值观是一致的。

二、员工参与

契合始于参与。员工参与（employee involvement，EI）是指一切员工参与和工作决策相关的决策和改进活动，其目的在于激发所有员工的创造潜力并提高工作积极性。汤姆·彼得斯（Tom Peters）建议，组织可以通过质量和生产率改进、结果测量和监控、预算编制、新技术评估、招募与雇用、致电客户和客户走访等活动，让每个人参与所有事务。

员工参与计划并不是新近才有的，历史上一些早期尝试对现代组织实践影响巨大。遗憾的是，这些方法缺乏全面质量管理的补充要素，诸如以顾客为导向、最高领导层的领导与支持，以及一套用于问题解决和持续改进的常用工具。

员工参与的手段多种多样，既可以是简单的信息共享，或是针对工作方面的问题提一些意见和建议,也可以是在跨职能团队中承担职责,如设定目标、制定业务决策和解决问题。

让员工以个体身份参与组织活动的最简单办法就是设立建议制度。作为一种管理工具,员工建议制度用来接受、评估和实施员工提出的建议,以实现节约成本、提高质量或是改善其他如安全之类的工作要素的目的。例如,在日本丰田公司,员工每年提出近300万条建议,平均每位员工提出近60条建议,其中85%的提议被管理层采纳实施,公司一般对提出可实施建议的员工进行奖励。

第五节 过程管理与质量管理Ⅰ:质量计划和设计

过程管理(process management)涉及对以下各方面所需活动的计划与管理,即实现关键业务过程的高绩效、识别改进质量和运营绩效以及顾客满意的机会。过程管理主要包括设计、控制和改进三大活动。其中,设计侧重确保过程的输入(如材料、技术、工作方法及经过培训的员工等)是充足的,且过程能够满足需求;控制重视通过评估绩效和采取必要的纠正措施来保证输出的一致性;改进则关注持续实现更高水平的绩效,如减少变异、提高产出、减少缺陷错误及周期时间等。

本节首先介绍"质量计划和设计"。

一、概念开发

概念开发是指应用科学的、工程的及商业的知识,创建一个既满足顾客需要又满足生产/服务要求的基本功能设计的过程。开发一个新概念需要创新和创造力。

创新是指新想法、新过程、新技术、新产品、新商业模式。它不仅指新方法本身,还包括将方法应用到新领域。创新是一种突破性的改变,将产生新的、独特的产品/服务,使顾客满意,从而创造竞争优势。美国小企业管理署将创新分为四类:①一个全新的产品类目(如 iPod);②在已有产品类目中的一种全新的产品形式(如 DVD 播放器);③在已有技术中的一项重大改进(如蓝光光盘);④对已有产品的适度改进。

在概念开发中,首先要问的就是:开发这项产品/服务是用来做什么的?本章一再强调理解顾客的重要性,这是概念开发过程的起点。如何将顾客之声转化成具体的、可操作的规范,产品/服务的生产过程决定了产品最终的成败。设计时需要考虑的其他因素还有产品的重量、大小、外观、安全性、寿命、可用性、可维修性等。若这些因素是由工程师的想法而不是顾客的要求决定的,往往会导致在市场上惨败。识别出潜在的创意后,再用成本收益分析、风险分析或其他方法来评价这些创意,最后根据加权评价矩阵选出最佳概念。

二、详细设计:质量功能展开

技术要求也称设计特性,是将顾客要求转化为技术语言。具体来说就是转化成产品特性指标,如尺寸和工差。传统产品开发中存在的一个主要问题是,顾客与工程师使用不同的语言。如顾客希望拥有一辆容易发动的轿车,这一愿望转化为技术语言,可能就是"轿车的发动机要在十秒内启动"。

一种建立满足顾客需要的技术设计需求,并在随后的产品活动中不断展开的强大工具称为质量功能展开(quality function deployment, QFD)。QFD 于 1972 年诞生在三菱集团的神户造船厂,丰田公司自 1977 年开始引入,并进一步发展了这个概念,并取得了骄人的成绩。

QFD 是一个计划过程,它通过把顾客之声整合到整个组织中来,引导企业的设计、生产和销售活动。通过 QFD,每个设计、生产和控制角色都能满足顾客所表达的需要。QFD 使用一种矩阵图来展示数据和信息。它通过改善价值链上所有参与者(如营销和设计、设计和生产、生产和质量控制)之间的沟通和团队合作使公司受益。

在战略层面,在运用 QFD 的公司中,驱动公司所有运营活动的都是顾客之声,而非高层管理者的命令或者设计工程师的愿望。在战术和运营层面,QFD 不同于传统产品计划过程。在传统的过程中,产品概念源自设计团队或研发小组,经过试验后完善再进行生产和销售,大量时间和精力都花在为满足顾客需要而对产品和生产系统进行再设计上。如果一开始就能准确地识别顾客需要,就能消除这些浪费,这正是 QFD 的精髓。

由于获得并整合了所有的关键设计信息,因此在生产过程中,产品目标能够更好地得到理解和诠释。这种方法有助于理解设计中的权衡因素并在管理层取得共识。QFD 聚焦于顾客满意和不满的驱动因素,从而成为最高管理层对产品质量进行竞争分析的一种有效工具。QFD 的推行改进了质量,也提升了生产率。QFD 还减少了新产品开发的时间,因为它让公司能够对新的设计创意和概念进行模拟,这样,公司就能够减少产品开发时间,更快地把新产品推入市场,从而获得竞争优势。

QFD 使用一组关系矩阵图,将顾客之声反映到生产和交付流程中。因为图的形状像屋子,所以称为质量屋。第一层质量屋将顾客之声与产品整体技术要求联系起来;第二层质量屋将技术要求与部件特性联系起来;第三层质量屋将部件特性与运行过程联系起来;第四层质量屋将运行过程与质量控制计划联系起来。以这种方式,每个设计、生产的决策,包括生产流程的设计和测度的选择都能够追溯到顾客之声。如使用得当,可确保最终产品能满足顾客要求。

建立质量屋包括以下六个基本步骤:①识别顾客要求;②识别技术要求;③把顾客要求和技术要求联系起来;④评价具有竞争性的产品/服务;⑤评价技术要求并确定目标;⑥确定哪些技术要求要在后续的生产/提供过程中展开。

三、目标值和容差设计

在确立基本技术要求后,设计师就要根据技术要求建立一套关键指标参数,包括目标值和容差。生产规格由公称规格和容差组成。公称规格是指生产希望达到的理想规格和目标值,容差是指考虑到与目标值保持完全一致有难度而允许的偏差。在生产过程中,5M(即人、机、料、法、测等)引起的自然变异,使得部件不能完全按照公称规格生产出来,因此容差是必需的。

容差设计主要是确定尺寸允许的偏差。为了提高容差设计的效果,工程师必须了解必要的得失。容差过小会增加生产成本,但提高工厂和现场布景的互换性,也提高产品性能、耐用性和外观质量;反之,容差过大会提高原材料的可用性、机器的生产能力和劳动生产率,但会对产品特性产生负面影响。设计工程师可能会使用以往设计中的容差,或根据经验判断做出相关决策。容差制定不当会导致高昂的成本。

四、田口损失函数

田口玄一指出,固定规格的质量定义是有缺陷的,并阐述了减少变异在经济学上的价值。田口用相对于设计规格目标值的变异来衡量质量,并将其转化为一个经济损失函数。在数学上田口认为损失近似于二次方函数,越是偏离目标值损失越大。如果确定了实现最佳性能的具体目标为 T,当实际值偏离目标值两侧时,质量随之下降。损失函数可以表述为:

$$L(x) = k(x-T)^2$$

式中,x 是质量特性的实际值;k 是常数。因此,$(x-T)$ 表示实际值和目标值的偏差。与传统工差的方法不同,只要偏差存在,就有损失,损失以偏差的平方增加。这称为田口损失函数。

五、可靠性设计

可靠性(reliability)是指一个产品、设备和系统,在规定时间和条件下完成预定功能的概率。这个定义包含四个要素:概率、时间、性能和运行条件。可靠性定义为取值从 0 到 10 的概率,是一个具有精确含义的数字指标。以这种方式表示的可靠性为不同设计的产品和系统的比较提供了有效基础。比如,可靠性 0.97 是指 100 件产品中有 97 件在给定的时间和运行条件下完成其功能。

可靠性的第二个要素是时间。运行时间为 1 000 小时,可靠性为 0.97 的设备,与运行时间为 5 000 小时、可靠性相同的设备相比,后者明显优于前者。

可靠性的第三个要素是指产品和系统所要达到的性能目标。当期望的性能没有达成时,用失效来表示。会出现两种失效:由于生产和原材料缺陷或部件缺陷而造成的产品在开始使用时的功能失效(functional failure),以及使用一段时间后的可靠性失效(reliability failure)。

可靠性的第四个要素是运行条件,包括类型、用量及使用的环境。例如,汽车从阿拉斯加到亚利桑那沙漠要经历 −70F 到 130F 的温差,还要在碎石路和崎岖不平的混凝土马路上行驶,更糟的是,遇见开车技术不好的司机不重视车况,车辆还得保持正常工作。

通过定义产品的预期环境、性能特征、寿命等,生产者能够用设计和测试来测量产品运行或失效的概率。测试分析能够更好地预测可靠性并改进产品和过程的设计。可靠性工程师区分了两种可靠性:固有可靠性是由产品和过程设计所决定的、可预测的可靠性;使用可靠性是在使用中观察的可靠性。因为生产过程和使用条件等的影响,使用可靠性要低于固有可靠性。

六、设计优化

产品和过程设计者都应该重视优化设计。稳健设计(robust design)是指使设计稳健,即对生产和使用环境不敏感。实现稳健设计的一些有用方法包括:用试验设计确定最优水平,以及其他帮助减少生产中的失效和缺陷、易于装配拆卸、提高可靠性的工具等。

(一) 设计失效模式及影响分析

消费类产品的安全性是设计中的一个重大议题,当然也是公司社会责任的一个重要组成部分。许多公司更是出于对产品责任的考虑,放弃了一些产品的开发。因为与缺陷产品的设计、制造、销售和服务相关的各方都必须对产品造成的损害承担法律责任。

一种能够有效解决产品风险问题的工具,是设计失效模式及影响分析(design failure mode and effects analysis,DFMEA),或简称为失效模式影响分析(FMEA)。它通常由以下设计要素和功能信息组成:

(1) 失效模式。由于每个要素和功能出现故障的方式不同,获得这些信息通常需要进行某些研究和联想。一种方法是借助于曾经出现的故障,有关质量和可靠性的报告、试验结果和保修报告等文件提供了有用的信息。

(2) 失效对顾客的影响。如不满意、潜在伤害或其他安全问题、故障停工、维修要求等。

(3) 严重度、频度和探测度。这些都是主观的评级,最好由一个跨职能专家团队来打分。

(4) 潜在失效原因。故障通常源于不良设计。设计缺陷会导致在使用现场或生产组装中出现问题。识别原因可能需要试验和严谨的分析。

(5) 纠正措施和控制。控制可能包括变更设计、预防错误、改进使用手册、明确管理职责和目标完成日期等。

使用 DFMEA 不但能够改善产品功能和安全性,而且能够减少外部损失成本,尤其是保修成本。也可以减少生产服务交付中的问题,而避免了烦琐的法律诉讼。应当在设计早期引入,以便节约成本、缩短周期,为后续的设计工作提供知识储备。这种方法还可以用于识别可能伤害员工的危险条件及运行中会导致生产中断的问题,防止产生废品、停工及其他不增值的成本。

(二) 故障树分析

故障树分析(fault tree analysis,FTA),有时也称为因果树分析,是描述可能导致失效发生的条件和事件组合的方法。实际上,它是一种自上而下、逐步识别导致失效的原因的方法,对 DFMEA 是一个很好的补充。当有多个事件同时发生,共同导致一个结果时,用 FTA 来识别特别有效。

(三) 面向可制造性的设计

产品设计会显著影响生产的成本(直接和间接的劳动力、原材料及管理费用),影响产品的再设计成本、保修成本和现场维修成本,也会影响产品的生产效率和输出质量。设计师需要特别关注成本、质量和可制造性三者的平衡,要考虑顾客愿意为产品支付的价格。三星公司在最初的设计阶段,就已经决定了产品 70%—80% 的质量、成本、交付时间,因此,三星公司比其竞争对手具有更低的制造成本、更高的利润率、更快的市场反应速度,以及更多更具创新性的产品简化设计。

简化设计通常能够降低成本并改进质量。产品设计在很多方面还会妨碍可制造性,也会影响质量。有些零件的特性使其很难重复加工,或者具有不必要的过小的容差。有些零件缺乏自我对齐的细微设计或不便修理更换。有些零件易碎或者易腐蚀,以至于在运输或内部传递时可能被毁坏。有些设计为满足预期功能而使用过多的零件,增加了装备出错的机会。因此。设计不良在生产、组装、测试、运输及使用过程中可能会表现为差错、低产量、损坏及功能缺失等。

零件太多的设计方案增加了零件的误用、丢失及检测的低效率。相似而不同的零件可能导致组装者用错零件。没有预防方向错误细节的零件设计会导致更频繁的装配错误。复杂的组装步骤或棘手的连接过程会导致不正确、不完整、不可靠或其他错误装配情况。最后,设计者如果没有考虑温度、湿度、振动、静电、灰尘等零件装配环境因素,可能会导致产品在测试或使用中失效。

面向可制造性的设计(design for manufacturability,DFM),是指以最高的质量水平、较高的生产效率进行产品设计的过程。一般而言,DFM 会被融入标准设计流程中,但如果希望找到创造性的解决方案,DFM 可能会被安排给公司专门的"智囊团"部门。

(四) 面向环境的设计

对环境的关注对于产品/过程的设计有着空前的影响。每年有成千上万的家庭和办公用具被废弃。如何处理废旧电脑已成为一个设计和技术上的难题。环保组织对"考虑社会责任"设计的呼吁,各地的废弃物掩埋场地的减少,消费者希望其花费得到最大效用,这些压力导致设计者和管理者必须认真考虑面向环境的设计(design for environment,DFE)。DFE 是指在产品/过程的设计中对环境因素的考虑,主要的理念有设计时考虑可回收利用、可拆解等方面的要求。

通过降低处置和管制成本,提高产品的使用后价值,减少原材料的使用,最大限度地减少产品责任问题,DFE 为以更低成本创造更合意的产品提供了可能性。可回收产品被设计成可拆解,其零件可以在维修、翻修、溶解或以其他方式处置后再利用。

因为维护和维修费用与新产品的价格相比太高,所以许多产品被丢弃。如今的可拆解的设计使产品容易携带和维修。

(五) 面向卓越的设计

面向卓越的设计(design for excellence,DFE)是新兴的概念,包括许多设计相关的活动(如并行工程),面向可制造性、装配性、环境及产品生命周期中其他环节的设计。DFE 追求的目标包括功能性好、物理性能好、易于使用、可靠性高、耐用性好、可维护性强、实用性强、安全性高、兼容性强、环保。DFE 代表了整个产品开发和过程设计的方法。

七、设计验证

(一) 设计评审

设计评审(design review)是常用于推进产品开发的一种方法。设计评审的目的是激发讨论、发现问题、产生新想法和解决方案,以帮助设计者在问题发生之前就能够预计到。设计评审通常包括三个阶段,即预先评审、中间评审和最终评审。

预先评审在市场营销部门、工程部门、制造部门和财务部门之间建立了早期的沟通,并为他们的活动提供了更好的合作。这个阶段通常由高层管理者负责,关注的是与顾客要求和产品最终质量相关的产品升级的战略性问题。预先设计评审涉及产品的功能、与顾客要求的一致性、细节的完整性、制造成本和法律责任问题。

在设计初步完成后进行中间评审,目的是更详细地审查设计以识别可能的问题并提出纠正建议。这个阶段更多的是由一线人员完成。

最后,在产品交付生产之前进行最终评审。这一阶段研究原材料清单、图纸和其他细节性的设计信息,目的是防止在投产后进行成本很高的更改。

(二) 可靠性测试

产品的设计和元件的可靠性从根本上决定了产品的可靠性。然而,可靠性问题十分复杂,不能仅通过设计的理论分析就确定。因此,需要正规的测试,包括模仿环境条件确定产品特性、运行时间和失效模式。测试数据对责任保护、作为评价设计和供应商可靠的手段,以及用于过程的设计和选择都是必需的。很多军方合同都会要求附上可靠性测试数据。测试对于保修期评价和避免早期现场失效的高成本等也是必需的。良好的测试可以促成良好的可靠性和质量。

寿命测试是指让设备运行直至失效,目的是通过测试失效分布来更好理解并消除失效原因。然而这样的测试昂贵且耗时,对于自然寿命很长的设备来说,进行寿命测试并不现实。寿命加速测试是指通过加大元件使用缩短失效和发现问题的时间。例如,这种测试把集成电路暴露在高温中,从而迫使潜在缺陷出现。最后一种方法称为高加速寿命测试,旨在发现潜在的、传统方法不易发现的缺陷。例如,将产品暴露在变化迅速、极端的温度中,并进行热冲击测试和极端振动测试。

第六节 过程管理与质量管理 II:质量测量和控制

质量控制的目的是确保工序以一个稳定的、可预测的方式进行,以便在必要时采取相应的修正措施。良好的数据和测量系统是质量控制和质量提高的基础。

一、质量测量

测量是对产品、服务、过程及其他业务活动的绩效维度进行量化的行为。指标(measures)和指征(indicators)是指来自测量的数字信息。举例而言,机加工的滚珠轴承的直径可以用千分尺来测量。诸如平均直径和标准差之类的统计量可以用来评价生产过程满足规范要求的能力。对于服务来说,订单准确填写百分比、完成客户订单所需时间等都是测量指标的例子。"指征"这一术语常用于那些没有直接或唯一的绩效指标的测量。例如,不满意不能直接测量,但可以用投诉次数或失去的顾客数量作为不满意的指征。

如何得到一个好的测量?适用于绩效评价的 SMART 也适用于质量测量,即简单(simple)、可测量(measurable)、可执行(actionable)与顾客需求或者其他运营相关联(relate)以及及时(timely)。测量应该可以通过简单的方法和较低的成本进行。测量应该是清晰和明确的。比如,当测量什么是"发票错误"时,我们需要对什么是错误给出一个明确的定义,错误是否包含信息遗漏、错误信息或者拼写错误?良好的测量方法应当提供可利用的信息,也就是说,这些信息可以用来做出关于过程管理是否正确的决定。因此,应该在过程中发生增值的地方进行测量。测量措施需要与内外部的客户需要和公司的业务运行紧密相关。最后,在工人和经理有所需要时,测量方法应当是可行的和容易理解的。

许多组织使用少数几个(5个或6个)指标构成仪表板(dashboard),作为过程绩效的一个简单概括。这一说法来自汽车的仪表盘——汇集了简要反映汽车性能的若干指标(速度、转速、油压、温度等)。这种仪表板常常使用图形、表格及其他可视化方式来反映关键绩效,并在绩效不正常时向管理者发出警告。

二、常见的质量测量指标

产品和服务的质量测量指标应关注生产和服务的结果。单位产出(unit of work)是指某个过程或某个过程步骤的产出。它可能是一件准备运送给客户的制成品、一个组件、一台机器上生产的单个零件,或是一个准备交付给顾客的包裹。不合格是指某单位产出存在的任何缺陷或错误。在制造业中,我们经常使用"缺陷"一词来描述不合格,而在服务业中则使用"错误"一词。

用于质量控制的测量指标可以分为两类。第一类是计数测量指标,用于测量一个单位产出中是否出现不合格或者出现的不合格品的数目。这一类测量指标一般通过观察就可以得到,通常表现为比例或者计数。第二类质量测量指标为计量测量指标。计量测量指标适用于定量数据,如长度、重量、时间或者其他规范下的连续测量值。例如,我们可以判断零件直径是否符合1.60±0.01英寸的规格(计数测量指标),也可以测量并记录下直径的实际测量值(计量测量指标)。计量测量指标通常用均值、标准差这样的统计参数表示。

收集计数数据通常要比收集计量数据简单,因为可以通过简单的检查和技术很快完成。而计量数据测量往往需要借助一些特殊的工具,然而在统计意义上,计数测量的效率要低于计量测量。那是因为,为了得到同样的统计信息,计数测量所要求的样本量要比计量测量大得多。当检查每个项目所需要的时间很长,或者成本高昂时,这一差异更加显著。

对计数值数据来说,一个重要的质量测量指标是不合格品率,计算公式为:

$$不合格品率 = \frac{发现的不合格的单位数}{检查的单位数} \times 100\%$$

在制造过程中,我们经常见到的术语是缺陷率。许多公司将缺陷划分为三个类别:

(1)严重缺陷:根据判断和经验,这种缺陷会对使用、维护和依赖该产品的人员造成伤害和威胁,并会妨碍产品的正常功能。

(2)重要缺陷:没达到严重程度,但很可能导致故障或显著降低产品的可用性。

(3)轻微缺陷:不会显著降低产品的可用性,也不会影响产品的有效使用和运行。

为了全面考虑每一种缺陷,许多公司构建了一个复合指标,给严重缺陷和重要缺陷赋予比轻微缺陷高得多的权重。

三、质量测量系统评估

观察到的产品异常可能源于生产过程的自然变化和测量系统的误差。测量系统包括进行测量的工人和所使用的测量工具。如果测量系统的误差很小,那么观察到的测量结果反映生产过程的真实变化;但是如果测量系统的误差很大,就很难分辨生产过程中的变异情况和测量系统的误差,会导致有关质量结论出错。因此,质量控制和保证的一个目标是尽量减少测量误差。

计量学是一门有关测量的科学,其广泛的定义包括测量人员、设备、设施、方法和用于保证测量正确性的过程。测量的方法必须准确且精确。准确度(accuracy)定义为观测值的均值和真值的差异。准确度用测量中的错误数和测量规模的比值表示。如果一个测量结果有较小的相对误差,那么这个测量就更准确。缺乏准确度反映的是测量的系统偏差,如测量工具偏差、损坏、工人的错误使用。精确度(precision)定义为重复测量之间的相近程度。测量工具的变异越小,精确度就越高。低精度由仪器内部的随机变异引起,如内部组件的摩擦。随机变异可能是由于设计或制造缺陷引起的。

四、统计过程控制

统计过程控制(statistical process control,SPC)适用于监视过程、识别变异的特殊原因并在适当的时候发出需要采取纠正性措施的信号的方法。SPC 依赖于控制图。统计过程控制图是一张简单的运行图,上面添加的两条被称为控制限的平行线:控制上限和控制下限。

统计过程控制图由沃尔特·休哈特(Walter Shewhart)在贝尔实验室于 20 世纪 20 年代首先提出,并受到戴明的强烈推崇。控制限根据统计理论进行选择,如果过程在控制下,那么数据点落入控制限内的概率很高(通常大于 0.99)。控制限使得解释运行图的模式和得出控制状态的结论更加容易。如果有特殊原因存在,控制图将显示出来,可以采取有效的纠正措施,这将减少生产不合格品的机会(见图 15-2)。

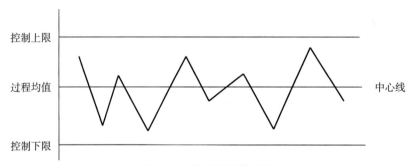

图 15-2 统计过程控制图

1. 控制图的形态解释

当一个过程处于受控制状态时,控制图上的点随机地在控制限内波动,不存在可识别的形态。下面列出了一组检查并确定过程是否受控的通用规则:①没有点在控制限之外;②中心线上边的点和下边的点数大致相同;③点随机地落在中心线的上边和下边;④大部分但不是全部点接近中心线,只有少数点接近控制限。

2. 单点落在控制限之外

只有一个点落在控制限之外,通常有一个特殊原因。然而,经过很长的时间,这样的点会成为过程的正常组成部分,并且随机发生。单点落在控制限之外的常见原因是:突然

第十五章
质量管理：产品与服务视角的管理控制

的功率起伏、工具折断、测量差错、没有完成操作或忽略了某项操作。

3. 过程均值突然漂移

不正常数目的连续点落在中心线一边，通常提示过程均值突然漂移。常见的原因有：新的操作人员、新的检验人员、新的机器设备以及安装方法的变化。判断过程漂移的一个简单法则是，如果有八个连续点落在中心线的一边，那么可以得出均值漂移的结论。

4. 循环

循环是在控制途中短暂的、重复高峰和低谷的形态。这种形态是各种原因有规则的出现和消失所导致的结果。产生循环的可能原因有：操作人员换班、每个班次末期人员疲劳、不同的检验员使用了不同的量具、季节性湿度和温度的影响、日班和夜班的差异、定期的维护计划等。

5. 趋势

出现趋势可能是由于某些对产品质量特性逐渐产生影响的原因，这些原因导致控制图上的点在中心线向上或向下移动。出现趋势可能是操作者技术提高或者身体疲劳、夹具不断积聚脏东西或碎片、工具磨损、湿度和温度变化或者设备老化。

6. 点靠近中心线

当几乎所有点都落在中心线附近时，则呈现点靠近中心线的形态。在这种控制图中，控制限显得太宽。这种图出现的一个常被忽略的原因是控制限计算错误，可能是因为使用了表中错误的数据，或者点错了小数点。

7. 点靠近控制限

控制图所呈现的形态为许多点靠近控制限，只有很少的点出现在控制限之间。这通常是因为每个样本取自不同的过程，并绘制在同一张图上。

五、质量测量、控制中经常使用的其他工具

石川馨本人经常倡导的七种质量工具有流程图、检查表、直方图、散点图、控制图、因果图、排列图。企业还可以利用一组被称为"新七大管理与计划工具"的工具来帮助实施改进过程，它们是亲和图、关联图、树图、矩阵图、矩阵数据分析、过程决策程序图和箭条图。

第七节　过程管理与质量管理Ⅲ：质量改进与六西格玛管理

一、戴明环

戴明环最初是一种产品设计方法。1939 年，休哈特首次提出这一大批量生产下的过程改进方法。之后戴明改良了他的想法，并于 1950 年在日本的一个专题研讨会上把它展示出来。这个戴明环包含：①通过合理的测试来设计产品；②在实验室和生产线中制造产品并进行测试；③出售产品；④通过市场调查了解使用者选择产品的原因，以及未使用的人群为什么不购买产品。

日本的高管把上述方法引入 PDCA 循环之中——计划(设计产品)、执行(确保生产过程按设计方案制造产品)、检查(检查销量和投诉,同时确认客户是否满意)、行动(利用反馈将改进融入下一阶段的计划)。这个过程逐渐变成人们所熟知的现代意义的戴明环——戴明在 20 世纪 80 年代的专题研讨会中重新介绍了这个循环,同时,他把其中的检查过程修改为学习过程,并把修改后的循环称为 PDSA 循环。尽管如此,还是有一些组织机构在使用修改前的 PDCA 循环。

这些年来,PDSA 循环已经发展成为一种更加普遍的方法。它不仅适用于短期的持续过程改进,也适用于组织的长期学习过程。基于一些质量改进实践者的贡献和经验,戴明环的应用范围要比最初只用于产品设计广泛得多。

二、六西格玛概述

摩托罗拉公司首先提出六西格玛管理的概念,它最初是作为一种测量产品和服务质量的措施。在摩托罗拉开启六西格玛管理这个概念的同时,在前 CEO 杰克·韦尔奇的带领下,通用电气公司的六西格玛管理活动使媒体对这一概念产生高度的关注,使六西格玛管理作为一种质量改进举措名声大振。

韦尔奇把六西格玛管理作为公司有史以来最充满野心的工作。为了确保成功,GE 修改其激励计划,奖金的 60% 基于财务指标,40% 基于六西格玛管理,并为参加六西格玛管理的员工提供优先认股权。在第一年,他们投资了 20 亿美元,培育了 30 000 名雇员,实现了 1.5 亿美元的节约。1996—1997 年 GE 的六西格玛管理项目数从 3 000 个增加到 6 000 个,在生产率和利润方面的收益达到了 3.2 亿美元。到 1998 年,该公司在六西格玛管理上所取得的净节约达到 7.5 亿美元,下一年这一节约将达到 15 亿美元。

六西格玛管理指的是一种质量水平,这种水平是指在 100 万个机会中最多出现 3.4 个缺陷,简称 3.4dpmo。四西格玛管理和五西格玛管理质量水平之间的差距是惊人的。用实际的例子来说,若移动电话系统运行在四西格玛管理水平上,这将意味着每个月有四个多小时无法通话,而质量水平为六西格玛管理的系统,每个月不能正常运行的时间仅为九秒钟。在一个四西格玛管理水平的送货过程中,每三辆车就会有一个错包。而在一个六西格玛管理水平的过程中,每 5 000 辆车才会有一个错包。如果你每年打 100 场高尔夫球的话,六西格玛管理水平意味着每 163 年才会有一次击空。

六西格玛管理始于制造业,其关注点是将次品率控制在每百万次几乎很少出现缺陷的水平。接下来它发展成为公司各方面改进的常规商业战略。六西格玛管理综合了很多传统统计学的方法、质量改进方法及在过去一个世纪中被广泛运用的控制工具。尽管如此,它现在的运行方式显示它与 20 世纪七八十年代的全面质量管理有一个明显的区别,六西格玛管理的核心理念建立在以下几个关键概念的基础之上:①在整体战略目标的指导下,从关键业务过程和顾客要求出发来思考问题;②重视公司的倡议人,他们负责为拥护项目,支持团队活动,帮助克服变革阻力并获取资源;③重视诸如百万机会缺陷数这样的定量测量指标,这样的质量指标可用于公司的所有方面,包括制造、工厂、行政、软件等;④尽早识别聚焦于业务成果的过程中的指标,据此来提供激励和明确责任;⑤在充分培训的基础上,以项目团队的方式来提高利润,减少非增值活动,实现运转周期的缩减;⑥培养能够应用改进工具并领导团队的具有充分能力的过程改进专家（绿带、黑带、黑带大师等）；⑦设定富有挑战性的改进目标。

因此，六西格玛管理和过去的全面质量管理思想有着相当大的区别，它们之间的一些不同的特征包括：①TQM 大部分基于工作人员的自主性以及团队合作，而六西格玛管理主要是业务领导负责；②TQM 的行动通常只在一种用途、程序上或者单独的工作地点发生，而六西格玛管理是实实在在的多功能多领域的；③TQM 管理方法的训练通常只限于简单的过程改进工具和概念，而六西格玛管理专注于一系列更加严格以及前沿的统计学方法和 DMAIC 方法论；④TQM 专注于获得财务上的一些细小的改进，而六西格玛管理则需要一个可证实的投资回报，并专注于本质内容。

六西格玛管理还提高了在质量改进过程中应用统计学和从统计学角度考虑问题的重要性。六西格玛管理专注于可测量的结果，有规律地解决问题的统计方法，完成项目的速度，还有组织架构的基础设施，这让它成为一个有效的改进方法。

然而，并非所有的过程都应该在六西格玛管理水平上运行。某个过程的适当质量水平取决于战略重要性以及相对于效益而言的改进成本。由二西格玛和三西格玛管理水平改进到四西格玛管理水平通常较容易，进一步往前则要付出更多的努力，并且必须应用更加高级的统计工具。从三西格玛管理水平到四西格玛管理水平的提升，意味着只加大 10 倍，而从四西格玛管理水平到五西格玛管理水平则是 30 倍的提高；从五西格玛管理水平到六西格玛管理水平则是 70 倍的提高，对于任何公司来说都是一个极大的挑战。

三、六西格玛管理的适用范围

使用六西格玛管理的第一步是选择一个合适的问题。问题是指应该达成的状态与实际达到的状态之间的差异，且这种差异的重要性足以应该采取措施加以纠正。有以下几种类型的问题：

（1）符合性问题。这是指一个界定明确的系统出现的令人不满的绩效。比如，高缺陷率、服务不满、客户投诉。出现这一问题的过程都有一般的规定，可以很容易地描述其问题。

（2）效率问题。这是从利益相关者的角度而非顾客的角度（如财务经理与供应链职能）来看的令人不满的绩效。典型的例子是高花费、产品积压、低生产率，还有其他过程的低效率等。

（3）非结构性的绩效问题。这是指一个界定不明确的系统出现的令人不满的绩效。这意味着任务是非标准化的，没有用程序和要求加以充分的规定。例如，一家公司可能发现员工的失误比想象的要多得多，或者员工的满意度非常低，导致这个问题的因素并不容易在过程中描述清楚。

（4）产品设计问题。这涉及设计新的产品来更好地满足用户的需要，满足顾客认为最重要的要求。

（5）过程设计问题。这类问题涉及设计全新的过程或对现有过程进行重大修改，这里面可能包括全新生产过程下新的生产和装配流水线的设计。

每一类问题对应不同的解决方法。六西格玛管理是针对第一类问题最适用的方法，因为出现问题的过程很容易确定、测量、分析和改变。对于效率问题来说,精益方法更适用于这类问题的解决。对于产品设计问题,我们已经讨论了处理这些问题的特殊工具和方法。过程设计问题的解决则可能需要很多方法的综合。

项目是组织和实施六西格玛管理方法的载体。尽管项目只是由临时组建的团队完成,但是如果管理得当,灵活的团队即使跨越自身的职能,也能在短时间内完成大量的工作。六西格玛管理方法的挑战之一是将团队引入到正常的工作活动之中。为了能让团队达到上述目标,需要适当延长时间并给予财力和物力的支持。我们不能期望团队成员或者项目领导在完成大量日常工作的同时,还能全身心地有效率地参加六西格玛管理项目的团队。

项目失败的原因很多,其中包括没有严格遵循日程表、糟糕的计划、项目的性质发生变化且变得难以处理、技能的错误匹配、不完全的知识观念的转变。由于项目本身的跨专业限制,对于六西格玛管理项目来说,团队显得尤为重要。六西格玛管理项目在不同阶段都需要一定的技术,包括技术分析阶段、创新性的解决方案阶段、实施阶段。六西格玛管理团队不仅能够解决迫在眉睫的问题,而且还为个人的学习、管理者的培养以及职业生涯的发展创造了良好的环境。六西格玛管理团队由以下几类人员组成:高层支持者、黑带大师、黑带、绿带、团队成员。

四、实施六西格玛管理:DMAIC 过程

(一)定义

在选定一个六西格玛管理项目之后,我们要做的第一件事情就是明确定义需要解决的问题。我们经常会得出一个相当模糊的问题表述,为此必须用专业的术语来描述问题,这对以后更深层次的分析有很大的帮助。

任何实施活动的第一步都是针对所要使用的绩效指标给出实用的定义。如,准时交货的准确含义是什么?是在所承诺时间的一天内,一周内还是一小时内?什么是差错?是指订单的错误信息,还是指一个打字错误?除非有准确的定义,并且能无歧义地加以理解,否则任何过程都是无意义的。

(二)测量

DMAIC 过程中测量的主要目的是充分了解过程性能和收集用于分析的数据。在进行这个步骤的时候,我们必须首先提出以下和测量有着很大关系的问题:我们要回答哪些问题?回答这些问题需要哪些类型的数据?从何处可以得到这些数据?谁能够提供这些数据?如何才能以最小的努力和最少的出错来收集这些数据?

(三)分析

一个质量问题可能是由不同的原因造成的,例如原材料、机械、方法、人员和度量方法。要找出答案,就必须确定最有可能造成差错和过度变异的关键因素以及根本原因。根本原因分析法是一种使用统计学的、量化的或者说某些质量管理工具来确认根本原因的方法。因果图是一种简单的图形方法,将因果呈现在一条链条上,并表示变量之间的关系。因果图在帮助团队寻找问题根源方面作用很大,并且还能作为解决方案的一个基本出发点。石川馨是因果图的提出者,所以因果图也称为石川图。另一个用来验证潜在原

因及影响结果的工具是散点图,尽管它不提供严格的统计分析,但却经常能够指出变量之间的重要关系。

（四）改进

一旦理解了导致某个问题的根本原因,分析者或团队就需要提供各种设想来消除或解决问题,并改进绩效指标。提出设想需要具有高度的创造性,许多解决方案并不是显而易见的。本书前面章节介绍的"头脑风暴法"可用于提升团队的创造性。

（五）控制

控制阶段侧重于如何维持所实现的改进,包括在修正过程中采取措施确保关键变量保持在最大可接受范围内。这些改进可包括建立新的标准和程序、培训员工、采取控制措施以确保改进不会随着时间而消亡。控制措施可以采取核对表或定期状态评审来确保相关程序得到遵守,也可以是应用统计过程控制图和运行图来监测关键指标的绩效。

本章思考题

1. 哈佛大学商学院的戴维·加文提出的质量维度的八个方面是什么？
2. Parasuraman、Zeithamel 和 Berry 提出的服务质量维度包括哪几个方面？
3. 关于质量定义的五种观点各是什么？
4. 关于质量的不同观点通常有什么不同的应用场合？
5. 朱兰和戴明质量管理理论的相同和不同之处分别是什么？
6. 什么是顾客满意？顾客满意为什么重要？
7. 顾客满意和顾客忠诚的区别是什么？
8. 什么是顾客契合？
9. 常用来测量顾客忠诚度的因子有哪些？什么是净推荐值？
10. 什么是员工契合度？
11. 什么是员工参与？
12. 什么是质量改善？改善策略可能遇到的问题是什么？
13. 什么是突破性改进？怎样实施突破性改进？
14. 什么是质量功能展开？
15. 六西格玛管理和全面质量管理的差异是什么？

第十六章 绩效管理：员工视角的管理控制

第一节 绩效管理概述

绩效管理是指识别、衡量以及开发个人和团队绩效，并且使这些绩效与组织的战略目标保持一致的一个连续性过程。在实施了目标管理或平衡计分卡管理的组织中，员工的绩效管理应该是上述管理体系的一部分，应与上述体系之间良好衔接。

（1）绩效管理是持续性的。它包括从设定目标和任务、观察绩效，再到提供、接受指导和反馈这样一个永不停止的过程。

（2）绩效管理要求管理者确保员工的工作活动和产出与组织目标是一致的，并借此帮助组织赢得竞争优势。因此，绩效管理在员工的绩效和组织目标之间搭起了一座桥梁，使员工对组织做出的贡献变得清晰。

一、绩效管理对组织的贡献

（1）强化完成工作的动力。在能够得到本人的绩效反馈的情况下，一个人达成未来绩效的动力会得到强化。如果员工知道自己过去做得怎么样，同时他在过去取得的绩效能够得到认可，他就会有更大的动力去实现未来的绩效。

（2）增强员工的自尊心。能够获得关于个人绩效的反馈有助于满足人的一个基本需要，即能够得到认可，并且在工作中受到重视，而这反过来又会增强员工的自尊心。

（3）使管理者对下属有更深入的了解。员工的直接上级和负责对员工的绩效进行评价的其他管理人员能够通过绩效管理过程对评价者产生更新和更深入的了解。

能够与自己的同事建立起建设性的关系是各级管理者应当具备的一项关键胜任力，而对员工的绩效和个性特点进行更加深入的了解，必然有助于管理人员与下属之间建立起良好的关系。此外管理人员还能够通过绩效管理过程更好地理解每一位员工对组织做出的贡献。

（4）更加清晰地界定工作内容及需要达到的标准。在绩效管理过程中可能会对评价者的工作内容进行更加清晰的澄清和定义。换言之，员工将有机会更好地理解自己所从事的特定岗位对自己的行为和工作结果提出了哪些方面的要求。同时，这名员工在这个过程中还会对怎样才能成为一名高绩效员工有更清楚的理解。

第十六章
绩效管理：员工视角的管理控制

（5）强化员工的自我认知与自我开发。绩效管理体系的参与者可能会更好地了解自己，同时也能够更好地理解哪些开发性活动对于自己在组织中的进步是有价值的。绩效管理体系的参与者还有可能更清楚地看到自己的特点、优势和不足，从而更好地设计自己未来的职业发展路径。

（6）使管理活动更加公平和适宜。绩效管理体系提供的有关绩效的有效信息可以作为加薪、晋升、岗位调整及解雇等管理活动的依据。一般来说，一套绩效管理体系还可以确保报酬的分配是建立在公平和可信的基础之上，而建立在一套良好的绩效管理体系基础之上的各种管理决策，反过来又会促进组织内部人际关系的改善，并且增进上下级之间的相互信任。

（7）使组织目标更加清晰。绩效管理体系能够使一个组织及组织中的某个部门的目标变得更加清晰，从而使员工能够更好地理解他们的工作活动与组织的成功之间具有怎样的联系，而这显然有助于沟通这样一种信息，即一个组织及组织中某个部门要实现的目标是什么，以及组织的这些目标是怎样被分解到组织的每个部门及每个员工身上的。绩效管理体系有助于提高员工对这些大范围目标的接受程度。

（8）使员工更加胜任工作。绩效管理体系的一个显著贡献就是帮助员工改进绩效。此外，绩效管理体系通过制定开发计划为员工在未来取得更大的成功打下了坚实的基础。

（9）最大限度地减少员工不端行为。所谓员工不端行为，包括财务违规、滥用加班政策、为了保证业务顺利开展而向客户和潜在的客户赠送不适当的礼物，还包括利用公司资源达到私人目的等行为。企业如果有一套良好的绩效管理体系就能够将不端行为清晰地描述和标示出来，从而能够在造成不可挽回的恶劣后果之前就识别出这些不端行为。

（10）使组织更好地避免法律诉讼。通过绩效管理体系收集来的数据能够帮助组织更好地证明自己遵守各项法律法规的要求。如果企业中没有完善的绩效管理体系，企业就很可能会对员工做出武断的绩效评价，而这会增加企业被员工起诉的风险。

（11）使组织能够更快更及时地区分绩效优良与绩效不佳的员工。绩效管理体系能够帮助一个组织有效地区分绩效好与绩效差的员工，同时它还迫使管理者及时面对和处理各种绩效问题。

（12）上级对员工绩效的看法能够更清晰地传递给员工。绩效管理体系使各级管理人员能够更好地与自己的下属进行沟通，使员工了解各级管理人员对他们绩效的判断。因此在与员工讨论自己对于他们绩效的期望及向员工提供绩效反馈方面，各级管理人员承担着更大的责任。评价和监控他人绩效的能力是管理者应当具备的两大关键胜任能力，在管理者具备这些胜任能力之后，他们就可以向自己的下属提供一些有用的信息，帮助他们了解自己对其绩效的看法如何。

（13）使组织变革更加容易推动。绩效管理体系可以成为推动组织变革的一个有效工具。假设一个组织试图改变其企业文化，希望将产品质量和客户服务放到最重要的位置，一旦这种新的组织导向确立下来，企业就可以运用绩效管理使组织文化与组织目标联系在一起，从而使组织变革成为可能。通过向员工提供必要的技能培训，并根据他们的绩效改进情况提供相应的报酬，会使员工既有能力又有动力去改善产品质量和顾客服务水平。

（14）强化员工的动机承诺、承诺度和留在组织中的意愿。如果员工对企业的绩效管理体系非常满意,他们就更可能具有达到更高绩效水平的意愿,对公司有更高的承诺度,并且不会产生主动离开组织的动机。

(15)鼓励建言行为。建言行为是指为组织变革改进提出建议,这些建议往往具有创新性和建设性,对现状提出挑战,甚至可能遭到他人的反对。一套得到有效实施的绩效管理体系,允许员工为了改进组织流程而积极建言献策。

(16)强化员工敬业度。一套良好的绩效管理体系能够有效地提高员工敬业度。那些敬业度很高的员工往往有较强的参与感和承诺度、充满激情,并且感到自己获得更多的授权。这些态度和感觉能够引发更富有创新性的行为,并且促使员工展现出更多的组织公民行为,积极采取对企业产生支持作用的各项活动。由于员工敬业度是衡量组织绩效和成功与否的重要指标,所以员工敬业度的提高是绩效管理体系做出的重要贡献。

二、糟糕的绩效管理体系给组织带来的不利后果或危害

当绩效管理体系并没有像预想的那样有效运转时,会给组织带来一些不利的后果。换言之,设计质量较低及执行水平较差的绩效管理体系会带来以下不利后果:

(1)增加人员流动率。如果员工认为绩效管理过程是不公平的,他们就可能会感到不安,甚至离开组织。他们极有可能选择身体上的离开,比如辞职;也有可能选择心理上的离开,比如在他们还没有找到新的工作之前会将自己的努力降至最低程度。

(2)使用错误的或者带有误导性的信息。如果一个组织的绩效管理体系没有实施标准,就很有可能导致最终得出的员工绩效信息是不真实的。

(3)损伤员工的自尊心。如果不能以一种恰当而准确的方式向员工提供绩效反馈,员工的自尊心就有可能受到损伤,这反过来又有可能导致员工产生怨恨情绪。

(4)浪费时间和金钱。实施绩效管理体系需要花费大量的金钱和时间,当绩效管理体系设计不佳或实施不良时,这些资源就都被浪费掉了。

(5)破坏人际关系。如果一个组织的绩效管理体系存在缺陷,往往会导致相关的各方之间的关系受到破坏,而这种破坏常常是永久性的。

(6)削弱完成工作任务的动力。导致员工完成工作任务的动力受到削弱的原因有很多。比如,一旦员工感到优良的绩效并没有转化为有意义的有形报酬(比如加薪),或者无形报酬(比如对个人的认可),他们的工作动力就会受到削弱。

(7)员工产生工作倦怠,工作满意度下降。一旦员工认为绩效评价工具并不有效,绩效评估管理体系也不公平,他们的工作倦怠感和对工作的不满程度就会增加。

(8)增加遭遇诉讼的风险。当员工感受到了不公平的绩效评价时,组织就可能会遭遇代价高昂的诉讼。

(9)对管理者和员工的资源产生不合理的要求。糟糕的绩效管理体系不仅不能像有效的绩效管理体系那样给组织带来种种好处,而且会占用管理者大量时间。由于这种绩效管理体系会对管理者的职权及资源(比如时间)分配产生压力,因此常常会受到管理者的抵制。更为糟糕的情况下,管理者甚至干脆选择避开绩效管理体系,而员工可能会感觉到工作任务变得更加繁重。

(10)绩效评价标准和评价结果不稳定、不公平。在糟糕的绩效管理体系中,不同部

门之间及各部门内部,绩效评价标准及对员工个人绩效进行评价的结果都是不同的,同时也是不公平的。

(11) 产生偏见。在糟糕的绩效管理体系中,个人的价值观偏见及关系等都有可能取代组织的绩效标准。

(12) 绩效评价等级体系不清晰。在糟糕的绩效管理体系中,由于缺乏有效的沟通,员工可能并不知道他们的绩效评价结果是如何产生的,也不清楚他们的绩效评价结果将会怎样转化为相应的报酬。

第二节 绩效的决定因素与维度

一、绩效的决定因素

一般认为,有三个结合在一起的因素能够使一些人的绩效优于其他人,这三个因素是陈述性知识、程序性知识及动机。

(1) 陈述性知识是关于事实和事情的信息,包括关于某一项既定任务的要求、说明、原则及目标等方面的信息。

(2) 程序性知识是知道应该做什么以及知道如何去做这两个方面知识的结合,包括认知、身体、知觉、动力及人际关系等方面的技能。

(3) 动机包括三种类型:选择是否付出努力;选择努力的程度;选择是否坚持付出某种水平的努力。

为了使绩效达到较高的水平,上述三个绩效决定因素都必须同时具备。因此,绩效 = 陈述性知识×程序性知识×动机。

例如,珍妮是某服装店的售货员,珍妮了解所有的品牌、价格、尺寸及推销方法,因而陈述性知识水平较高。珍妮也非常聪明,而且从身体等条件来说,又能够承担所有必须完成的工作任务,因此她的程序性知识水平也很高。然而,珍妮却表现出动机不足,她的整体绩效可能会很差。绩效的决定因素如表 16-1 所示。

表 16-1 绩效的决定因素

陈述性知识	程序性知识	动机
事实	认知技能	选择是否付出努力
原则	精神运动技能	努力的程度
目标	生理机能	努力的持续性
	人际关系技能	

绩效实际上受到三种不同因素的共同影响,这样一个事实对于解决绩效问题有着重要的启示。为了恰当地解决绩效问题,管理者必须得到一些信息来帮助他们判断绩效问题产生的原因是陈述性知识或程序性知识不足,还是动机不足,或者是这三个因素的任意二种或三种结合造成的。

如果一位员工缺乏工作动机,但是管理人员却认为问题的根源在于陈述性知识的缺乏,那么管理人员很可能会让员工去参加公司举办的培训项目,从而获得上级认为其缺乏的那些知识。很显然,无论对于个人、管理人员还是组织,这都是在浪费时间。

二、绩效维度

虽然我们能够识别许多具体的行为,但有两种类型的行为或绩效是最突出的:任务绩效和周边绩效。周边绩效与亲社会行为或组织公民行为等有密切关系。

任务绩效包括:将原材料转化为组织生产的产品或服务的各项活动;通过补充原材料的供给、分销产成品,或者是执行能够使组织高效率、高效能运转的计划、协调、监督或人员配置等重要职能,协助组织完成上述转化过程的各种行为。

周边绩效是指通过提供能够促进绩效发生的良好环境来帮助组织提升效率的那些行为。它包括:持续保持工作的热情,并在必要时付出额外的努力;自愿承担本职工作之外的一些工作任务和活动;帮助他人并与他人保持合作态度;遵守组织的各项规章制度和工作程序;认可、支持及维护组织的目标。

现在很多组织都已意识到,必须同时关注任务绩效和周边绩效,这是因为:①组织必须向自己的客户提供卓越的服务,而周边绩效行为能够对客户满意度产生深远的影响。②在当今的工作世界中,团队工作非常普遍,而周边绩效与团队工作密切相关。③上级对下级的实际评价过程中很难忽略周边绩效,既然如此,还不如更加明确地将周边绩效包含在绩效评价维度之中。如果不对周边绩效进行仔细的定义,那么管理者在对周边绩效进行衡量时,也会更主观,也更容易产生偏见。

任务绩效与周边绩效之间的主要区别表现在:①不同职位的任务绩效通常是不同的,而周边绩效在不同的职能领域及不同管理层级上却是大体类似的。②任务绩效很可能是在工作角色中事先规定好的,也就是说,任务绩效通常包括在员工的职位描述之中,而周边绩效中的行为却常常不是在工作角色中事先规定好的。相反,通常情况下,尽管组织期望自己的员工表现出这些行为,但是未必会明确做出要求。③最后,任务绩效主要受到员工个人能力和技能的影响,而周边绩效主要受到员工个人人格特点(如责任心)的影响。

第三节 绩效衡量的方法与过程

一、绩效衡量的方法

(一)行为法

行为法强调员工在工作中做了些什么,而不考虑员工的个人特征及其行为产生了怎样的结果。总体而言,这是一种主要强调员工如何完成工作的以过程为中心的方法。

在下列情况下,行为法是最适用的:

(1)行为和结果之间的联系不明显。在有些情况下,即使员工采取了正确的行为,也仍然有可能无法确保实现组织期望的结果。在其他一些情况下,虽然员工没有采取正确的行为,但是仍然有可能得到某些令人满意的结果。例如,飞行员在飞机起飞前的例行检查中可能并没有检查所有项目,但最终仍然是一切顺利。

(2)结果发生在遥远的未来。但组织期望的结果在几年后都无法出现时,对行为进行衡量就是一种必要的手段。

（3）造成不良后果的原因不在被评价者的控制范围之内。例如，当一位员工的工作结果超出其控制范围时，强调对行为的衡量就很有意义。

（二）结果法

结果法强调员工的工作产出和结果，但不考虑员工具有的个人特征或员工是如何完成工作的。总的来说，这是一种只看结果的方法，它不关心员工的行为和过程，而只关注产生的结果是什么（例如销售额、争取到的客户数、差错数量等）。

对结果进行定义和衡量往往要比对达成这些结果的行为进行定义和衡量花费更少的时间，同时，结果法也常常被视为成本效率性更高的一种方法，这是因为追踪结果往往比追踪行为成本更低，并且通过结果法收集的数据也更客观。

在下列情况下，结果法是适用的：

（1）员工具备完成工作所需的必要知识和技能。在这种情况下，员工清楚地知道为了达成组织期望的那些结果应当采取哪些具体行为。同时，当组织期望的结果没有达成时，他们完全清楚应当采取哪些措施去纠正与流程有关的问题。

（2）行为和结果之间存在明显的联系。

（3）结果会随着时间的推移而得到不断改进。当结果会随着时间推移而持续不断地改进时，员工就会意识到，采取哪些行为会有助于圆满地完成工作。在这些情况下，就要采取结果法来评价绩效。

（4）正确完成工作的方式有多种。当完成工作任务的方法有多种时，强调结果可能更有意义。

二、绩效衡量的过程

（一）界定职责

职责界定的主要信息来源是职位描述。对于职位描述中包含的各项工作任务，可以根据它们彼此之间的相关度高低，将它们划分为几个任务簇或职责领域。每个工作任务族或职责领域就是员工需要在其中达成一定结果的一个宽泛的工作领域。

当职责被确定下来后，我们就需要确定它们的相对重要程度，为了理解这一问题，需要回答以下几个问题：员工在完成每项工作职责方面所花费的时间占总工作时间的百分比是多少？如果员工未能充分履行自己的职责，是否会对其所属的使命达成产生重大影响？员工的工作失误会产生重大不利后果吗？未能充分履行职责会导致员工本人或其他人受伤或死亡吗？会导致严重的财产损失吗？会导致时间和金钱的损失吗？

（二）确定目标

一旦职责界定清楚，在衡量结果的过程中，下一步要做的就是确定具体的目标。确定目标的目的是找到一旦达成就会对整个组织的成功产生巨大影响的一定数量的重要结果。在目标确定之后，员工应该能够得到及时的反馈，从而知道自己在实现目标的过程中取得进展的情况。对于达成目标的员工，应该给予报酬。本部分阐述的"界定目标"当然也是整个组织目标管理体系的一部分，因而必须与整个组织的目标相契合，但针对员工绩效增加了一些具体的内容。

目标的有效性取决于以下几个方面:

(1) 重要。目标对组织而言必须是十分重要的。必须让员工相信,如果这些目标得以实现,就会对整个组织的成功产生关键性的影响。此外,还应使员工在达成目标时能够产生这样一种感觉,即员工绩效和组织目标之间具有一致性,而这反过来又很可能导致员工认为自己的工作对组织具有更大的价值。

(2) 有优先顺序。不是所有的目标都有同等的重要性,因此,应当确定每一个目标的优先顺序,然后再逐个地实现这些目标。

(3) 富有挑战性。目标必须是富有挑战性的,即必须经过努力才能实现目标,但同时必须让员工感觉这些目标是可以实现的。

(4) 具体且清晰。目标必须是容易理解的,此外,必须是可验证并且可衡量的。

(5) 数量有限。目标如果太多,可能就无法实现了;但是目标如果太少,可能又无法对组织做出充分贡献。因此,目标必须有一定的数量限制。

(6) 可达到。好的目标必须是可行的,也就是说,员工应该能够获得实现目标所需的各种技能和培训。如果员工不具备这些技能,那么组织应该提供各种必要的资源,使他们能够学习和掌握。

(7) 经过充分沟通。除了在实现目标方面涉及的管理者和员工,那些可能受到相关目标影响的其他组织成员也需要了解这些目标。

(8) 能够达成共识。目标想要变得有效,就必须在管理者与员工之间达成共识。员工需要有机会参与目标的制定。员工对目标制定过程的参与有助于增强目标的可接受性及员工实现目标的动机,同时减少实现目标的阻力。

(9) 灵活。好的目标不是一成不变的,它可能由于工作环境或经营环境的变化而发生变化。

(10) 有时间限制。好的目标应当有最终期限和里程碑式的标志。缺乏时间维度的目标很可能被忽视。

以上有些指标,如重要性、挑战性、充分沟通、达成共识、灵活性等是对简化的"SMART"原则(specific——绩效指标必须是具体的;measurable——可衡量;attainable——可达到;relevant——与目标相关联;time-bound——有明确的截止日期)的重要补充。

(三) 确定绩效标准

绩效标准是帮助人们理解目标在多大程度上得以实现的一种尺度。这些标准为绩效评价值提供了有用的参考信息,帮助他们判断绩效达到了何种水平。员工绩效标准通常包括以下内容:

(1) 质量:它是目标完成得如何,可能包括有用性、响应度、取得的效果(如问题得到解决的程度)、接受率、差错率及用户或客户提供的反馈(如客户投诉量、退货量等)。

(2) 数量:它是指产出情况如何,包括有多少产出、产出的频率是什么、产出的成本是多少等。

(3) 时间:即要在预订的期限内完成,严格遵守时间表、工作周期及最终完成时限。

(4) 绩效指标:包括行动、期望达成的结果、到期时间及某种形式的质量或数量指标。

（5）绩效标准：常常描述了完全令人满意的绩效水平。因此，一旦绩效标准确立下来，我们就可以设定最低绩效标准和优秀绩效标准。

第四节　绩效管理的实施

绩效管理的实施通常包括沟通计划、申诉程序、评价误差及参照框架培训等环节。

一、沟通计划

总的来说，员工对绩效管理体系理解得越多，了解得越清楚，员工对管理体系的接受度和满意度就会越高。许多组织常常会涉及一项沟通计划以确保关于绩效管理体系的各种信息能够在组织中广泛传播。一项良好的沟通计划需要回答以下几个方面的问题：

（1）什么是绩效管理？在回答这一问题时，首先要提供关于绩效管理的总体信息，说明绩效管理体系在其他的组织中是如何运行的，还有绩效管理体系的总体目标是什么。

（2）绩效管理体系与战略是如何匹配的？要回答这个问题，就应当说明绩效管理和组织战略规划之间的关系，尤其是需要说明绩效管理体系将会如何帮助组织实现自己的战略目标。对于实施了目标管理或平衡计分卡的企业组织，绩效管理当然是上述体系的一个组成部分。

（3）绩效管理体系的好处有哪些？一项良好的沟通计划要能够描述实施绩效管理体系给各方参与者带来哪些好处。

（4）绩效管理体系是如何运作的？要想回答这个问题，就要对绩效管理过程及其时限要求加以详细的描述。例如，需要在什么时间召开绩效讨论会议，每次绩效讨论会议的目的是什么，什么时候会做出关于报酬方面的决策等。

（5）需要承担什么责任？在沟通计划中应该说明，在绩效管理过程的每一阶段涉及的各方应当扮演哪些角色和承担什么责任。这项计划要包括员工及其上级主管人员在绩效管理过程中应当承担哪些责任的描述。

（6）绩效管理与组织的其他活动之间存在何种联系？沟通计划还应该指明，绩效管理体系与组织的其他管理活动及管理体系（如培训、精神、接班人计划等）之间到底存在何种联系。

沟通计划的实施过程需要注意的要点如下：

（1）吸收员工参与。吸收员工参与到绩效管理体系的设计过程中来。人们总是会支持自己亲手创建的东西。因此，员工在绩效管理体系设计过程中的参与程度越高，对这套体系的支持程度也越高。

（2）理解员工的需要。理解员工的需要，然后弄清楚如何通过绩效管理体系满足他们的需要，起码要能针对"它对我有什么用"这样一个基本问题提供一种个性化的、清晰的、可信的答案。

（3）抢先出手。在对新的绩效管理体系可能产生任何负面态度和留言之前，抢先塑造一种积极的态度。使关于绩效管理体系的沟通变得更加现实，不要向大家承诺做不到的事。对一些可能用来反对绩效管理体系的观点进行讨论，同时提供一些证据反驳这些观点。

（4）提供事实和结果方面的信息。因为员工会存在偏见,所以即使事实存在,他们往往也不一定能够认识到。因此,需要清晰地解释与绩效管理体系有关的一些事实,并且说明这些事实意味着什么或者其后果会是什么。不要让使用者得出结论,因为他们的结论可能与你的结论并不一样。

（5）付诸文字。书面沟通常常比口头沟通更加有力,同时也更可信。这是因为书面沟通材料可以做仔细的检查,并且可以对其准确性提出质疑。一个好的办法是建立一个能够让所有员工在网上查阅的描述绩效管理体系的文档。

（6）利用多种渠道进行沟通。要学会利用多种不同的沟通方法,其中包括会议沟通、电子邮件沟通及文件沟通。换言之,应当利用多种不同的沟通渠道使员工不断地重复接收同样的信息。当然,需要注意的是,必须确保所有的沟通渠道传递出来的信息是一致的。

（7）利用可信的沟通者。要利用可信的来源就绩效管理体系进行沟通。在一些公司中,人力资源管理部门的人往往被看作"人力资源警察"。因为他们总是在不断强调不能怎么干,而不是告诉大家怎样干才能将工作做得更好。在这种情况下,利用其他部门或者小组进行沟通可能会更好一些,或者是由那些在组织中得到大家信任和尊重的人去完成沟通工作。如果与那些对绩效管理体系持赞同态度且被公认为是组织中的关键人物进行沟通,那么有助于大家接受这套体系。

（8）反复不断地讲,经常性地重复相关信息。人们一次往往只能吸收一小部分信息,因此需要不断地重复这些信息。

二、申诉程序

要想得到员工对绩效管理体系的认可,在绩效管理体系中包含一个申诉程序是很重要的。这是因为它能够使员工明白一旦他们无法接受自己得到的绩效评价结果或者任何与此有关的政策,他们可以通过一种平和的、非报复性手段提出申诉。此外,在绩效管理体系中增加一个申诉程序还有助于提高员工对于该体系公平性的认知。

当存在申诉程序时,员工可能对两类问题提出自己的疑问,即判断性问题和管理性问题。判断性问题主要集中在绩效评价的效度方面。例如,一位员工可能认为上级管理人员对自己的绩效做出的评价并没有反映本人的实际绩效。管理性问题则涉及绩效评价是否遵守相关的政策和程序。例如,一位员工可能会提出这样的质疑,即他的直接主管并没有像对他的同事那样经常与他见面,因此他所获得的绩效反馈不像他的同事得到的那样完整。

三、评价误差

（1）相似性误差。相似性会产生吸引力,因为我们往往喜欢那些与我们相似的人。这样,在有些情况下主管人员可能会对那些与自己有相似之处的人给予较高的绩效评价。这种相似可能体现在态度、偏好、个性甚至性别在内的人口统计学特征方面。

（2）对比误差。当主管人员将一位员工与其他人进行对比,而不是与事先确定下来的绩效标准进行对比时,对比误差就出现了。即使采用绝对评价体系也会出现对比误差。

例如,当一位主管人员将某位员工的绩效评价为合格水平时,他对这位员工的绩效评价可能已经超出了这位员工的实际绩效水平,其原因在于这位主管评价过的其他人的绩效水平都很低。而这位员工的绩效水平,之所以能够评价为合格,只不过是因为他的绩效水平看起来比其他人更好一些而已。这种误差最有可能出现在同一位主管人员需要在同一时间段完成对多人的绩效评价的情况下。因为在这类情况下主管人员对某位员工的绩效进行评价时,很难完全不考虑对其他员工已经给出的评价结果。

（3）宽大误差。宽大误差发生在一位评价者对大部分员工和所有员工都给予较高水平的评价时。换言之,宽大误差涉及人为抬高绩效评价分数的情况。宽大误差极有可能是一种有意的误差,主管人员出于以下几方面的考虑,往往会故意制造这种误差:使员工获得绩效加薪或报酬的可能性最大化;激励员工;避免撰写书面材料;避免员工产生对抗;将不想要的员工晋升出去;让自己的上级认为自己更优秀。最近的一些研究已经揭示出具有某些特定人格特点的人更有可能表现出比较宽大的倾向。这些特点包括责任心不强（也就是说,不是一贯努力追求卓越）、宜人性程度更高。宽大误差是绩效管理体系中经常出现的一类误差。实际上,一项调查结果显示,在四分之三实施了绩效评价体系的企业中,绩效评价的信度都受到了宽大误差的影响。

（4）严格误差。严格误差发生在一位评价者对大部分员工或者所有员工都给予较低评价时。也就是说严格误差涉及人为压低绩效评价分数的情况。大部分严格误差都是评价者故意制造出来的误差。主管人员往往希望通过这种方式来实现:警醒员工;教训不听话的员工;暗示员工应该考虑离职;留下一份关于员工不良绩效的记录。

（5）居中趋势误差。居中趋势误差通常发生在这样一种情况下:评价者只使用评价尺度中间的那些点而避免使用评价尺度两端的点。这种做法导致大多数员工或全部员工都评为合格。这也是一种有意的误差,它主要是由于主管人员希望确保安全而人为造成的。这类误差的一个负面影响就是很难区分出在接受同一位评价者评价的那些员工中哪些人的绩效水平较高,哪些人的绩效水平较低。

（6）晕轮误差。晕轮误差发生在评价者无法对需要评价的各个绩效方面进行有效的区分时。如果一位员工在某个绩效维度上得了高分,他就有可能同时在其他所有绩效维度上也获得高分,即使他在所有绩效维度上的表现并不是一样的。例如,一位员工的出勤记录特别好,那么评价者就可能会对此人的敬业度和生产率也给予很高的评价。然而,这位员工的出勤记录之所以特别好,可能只是因为这位员工有一大笔银行贷款要还,因而不敢失去这份工作,而不是因为他真的是一位绩效优秀的员工。换言之,出勤率高并不代表一个人就是高生产率的员工。出现这种误差的一个典型原因是主管人员是根据自己对这位员工的整体印象做出评价的,而不是针对员工在每一个绩效维度上的表现分别进行评价的。

（7）前因误差。当绩效评价结果主要是受到绩效评价周期初期收集到的那些信息影响时,就会出现前因误差。例如,在对员工的沟通技巧进行评价时,主管人员往往对发生在绩效评价周期开始时的那些涉及沟通的事件赋予较高的权重,而对发生在后期的沟通事件赋予较低的权重。

（8）近因误差。当绩效评价结果主要受到在绩效评价周期后期收集到的信息影响时,便会出现近因误差。近因误差与前因误差恰恰相反,评价者更多地受到在绩效评价周期的后期发生的那些行为的影响,而对于在整个绩效评价周期的其他阶段发生的事情则没有给予同样的关注。

(9) 负面误差。当评价者更重视负面信息,而不是正面信息或者中性信息时,便会产生负面误差。例如,一位评价者可能观察到了某一位员工和一位客户之间出现的一次不愉快的互动,但是他也同样观察到了这位员工与客户之间的几次很愉快的互动,而且这几次互动都让客户很满意。然而,这位评价者对这个员工的客户服务维度进行评价时却重点考虑的是负面事件。事实上,这种负面误差与现实中的另一种情况是完全相符的。即大多数人在读报纸或者看电视时都更倾向于记住那些负面的新闻,而不是那些正面的新闻。

(10) 首因误差。首因误差是指这样一种情况,评价者在一开始时对员工做出了好的或不好的判断之后,就会忽略随后那些并不支持评价者早期做出的这种判断的信息。这种类型的误差可能会与相似性误差并存。这是因为第一印象往往建立在某种程度的相似性基础之上。一位员工与主管人员越相似,主管人员对员工的第一印象就越有可能是良好的。

(11) 溢出误差。当员工在前面绩效评价周期中得到的评价分数对于他们在后面得到的绩效评价结果产生了不恰当的影响时,溢出误差便发生了。例如,主管人员可能会假定,一位在前几个评价周期中都表现优秀的员工,在当前的这个评价周期也应该是表现优秀的,因而会按照他的这种信念做出绩效评价。

(12) 刻板印象误差。刻板印象误差发生在主管人员简单地基于员工所属群体的总体特征来对员工进行评价的时候。例如,主管人员可能会有这样一种信念,即特定的员工群体,比如女员工具有比较谦逊的沟通风格。这样在对女员工进行评价时,这位主管人员很可能会在没有任何行为证据支持的情况下自然而然地将这位女员工的沟通风格描述为谦逊的。

当一个人(比如女员工)承担的是与刻板印象并不相符的某种职位类型如零部件组装,但是并没有表现出刻板印象所固化的那种行为模式时,这种类型的误差就有可能导致绩效评价偏见。这种评价误差会导致对某些群体成员的绩效长期做出较低的评价。

(13) 归因误差。归因误差是指主管人员认为员工的绩效之所以差是由于员工的个人因素导致的,而不是环境因素造成的。换言之,在进行绩效评价时,不同的主管人员会对环境因素赋予不同的权重。如果主管人员错误地放大了员工的个人因素对绩效产生的影响而忽略了环境因素的作用,那么随后进行的绩效改进计划很可能是无效的,这是因为环境对绩效的制约依然存在。

四、参照框架培训

参照框架培训主要是通过让评价者彻底熟悉需要评价的各种绩效维度来提高评价者做出评价的准确性。这种培训的总目标是,通过建立一个通用的参照框架,使评价者获得对每位员工在每种绩效维度上的表现都能做出准确评价的技能。

在典型的参照框架培训课程中,首先会让评价者讨论需要接受评价的员工目前承担的工作职责及职位描述。然后让评价者通过认真考察和讨论每个绩效维度的定义及代表优秀绩效、一般绩效和较差绩效的例子来熟悉需要评价的这些绩效维度。接下来让评价者利用在现实绩效管理体系中使用的绩效评价表格,对某位假想员工的绩效进行评价。这位员工的情况往往会以书面形式描述出来,或者通过录像中的现实场景呈现出来。最后培训者会告知受训者,对每个绩效维度进行评价的正确结果应该是什么;得出这种评价结果的原因是什么;同时还要讨论正确的绩效评价结果和受训者得出的绩效评价结果之间存在的差别在哪里。通常情况下,参照框架培训课程包括以下几个正式步骤:

(1) 要求评价者需要根据三个绩效维度对三位员工分别进行绩效评价。

(2) 将绩效评价表格分发给评价者,指导他们在阅读的同时大声朗读每个绩效维度的定义及其评价尺度。

(3) 针对绩效评价表格中的每一个评价尺度,让评价者讨论能够代表员工在每一个评价尺度上的各种绩效水平的相应行为。这样做的目的是在评价者当中建立起一种通用的绩效理论参照框架,使他们能够对绩效维度的含义及各种不同行为代表的绩效水平达成共识。

(4) 让全体受训者共同观看一段模拟现实场景的录像。录像中包括与所要评价的那些绩效维度相关的一些行为。观看录像后,培训者会要求受训者利用事先提供的评价尺度对录像中的员工进行绩效评价。

(5) 每位受训者得出的绩效评价结果都要与本小组中的其他成员分享并加以讨论,培训者则会尽量确定受训者在得出他们的评价结果时主要依据的是录像中的哪些行为,并且要找出不同的评价结果之间存在哪些方面的差异。

培训者向受训者提供反馈。解释录像中的员工在每一个绩效维度上为什么应当获得某种特定的评价结果,同时展示出在目标分数和受训者打出的分数之间存在的差异。

第五节 关键绩效指标评价

本章前面的绩效管理主要集中于年度考核与评价。关键绩效指标(key performance indicators, KPI)是将工作场所的日常绩效同企业关键成功因素真正挂钩的评价指标。关键成功因素能够帮助企业员工调整各自的日常活动,使之与企业关键成功因素的方向保持一致。

在本节的学习中,读者尤其应注意到 KPI 评价与传统绩效管理体系的差别:①区分成果指标、行为指标与绩效指标,将绩效指标评价与传统的、基于成果或基于行为的评价区分开来。②将 KPI 体系与薪酬管理脱钩。

KPI 的优点在于:①推动工作进展,有助于人们看到目前的工作进展,刺激采取进一步的行动。②更加直观、更加平衡地展示绩效情况,让人们关注的重点放到重要的工作上来。③提高客观性。迪恩·斯皮策(Dean Spitzer)指出,员工事实上喜欢评价制度,甚至喜欢被评价,但他们不喜欢主观的评价。④提高管理者的理解力、决策力和执行力。如果一直没有评价指标,管理者就无法进行优良的管理。⑤指标可以改善管理者对业务的直觉,并大大提升决策成功率。⑥提高绩效的连贯性,真正的成功是长期来看始终如一的成功。

⑦有助于对目前工作的进展情况提供及时的反馈信息,尽早向企业管理层发出警示信号。
⑧通过鼓励及时反馈、展望未来活动、鼓励创新、摒弃坏的管理习惯、支持成功的管理习惯,为公司未来的健康发展做准备。

一、成果指标、关键成果指标、绩效指标和关键绩效指标

迪恩·斯皮策认为,成果指标可以对团队活动进行概括总结,展示团队合作的总体情况,是有用的衡量指标。成果指标的一些例子有:过去一天的销售情况;根据最近的顾客满意度调查报告,已经实施的项目数量;根据员工调查报告,已经实施的项目数量;过去30天中实施的员工建议数量;3周内在按计划开展的内部培训课程中,上课人数低于预定目标的课程;未参加领导力培训课程的管理者人数。

关键成果指标是评价企业是否以适当的速度、朝着正确方向前进的重要成果指标。关键成果指标的一些例子有:税前净利润;关键产品线净利润;顾客满意度;资本回报率;员工满意度。

本书将绩效指标定义为,绩效指标(PI)是基于员工行动所产生的绩效的评价指标,表明员工和管理团队为了提升绩效当前最需要采取的行动,例如下周/未来两周对关键客户进行的销售访问,过去30天内实施的员工建议数量。KPI目前还没有一个完整清晰、被各方所接受的定义,但大致地说,KPI突出了在团队工作过程中可操作、可监控的关键因素。KPI具有七个特征:

(1) 非财务评价指标。迪恩·斯皮策认为,财务指标不是KPI,例如,日销售收入是一个财务指标,虽然这一指标很重要,但是它是一个结果指标。与销售有关的绩效指标很可能是到达卖场并且可能发生购买行为的顾客人数。

(2) 及时性。KPI应该按照每周7天、每天24小时,1天1次、1周1次的频率进行评价。一个按照每月、每季度甚至每年的频率进行评价的指标不是KPI,因为它不能及时提供有效的信息。对公司的业务起不到关键的作用。

(3) 首席执行官重点关注。所有的KPI都会产生影响,依据这些KPI,首席执行官每天都要与相关的员工沟通,以体现其"关键性"。

(4) 简单易懂。KPI能够明确地告诉员工应该采取什么样的行动。英国航空公司的"准点"KPI,清楚地向每一个工作人员传达了要求:关注如何将延误的时间赶回来。按照这个KPI的要求,他们争取在各个环节上尽量节省每一分钟,同时保持并不断提高服务水平。

(5) 团队责任明确。企业的KPI不在于数量的多少,有时候在一段时间内,企业只需要有一个KPI就足够了,但要求这一指标必须与具体的某个团队挂钩,能有效地对其工作情况进行评价。资本回报率当然是一个很好的指标,但企业无法将它与某一个管理人员的行为效果联系在一起,因而不是KPI。

(6) 产生重大影响。一般而言,一个KPI可能会影响多个核心的关键成功因素及多个平衡计分卡愿景。在航空公司的实例中,飞机晚点这个关键绩效指标影响了六个平衡计分卡愿景。

(7) 已被验证的KPI会以积极的方式影响绩效,而未经深思熟虑的评价指标则会导

第十六章
绩效管理：员工视角的管理控制

致失效行为。

企业究竟需要几种评价指标？每一种指标又分别需要哪几种类型？David Parmenter 提出了 10/80/10 规则。他认为，在一家全职员工超过 500 人的企业中，大约需要 10 项关键成果指标，至多 80 项成果指标和绩效指标，及 10 项关键绩效指标。向董事会汇报至多 10 项关键绩效指标是十分合理的，公司董事会可以轻松地将这些关键绩效指标和关键成果指标展示在一张 A3 纸上。

一开始，很多团队觉得 10 项关键绩效指标太少了，希望可以将关键绩效指标数量增加到 30 项左右。但是经过周密分析后，数目还是会降到 10 项左右，除非该企业的业务涵盖许多不同的行业。事实上，认为评价指标越多，绩效评价效果就越好的想法会陷入误区，10/80/10 规则很可能是一个有价值的行动指南。成果指标、关键成果指标、绩效指标、关键绩效指标的比较如表 16-2 所示。

表 16-2 成果指标、关键成果指标、绩效指标、关键绩效指标

绩效评价指标类型	特点	评价频率	评价指标数目
关键成果指标（KRI）：概述公司过去的绩效，展示管理层的管理水平（如投资回报率、员工满意度、息税前净收益等），是董事会全面掌握公司运营情况的理想指标	这些指标可以是财务指标，也可以是非财务指标，但它们无法告诉你需要采取哪些行动。关键成果指标是对多个团队共同努力的成果总结	每月、每季度	最多 10 项
成果指标（RI）：总结具体领域几个团队的共同努力（例如，上一个工作日的销售额、来自关键用户的投诉等）		每周 7 天、每天 24 小时、每周、每两周、每月、每季度	大约 80 项。如果超过 150 项，将面临严重的问题
绩效指标（PI）：是基于员工行动所产生的绩效的评价指标，它告诉员工和管理团队为了提升绩效当前最需要采取的行动（例如，下周/未来两周对关键客户进行的销售访问，过去 30 天内实施的员工建议数量）	这些评价指标是非财务指标。员工知道采取何种行动提高绩效。责任与一个团队或者密切合作的几个团队挂钩。		
关键绩效指标（KPI）		每周 7 天、每天 24 小时、每天、每周	最多 10 项

二、关键绩效指标评价的实施

（一）确立本企业的关键成功因素

关键成功因素具有以下特点：表达清晰，大家都能够理解关键成功因素的含义，并认可关键成功因素对企业会产生重要影响；管理层和董事会对关键成功因素并不陌生，因为

他们在讨论成功因素时已经谈论过这些因素；适用于不止一个平衡计分卡的愿景；与企业高度相关，不应该被分解为不同部门的关键成功因素；数量不多，5—8个就足够了；对其他成功因素有重要影响，很容易显示它们的相关性；强调紧缺的具体运营活动，而不是像企业战略目标那样抽象。

（二）确定适合本公司的评价指标

许多机构按照成果指标的做法来考核关键绩效指标，因而存在很大的问题，其问题的来源如表16-3所示。

表16-3　KPI评价的误区

"SMART"原则并非解决问题的万全之策	人们陷入了这样一个误区：只要评价指标符合"SMART"分析原则——具有明确性、可衡量性、可实现性、相关性和时限性，该指标一定有效。显然，这一观点指出了该指标可能与关键成功因素毫无关联，且其阴暗面可能破坏力巨大的事实
逐层划分的方法行不通	这种方法将绩效指标按照不同的团队划分成不同的组成部分。比如，我们首先选择投资回报率这一指标，分析这一指标是由哪些指标构成，然后继续向下逐层划分
自上而下的方式行不通	将确定关键绩效指标的任务交给某一部门来完成，这一方法通常导致失败
对培训的忽视	将寻找评价指标的任务分配给各个团队，却不对他们进行培训，直接让他们利用企业的平衡计分卡来寻找绩效评价指标
将关键绩效指标与薪酬挂钩	这样做的后果是将关键绩效指标变成一个"关键政治指标"

为了确立与企业相适应的评价指标，正确的做法如表16-4所示。

表16-4　KPI评价的步骤

任务	描述
确定成功因素	确定企业所需的成功因素是什么
确定关键成功因素	绘制各成功因素之间的映射关系图，以便找出哪些成功因素影响力最大，这些因素就是企业的关键成功因素
培训一个小规模的关键绩效指标项目团队	成立一个由首席评价官领导的小规模团队，并对团队成员就如何确立关键绩效指标进行培训
向企业全体员工讲解并推介关键绩效指标体系	解释理由、重要性和实施办法，注重推介方式
各团队设计适当的指标	各团队对关键成功因素进行评估，并设计适合自己团队的指标
各团队将这些指标录入数据库	将在工作研讨会上收集到的所有评价指标都录入数据库，其中包括评价指标的主要特点，如评价指标描述、建议使用的评价指标名称、该评价指标影响的关键成功因素及评价频率等

(续表)

任务	描述
对评价指标进行分类	由关键绩效指标项目团队对所有指标进行分类,分清良莠
确定评价指标的名称及其评价方法	为所有被选出的评价指标确定最终名称,并认真思考如何使用这些评价指标进行绩效评价
确定关键绩效指标	确定需要向董事会汇报的关键绩效指标

(三) 及时评价

对指标进行及时评价非常重要,关键绩效指标要时刻准备好即时性报告,以致使发现的问题在下一个工作日就得以解决。一些关键绩效指标需要每天更新,甚至是按照每周7天、每天24小时的频率随时更新,其余的关键绩效指标则可以每周汇报一次。在企业内部,如果指标不能按时完成,那么每周向高级管理团队汇报的关键绩效指标就是这些没有完成的项目,以及这些项目的实际运行情况。这样的汇报制度将导致关键绩效取得突破性进展。

(四) 关注评价指标的负面影响

每一项评价指标都会产生负面影响,一些意料外的行动往往会导致绩效的下降。实际上,在一个企业中,一半以上的评价指标都会鼓励一些意料外的负面行为。为了保证评价指标能够切实有效地发挥作用,我们需要预测采纳该指标后可能产生的员工行为,并尽力使潜在的负面影响最小化。

因此,一个评价指标在真正实施前,必须经过以下流程:①同相关员工进行讨论:"如果我们将这一项指标确立为评价指标,你会怎么做?"②在向公司全面推广实施该评价指标之前,先在小范围内试点。③如果该评价指标的阴暗面会对绩效造成严重的负面影响,那么就放弃使用该评价指标。

(五) 慎重将关键绩效指标与薪酬挂钩

各种类型的企业和机构都觉得使关键绩效指标发挥作用的方式就是将关键绩效指标与员工个人的薪酬挂钩。但是,将关键绩效指标与员工薪酬挂钩的做法有可能会将关键绩效指标变成一个"关键政治指标",一些人将会操纵这个指标,以提高获得高额奖金的可能性。

企业应该使用关键绩效指标来协调员工的行动,使之与企业的关键成功因素保持方向一致。关键绩效指标应该按照每周7天、每天24小时,每天或者每周的频率来报告各个团队的工作情况。这个指标十分重要,应尽量杜绝被个人或团队操控,成为他们谋求高额奖金的工具。

关键绩效指标也不能像固定的年度绩效合同那样,提前一年或若干月进行预测制定。正如通用汽车公司前首席执行官韦尔奇所言,"那样会约束积极的行动,遏制创造性思维流程,促成平庸,因而无法大幅度提升绩效"。

David Parmenter 认为,各种各样的年度目标都注定以失败告终。管理层经常需要花费数月的时间争论这些目标的合理性,而可以肯定的是,最终确立的目标一定是有瑕疵的,或者太容易达到,或者太过严苛。霍普和弗雷泽指出,只要定期向他们展示他们的工作与其他同事及市场中同行的对比情况,不提前确立年度目标没有任何问题。霍普的观点是,如果你不知道获得最多奖金需要努力到什么程度,那么你就会尽最大努力工作。

（六）企业应高度重视评价工作,最好设立首席评价官职位

一直以来,绩效评价指标是被商务理论和实践忽视的一个环节。在每个公司从平庸走向杰出的过程中,都应该对绩效评价给予更多的重视。迪恩·斯皮策提出,公司应该任命一个首席评价官,他需要负责设定所有评价指标,对该指标的潜在"阴暗面"做出评价,放弃无效的评价指标,并领导实施所有的平衡计分卡项目。通常情况下,首席评价官直接向公司的首席执行官汇报工作,在公司与首席财务官或者人力资源部总经理享有同等地位。

本章思考题

1. 什么是绩效管理?
2. 绩效管理对组织的意义是什么?
3. 糟糕的绩效管理体系有哪些不利后果?
4. 哪三个方面决定了员工的绩效?
5. 绩效的两个维度是什么?
6. 衡量绩效的方法及适用场合是什么?
7. 为什么绩效管理实施前的沟通很重要?沟通计划的实施有哪些要点?
8. 绩效评价误差包括哪些?
9. 什么是关键绩效指标(KPI)体系?
10. 什么是成果指标、关键成果指标?本书对绩效指标的定义是什么?什么是关键绩效指标?

第十七章 项目管理：目标、时间和成本约束视角的管理控制

第一节 概述

美国项目管理协会（project management institute，PMI）在其《项目管理体系知识指南》中为项目所做的定义是：项目是为完成某一独特产品或服务所做的一次性努力。

项目与组织的商业战略通常紧密相关。项目是组织机构的战略计划得以实施的重要手段。一个组织经常有许多需求不能或很难在日常运营的方式下得到合理的解决，这时可以采用项目的方式来满足需求。

一、项目的定义和特点

从 PMI 对项目的定义可以看出，项目的产出可以是有形的产品，也可以是无形的服务。"独特"是指项目所创造的产品或服务与其他产品或服务相比，有明显的差别。"一次性"是指项目有明确的开始时间和明确的结束时间。因此，组成项目的各个要素也决定了项目具有以下几个特点：

（1）项目的复杂性和一次性。项目总是为特定或既定的目标服务的。由于项目需要组织成员间进行大量的协调工作，因此显得非常复杂：项目成员可能来自不同的部门、其他的组织或者不同的职能领域。由于项目是要完成既定的目标，因此是一次性的。项目仅存在于目标完成前，一旦目标完成，项目便终止。

（2）项目受到预算、时间和资源的限制。项目要求成员在有限的时间期限内以有限的财力和人力资源来开展工作。财力、人力和时间都不可能是无止境的。一旦任务完成，项目组便解散。到任务完成的那一刻，所有的活动都是在预算和可获得的人力资源的约束下进行，项目是有资源约束性的活动。

（3）项目开发是为了实现一个或一组特定的目标。项目团队绝不会致力于没有确定目标的工作。目标，也就是可交付成果（deliverable），定义了项目和项目团队的特点。实施项目是为了产生结果，比如新产品或者服务。不论是修建一座桥、实施一项新的收款系统，还是赢得总统选举，目标必须是明确的，而项目工作必须是为了实现这个既定目标而开展的。

（4）项目是以客户为中心的。不论是为了响应组织内部的需求，还是试图抓住组织外部的市场机遇，任何项目的根本目标都是满足客户需求。以往，企业的这种目标往往被忽视，项目只要达到了技术上、预算内和进度计划的目标，就被认为是成功的。然而，越来越多的企业认识到，项目的主要目标是满足客户需求。如果这个目标被忽视，企业就会冒着"将错事做好"的风险，即一味注重高效地完成项目，却忽略了客户的需求，甚至导致商业上的失败。

二、项目生命周期

项目生命周期是按照时间顺序先后衔接的项目阶段的集合。生命周期表现在进行项目管理的逻辑性，因此非常重要。项目的执行组织在实施项目时，通常会把项目分解为几个项目阶段，每一个阶段都以完成一个或一个以上的阶段性工作成果为标志，以便更好地对项目进行管理和控制。项目生命周期一般划分为启动/概念阶段、计划/开发阶段、执行/实施阶段、收尾/结束阶段四个阶段。

（1）启动/概念阶段。其主要工作任务是项目识别、项目构思和项目选择，并确定重要的组织成员或关系人，其形成的文字资料主要有项目建议书或可行性研究报告。

（2）计划/开发阶段。项目计划是项目执行的基准，主要解决如何、何时、由谁来完成项目的目标等问题，即制订项目计划书，具体包括确定项目的范围、进行项目工作分解、估算各个活动所需的时间和费用、安排进度和人员等等。

（3）执行/实施阶段。这个阶段主要是具体实施项目计划，简单来说就是项目从无到有的实现过程。这一时期的管理重点是执行项目计划书、跟踪执行过程、监控项目等过程控制。当项目在具体的执行过程中出现偏差时，必须确保项目按照计划有序协调地执行。同时，这一阶段也需要根据项目的执行情况，对项目计划进行必要的修改和补充，即项目变更控制。项目团队的大量工作是在这个阶段完成的。在这个阶段项目的成本迅速攀升。

（4）收尾/结束阶段。当项目的目标已经达到或项目的目标不可能实现时，项目进入收尾阶段。收尾阶段的管理重点是项目交接与清算项目结果、检验项目评价和总结、项目资料整理、归档验收。要注意总结经验教训，为完善以后的项目管理积累经验。

三、项目管理的定义和特点

按照 PMI 的定义，项目管理是在项目活动中应用一系列知识、技能、工具和技术，以满足或超过项目关系人对项目的要求和期望。为了完成这一管理目标，项目团队在项目管理过程中，必须在一些相互冲突的要求中寻求平衡。

1. 在范围、时间、成本和质量中寻求平衡

在项目管理过程中，范围、时间、成本和质量目标是相互冲突的，调整其中任何一个目标都会影响其他的目标，如扩大项目的范围可能导致项目的进度滞后，成本超支。缩短项目进度计划可能导致成本超支，项目过程质量和项目产品质量下降等。虽然这些因素都很重要，但在项目生命周期的不同阶段，通常会有一个因素对项目有决定性的影响。如在项目启动阶段，项目成本的大小往往决定项目是否成立；在项目开发阶段，项目范围的确

第十七章
项目管理：目标、时间和成本约束视角的管理控制

定可能影响较大；在项目执行阶段，项目进度计划比较重要；项目收尾阶段，项目产品的质量可能是关键。

这些因素之间的关系，随着项目的不同而有所变化，它们决定了会出现的问题以及可能的解决方案。了解什么地方会有限制，什么地方可以灵活掌握，都将有助于规划和管理项目。

2. 在有着不同需求和期望的项目关系人中寻求平衡

项目涉及不同的关系人，包括项目业主、供应商、承包商、项目团队、项目所在的社区及政府的相关部门，他们的要求和期望往往各不相同，甚至相互冲突。项目业主的需求和期望是以最小的投资获得最大的利益，供应商的需求和期望是获得更多的销售利润，承包商的需求和期望是以尽可能低的成本实现客户的质量要求，政府和社区的要求是社会的公共需求等。项目管理的目的是解决不同项目相关人员需求和期望之间的冲突，在他们之间寻求平衡。

3. 在明确表示出来的需求和未明确表达的要求中寻求平衡

明确表示出来的需求是指项目各种文件明确规定的要求，例如根据委托方的要求，项目团队已经明确的项目工期、项目成本和质量规范等。未明确表达的要求是指项目没有明确规定，但是项目关系人普遍的要求和期望，如环境要求、社会效益、团队培养等，项目管理要寻求它们之间的平衡。

四、项目成功的决定因素

一般来说，项目成功的定义必须考虑限定项目的本质因素，也就是时间（遵守时间进度）、预算、功能、质量和用户满意度。

（1）时间。项目受到特定时间的约束，项目必须在规定时间内完成，项目不能无限期进行下去。因此，进行项目管理的第一个约束标准所涉及的基本要求是项目必须在规定的进度计划内完成或者提前完成。

（2）成本。任何项目第二个关键约束是有限的预算。项目必须在预算允许范围内进行，从而尽可能有效地利用资源。

（3）绩效。所有的项目开发都必须遵循既定的技术规范。项目开始前要知道项目预期是怎样的，最终产品应该如何，测度绩效就是衡量最终产品是否合乎规范。项目的客户当然希望项目按照他们期望的要求开发出来。第三个约束标准的应用常常也指"质量"检查。

上述"三约束标准"曾是项目绩效例行的评估标准，现在在此基础上又增加了第四个标准：客户接受。

（4）客户接受的基本原理是，项目是为客户开发的，项目的目标也是满足客户的需求。如果客户接受是关键变量，那么就应该确定目标客户是否能够接受完成的项目。企业在严格遵循三约束标准的同时，很可能会忽视最重要的一点，那就是客户对已完成项目的满意度。

五、项目管理知识领域

PMI 在《项目管理知识体系指南》中提供了一种基本上被广泛接受的划分,它认为项目管理涉及九个知识领域,即整体管理、范围管理、时间管理、成本管理、质量管理、人力资源管理、沟通管理、风险管理、采购管理。

(1)项目整体管理,讨论项目管理过程中,如何确保各种项目工作和项目要素能够很好地协调配合,以及使用的理论、方法、工具、工作内容与要求以及相关的文件等。其目的是通过集成化管理来综合管理项目的各方面工作,确保项目成功。项目整体管理由项目计划编制、项目计划实施和整体变更控制三个过程组成。

(2)项目范围管理,描述了用以保证项目目标完成所包含的所有需要完成的工作,以便顺利完成项目所需的各个过程,由启动、范围计划编制、范围定义、范围审核和范围变更控制五个过程组成。它是为达到项目目标,对项目的工作内容保持控制所需要的一系列过程。

(3)项目时间管理,描述了有关如何按时完成项目工作的理论、方法、工具和具体工作与要求,是为确保项目各部分工作按时完成所需的一系列过程,由活动定义、活动排序、活动历时估计、进度计划编制和进度计划控制五个过程组成。

(4)项目成本管理,描述了用以保证在批准预算内完成项目所需的各个过程,是为确保完成项目的总费用不超过批准的预算所需的一系列过程,由资源计划编制、成本估算、成本预算和成本控制四个过程组成。

(5)项目质量管理,描述了用以保证项目满足其执行标准要求所需的各个过程,是为确保项目达到其质量目标所需要实施的一系列过程,由质量计划编制、质量保证和质量控制三个过程组成。

(6)项目人力资源管理,描述了如何更有效地解决所涉及的人力资源问题,以及所需要的理论、方法、工具和具体工作与要求,是为保证所有项目关系人的能力和积极性得到最有效利用而采取的一系列步骤,由组织计划编制、人员获取和团队建设三个过程组成。

(7)项目沟通管理,描述了用以保证项目信息能够被及时、正确地产生、收集、发布、储存和最终处理而所需要的各个过程,是为确保项目信息合理收集和传输的一系列措施,由沟通计划编制、信息发送、绩效报告和管理收尾四个过程组成。

(8)项目风险管理,描述了有关识别、分析和应对项目风险的各个过程以及相关理论、方法、工具和具体工作与要求。项目可能遇到各种不确定因素,项目风险管理就是为了将其有利方面尽量扩大并加以利用,而将其不利方面带来的危害降到最低程度所采取的一系列措施。它由风险管理计划编制、风险识别、定量风险分析、定性风险分析、风险应对计划编制和风险监控六个过程组成。

(9)项目采购管理,描述了从项目执行组织以外获得物资和服务所需要的各个过程,由采购计划编制、询价计划编制、询价、供方选择、合同管理和合同收尾六个过程组成。

第二节 项目计划编制

项目计划编制是利用项目各种专项计划,运用综合平衡和集成的方法,建立一个协调一致的文件,以指导项目执行和项目控制。

一、项目计划编制需要解决的问题以及相应的工作内容

(1) 需要做什么——确定项目范围。
(2) 什么时间做——编制进度表。
(3) 谁去做——配置项目人力资源。
(4) 做这些事情需要什么资源——编制资源供应计划。
(5) 花多少钱去做——编制预算。
(6) 结果是什么样的、质量怎么保证——制订质量管理计划。
(7) 可能出现什么困难、怎么解决——制订风险管理计划。
(8) 如何进行信息交流——制订沟通管理计划。
(9) 发生变更怎么办——制订需求变更控制计划。

二、项目计划编制书的内容

(一) 项目整体介绍和概述

(1) 项目名称:每个项目均有一个专用的名称。专用名称可以区分不同的项目,避免与相关项目混淆。
(2) 目标和原因的概述:简要描述项目的目标、实施该项目的原因、项目的大概工期和大概成本。
(3) 项目发起人名称:任何一个项目都需要相应的发起人。
(4) 项目经理和关键的项目组成员:项目经理始终是项目信息的联络人,关键的项目组成员根据项目的规模和性质来决定。
(5) 项目的可交付成果:简要描述项目产出的产品或服务。
(6) 重要资料清单:许多项目都有个前期形成的过程。将一些与项目有关的文件、会议记录等列在这里,有利于项目关系人了解项目的历史。
(7) 有关定义和缩写词的说明:许多项目,特别是 IT 项目,会涉及一些专门行业或技术专业用语。把定义和缩写词列出,有利于理解。

(二) 项目组织情况描述

(1) 组织结构图:除了项目发起人公司和客户方公司(如果客户方在组织之外的话)的组织结构图,还应包括一个项目组织结构图,以说明项目的权利、义务和沟通关系。其主要表现形式有框架图、职责分工等。
(2) 项目责任:项目计划的这一部分应该说明项目成员的主要职责和任务,并明确各自都由哪些人具体负责。责任分配矩阵就是一种用来说明这些信息的常用工具。

(三) 项目的管理和方法描述

(1) 管理目标：如何理解上级管理层对项目的想法，项目有哪些要优先考虑的因素，有哪些假设条件和限制条件，搞清楚这些都很重要。

(2) 项目控制：这部分主要描述如何对项目运行进行监控并处理变更。

(3) 风险管理：这部分用来简要讲述如何进行风险的识别、管理和控制。

(4) 项目人员：这部分描述项目所需人员的数量和类型等。

(5) 计数过程：这一部分用来叙述项目可能用到的一些具体方法及信息的归档方法。

(6) 文件控制：有效地建立、保管、维护好全部项目文件，以供项目组成员在项目实施期间使用。

(四) 项目任务描述

(1) 主要工作包：一般都要通过运用WBS将项目工作分解成一些工作包，并且还需要制定一个工作说明（SOW）来描述工作的细节内容。

(2) 主要可交付成果：这一部分要把项目的主要产品列举出来。同时还要说明对每一个可交付成果的质量要求。

(3) 与工作有关的其他信息：这一部分重点突出项目要做工作的一些重要信息。

(五) 项目进度信息

(1) 进度概要：能够在一张纸上浏览整个项目的进度安排，这样肯定会有帮助。根据项目大小和复杂程度的不同，进度概要可能只列出一些关键的可交付成果和计划完成目标。对于那些小项目，可能用一个甘特图来包括整个项目的所有工作和有关日期。

(2) 进度细要：这一部分用来详述描述项目进度计划。这里应该提及进度管理计划，并讨论项目活动的相互依赖关系，这些关系对项目进度影响很大。我们可以用项目网络图和PERT图显示这些依赖关系。

(3) 进度控制：确定应该控制哪些工作，何时控制，谁去控制；用什么样的方法收集和处理信息；怎样按时检查工作进展和采取何种调整措施，并把这些控制工作所需的时间和物资、技术资源等列入项目总计划中去。

(4) 与进度有关的其他信息：在制订项目进度计划时会有一些假设条件。这部分主要记录一些主要假设并重点说明一些与项目进度有关的其他信息。

(六) 项目的财务预算

(1) 预算概要：预算概要对整个项目有一个整体的估算。还可以包括按特定的预算种类给出每月或每年的预算估算，对这些数字给出一定的解释。

(2) 预算细要：这一部分需要总结成本管理计划的有关内容，给出较为详细的预算资料。比如每年估算的项目固定成本和重置成本各有多少？项目工作需要哪些类型的人员？劳动成本又是怎样计算的？财务预算资料见发包书中的投标计算、中标单位的合同计算和施工预算，它们将与项目实施后的定期成本分析和竣工决算进行对照，以进行成本控制。

(3) 与项目预算有关的其他信息。

（七）设备采购和物资供应说明

（1）所需设备与物资名称和数量清单：写清项目所需的仪器设备、物资材料名称、型号、品牌、价格范围和数量、进货来源等。

（2）获取设备和物资所需要的时间：运输手段、是否需要提前进场、是否需要到场检验等。对试制产品，要注明设计时间、制造时间、检验时间、装运时间及安装调试时间等，要配合项目日程安排。

（八）应急计划

（1）意外需要：项目经理在制定计划时需要保持一定的弹性，在工期和预算方面留有余地，以备应急需要。

（2）应急措施：有经验的项目经理往往要准备一套全面的应急计划，预先充分估计到各种可能发生的不测因素，列出各种危险信号，并为某些特殊的不测情况准备好应急行动方案，以免到时措手不及。

（九）支持计划

（1）办公自动化支持：使用自动化工具处理项目管理的各种资料数据。

（2）培训支持：对相关人员进行项目技术和管理的培训，可使项目组成员学会计划、监控及跟踪项目。培训的内容与范围应经过挑选，应适用、有效。

（3）行政支持：给项目主管和项目组的职能经理配备合格的助手，确保项目主管们有更多时间用于实施项目。

（4）其他支持：包括项目考评、文件、批准和签署、系统测试、安装等支持方式。

第三节 项目的范围管理、时间管理与成本管理

一、项目的范围管理及其计划编制

项目的范围管理是明确界定项目范围包括什么与不包括什么，并确保项目范围所规定的工作得以顺利完成所需要的所有以分析、决策、组织、计划、控制为特征的管理活动。这些活动用以确保项目关系人对作为项目结果的项目产品及生产这些产品所用的过程有一个共同的理解。

项目范围管理为项目控制提供了依据。项目管理最困难、最重要的工作之一就是项目范围管理。项目关系人必须在项目要产出什么样的产品方面达成共识，也要在如何生产这些产品方面达成一定的共识。项目范围管理主要通过以下步骤来实现：

（1）把客户的需求转化为对项目产品的初步定义。

（2）根据项目目标与产品的分解结构，把项目产品的定义转化为对项目工作范围的说明。

（3）通过对工作进行分解，定义项目范围，形成项目工作分解结构。

（4）项目关系人认可并接受项目范围。

（5）授权与执行项目工作，并对项目工作范围进行控制。

确定项目范围以及相关的一系列范围管理活动，是项目管理的重要内容，也是项目管

理其他过程和领域的活动能够顺利开展的保证。

二、项目范围的定义与分解

项目范围的定义是项目范围管理的核心,体现了项目团队在开发阶段之前对所有重要项目参数的文档和方法所做的最大的努力。项目范围就是把项目的主要可交付成果划分为更小的、更加容易管理的单元。为了达到项目的目标,首先要明确为达到目标所要完成的具体任务。在项目范围的计划编制中对这些任务进行概要的说明;在项目范围的定义中,要将这些任务逐步细化直至落实到完成它的每一个人或每一个小组。项目范围的定义不但要力求准确、细致,而且要有利于项目资源的合理调配和成本估算。

在完成项目范围计划工作之后,项目范围管理的第二步就是要进一步明确项目工作任务,将之分解为易于操作和管理的单位。这些要求做一份关于所有活动的一览表,或者建立一个工作分解结构。

工作分解结构(work breakdown structure,WBS)是一种以结果为导向的分析方法,用于分析项目所涉及的工作,所有这些工作构成项目的整个范围,而未列入工作分解结构的工作是不应该做的工作。工作分解结构是项目管理中的一个非常重要的文件,因为它几乎是项目管理所有知识领域或管理过程的基础。

WBS通常用列表法和树状图法两种方式表示。树状图法的WBS是一个以任务为导向的活动家族图,与组织结构图类似,人们可以通过它看到整个项目的概貌以及每一个主要的组成部分。列表法的WBS通常用来描述大型项目的工作结构,其任务列表可能多达几百项,而使用树状图不容易描述清楚(见表17-1)。

表17-1 用列表法表示的某项目WBS

序号	WBS编码	任务名称
1	1	站点设计
2	1.1	站点导航
3	1.2	图形设计
4	1.3	程序设计
5	2	主页设计
6	2.1	文本内容
7	2.2	图像
8	2.3	超级链接
9	3	市场部网页设计
10	3.1	文本内容
11	3.2	图像
12	3.3	超级链接

构建项目的工作分解结构除了运用适当的方法以外,还必须遵循以下原则:
(1) 一个单位工作任务只能在WBS的一个地方出现。

（2）一个WBS项目工作内容是其下一级各项工作之和。

（3）WBS中的每一项工作都只有一个人负责，即使这项工作需要多人来完成也是如此。

（4）WBS必须与工作任务的实际执行过程相一致。WBS首先应当服务于项目组，可能的话，再考虑其他目的。

（5）项目组成员必须参与WBS的制定，以确保一致性和全员参与。

（6）每一个WBS项都必须归档，以确保准确地理解该项目包括和不包括的工作范围。

（7）在正常地根据范围说明书对项目工作内容进行控制时，还必须让WBS具有一定的灵活性，以适应无法避免的变更需要。

（8）应当遵循80小时（或40小时）规则，将WBS的工作细分到两周或一周可以完成，以便检查和控制。

三、项目范围的审核

项目范围的审核是项目关系人（发起人、客户和顾客等）最终认可和接受项目范围的过程。在项目范围审核工作中，要对范围定义过程的工作结果——工作分解结构进行审查，确保所有的、必需的工作都在工作分解结构中，而一切与项目目标无关的工作均不包括在项目范围中。以保证项目范围的准确性。

项目范围审核的常用工具是项目范围检核表和工作分解结构检核表。

项目范围和建表的主要内容如下：

（1）项目目标是否完整、准确。

（2）项目目标的衡量标准是否科学、有效、合理。

（3）项目约束条件、限制条件是否真实并符合实际。

（4）项目假设前提是否合理、不确定性的程度是否偏低。

（5）项目风险是否可以接受。

（6）项目成功的概率是否很大。

（7）项目范围界定是否能够保证上述目标实现。

（8）项目范围所产生的收益是否大于成本。

（9）项目范围界定是否需要进一步开展辅助性研究。

项目工作分解结构和建表的主要内容如下：

（1）项目目标的描述是否清楚、明确。

（2）项目产出物的各项成果描述是否清楚、明确。

（3）项目产出的所有成果是否都是为实现项目目标服务的。

（4）项目的各项成果是否以工作分解结构为基础。

（5）项目工作分解结构中，工作包是否都是为形成项目某项成果服务的。

（6）项目目标层次的描述是否清楚。

（7）项目工作分解结构的层次划分是否与项目目标层次的划分和描述一致。

（8）项目工作、项目成果与项目目标的关系是否一致和统一。

（9）项目工作、项目成果、项目分目标和项目总目标之间的逻辑关系是否正确、合理。

（10）项目目标的衡量标准是否有可以度量的数量、质量和时间指标。

（11）项目工作分解结构是否有合理的数量、质量和时间度量指标。

（12）项目目标的指标值与项目工作绩效的度量标准是否匹配。

（13）项目工作分解结构的层次分解是否合理。

（14）项目工作分解结构中，各工作包的工作内容是否合理。

（15）项目工作分解结构中，各工作包之间的相互关系是否合理。

（16）项目工作分解结构中，各项工作所需的资源是否明确、合理。

（17）项目工作分解结构中，各项工作的考核指标是否合理。

四、项目的时间管理

项目时间管理是指在项目的进程中，为了确保能够在规定的时间内完成项目的目标，对项目活动进度及日程安排所进行的管理过程。

对项目进行时间管理就是在规定的时间内，制订出合理的进度计划，然后在该计划的执行过程中，检查实际进度是否与进度计划相一致，如出现偏差，便要积极查找原因，采取必要的措施。如有必要，还要调整原进度计划，从而保证项目按时完成。

项目时间管理主要通过以下步骤来实现：

（1）根据详细的范围说明书和WBS，对WPS中的活动进行完整的定义，从而对WBS达成共识。

（2）分析WBS中活动的依赖关系，以此形成网络图。

（3）对WBS中的活动进行历时估计，成为制订项目进度计划的基础。

（4）然后利用CPM、PERT等技术确定WBS中的活动开始与完成时间，编制项目进度计划。

（5）按照项目进度计划对项目中的实际进展情况进行实时控制。

这五个步骤对应项目时间管理的五个过程：活动定义、活动排序、活动历时估计、计划编制、进度控制。

（一）活动定义

活动定义是指确定完成项目各种可交付成果所必须进行的诸项具体活动。在活动定义中，会建立更详细的WBS并进行相关解释，其目标是确保项目组成员对必须完成的工作有一个完整、具体的理解。随着活动定义的完成，工作分解结构将进一步细化（见表17-2）。

表17-2 项目活动定义的主要内容

输入（依据）	工具和方法	输出（结果）
项目工作分解结构	分解技术	更新项目工作分解结构
项目范围说明书	模板法	活动清单
历史资料		辅助说明
制约因素		
假设条件		

活动定义的工具和方法包括分解技术(decomposition)和模板法(template)。分解技术是把项目的组成要素细分为更小的部分,以便更好地管理和控制。范围定义和活动定义两个过程都运用这个方法,但时间管理中的"分解"与范围管理中的"分解"各有侧重:分解用于范围定义时,最后的结果是可交付成果,是有形的东西;分解用于活动定义时,最后的结果是更小的、易于操作的活动。

活动定义会产生活动清单、更新项目工作分解结构和提供一些辅助性的说明资料。活动清单列出了项目中所要执行的所有活动(无一遗漏),是 WBS 的进一步细化。

(二) 活动排序

活动排序是指对活动清单中的各项活动进行评估,然后确定各活动之间的依赖关系。活动排序的依据涉及活动清单、详细的产品说明书、假设和约束条件,以决定活动之间的相互关系。在活动排序中,网络图是使用得最多的工具,是清晰表示项目中各项活动间逻辑关系的图形,也是进行项目时间管理的基础。利用网络图能够方便地计算出各项活动的最早开始时间、最早完成时间、最晚开始时间、最晚完成时间、总时差和自由时差,并分析出关键路径。绘制网络图有箭线图法(arrow diagramming method,ADM)和前导图法(precedence diagramming method,PDM)两种主要方法(见表 17-3)。

表 17-3　项目活动排序的主要内容

输入(依据)	工具和方法	输出(结果)
活动清单	箭线图法	项目网络图
详细的产品说明书	前导图法	活动清单更新
假设		
约束条件	网络图法	

在项目活动排序中,"活动的依赖关系"非常重要。例如,某项活动是否必须在另一项活动开始之前完成?几项活动是否可以并行?确定活动之间的这些关系,对制订并控制项目进度计划有很重要的影响。影响依赖关系的原则主要有强制依赖关系、自由依赖关系和外部依赖关系三种。根据这些依赖关系的原则,可以把活动清单中的各项活动之间的关系分为四种类型:完成—开始、开始—开始、完成—完成、开始—完成。

(三) 活动历时估计

活动历时估计是估计活动清单上每项活动所需要的时间。一般而言,活动历时包括活动消耗的实际工作时间和间歇时间。

活动历时估计的输入中,项目活动清单提供了估算的基础,与估算有关的约束条件和假设前提也是很重要的。进行历时估计最重要的一个因素是资源的可获得性,尤其是人力资源(见表 17-4)。

表 17-4　项目活动历时估计的主要内容

输入（依据）	工具和方法	输出（结果）
项目活动清单	专家评估	活动历时估计
约束条件	类比估算	估计的基础
假设前提	模拟法	活动清单更新
资源的数量	PERT值法	
资源的效率		
历史信息		
已识别风险		

在进行活动历时估计时应考虑这些问题：需要哪些具体的技能来进行项目工作？分配到项目的人员的技能水平如何、效率如何？在某一时间段内，有多少人能参与项目工作？

在实际项目中，有些活动历时很容易估计，但更多的情况是，活动历时估计具有很大的不确定性。因此在项目管理中用三种估计来处理活动历时的这种不确定性：乐观估计、最可能估计和悲观估计。

现实情况下，因为存在不确定性，有时很难预测到各项活动的准确历时，于是人们常常采用概率的方法对活动历时进行评估。计划评审技术（program evaluation and review technique，PERT）就是在具体活动历时存在很大不确定性时，用来估计项目历时的网络分析技术。计划评审技术包括两个部分，一是活动历时估计模式，二是在此活动历时估计的基础上对关键路径的分析。

（四）计划编制

项目进度计划编制是指用前面所述时间管理过程的结果，来决定项目活动的开始时间和完成时间。此过程的最终目标，是建立一个现实的项目进度计划，为监控项目的进度提供一个基础（见表17-5）。

表 17-5　项目进度计划编制的主要内容

输入（依据）	工具和方法	输出（结果）
项目网络图	甘特图	项目进度计划
活动历时估计	关键路径法	项目进度计划的补充说明
资源要求	计划评审技术	项目进度计划管理
项目日历	图标评审技术	
项目的各种制约因素		
活动的提前期和滞后期		

在项目进度的计划编制的输入中，利用项目网络图和活动历时估计就可以计算出项目中每个活动的开始时间和必须完成时间，以及完成整个项目所耗用的时间，项目进度可

以由此排出项目活动的作业清单。为了保证项目进度计划的合理性,尤其需要着重考虑以下几个问题:

（1）资源要求。项目活动对资源的数量和质量方面的要求,这会影响项目的进度计划。项目的各项活动在何时需要何种资源以及当项目中几项活动共用一种资源时,能否合理地进行资源平衡,是保证项目进度的关键。

（2）项目日历。如有的项目仅在法定工作时间内进行,而有的项目可一周安排七个工作日。

（3）项目的各种制约因素:包括强制性日期（应项目发起人、顾客等的要求必须在某一特定时期开始或完成）、关键事件或里程碑（应项目发起人、顾客等的要求,一旦被确定就很难被更改）。

（4）活动的提前期和滞后期。例如,订购一台水轮发电机必须与安装水轮发电机之间有两个月提前期。

项目进度计划编制中常用的工具和技术,有甘特图、关键路径法、计划评审技术等。甘特图以日历形式显示项目活动的进度安排。甘特图沿着水平时间线展开,这样观察者能够迅速识别当前日期,并发现什么活动应该已经完成、什么活动应该正在进行中、什么活动将要开始。因为这些活动在网络中被连接,所以可以识别前置活动和后续活动。

关键路径法（critical path method, CPM）制订和控制项目进度计划。项目关键路径是网络图中最长的路径,关键路径上的活动并不一定是内容上最重要的活动,它仅仅与时间维度有关,即关键路径上的活动是决定整个项目工期的瓶颈。关键路径上任何活动的延迟,都会导致整个项目完工日期的推迟。一个项目网络图可能包括多条关键路径,并且随着项目的推进,关键路径也可能会发生变化。为了得到关键路径,需使用关键路径法。

计划评审技术是评价项目进度风险、处理活动历时的不确定性的重要工具。

（五）进度控制

项目进度控制就是将项目的进度计划与项目的实际进展状况进行对比、分析和调整,从而确保项目进度目标的实现。项目的进度控制应按照事先制定的项目整体变更控制系统的程序的规范,对项目进度的变更进行管理和控制。项目的进度控制的主要内容如表17-6所示,其主要包括:

（1）确定项目的进度是否发生了变化,如果发生了变化,找到发生的原因,如果有必要就采取措施加以纠正。

（2）对影响进度变化的因素进行控制,从而确保这种变化朝着有利于项目目标实现的方向发展。

表17-6 项目进度控制的主要内容

输入（依据）	工具和方法	输出（结果）
项目进度基准计划	项目进度变更控制系统	更新后的项目进度计划
执行情况报告	偏差分析技术	纠偏措施
变更申请	项目执行情况的度量	经验教训
约束条件	补充计划的编制	

五、项目的成本管理

项目的成本管理是指在项目进程中,为了确保项目能在规定的预算内达到项目目标所进行的管理过程。

对项目进行成本管理就是为了保障项目实际发生的成本不超过项目预算。制定出合理的项目资源计划,估计项目的成本,然后以此为基础,并结合项目的进度计划,进行项目的成本预算。在项目进行过程中,要检查实际成本是否与预算相一致,若出现偏差,便要及时查找原因,采取必要措施。如有必要,还要调整原预算计划,从而保证项目按预算完成。

项目成本管理主要解决四个问题:预测需要什么资源;项目将花费多少资金;何时需要这些资金;如何使用资金。这四个需要解决的问题对应项目管理的四个过程:资源计划编制、成本估算、成本预算、成本控制。

(一) 资源计划编制

资源计划编制就是要确定完成项目活动所需要的资源的种类以及每种资源的数量,从而为项目成本的估算提供信息。也就是说,资源计划就是要回答项目活动在特定的时间、需要投入什么样的资源,以及每种资源需要的数量。项目消耗的资源包括:人力资源项目——团队成员;设备——项目的永久性设备、施工设备、检测设备等;材料——原材料、辅助材料和消费性材料等(见表 17-7、表 17-8 和表 17-9)。

表 17-7 项目资源计划编制的主要内容

输入(依据)	工具和方法	输出(结果)
项目工作分解结构	资源计划矩阵	资源计划说明书
项目范围说明书	资源数据表	资源需求清单
历史资料	资源需求甘特图	
项目进度计划	资源负载和平衡	
项目资源的说明	专家判断法	
项目执行组织的管理政策和原则	资料统计法	

表 17-8 资源计划矩阵

项目活动	资源需求量				相关说明
	资源 1	资源 2	…	资源 m	
活动 1					
活动 2					
……					
活动 n					

第十七章
项目管理：目标、时间和成本约束视角的管理控制

表 17-9　资源数据表

资源需求种类	项目进展各阶段资源使用状况				资源需求总量
	1	2	…	T	
资源 1					
资源 2					
……					
资源 n					

（二）成本估算

成本估算是指为实现项目的目标，根据项目资源计划所确定的资源需求，以及市场上各种资源的价格信息，对完成项目所需成本进行估计。

由于项目经常发生变更，而且在项目的整个生命周期内宏观环境的变化、资源价格的变化、经营成本的变化、成本估计中相关关系人行为的变化，以及项目活动进行中项目团队的学习曲线的变化，导致项目成本估算在一个不确定性程度很高的环境下进行，使之成为一个很复杂的工作。

（三）成本预算

成本预算是将表 17-10 和表 17-11 所示的估算的成本按时间段配置到项目各个活动中去，并建立一个衡量绩效的基准计划。对于一般的项目，要进行精确的成本预算比较困难。虽然说历史信息对于成本预算很重要，但有时候当项目编制人员拿到以往类似的项目数据作为参考时，这些参考资料只可以作为粗略的指导。而且所有的项目预算工作都需要以资源使用情况和相关成本的估计情况为基础，而资源的使用情况和相关成本是具有不确定性的，所以项目成本预算同样涉及风险。

表 17-10　项目成本估算的主要内容

输入（依据）	工具和方法	输出（结果）
项目工作分解结构（WBS）	自上而下估算法	项目成本估算文件
资源需求计划	自下而上估算法	
资源单价	参数模型估算法	
活动历时估算		
历史资料		
会计科目表		

表 17-11　项目成本估算的依据

成本估算的依据	具体说明
项目工作分解结构（WBS）	WBS 是项目成本估算的主要依据，它反映了项目任务的性质和难度，同时 WBS 中完备的任务清单可以保证已定义的所有项目工作所需要的资源都能得到估算

(续表)

成本估算的依据	具体说明
资源需求计划	资源需求计划确定了项目活动所需要的资源种类和数量,是项目成本估算的主要依据
资源单价	在对项目每个活动的成本进行估算时,资源单价是要素之一
活动历时估算	在对项目每个活动的成本进行估算时,活动历时估算是要素之一
历史资料	成本估算所需要的信息可以从项目文档、商业数据库、知识库中获取
会计科目表	项目的成本估算必须正确分配到正确的会计科目中去
风险	项目风险一般反映在项目时间和成本上

对于跨越多个年度的项目来说,还会产生另外一个问题。这类项目的计划和进度是在项目生命周期的开始阶段就已经设定好了,但几年后,资源的价格会发生变化。而且项目的持续时间越长,项目经理对项目开始阶段做的成本预算的信任度越低。

另外,高层管理者对项目的关注程度总是要比对那些日常工作的关注程度高,而且他们还总是觉得不够。所以进行项目成本预算时必须为抵御任何形式的介入做好准备。还有一点需要强调的是,进行成本预算的人员必须理解组织的财务会计系统,才能对项目的成本估算进行总体控制。否则,进行成本预算是很可能把不计入成本的开销当作成本,或者把应该计入成本的开销遗漏,从而导致预算的偏差。

（四）成本控制

项目的成本控制是按照项目成本预算所确定的成本预算基准计划,运用多种恰当的方法,对项目实施过程中所消耗的费用的使用情况进行管理控制,以确保项目的实际成本限定在项目成本预算所规定的范围内的过程。

成本控制的主要目的是对造成实际成本与基准计划发生偏差的因素施加影响,保证其向有利的方向发展。同时,对与成本基准计划已经发生偏差和正在发生偏差的各项成本进行管理,以保证项目顺利进行。项目成本控制主要包括以下内容:①检查成本执行情况,监控成本执行绩效;②发现实际成本与计划成本的偏差;③确保所有正确的、合理的、已经核准的变更都包括在项目成本基准计划中,并把变更后的项目成本基准计划通知相关的项目关系人;④分析成本绩效,从而确定是否需要采取纠正措施,并且决定要采取哪些有效的纠正措施。

项目成本控制的过程必须和项目的其他控制过程（如项目范围变更控制、计划进度变更控制和项目质量控制）紧密结合,防止因单纯控制成本而出现项目范围、进度、质量等方面的问题。

六、挣值管理

挣值管理是一种综合了范围、时间和成本数据的项目绩效衡量技术。它把基准计划规定要完成的工作、实际已完成的工作量、实际花费的成本进行分析,以确定成本和进度是否按照计划进行。

第十七章 项目管理：目标、时间和成本约束视角的管理控制

挣值管理不仅可以对成本的绩效进行度量，也可以对进度绩效进行度量。要进行挣值管理，必须计算三个关键变量：计划值（PV）、实际成本（AC）和挣值（EV）（见表17-12）。

表17-12 挣值管理

术语	英文及缩写	术语含义
计划值	planed value（PV）	到目前为止，计划完成工作（量）的预算值
实际成本	actual cost（AC）	到目前为止，完成工作（量）的实际支出
挣值	earned value（EV）	EV＝PV×实际完成工作量的百分比。到目前为止，以货币值来衡量的实际完成的工作（量）

本章思考题

1. 项目的定义和特点是什么？
2. 项目管理的特点是什么？
3. 项目管理涉及哪些知识领域？
4. 项目的计划编制需要解决的问题以及相应的工作内容有哪些？
5. 什么是项目的范围定义？
6. 什么是工作分解结构？
7. 工作分解结构的制定应遵循什么原则？
8. 对项目活动排序的网络图有哪两种类型？
9. 项目进度的计划编制的工具和技术有哪些？
10. 项目的成本管理主要解决哪些问题？
11. 什么是挣值管理？

创 新 篇

第十八章 组织变革

第一节 组织变革概述

一、变革的分类和特点

根据变革的强度,组织变革通常被分为渐进式变革(incremental change)和转换式变革(transformative change)。渐进式变革通常被称为第一级变革,它是线性的,具有连续性,目标一般是确定或者更改问题和程序。转换式变革(巨变)通常也被称为第二级变革,这种变革会更改组织的基本架构、系统、导向和策略。

转换式变革通常十分激进,而且趋向于多维、多层式变革,它包括心理和组织工作架构的非持续变革。我们可以把渐进式变革比喻为为了使房间更为舒适,而对家具的布局进行重新安排。而转换式变革则考虑,这个房间和楼层是否适合我们。组织变革不仅意味着新的行动,也意味着组织成员思考和看待问题的新方式。如今,组织学习的趋势是以持续变革和适应模型为基础的。

二、成功变革必备的要素

(1)除非在组织中存在对变革的强烈共识,或者在员工中存在被广泛压抑的变革需求,否则,变革将不可能进行得十分顺利和迅速。

(2)尽管对变革成功的努力离不开高层管理者的支持,但是仅靠这一点并不能改变一个很大的系统,必须有关键多数的人支持变革。关键多数是指能够让变革在组织中发生所必需的支持者的最少人数。

(3)成功的变革往往发生在组织的边缘,始于踏实肯干的管理者集中精力改善工作,而不是提出抽象的原理(例如参与度、组织文化等)。他们会成功地进入组织的核心,并且被组织的其他部门员工作为榜样去效仿。

(4)使变革成功的另外一个重要条件就是获得组织中人们的信任,让他们信任变革,放弃已知的事物,认同未知的事物,并质疑自己沉浸其中的一些基本假设。变革通常需要人们重新检查和思考自己对周围环境的假设、对组织运作的认识,以及自己和他人的关系。通常来说,人们在放弃自己过去的行为方式、心理契约、组织观念和关系的时候,会经历一段时间的感伤期。

（5）变革还要求同步推进新行为和组织学习，并且要将成果制度化以保证变革能够维持下去。过去人们都认为个人态度的改变会导致个人行为上的变化，但在现实生活中，情况往往是相反的。个人在组织中的行为往往是由个人在组织中的角色决定的，因此，组织变革往往使用新的角色、责任和关系强制人们发展新的行为和态度。

（6）公司的有些层面基本上是不能实行变革的，例如核心价值观。找出什么不能变革与找出什么必须变革一样重要。而且太多的变革同时发生只会造成组织成员的困扰，因为人们必须享有某种安定性。在这种安定性中，人们才能消化重大复杂变革所带来的种种混乱。

三、变革的阻力

变革阻力是对于变革的自然反应，而且也是适应过程的一部分。这种阻力在发生的时候往往被视为即使不择手段也必须克服的非理性负面力量。然而在一些情况下，如果变革阻力能在遇到问题的时候帮助人们深刻地认识到基本缺陷和潜在问题，那么阻力对系统的存活来说具有重要的作用。变革阻力能让组织认识到：如果组织尝试每一个新方案、新产品、新流程就立即会在漫无目的的碰撞中挣扎，直至死亡，那么认真考虑变革阻力的来源及如何应对就非常重要。

阻力可能会在变革遇到某种形式的批评后立即产生，或者经过几个月才产生。某些阻力并不浮现于表面的——人们仅仅是为了避免麻烦而配合行动，其实心里根本不支持变革，甚至暗地里破坏变革。变革推动者必须预计到这些阻力，仔细分析阻力的来源。这些来源可以归结为不充分的变革目标、不恰当的程序、个人抵制、政治阻力、系统阻力和组织文化。

1. 不充分的变革目标

成功的变革需要高品质的创意及目标（例如组织问题的技术性解决方案，或者符合环境需求且能提供竞争优势的策略性任务），同时被组织成员所接受。当人们相信变革这个主意并不好的时候，他们会转而阻碍变革——他们知道事情并不会像计划者所说的那样完成，或者他们知道这会导致很多问题。

2. 不恰当的程序

当变革程序没有被管理好的时候，人们会积极地或者消极地抵制变革。例如，当变革是完全以命令的形式从组织上层向下展开，或者组织成员没有完全理解为什么要变革、变革将如何展开时，就会产生很强的变革阻力。不幸的是，即使是最聪明的变革创意，都有可能被不恰当的变革阻力所阻碍。因程序管理不当而造成的变革失败，比因技术错误而导致的变革失败还要多。

社会学家 Kanter 提出了当变革程序管理不当时，阻力的几个来源：①感觉失去控制；②因不知道变革的结果而产生的极度不确定性；③缺少从心理上适应变革的时间；④过多的变革所导致的压力，只注意日常事务所引致的惯性压力；⑤感觉应该保持现状以保住面子；⑥当基本规则被改变后，对未来胜任力的担心；⑦个人计划可能受到变革的影响；⑧变革所需的大量工作和精力；⑨过去的不满让人不愿意支持变革；⑩因谁赢谁输而被改变的真实威胁。

3. 个人抵制

个人抵制并不是来自对变革和变革过程不恰当的审慎思考,而是来自个人对变革感到的不适应。有些人害怕未知,不喜欢任何形式的变革,另一些人则担心自己能否学会变革所要求的新技能。那些认为变革没有如自己想象的那样发生,且能在他处找到工作的人,可能不会对变革产生多少阻力,而那些感觉被困在这个工作里的人则相反。

4. 政治阻力

当变革威胁到当权者的时候,就会遭遇到政治阻力。变革的结果往往会带来资源(包括人力资源)的重新分配。因此在变革之后,有些人得到权力,有些人失去权力。更进一步而言,现状往往是当权者过去所做决策的结果,所以当变革推动者坚持认为现状不能再维持下去的时候,对过去决策负责的当权者就会感觉受到攻击,从而对变革持保守态度。这个问题的一个解决方法就是强调过去的决策和创意在过去的情况下是合乎时宜的,然而现在因为时间变了,所以组织必须决定新的决策和方向。

5. 系统阻力

在组织层面上,阻力往往来自习惯("这个方法是我们做事的惯例")、沉没在现状中的成本、组织内部缺少一致和结盟。当系统只有一个方面被改变而其他方面没有被修正时,变革就会遭遇阻力。

在执行大多数变革的过程中,我们仍然需要修正绩效考核系统、人员聘用系统、薪酬制度和系统、职业生涯规划和人力资源规划系统等。

在前面章节,我们介绍了组织要素之间的配合能够提高效率。在战略、结构、文化和人员上的内部一致可以在短期内提高组织绩效,然而当环境发生重大改变,组织被迫选择要么适应要么淘汰的时候,这些一致可能会转变为变革的系统阻力。变革一个固守过时战略和产品的组织需要很大的努力。根据 Tushman 和 Reilly 的说法,这个问题的解决方法是采取渐进式变革,在变革的稳定期寻求组织的一致性。但这个解决方法说起来容易,做起来难。研究发现,当组织面临重大挑战时,激进的、一扫而光的、全面的变革甚至比缓慢的、小规模变革更容易一些。贝恩管理咨询公司研究了 21 个成功的公司变革过程,发现大多数变革是在两年或是更短的时间内完成的,没有一个公司的变革持续三年以上。在每一个案例中,CEO 一般都会开除大多数高层管理者。基本上来说,每个公司都喜欢快速的、可见的结果,同时,研究中所考察的公司股票在变革时期平均每年增长 250%。

成功的变革往往需要在组织设计因素上形成一定程度的联盟。例如,一个新的战略决策通常要伴随着政策、员工技能、人事系统、文化标准、结构上的变革。由于组织是一个相互依赖的系统,所以仅改革组织的一个因素是远远不够的。保证各个因素之间的"配合"是制度化变革的方法。例如,对欧洲五百强企业的研究发现,重大的绩效提升往往得益于在结构、程序和边界上都进行变革。只在边界和结构上进行变革,而程序保持原封不动的企业反而绩效下降。

然而,组织的进化本质意味着管理者不能希望他们的联盟会一直维持下去,这意味着管理者必须随时要着眼于未来,做好准备,打破好不容易建起来的变革联盟。因而联盟可以成为一把双刃剑,既是制度化变革的必要工具,也可能是变革的障碍。

6. 组织文化

组织文化及由此发展而来的标准和信念，可以对变革产生严重的阻碍。因此，领导者和变革推动者要完全领悟组织文化，并最终能够利用组织文化来为变革努力服务。他们可以强调与变革预期目标相符的组织文化。对组织文化的深刻理解，能让领导者知道，针对变革，他们应该使用什么样的资源以及推动变革的难度。同时，它也能让领导者获得更多的员工参与，让他们知道怎样才能更好地执行变革。当文化标准和假设完全与变革方案的目标背道而驰的时候，执行计划就必须包含改变文化或规范的想法。

四、应对阻力的战术

变革阻力不是非理性的，理解阻力产生原因的管理者更能建设性地应对阻力。管理者经常对抵制变革的员工感到愤怒，然而，这种反应对减少阻力来说是没用的，反而会让困难局面恶化。应对阻力的出发点是体谅——试着理解他人是怎样看待变革的。应对变革阻力的有效战术包括：

（1）教育和沟通：帮助他人了解变革的原因、形式和可能的结果，这可以澄清对变革的误解。

（2）参与和投入：鼓励他人帮助设计和执行变革，这可以为变革创造归属感，并能改善变革决策的质量。这个战术的缺点是它需要花费较多的时间，并且如果参与者缺乏必要的专业知识，他们提出的解决方案可能不适用。

（3）促进和支持：为受到变革影响的人提供鼓励、支持、训练、咨询和资源。

（4）收买：是指吸纳阻力领导者参与到变革程序中，为他们提供变革角色。当过去不具有代表性的组织派系吐露自身的想法时，这样的做法对变革有积极的作用，就像通用汽车公司的例子一样。但是，收买有时候被简单地用来平息对变革的批评。

（5）协商与协议：提供奖励，以减少对变革的阻力。

（6）操纵：通常采取扭曲或屏蔽信息，或者散布谣言的形式使员工同意变革。例如，一家国际公司要其员工选择一项更便宜的退休计划。那么，人力资源部的员工就会被告知只向其员工展示新计划吸引人的特点，而忽略新计划使员工得到更少报酬的信息。但是，当员工知道他们被忽悠之后，就会对公司和人力资源部门员工的做法感到愤怒，公司便会失去变革所依赖的信任，最后变革只会受到更大的阻力。

（7）高压政治。如果人们不接纳变革，就会受到消极的对待，例如不必要的调离、不予提拔、不予加薪、负面的绩效考核等，这就叫作高压政治。大多数人憎恨高压政治，而且使用高压政治只会伤害人与人之间的关系，这个战术只能在没有其他办法减少阻力的时候才能使用。

以上前三个战术虽然耗费时间，但是更能引致对变革的承诺；后四个战术可能带来的是对变革的屈从而非承诺。

五、变革的阶段

（一）解冻—变革—再冻结

研究人类行为的人都知道，人们很难改变自己的旧行为。任何试图改变自己珍贵的

"坏习惯"的人都认为这种行为改变起来十分复杂,或者说极为困难,甚至根本就不可能。库尔特·卢因将变革程序分为解冻—变革—再冻结三个阶段。解冻阶段伴随着压力、紧张及变革的强烈需求;变革阶段涉及放弃过去的行为方式,测试来自可靠来源的新行为、新价值、新观点;再冻结阶段则发生在新行为被强化、吸收、应用或者被拒绝和放弃的时候。

(二) 酝酿—多样化—再聚焦

一个对多层次组织的研究把这个过程进行扩展并描述为:酝酿(质疑现状)、导致权力转移(领导结构的变革)的多样观点(承上启下的实验)、再聚焦过程。

(三) 简化—整合—重组

格萨尔和巴特利对通用电气公司、ABB、德国汉莎航空公司、摩托罗拉公司、美国电话电报公司的一些成功的重大变革进行了研究,发现这些变革都遵循有序重叠的过程,即简化—整合—重组。简化的目标在于做出像通用电气那样在战略上的变革——"成为行业中数一数二的公司";整合是指"软件",也就是像通用电气公司的杰克·韦尔奇那样,把具有共同价值观的、不同部门的、具有不同最优方法的人聚集在一起工作,让他们相互学习;重组致力于培养组织自我更新的能力。这就是韦尔奇在通用电气公司推行"无边界组织"的目的。

综上所述,变革不再仅仅是一个事件、一个管理措施和管理命令的过程。进一步讲,因为无法预知系统里相互关联的各个角色之间的互动关系,变革也因此成为某种难以预测的程序。一旦我们开始调整系统,通常都会有一些出乎意料的状况出现,使得我们不得不校正变革计划。虽然在变革中总有意外,但是只要管理者能避免肤浅地诊断问题、草率地做出行动,他们往往是能够解决这些问题的。深刻地理解需要变革的现状,系统地掌握变革的过程,才能使我们的变革更加有效,同时又能减少紧张情况。

第二节　组织变革的实施步骤

可以将变革的实施步骤分为:决定变革的需求、成立指导委员会、创造共同愿景、创造实验性计划、分析潜在的阻力并获取参与、建立执行计划、交流变革、执行变革、评估变革九个步骤。与大多数的行为模型一样,上述每个步骤可能是融合渐进的,但这些步骤的明确性和可认知性可以使变革向着一个清晰的方向发展。

一、决定变革的需求

变革程序的第一步是判断组织对变革的准备程度。真的需要变革吗?谁意识到这一点?当掌权的组织成员相信现状不够好,并且有许多人支持变革的时候,变革很有可能成功。

(1) 在这个阶段,潜在的变革推动者会考虑成本、变革是否适合时宜等问题,下面这个公式可以帮助这些变革的推动者决定是否值得去轰轰烈烈干一场:

$$C = (D \times S \times P) > X$$

式中,C 为变革,D 为对现状和现存事物的不满,S 为有明确追求的结果,P 为对追求的结果有可行的计划，X 为组织的变革成本。

正如贝克哈德(Beckhard)所说，"为了使变革有可能发生，并对变革产生承诺，组织中必须有大量的人对组织现状下的种种事物显示出不满，从而使得人们的精力集中在变革上。同时，也要对变革成功之后事情会是什么状态有足够清晰的概念。当然，变革追求的结果，要与客户系统的重点和价值相符。同时，在客户系统中，客户也有必要对追求变革结果的实际起点有一定了解"。

与员工共享公司竞争对手的生产信息以及能综合员工个人意见的调查问卷，或许可以增强组织内部对现状的不满。在这种情况下，会有更多的人意识到变革的需要，最终达到一个推动变革的必要关键人数。

（2）科特和科恩认为，通过动之以情，而不是晓之以理，能够创造出更大的对变革迫切追求的承诺。播放客户不满意的视频，派遣员工去供给部门工作，让他们更近距离地看一看现状的结果和成本，这些经历都会以 PPT 所不能及的方式打动员工。

20 世纪 90 年代，当郭士纳(Gerstner)对 IBM 公司实行转型的时候，他认识到了这种情感说服的重要性。当他成为 IBM 的 CEO 时，还保留着自己在麦肯锡咨询公司的那种工作作风：冷静分析和战略思考。他深信自己能够通过传统的增加销售并削减成本的方法来拯救公司。但是，他马上就发现，这些方法对于拯救公司来说是远远不够的，还需要转变公司长久以来建立的文化，一种完全保守和官僚的文化，这意味着要改变成千上万员工的态度和行为方式。他在自己的回忆录中写道，在任职期间，他意识到他必须从情感上吸引所有员工，吸引他们"脱离原来的消沉麻木，提醒他们——注意！你是 IBM 人"，而不是坐在办公室的角落里谈订单、分析数据表，他要在公开场合中传达激情。

史蒂夫·乔布斯领导的苹果公司的转型表明，通过陈述简单、积极、富有情感的故事来重构员工思想对于变革有很大的作用。经历长期驻守海外公司，回到总部之后，乔布斯重塑了苹果公司在客户和员工中的形象，把苹果公司从一个在市场边缘挣扎着争取家庭和小型客户的公司，变成一个令人羡慕的为精英集团服务的电脑公司。

（3）仔细地诊断情况是确定变革的另一个途径。管理者往往会把组织的问题归结到错误的原因上去，例如某医院的管理者接到急诊室病人对医院服务的投诉，他意识到这个问题是因为护士不能很好地和病人交流导致的，所以他请来顾问训练护士们的交流能力。在研讨班开始时，顾问询问了护士们对研讨班的期望，顾问马上了解到，护士们的交流技巧并没有问题，真正的问题是缺少护士和管理不善。管理者必须询问和请教几个不同层面的人，以发觉问题的真正原因，否则变革不能切中要害。同时诊断应尽可能涵盖许多人的努力。当人们参与到数据收集和诊断中的时候，他们对结果将会有更强的归属感，并且对变革有更强的承诺。

（4）详细分析变革的推力和阻力。卢因把变革视为作用力与反作用力之间的动态平衡。他提出了"力场分析"，也就是推动变革的作用力和阻碍变革的作用力之间的均衡状态。

几年前，福特汽车公司发现自己身处国外竞争的重压之下，市场份额下降，股票持有者开始抱怨必须在公司内做出变革，这些都是当时推动变革的作用力。然而，福特汽车公司当时也存在着抑制变革的作用力，工会与管理层之间不可调和的矛盾，管理者和工人适应了无效率工作的老路子,在效率和创新上不如竞争对手。最终,有足够多的员工意识到,为了保住自己的工作,公司必须变革。推动变革的作用力超过了阻碍变革的作用力,福特汽车公司在很短的时间内就拿出了准许公司做出重大创新变革的方案。今天,福特汽车公司承受的变革压力来自全球油价飙升、温室效应、激烈竞争和转型成本。

区分主要的变革推动力和变革阻力对诊断现状是非常有帮助的。管理者有三个选择:增大推进变革的作用力、减少或中和阻碍变革的作用力、将变革的阻力转化为变革的推动力。关键的一点就是必须把变革的概念视为动态均衡的过程。

(5)许多变革努力都应用到了创造性张力的原则。创造性张力来自理想情况(组织愿景)和实际情况之间的差距。解决现实和愿景之间的自然张力有两种方法:改变愿景维持现状,或者改变现状实现愿景。大多数变革努力都属于后者,意识到差距的存在常常会激励人们去改变现状。

具有前瞻性的人能看到可行的、真实的未来,能影响一个巨大的组织。Bossidy 是霍尼韦尔国际公司的总裁和 CEO,同时他也是"燃烧平台"理论的信奉者。"燃烧平台"理论的大意是,海上石油平台着火的时候,一般要求员工跳水自救,员工一般都害怕执行这项命令,并且会一直持续到他们看到火真正烧到平台上为止。

与"燃烧平台"理论类似的是"温水煮青蛙"理论:把青蛙放在盛有冷水的平底锅上,给冷水慢慢加热,青蛙会一直待在水里,直到水烧开被烫死。因而组织如果不密切注意环境改变,就会像青蛙一样不自觉地陷入水深火热的境地。

有些领导者会通过创造迫切感来提高组织外部环境的温度,这是因为像被煮的青蛙一样,成功的企业很容易自满。约翰·科特建议,可以通过以下方法来升高"温度":①通过默许发生财务损失或者放大错误来制造一次危机;②摒弃明显的奢侈行为,例如公司专用飞机、高级餐厅,因为这些只能让人们看到公司成功的一面;③为收入、生产率、产品周期设定很高的标准,以至于不可能以现在的日常工作速度完成;④与员工分享客户满意度信息和公司的财务状况信息;⑤坚持要求员工与不满的客户、不高兴的供应商、闹情绪的股东经常沟通;⑥在公司内部通讯和管理演说中诚实地讨论公司的问题,停止让高级主管只说好听的。

(6)肯定式探询。当然,并非所有的变革努力都是受问题驱动的,"肯定式探询"就集中于公司最好的一面。首先,成员憧憬组织应处于的巅峰状态;接着,创造一个愿景来反映这个状态;最后,朝着这个愿景的方向努力,并使组织的状况变得更好。

二、成立指导委员会

总的来说,如果变革具备一个强有力的领导委员会,就会使变革努力更可能成功。委员会成员必须慎重选择,他们必须在某一方面出类拔萃,比如专业知识、良好的人际关系、有威望的地位、易于获取信息、良好的声誉、良好的动态,以及良好的胜任力。

当通用汽车公司准备关注某家工厂时,这家工厂新上任的管理者要求通用汽车公司再给工厂一个机会。他相信,通过让普通工人参与决策提供建议,可以提高工厂的绩效。之后他雇用了一个顾问团队,目的就是设计一个员工参与的训练方案。这个顾问团队坚持与由工厂工人组织的指导委员会合作来改进决策。被选择的委员会成员都达到了上面所提到的要求,他们是动态变动的,并且是非正式的领导人或者受敬重的工人,但是其中有人反对这项变革。顾问们当初把他纳入委员会的原因就是要尝试改变他的想法。顾问们相信让他参与到这个方案中,可以促使他把自己所关心的事情说出来,这将对设计有所贡献;同时,通过让他与方案和顾问进一步接触,可以使他更加了解和认同这个方案和顾问。这次冒险终于有了收获,这名成员承担委员会的重要角色,并成为这个方案的积极推动者。一开始,顾问们让委员会成员提出他们心中理想的改革方案,并让他们指出这个方案在短期内和长期内对工厂有什么影响。由此,顾问们明确了员工的需求和期望,并基于这些需求和期望设计出实验性的训练计划,将其提交给委员会成员,征求他们的意见。最终,顾问们针对委员会成员的意见,对训练计划加以改进,设计最后的计划。随后,委员会成员将方案的信息透露给其他员工,培养员工对这个训练方案的热忱,工厂成员参与的训练方案获得了极大的成功,其中的主要原因就包括工厂管理者对工厂问题的认识和对指导委员会的扶持。工厂的绩效提高得如此显著,以至成为其他工厂学习的标杆,并避免了倒闭的命运。

三、创造共同愿景

创造一个共同愿景,可以使员工更加全身心地投入到变革中去。做出重大变革,也就意味着要让人们放弃已知,接受未知。如果没有清楚明晰的愿景来带领人们脱离现状,那么变革将不会发生。让员工参与到对公司未来愿景的憧憬中,可以使他们感觉到更强的控制感,而不是觉得变革很模糊、很恐怖。成功的愿景常常包括说服性的观念或者激发性的比喻。如果愿景一遍又一遍地在员工中交流,那么员工就不会忘记前进的方向。

四、创造试验性计划

愿景一旦设立,必须在计划中有可操作化的体现。人们迫切地想知道随着变革将要发生什么。然而计划不像用生米煮饭一样完全确定,应该让组织成员有机会对计划做出修改,留下组织成员自己的印记。就是这些人,可能知道在计划中什么行得通、什么行不通;就是这些人,能够指出计划制订者没能考虑到的方面。在通用汽车公司的案例中,顾问们在做出训练计划后,马上就给委员会参考,这样就给了员工改进计划的机会,最后的机会是在员工们贡献了自己的力量之后才得到的。

五、分析潜在的阻力并获取参与

哪里有变革,哪里就可能出现针对变革的阻力。提前预计阻力的来源,就可以提前采取避免措施。通用汽车公司的委员会将一名拒绝变革的非正式领导者纳入其中,就是事前管理阻力的一个例子。

因为参与是消除变革阻力最快的方法,所以变革推动者努力让那些会被变革影响的人参与进来,而这些人的参与几乎总是能改善变革的计划。正式会议、小组讨论、书面建议、电子邮件回复等,都是让员工参与变革的手段。如果阻力是系统性的(潜伏在整个系统里),变革就必须和组织的其他领域保持一致。

六、建立执行计划

为变革过程的每一部分设定一个时间安排,可以消除变革带来的一些不确定性。然而,只有很少的大型变革能准确地按照时间安排进行,因为人类系统如此复杂,以至人类行为有很大的不确定性。未预见的危机、计划延误、超出变革者所能控制的外部因素都需要计划的执行具有一定的时间弹性。执行计划往往比预期需要更多的时间。

七、交流变革

传播变革的一般经验法则是,至少在三个不同的时间,用三种不同方式交流。因为变革会使人产生焦虑,所以有时人们对变革缺少必要的聆听。不管管理者多么详细地描述随着变革组织内会发生些什么,他都必须假设聆听者会产生误解。因此,交流必须频繁且诚实。深入的沟通可以帮助应对伴随变革而产生的谣言。为了让员工得到问题的答案,并使他们的建议能够被聆听,组织内双向沟通的工具是必要的:①简短精练地描述组织现在处于什么位置、组织的方向,以及如何才能达到组织目标;②确定谁将执行变革,谁会受到变革的影响;③能从体制上和情感上打动人;④提出计划的时间安排和执行进度的日程;⑤解释变革成功的标准、预定的评估程序和相关的奖励办法;⑥指明不会被变革的关键事项;⑦预计变革中人们可能考虑到的消极的方面;⑧说服领导者,得到领导者对变革的承诺;⑨向人们解释如何能够获得变革过程的进展消息;⑩熟悉各种与听众交流的方式。

八、执行变革

在变革被执行的过程中,可能会出现许多琐碎的事情。有些是超过了变革推动者所能控制的范围,是不能避免的,例如与行业和政府相联系的变革执行阻力。然而,我们可以通过以下几种做法避免这些问题:建立对变革强有力的支持、清晰地定义变革的期望和目标、为必须掌握新技能和展开新行为的员工提供充足的培训、拉拢受变革影响的人参与到变革中、倾听人们对变革的抱怨、细心地协调变革行为。

从瞄准清晰可见且容易达成的目标到进一步朝着更困难的目标努力。一旦人们看到变革成功的曙光,更多的人就会转向支持变革。为了保证变革努力的强劲势头,组织必须提供资源,为变革推动者建立支援网络,帮助员工发展新的专长和技能,并强调新行为。当员工支持变革时,必须从奖金、认同、赞美等方面激励他们。

九、评估变革

评估变革可以为变革提供一次机会,以保证变革朝着正确的方向进行,并保证前进方向被制度化。评估可以通过调查、小组讨论、大型会议来完成。有时候,可以在这个阶段使用外部评论者来保证评估的客观性,在这个阶段发现必须加强或修正的地方是很正常的。

如果变革过程按照进度安排成功进行,所有步骤都顺利完成,那么在完成了所有的困难工作、达到所有预定目标之后,组织自然而然会经历一段低潮期。但是,这个时候并不适合马上把注意力转移到新项目上去,这个时候仍然是一个关键时期。将变革制度化并不意味着"将组织的动脉完全硬化",而是融合具有稳定性和灵活性的工作新方法。如果变革被认为是"完成"了的,那么组织的动脉将会硬化。如果把变革视为连续的,将会形成一种随情境所需而变的连续伸缩机制。维持变革所需的必要条件有:①管理层必须清楚地注意"持续的转变";②应该制定变革优先顺序的明确流程或程序;③对反馈应该有持续和系统的介入过程;④奖励系统应该奖励在变革的各个过程中所投入的时间和精力。

十、小结

科特和科恩提出了关于成功变革的 8 个步骤,这 8 个步骤与本节前述内容大致相同。表 18-1 阐述了他们建议的变革过程中的每一个步骤,并列出了领导者为了使每一个步骤更有效而可以采用的行为,同时列出了我们必须注意的对变革无用的行为。

表 18-1 成功变革的 8 个步骤

步骤	行动	新行为	有用的行为	无用的行为
1	增加人们的紧迫感	人们开始说:"来吧,我们需要变革!"	向人们展示他们能看到、接触到、感觉到的需要变革的事物; 从组织外部向人们展示变革不可逆转、压倒一切的证据; 减少自满; 承认自满和组织里的消极情绪	不顾一切地把注意力集中在建设一个"理性的"业务上,忽略他人抵制变革的情绪的情况下,征求高层管理者的同意; 在没有增加紧迫感之前就立刻制定愿景和战略; 因为没有危机感或不是高层人物而放弃
2	建设一个指导团队	形成一个拥有足够权力来指导大变革的团队,并且这个团队的工作开始步入正轨	向人们展示自己对变革的热情和承诺感,以吸引正确的人参与到变革中来; 在组织中塑造信任和团队精神; 为减少阻力以及增强相互信任而设计会议	用软弱的任务小组、个人主义、复杂的治理结构、分立的高层团队来领导变革; 因为自己认为团队主管"没希望"而疏远团队
3	正确的愿景	指导团队为变革努力发展正确的愿景和战略	试着预计未来可能的情况; 能在一分钟内说清楚或能在一张纸上说明白的愿景; 鼓舞人心的愿景; 勇敢的战略配合勇敢的愿景; 决定如何迅速地介绍变革	固执地认为线性的、逻辑的规划和预算足以指导变革; 过于理性、过于物质化的愿景,而不考虑个人梦想; 消极的愿景(例如削减成本)会引致消极的情绪
4	用沟通来获取他人参与	人们开始理解和认同变革,并且在行为上有所表示	诚挚而简练地沟通; 在沟通之前好好准备,试着努力去理解他人所想; 区分焦虑、疑惑、愤怒、怀疑; 整理各种信息渠道以获得更多信息	限制沟通; 把沟通视为传递信息,而不是交流信仰和希望的过程; 不身体力行,反而冷嘲热讽

（续表）

步骤	行动	新行为	有用的行为	无用的行为
5	授权行动	更多的人认为自己有能力帮助组织实现愿景，变革的阻碍被消除	找出那些能激励他人的、有变革经验的个人； 彻底考虑认可和奖励制度； 不能忽视通过变换适应变革工作，来改造那些阻碍变革的管理者	忽视那些阻碍自己下属支持变革的老板； 剥夺有问题老板的权力只会使他们发疯、恐慌，然后阻碍变革； 向悲观和害怕低头
6	短期胜利	激发了变革的推动力，人们为变革的成功而努力，并因此受到奖励，遇到的阻力也越来越少	早期的、容易的、可见的成功很快到来； 象征性的胜利能打破他人思想防御的胜利； 早期的胜利促使有权力的角色参与到变革中来	立刻启动过多的方案； 第一次胜利来得太慢； 夸大成果
7	不放松	人们一次又一次地变革，接受越来越多的挑战，直至实现愿景	取消或者搁置那些拖垮你或者脱离预期愿景的任务； 不懈地寻找能维持紧迫感的方法； 利用新情况发起新一轮变革； 摒弃那些没有必要的、劳民伤财的、打击士气的工作，把注意力集中在那些对愿景有关键作用的任务上	设定严格的四年计划，使得其他机会没有任何生存空间； 过早宣称获得了胜利，然后急急忙忙开始下一步行动； 说服自己不要去理会那些组织内阻碍变革的官僚主义或政治行为； 工作强度太大，自己身心俱疲
8	让变革引人入胜	尽管有传统的制约、变革领导者的离任，但还是不断有新行为涌现	不要停留在第7步——如果变革没有深入到组织文化中，就还未结束； 利用新的员工导向教育、激励新员工； 提拔行为与新标准一致的人到有影响的、显赫的职位上； 不断向新组织重述过去是如何成功的，为什么会成功； 确保行为和成果的持续性，以帮助新文化成长	依靠一个老板，或者一个折中方案，或者除企业文化的任何东西，来维系变革

本章思考题

1. 什么是渐进式变革？什么是转换式变革？
2. 成功变革必备的要素包括什么？
3. 关于变革的阶段有哪些观点？
4. 变革的常见阻力有哪些？
5. 应对变革阻力的战术有哪些？

附 录　管理实证研究方法

1. 统计基础

1.1　概率

概率是某一事件出现的机会。若是离散事件,概率就表现为频率分布。例如,在访问的 100 位主管中,有 10 位是参与式领导风格,则参与式领导风格出现的概率就是 0.1。

根据本书所述,以上领导风格变量基本上属于"类别数据",即样本只能在几个类别中取值。但管理中的很多变量是"等级变量""等距变量"或"等比变量":

(1) 等级尺度中的数字代表了变量的大小,例如我们用 1 代表完全不适用某一品牌的消费者,以 2 代表少量使用该品牌的消费者,以 3 代表大量使用该品牌的消费者。我们肯定数字大小代表程度的差别,但是我们并不确认 3 和 2 之间的差别与 2 和 1 之间的差别是一样的。

(2) 等距尺度中各测量得分之间的差别是相等的。

(3) 在等比尺度中,不仅各测量得分之间的差距是相等的,并且还有一个绝对零点。例如,0 代表完全不吸烟的人,1 代表每天吸一支烟,以此类推。

以上等比数据中的"吸烟"采用了离散数据,因此其概率可以通过以上介绍的方法计算得出。然而,现实管理中的很多数据是连续的,例如员工的态度就是一个连续变量。在连续数据中,我们计算不出某一特定的数值出现的概率——因为连续数据有无限的可能性(例如,0 和 1 之间有无穷多种可能的数值),每一个数值出现的概率都接近于 0,因而按照离散变量的算法计算连续变量的概率是没有意义的。

对连续数据来说,更有意义的是某一范畴出现的概率。例如,中餐饭量在 2 两与 3 两之间的概率,或者饭量在 2 两与 2.1 两之间的概率。统计学采用以下计算某一范畴出现的概率:①画出概率分布曲线;②分子是这范畴以下的面积;③分母是全部图形以下的面积(见图 A-1)。

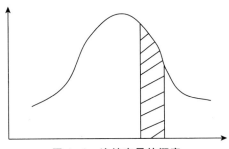

图 A-1 连续变量的概率

1.2 数据分布

以下是统计学常用来描述连续变量的分布的两个概念:
(1) 用平均值来描述数据分布的中间倾向。
(2) 以方差或标准差代表数据是很分散,还是围绕在中间倾向数据的附近。方差是标准差的平方。标准差越大,代表数据越分散;标准差越小,代表数据越集中。

统计中常用到的几种重要分布:
(1) 正态分布:分布围绕平均值对称分布,距离平均值(μ)一个标准差(σ)以内约占整体数据的68%,距离两个标准差以内约占95%。
(2) t 分布,也是对称分布,但它的分散程度较正态分布大。
(3) 卡方(χ^2)分布和 F 分布,这两个分布不对称。

1.3 抽样分布与置信区间

在统计学中,要考察的某一对象的全部称为总体或母体(population)。例如,要研究某行业全体中层管理者的敬业度,总体就是某行业全体中层管理者。当然,我们不可能对母体进行逐一考察,会抽取一个样本(sample)集合,然后根据这个样本的数据推断或估计(estimate)母体的数据情况。

母体的数据在统计学中是我们所不知道的,只能使用样本数据来进行估计。我们称母体的数据为参数(parameters),样本的数据为统计数(statistics),并用不同的符号加以区别。一般情况下,我们用希腊字母代表参数(如以 μ 代表均值,σ 代表标准差);以英文字母代表统计数(如以 $\overline{X}$ 代表样本均值,s 代表样本标准差)。样本的大小,即样本数(sample size)越大,其估计越准确。要从样本推断母体的具体准确度,必须引入抽样分布的概念。

从一个母体中可以多次抽取不同的样本,而每一次抽取的样本都有一个确定的样本均值和样本标准差,所有样本的均值和标准差的分布称为样本均值的抽样分布(sampling distribution of the means)和样本标准差的抽样分布(sampling distribution of the variance),或总称为统计数的抽样分布(sampling distribution of the statistic),而统计数抽样分布的标准差称为标准误(sampling distribution of the statistic 或 standard error)。

统计学证明,当样本数较大时,样本均值($\overline{X}$)的分布是正态分布,其均值刚好是母体的均值(μ),而其标准误的平方则为母体的方差除以样本数。而当样本数较少(例如少于30)时,那么样本均值分布为 t 分布。至于样本标准差的分布则是一个卡方分布。

根据以上知识,我们就可以知道由样本统计数推论母体参数的准确度。假如某市场调查公司统计在华东地区某一品牌的使用情况,他们随机抽取了1 000人的样本($n=1\,000$),得知其平均值是$\overline{X}$,变异量(或方差)为s^2。由于我们知道均值的分布为正态分布,而此分布的均值等于母体的均值,标准误的平方等于σ^2/n。

设标准误为A,则我们可以得到:只要把$\overline{X}$加上$2A$作为上限,然后把$\overline{X}$减去$2A$作为下限,我们可以说,母体的均值(即μ)会在此上下限之间的机会为95%。

仿此,我们虽然也不知道总体的方差σ^2,但也可以用样本的方差s^2代替。因为样本标准差的分布是卡方分布,因此我们可以利用卡方分布的公式计算出母体的方差以95%的概率在某范围内的上下限。这个对母体参数在一定概率内计算出来的上下限,称为置信区间。

除了均值和变异量(或方差),其他的数据,如两个母体均值的差别,两个概念之间的相关系数等,都可以利用相同的原理,计算出较精确的、对母体参数的置信区间,即在某一范围内的概率有多大。

1.4 统计推论

基于置信区间的知识,我们可以进一步建构正式的统计测试,其步骤如下:

1. 订立假设

在科学研究中,我们的主要工作是探求变量(或称构念)之间的因果关系。采用保守的方法,先假设我们探求的自变量和因变量之间并无因果关系。我们以母体的相关系数做这项测试。因此保守假设是$\rho=0$。直到我们认为有足够证据推翻这一假设之前,我们都会接受这一假设。

2. 抽样

当前大多数管理学研究采用实证抽样的方法来进行。也就是说通过样本的数据来判断是否有足够的证据来推翻原来的假设。通过统计方法做的判断,还是会错,因此只能是就概率而言的判断。

3. 概率的估计

在科学的抽样研究中,如果抽样的方法没有偏差,而样本的代表性没有问题(例如样本数不能太小),加之对资料的性质与统计方法的假设大致吻合,那么我们可以较准确地运用置信区间的计算,估计在原有保守假设正确的情况下,我们会观察到这样的一个样本的概率有多大,这个概率我们称为p值(p value)。如果这个p值很小,我们便推翻原来保守的假设。

4. 结论

p值要小于什么数值,我们才会推翻原来保守的假设?这没有绝对的答案,不过,在社会科学研究中,我们一般接受的是0.05,如果计算出p值小于5%,我们便会推翻原来保守的假设,而接受另一结论。在统计学的用语中,如果p值比我们设定可接受的小,我们会说样本提供了显著(significant)的证据,让我们推翻原来保守的假设,或者说样本提供的证据达到显著性水平(significant level)。

1.5 统计方法的应用要点

（1）以统计测试的方法来推翻或证实假设,我们应该切记:假设以 95% 的置信区间为基础,当我们从样本的数据中推翻保守假设时,仍然有 5% 的机会是错的,我们称这种错误为第一类错误。此外,如果基于样本数据没有推翻原假设,也不见得原假设就一定是正确的,我们仍可能犯错误。这一类错误称为第二类错误。

（2）统计只是一种工具,它不能取代我们原来根据理论背景而做出的假设,此工具是用来检验这些假设的,我们绝不应胡乱分析,然后随意倒过来制定假设。

（3）样本的代表性非常重要,如果样本不能代表母体,那么我们无论用任何方法分析样本的报数,对母体的结论仍然是不可靠的。此外,样本数不能太小,否则统计误差会很大。

（4）每一种统计方法都是在某种假定之下发展起来的,例如,对母体分布的假定（如正态分布）、样本数、抽样方法等,如果事实与这些假定偏离太远,那么运用这些统计方法所下的结论便不可靠。

（5）除了抽样方法及样本数,数据的信度（reliability）和效度（validity）会影响结论的可靠程度。如果数据不可靠,那么结论也就不可靠。

2. 测量

2.1 测量题项和得分计算

数据的可靠性主要涉及测量的问题,简而言之,在把研究的构念量化时,是否能准确地把它显示出来,例如在量化离职意向这个构念时,我们用以下三个问题来问受访员工：①我常想到辞职；②我很可能于明年另寻新工作；③如果能自由选择,我不会喜欢留在这机构工作。

对于上述每一个题目:得分 1 代表非常不同意;得分 2 代表不同意;得分 3 代表无所谓同意或不同意;得分 4 代表同意;得分 5 代表非常同意。

对于每一个员工来说,他的持续承诺（或任何一个其他的构念）都是一个真实的得分（true score, TS）,而他在每一个测量项目（即以上题目）的响应称为观察得分（observed score, OS）,观察得分除了受到真实得分的影响,还会受到两方面的影响:一是只与该题项有关的影响因素,称为独特得分（unique score, US）；二是随机误差的得分（error score, ES）。以方程式表示为:

$$OS_1 = TS + US_1 + ES_1 （第一题）$$
$$OS_2 = TS + US_2 + ES_2 （第二题）$$
$$OS_3 = TS + US_3 + ES_3 （第三题）$$

由于 ES_1、ES_2、ES_3 是随机的,因此是独立的,如果 US_1、US_2、US_3 也是独立无关系的,那么把三题的观察得分（OS_1、OS_2、OS_3）相加计算平均值,我们便可以降低 ES_1—ES_3 以及 US_1—US_3 的影响,得出的结果便更接近真实的得分。

2.2 信度

在测量中,我们除了关心测量值,还关心变异量。在管理研究中,由于我们要探求不同变量之间的关系,如果我们测量到的因变量完全没有变异,我们便无法探测哪些变量在影响它。因此,分析变量的变异量以及与其他构念的相关的共变量(covariance),是许多管理研究中不可缺少的部分。

整体变异量(observed variance, O)的来源有三个部分:构念的真实差异(true variance, T);影响这个测量方法的独有因素带来的差异(unique variance, U);随机误差带来的差异(error variance, E)。

$$O = T + U + E$$

由于我们只有样本的数据,即 O 的数据,而没有构念的真实变异量(T)的数据,因此只能以整体变异量来进行,所以 U 和 E 占整体变异量的比重就非常重要。如果太大,我们在进行构念间关系验证时,出现错误的机会便会很大,甚至变得没有意义。

E 占 O 的比重,称为信度。因为 E 是随机的,所以我们可以把信度定义为测量工具免于随机误差的程度,或者定义信度为测量结果的一致性或稳定性。例如,我们以同意测量工具在不同时间测量同一构念,如果 E 的比重很大,我们便会得到很不一样的结果,那么这测量工具便不可信。

既然测量工具要有一定的信度,那么如何估计信度呢?因为 E 是随机的,假如我们可以把同一构念测量两次,这两次变异量中的共变量便不应该是随机的,所以我们可以用两次测量所得的相关系数作为信度系数的估计。

关于信度的估计,有以下几个方法:①再测信度。对同一群受试者,前后测量两次,再根据受试者两次测验分数计算其相关系数。②复本信度。如果一套测量有两种以上的复本,则可交替使用,根据一群受试者接受两种复本测验的得分计算相关系数。③折半信度。常用的折半法是将受试者的测验结果,按题目的单双数分成两半计分,再根据各人在这两半测验上的分数,计算其相关系数。④项目间的一致性。如果我们以不同的项目来测量同一构念,例如我们以三个项目来测量离职意向,那么这些项目之间应有一定程度的相关,这方面最常用的估计是 cronbach alpha。我们可以证明 cronbach alpha 就是所有可能的折半信度的平均值,且项目越多,信度越大;项目之间越相关,信度越大。

在大多数研究中,研究者通常报告 cronbach alpha。在一般的组织行为和人力资源管理研究中,信度系数最少应该达到 0.7;如果低于 0.6,那就较难接受了。

2.3 因子分析

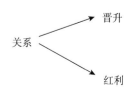

现在假设研究模型是主管跟下属的关系(简称"关系")影响了下属晋升的机会(以下简称"晋升")和下属得到红利的多少(以下简称"红利")。主管和下属的关系越好,将来下属晋升的机会越高,年终所得到的红利也越多。

在测量"关系""晋升"和"红利"时,每个构念我们用了 3 道题目,"关系"由下属打分,"晋升"和"红利"由对应的主管打分。

主管与下属的"关系":①工余时间我会探访我的主管或与他交谈;②主管偶尔会邀请我到他家吃饭;③ 我会在我主管的生日探访他和送他礼物。

下属可能"晋升"的机会:④如果有机会的话,我会首先提升这个下属;⑤我常常想办法提升这个下属;⑥我会尽我的能力去提升这个下属。

下属可能分到的"红利":⑦我会给这个下属客观的红利;⑧他(她)是我给最高红利的下属;⑨我给这个下属的红利比给其他下属的多。

在这个例子里,这 9 个测量项目是可见的项目(item,或称指标 indicators,或称观察变量 observed variables),它们背后代表的是不可见的 3 个构念(constructs),也就是"关系""晋升"和"红利",问卷设计希望题项 1—9 分别对应于这 3 个构念。但是否确实是这样的呢? 比如,题项②本来用于测量"关系",但事实上却测量了"红利"呢? 解决这一问题的手段是"探索性因子分析"。

假设 3 个真实的构念分别是 F_1、F_2 和 F_3,而每个测量题项都不同程度地反映了每一个构念:

$$X_1 = \lambda_{11}F_1 + \lambda_{12}F_2 + \lambda_{13}F_3 + e_1$$
$$X_2 = \lambda_{21}F_1 + \lambda_{22}F_2 + \lambda_{23}F_3 + e_2$$
$$X_3 = \lambda_{31}F_1 + \lambda_{32}F_2 + \lambda_{33}F_3 + e_3$$
$$X_4 = \lambda_{41}F_1 + \lambda_{42}F_2 + \lambda_{43}F_3 + e_4$$
$$X_5 = \lambda_{51}F_1 + \lambda_{52}F_2 + \lambda_{53}F_3 + e_5$$
$$X_6 = \lambda_{61}F_1 + \lambda_{62}F_2 + \lambda_{63}F_3 + e_6$$
$$X_7 = \lambda_{71}F_1 + \lambda_{72}F_2 + \lambda_{73}F_3 + e_7$$
$$X_8 = \lambda_{81}F_1 + \lambda_{82}F_2 + \lambda_{83}F_3 + e_8$$
$$X_9 = \lambda_{91}F_1 + \lambda_{92}F_2 + \lambda_{93}F_3 + e_9$$

以上的 λ_{11}—λ_{91} 称为因子载荷。当然,反过来也可以根据样本数据求出得到:

$$F_1 = w_{11}X_1 + w_{12}X_2 + w_{13}X_3 + w_{14}X_4 + w_{15}X_5 + w_{16}X_6 + w_{17}X_7 + w_{18}X_8 + w_{19}X_9$$
$$F_2 = w_{21}X_1 + w_{22}X_2 + w_{23}X_3 + w_{24}X_4 + w_{25}X_5 + w_{26}X_6 + w_{27}X_7 + w_{28}X_8 + w_{29}X_9$$
$$F_3 = w_{31}X_1 + w_{32}X_2 + w_{33}X_3 + w_{34}X_4 + w_{35}X_5 + w_{36}X_6 + w_{37}X_7 + w_{38}X_8 + w_{39}X_9$$

以上的 w_{11}—w_{91} 称为因子权数。

我们使用因子载荷来进行探索性因子分析(exploratory factor analysis,EFA),表 A-1 显示了我们得到的 9 个题项在 3 个因子上的载荷。

表 A-1 因子载荷

测量项目	因子			分解共性 h^2
	F_1(关系)	F_2(晋升)	F_3(红利)	
X_1	0.60	-0.06	0.02	0.36
X_2	0.81	0.12	-0.03	0.67
X_3	0.77	-0.03	0.08	0.60
X_4	0.01	0.65	-0.04	0.42
X_5	0.03	0.80	0.07	0.65
X_6	0.12	0.67	-0.05	0.47
X_7	0.19	-0.02	0.68	0.50
X_8	0.08	-0.01	0.53	0.30
X_9	0.26	-0.13	0.47	0.31
载荷平方总和	1.76	1.56	0.98	
平均方差解释	0.19	1.17	0.11	0.47

在表 A-1 中,中间的数字就是"因子载荷"。因此,变量 X_3 在第一因子(F_1)、第二因子(F_2)和第三因子(F_3)的"载荷"分别是 0.77、-0.03 和 0.08。因子载荷的平方和代表了因子可以解释变量的方差的部分。因此,λ_{31}(0.77)的平方($0.77^2 = 0.59$)代表了 F_1 能够解释 X_3 方差的 59%。

"载荷平方总和"是 X_1 到 X_9 在每个因子的载荷平方的总和,因此,$1.76 = 0.60^2 + 0.81^2 + 0.77^2 + 0.01^2 + 0.03^2 + 0.12^2 + 0.19^2 + 0.08^2 + 0.26^2$。"平均方差解释"是 $1.76 \div 9 = 0.19$,代表平均来说 F_1 能够解释这 9 个项目变量的方差的 19%。表中这 3 个因子加起来可以解释 9 个项目变量方差的 47%。也就是说,我们用这 3 个因子来代替这 9 个变量,9 个项目变量有 53% 的方差消失了。因此,"总平均方差解释"百分比就是一个用少数的影子来代替一大堆的变量时,因子代表变量的"代表能力"或"代表性"。

表中最后一列称为"分解共性",它是载荷平方的横向加总。例如,X_3 的"分解共性"是 $0.77^2 + (-0.03)^2 + 0.08^2 = 0.60$,它代表 3 个因子加起来可以解释 X_3 的方差的 60%。

最后,我们从表中看到,F_1 与 X_1, X_2, X_3 的相关都很高(分别是 0.60、0.81 和 0.77),与其他项目变量的相关都很低。F_2 与 X_4, X_5, X_6 的相关都很高(分别是 0.65、0.80 和 0.67),与其他项目变量的相关都很低。F_3 与 X_7, X_8, X_9 的相关都很高(分别是 0.68、0.53 和 0.47),与其他项目变量的相关都很低。这表明,F_1 很能代表 X_1, X_2, X_3,F_2 很能代表 X_4, X_5, X_6,F_3 很能代表 X_7, X_8, X_9。这正是我们希望看到的结果。

一般情形下,探索性因子分析中的因子载荷小于 0.40 的我们不做处理。但是如果一个题项在两个因子上的载荷都大于 0.40,我们称之为"交叉载荷"。"交叉载荷"意味着要对构念或测量题项进行修改。如果使用成熟量表,我们将"交叉载荷等于 0"作为一个统计假设,然后对这一统计假设进行验证,这一方法称为"验证性因子分析(confirmatory factor analysis，CFA）"。

理论上，当因子数目等于题项数目时，变量中所有方差都可以被解释，因子越少，能解释的项目变量的总方差越少。但是，我们如何决定到底应该使用几个因子呢？有两个方法：

第一，如果用主成分法，因子对应的特征值会随着因子数目增多而逐渐递减。当因子对应的特征值小于1的时候，我们一般会停止。"因子对应的特征值大于1"称为Kaiser-Guttman标准。

第二，我们也可以画一幅因子数目与因子特征值的图，看看当中有没有突然的折变，如增加了一个因子后，特征值陡然下降。那么这个转折点就是我们应该停止的信号，这个方法称为陡坡图。

2.4 效度

1. 内容效度

内容效度包括三方面的内容：第一，所测量的内容是否充分并准确地覆盖了想要测量的目标构念。例如，工作表现包括员工生产时的速度、达成目标、无错误三个方面，我们的测量就要概括这三个方面，缺一不可，否则就没有内容效度了。第二，测验指标是否有代表性，它们的分配是否反映了所研究的构念中各个成分的重要性比例。如果用10道题测量员工的工作满意度，而其中8道题都是关于薪酬和奖金的，相对于满意度所包含的内容来说，这显然不具有很好的代表性。第三，问卷的形式和措辞对于回答者来说是否妥当，是否符合他们的文化背景和用语习惯。

2. 内部结构效度

测量"内部结构效度"是指用测量工具所得到的数据是否与我们对构念的预期结构一致。所谓数据结构，就是构念是一维的还是多维的，包含哪些维度，哪些指标在测量那些维度等。

因子分析是判别内部结构效度的一个重要过滤工具。因子分析有两种，即探索性因子分析和验证性因子分析。当我们不知道项目背后的结构时，采用探索性因子分析；当我们清楚项目背后的结构时，我们采用验证性因子分析。

3. 效标效度

效标效度也称"效标关联效度"，它的概念和逻辑是：已有的理论告诉我们 A 与 B 有很大的相关，那么如果构念 A 的测量是有效的，我们应该看到 A 和 B 符合理论上的关系；反之，如果我们看不到 A 和 B 的关系，就需要怀疑 A 的测量是否准确或者 A 量表的效度存在问题。

4. 逻辑关系网

这一效度理论假设：如果构念 A 的测量是好的，那么实际观察到的数据中 A 和其他变量之间的关系应该与理论上它们之间的关系相符合。这里的变量包括 A 的前因变量、后果变量、高相关变量等。可以将数据检验出来的变量关系图与理论的关系图相比较，以此作为效度的证据之一。

5. 聚合效度和区分效度

如果一个测量与代表同样构念的测量的相关性很大,代表较高的聚合效度。如果一个测量与代表其他构念的测量不太相关,代表较高的区分效度。

聚合效度和区分效度的概念是 Campbell 和 Fiske 在 1959 年提出来的,他们还提出了用多质多法矩阵来验证这两种效度的方法。在此不介绍,有兴趣的读者可自行参阅相关论文或书籍。

3. 回归分析

3.1 简单回归

管理学研究经常是寻找一个变量与另一个变量之间的关系。假定我们要寻找的是"离职倾向"与"主管冲突"之间的关系,我们选取了 4 个样本,测量得到了每个样本的"离职倾向"和"主管冲突"数据(见图 A-2)。首先在坐标图中画出这 4 个点。

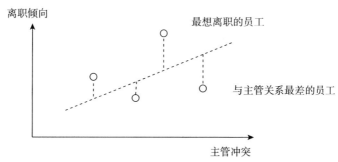

图 A-2 简单回归

我们假设两个变量之间的关系是线性的,因而问题就是要"回归出一条直线(方程)"来代表两个变量之间的关系。当然,最理想的情况是,所有 4 个点都在该直线上,然而这一般是不可能的。

在线性回归中一个最被广泛应用的方法是"最小二乘法(OLS)",其核心含义是使得"每点与回归直线之间距离(即误差)的平方和最小",即:

$$\min \sum (y_i - \hat{y})^2$$

上述差额也称为残差,就是"残余下来不能被估计的差额"的意思。

此外,y 的方差可以分解为两部分:一是"每一位员工的离职倾向距离平均的员工离职倾向距离"的平方和;二是"每一位员工的离职倾向距离回归直线估计值"的平方和。我们用 ss_{reg} 代表前者,ss_{tot} 代表 y 的方差,则有:

$$r_{xy}^2 = \frac{ss_{reg}}{ss_{tot}}$$

式中,r_{xy} 称为判决系数。如果 $r_{xy} = 0.6$ 就代表"主管冲突"能够解释"员工离职倾向"的方差的 36%(0.6 的平方)。

3.2 多元回归

多元回归的方程是：$y = b_0 + b_1 x_1 + b_2 x_2$。

式中，b_0 是当 x_1 和 x_2 都是 0 时的值，在上例中，就是当没有"工资差"与完全没有"主管冲突"时，员工的离职倾向；

b_1 是当"主管冲突"被控制住（也就是保持不变）的情形下，"工资差"对"员工离职倾向"的影响；

b_2 是当"工资差"被控制住（也就是保持不变）的情形下，"主管冲突"对"员工离职倾向"的影响。

多元回归的判决系数 r^2 代表了"x_1 和 x_2 两个自变量加起来，可以解释因变量的方差的多少"。可以用文氏图来解释多元回归判决系数（图 A-3）

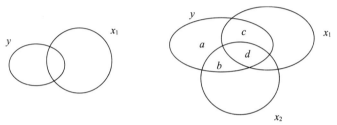

图 A-3 多元回归判决系数的文氏图

图 A-3 中两圆交叉的部分是 x_1 可以解释 y 方差的部分。图的右侧加入了 x_2 作为另一个解释变量，原来 y 的方差是 $a+b+c+d$，x_1 可以解释的方差是 $c+d$，因此，r_{y1}^2 就是 $(c+d)/(a+b+c+d)$。现在增加了 x_2，x_1 和 x_2 合起来可以解释的 y 的方差是 $b+c+d$，因此，多元回归 $r_{y,12}^2$ 就是 $(b+c+d)/(a+b+c+d)$。我们看到 d 部分是 x_1 和 x_2 可以共同解释的部分。如果我们可以把 x_1 和 x_2 拉开，同时保持二者不重叠的话，就能实现 $r_{y,12}^2 = r_{y1}^2 + r_{y2}^2$。

根据以上的逻辑，读者可以发现，只要在原有回归的基础上加进去一个变量（即使这个变量和 y 没有很大的相关），也可以增加回归的整个模型的 r 平方。为了避免这一问题，一个方法是使用调整后的 r^2，即 Adjusted r^2。比较两次回归的 r^2，将它们相减，我们就得到 Δr^2。需要 Δr^2 显著地大于 0，我们才能得出新加入的变量对于解释 y 的方差是有用的。

3.3 回归分析中的多重共线性问题

所谓的共线性，就是在多重回归模型中，有两个或两个以上的变量有很高的相关性。在这个情形下，回归系数的估计可能出现严重的误差。

虽然多重共线性的影响很大，但是在事实上，回归分析的自变量是不可能不相关的。那么自变量的相关要多大才成为有多重共线性问题？以下是一些判断方法：

（1）在做多层回归时，x_1 的回归系数原来是非常显著的，但是再加入 x_2 后突然变得不显著了。

（2）模型的 r^2 显著，但是没有一个自变量的回归系数显著。

（3）使用"变异膨胀系数（VIF）"进行检验。

如果出现了多重共线性，最一般的解决方法就是把其中一个相对不重要的变量从模型中删除。因为,严重的共线性代表模型中出现了两个极为接近的变量。

4. 调节效应和中介效应

4.1 调节效应(moderating effect)

考虑如下的例子:一个员工的组织承诺是员工未来是否会离开企业的一个很好的预期变量,但是这个与其的关系受到"工作机会"的影响,换句话说,在企业外部经济环境较好时,找工作容易,组织承诺与员工离职有明显相关关系,而工作机会较少时,相关则不太明显。我们称"工作机会"调节了"组织承诺"与"离职"的关系,"工作机会"是影响"组织承诺"与"离职"的关系的调节变量(见图 A-4)。

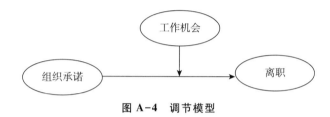

图 A-4 调节模型

如果 x 与 y 相关,它们的关系应该是 $y=b_0+b_1x$,如果 m 是一个调节变量,b_1 的值就受 m 的影响。我们假设 $y=b_0+(b_2+b_3m)x$,这里用 b_2+b_3m 取代 b_1,把这个方程拆开,可以得到 $y=b_0+b_2x+b_3mX$。这就是调节变量方程。于是,对调节变量的研究关键是对上述方程进行回归分析(见表 A-2)。

表 A-2 含调节变量的回归模型

	因变量=离职		
	模型 1	模型 2	模型 3
控制变量	0.13	0.08	0.09
组织承诺(x)		0.16*	0.13*
工作机会(m)		0.24*	0.19**
$x \times m$			0.23**
模型 r^2	0.07	0.35**	0.48**

表 A-2 中有三个分析模型,模型 1 使用了控制变量来估计"离职",模型 2 加入了"组织承诺"和"工作机会",模型 3 在加入了"组织承诺乘以工作机会"。数据表明,乘积项的回归系数显著。除了看回归系数的显著性,我们还可以看两个模型之间 r^2,这个平方差可以用 F 分布来检验(自由度的差是 1,因为增加了一个变量)。

上面的检验只是告诉我们调节作用是否存在或者显著,它没有告诉我们调节的方向。我们一般使用以下方法表示调节的方向。例如,调节方程为:

$$y = -1.140 + 2.299x + 0.633m - 0.477xm$$

我们的方法是分别算出 m 较大时与较小时的回归曲线,然后判断调节的方向。至于"较大"与"较小",通常选择调节变量的均值正负。假定 m 的均值是 3.71,标准差是 1.38,则有:

$$y = -1.29x + 2.08 (m\ 较大时)$$
$$y = 1.19x + 0.33 (m\ 较小时)$$

从以上两式可以看到,当 m 较大时,x 对 y 的影响是负的;当 m 较小时,x 对 y 的影响是正的。这样的调节作用我们称为"干涉调节作用",它指的是调节作用可能改变自变量对因变量关系的方向。如果调节作用不会改变关系的方向,只会改变影响的大小,我们称为"增强型调节作用",如图 A-5 所示。

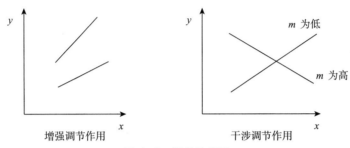

图 A-5　调节作用图

因为调节作用的验证包含显著性与方向两个方面,因此我们的研究假设也一定要清楚地表达调节与方向两个意思。例如,"工作机会"调节"组织承诺"对"离职"倾向的关系,当"工作机会"高的时候,"组织承诺"对"离职"倾向的影响比较大。

在调节作用的回归方程 $y = b_0 + b_1 x + b_2 x + b_3 mx$ 中,m 乘以 x 这个变量显然与 m 和 x 的相关性都很高,因此可能出现多重共线性问题。当出现这一问题时,可以采取将变量"中心化"的方法试着解决。

4.2　中介效应(mediating effect)

调节变量是找出理论的边界条件,中介变量的一个重要用处是找出理论的过程变量。例如,员工的"工作与家庭冲突"是影响员工"职业生涯满意度"的主要变量,但是为什么会如此呢?我们假设,其中一个原因是"工作与家庭冲突"引起了"角色混乱","角色混乱"再导致职业生涯满意度降低,因此,"角色混乱"就是"工作与家庭冲突"与"职业生涯满意度"关系的一个中介变量。我们定义"中介变量"为一个解释机制,用来说明自变量与因变量为何有此关系。

如果中介变量 m 完全解释了 x 与 y 之间的关系,我们将这个中介过程称为"完全中介作用";如果中介变量 m 只是解释了大部分 x 与 y 的关系,x 对 y 的影响还有一小部分是不需要经过 m 的,我们称这个中介过程为"部分中介作用"。据此,我们可以画出如图 A-6 所示的几种情况。

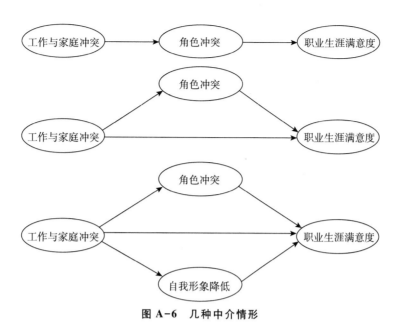

图 A-6 几种中介情形

因此我们存在以下回归方程：

$$Y = cx + bm$$
$$m = ax$$

在管理学文献中，一般有四种验证中介变量的方法，它们是：Baron 与 Kenny 的层级回归法；Sobel 测验；自抽样（bootstraping）；时间延迟模型。我们在此仅介绍第一种，如表 A-3 所示。

表 A-3 中介变量的验证

	$y=$角色冲突	$y=$自我形象	$y=$职业生涯满意度	
	模型 1	模型 2	模型 3	模型 4
工作与家庭冲突	0.35**	0.29**	0.27**	0.11
角色冲突				0.23**
自我形象				0.15*
Adjusted r^2	0.12**	0.08**	0.07**	0.46**

我们应该进行了四个回归。两个显著的回归系数代表了自变量"工作与家庭冲突"会显著影响中介变量"角色冲突"（$b=0.35$，$p<0.01$）与"自我形象"（$b=0.29$，$p<0.01$）。模型 3 的因变量是"职业生涯满意度"，自变量是"工作与家庭冲突"，回归系数显著，但是当放入两个中介变量（模型 4）之后，"工作与家庭冲突"对"职业生涯满意度"的影响就不显著了，同时，两个中介变量的回归系数还是显著的。这表示有了两个中介变量后，就不需要用"工作与家庭冲突"来解释"职业生涯满意度"了。换言之，"工作与家庭冲突"对"职业生涯满意度"的解释能力，已经完全由两个中介变量取代了。如果在模型 4 中"工作与家庭冲突"的回归系数还是显著的，而中介变量的回归系数也显著，那么我们称这种情况为部分中介。

5. 结构方程模型

5.1 基本模型

在研究的过程中,往往会涉及很多变量,而回归方程一般一次只能解释一个因变量和几个自变量的关系。假如我们有一个以上的因变量,便需要做多次的回归分析,这个方法的缺点是未能考虑各个因变量之间的关系,包含了一连串回归方程的结构方程可以同步分析出多个因变量与自变量之间的复杂关系,这样,研究的准确性就会得到提高。

具体而言,结构方程模型(structural equation modeling, SEM)具有以下优点:

(1)如前所述,在研究中的变量需要用测量变量(即题项)来代表时,传统方法首先计算数个题项的均值,然后再代入回归方程计算,但这些可观察变量包含了测量误差,从而影响回归模型的参数估计。结构方程可以帮助我们准确估计测量误差的大小,在分析构念之间的结构关系时,结构方程可以提出随机测量误差,从而大大地提高整体测量的准确度。

(2)当我们以问卷题项的形式测量构念时,便假设了以那些观察变量来测定特定的构念,我们可以用验证性因子分析来判断观察变量与构念之间的假设关系是否与数据吻合。若结果证明我们的假设正确,那么其聚合效度也得到了相应的证明;至于区分效度,可以通过检测各个构念之间的相关系数来判断。

(3)结构方程可以同时计算多个因变量之间的关系,特别是应用于中介效应的研究。

(4)在研究中,我们会遇到一些多层构念的测量。多层构念包含了不同的概念的统领因子。例如,工作满意就是一个多层构念,因为它同时包括像对上司、同事、工作环境、薪酬、工作性质等满意程度的多重内涵。而结构方程模型可以通过高阶因子分析对此情况进行妥善处理。

以下是一个结构方程模型的例子:

在结构方程模型图中要注意的是,看不见的构念在结构方程模型中用圆圈来表示,它们对应的可见测量项目用方格来表现。

一般结构方程模型的参数估计是用模拟估计的方法。一个特定的"结构方程"里,变量之间有一定的关系。例如,如果有三个变量 A→B→C,那么 A 与 C 的相关系数一定会小于 A 与 B 的相关系数和 B 与 C 的相关系数。如果我们观察的数据不是这样,那么数据与我们的模型就不吻合了,这说明这个模型是有问题的。在实际估计中,模拟计算机程序会一直改变估计的参数,一直到估计的"参数矩阵"与观察到的"方差矩阵"最接近为止。这时得到的参数就是最后的参数估计。

估计出来的"方差矩阵"与"观察到的方差矩阵"相比较,就能得到这个误差,这个误差称为拟合函数(fit function)。因此,拟合函数的最小值越小,"估计出来的方差矩阵"跟"观察到的方差矩阵"的模型拟合度(model fit)就越高。因此,模型拟合度是验证结构方程模型是否正确的最重要指标。在实际运用时:

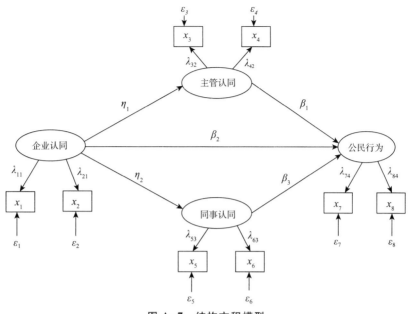

图 A-7 结构方程模型

（1）x^2/df 卡方自由度比，也就是拟合函数的最小值除样本大小减 1，一般卡方自由度比要小于 2 较好；

（2）GFI 要大于 0.9；

（3）NNFI 或称 TLI 要大于 0.9；

（4）CFI 要大于 0.9；

（5）RMSEA 一般建议小于 0.05 或 0.08；

（6）SRMR 一般建议小于 0.05 或 0.08。

5.2 "自由度"和"识别"问题

在 SEM 中，自由度是"方差"与"协方差"总数减去要估计的参数的数目。假如模型中有三个构念，每个构念使用三个测量题项，那么模型中共有 9 个观察项目，所以应该有 36 个协方差加上 9 个方差，共 45 个"方差—协方差"数值。要估计的参数包括：9 个测量的因子权数，9 个测量的随机误差，再加上 3 个因子相关，一共是 9+9+3 = 21 个参数。因此，这个模型的自由度是 45-21 = 24。

如果模型含两个构念，每个构念用两个测量题项，读者可自行计算出模型的自由度为 1。如果模型的自由度是负的，那么根本不足够估计出所希望的参数。这样的模型在结构方程模型中称为"不可识别的模型（underidentified model）"。解决不可识别模型的主要方法就是多增加测量项目。读者同时应该注意，如果要估计的参数较多，要求的样本量也要较大。

参 考 文 献

1. 阿吉斯·H.:《绩效管理》,柴茂昌译,中国人民大学出版社,2013年版。
2. 埃文斯·J.,林赛·W.:《质量管理与卓越绩效》,岳盼想译,中国人民大学出版社,2016年版。
3. 奥罗克·J.:《管理沟通》,康青译,中国人民大学出版社,2018年版。
4. 鲍尔索克斯·D. J.:《供应链物流管理》,马士华译,机械工业出版社,2014年版。
5. 陈春花:《企业文化》(第三版),机械工业出版社,2018年版。
6. 陈春花:《组织行为学》(第四版),机械工业出版社,2016年版。
7. 达夫特·L. R.:《组织理论与设计》,王凤彬译,清华大学出版社,2017年版。
8. 达夫特·R. D.:《管理学原理》(第七版),高增安译,机械工业出版社,2012年版。
9. 德勒斯·G.:《人力资源管理》(第14版),中国人民大学出版社,2017年版。
10. 陈荣秋,马士华:《生产运作管理》(第五版),机械工业出版社,2017年版。
11. 迪尔·T.:《企业文化:企业生活中的礼仪与仪式》,李原译,中国人民大学出版社,2016年版。
12. 弗雷德·R. 戴维:《战略管理:概念与案例》(第13版),徐飞译,中国人民大学出版社,2012年版。
13. 加里·尤克尔:《领导学》,朱舟译,机械工业出版社,2014年版。
14. 格里·约翰逊:《战略管理:课文和案例》(英文版第九版),商务印书馆,2014年版。
15. 古拉蒂·梅奥·诺尼亚:《管理学》,杨斌译,机械工业出版社,2014年版。
16. 格雷·C. F.:《项目管理》(第四版),郝金星译,人民邮电出版社,2013年版。
17. 格里芬·W. G.:《管理学》(第9版),刘伟译,中国市场出版社,2008年版。
18. 哈格斯·R. L.:《领导学》,朱舟译,机械工业出版社,2012年版。
19. 赫尔曼·阿吉斯:《绩效管理》,柴茂昌译,中国人民大学出版社,2013年版。
20. 杰纳兹·S. C.:《组织中的人际沟通》,孙相云译,中国人民大学出版社,2016年版。
21. 克拉耶夫斯基:《运营管理》,刘晋译,人民邮电出版社,2007年版。
22. 克利福德·格雷:《项目管理》,张扬译,人民邮电出版社,2013年版。
23. 卡西欧·W.:《心理学与人力总资源管理》,孙健敏译,中国人民大学出版社,2017年版。
24. 卡纳尔·C. A.:《组织变革管理》(第五版),皇甫刚译,中国人民大学出版社,2015年版。
25. 库泽斯·J. M.:《领导力:如何在组织中成就卓越》,徐中译,电子工业出版社,2013年版。
26. 鲁森斯·F.:《组织行为学》(第11版),王垒译,人民邮电出版社,2009年版。
27. 罗宾斯:《组织行为学》(第14版),孙健敏译,中国人民大学出版社,2012年版。
28. 罗宾斯:《管理学》(第13版),刘刚译,中国人民大学出版社,2017年版。
29. 罗伯特·N. 格兰特:《现代战略分析》,艾文卫译,中国人民大学出版社,2016年版。
30. 罗伯特·卡普兰:《战略地图:化无形资产为有形成果》,刘俊勇译,广东经济出版社,2005年版。
31. 罗伯特·卡普兰:《平衡计分卡:化战略为行动》,刘俊勇译,广东经济出版社,2013年版。

32. 尼文·P. R.:《OKR:源于英特尔和谷歌的目标管理利器》,况阳译,机械工业出版社,2017年版。
33. 刘善仕、王雁飞:《人力资源管理》,机械工业出版社,2015年版。
34. 利维·D. S.:《供应链设计与管理》,季建华译,中国人民大学出版社,2010年版。
35. 迈克尔·希特:《战略管理:概念与案例》(第12版),刘刚译,中国人民大学出版社,2017年版。
36. 迈克尔·希特:《布莱克维尔战略管理手册》,宋华译,电子工业出版社,2015年版。
37. 迈克尔·波特:《竞争战略》,陈丽芳译,中信出版社,2014年版。
38. 马世华:《供应链管理》(第五版),机械工业出版社,2016年版。
39. 纳哈温蒂·A.:《领导学:领导的艺术与科学》,程德俊译,中国人民大学出版社,2016年版。
40. 诺依·R. A.:《雇员培训与开发》,徐芳译,中国人民大学出版社,2015年版。
41. 诺依·R. A.:《人力资源管理:赢得竞争优势》,刘昕译,中国人民大学出版社,2018年版。
42. 帕门特·D.:《关键绩效指标:KPI的开发、实施和应用》,王世权译,机械工业出版社,2012年版。
43. 彭剑锋:《战略人力资源管理》,中国人民大学出版社,2014年版。
44. 琼斯·G. R.,乔治·J. M.:《当代管理学》,郑风田译,人民邮电出版社,2005年版。
45. 乔普拉·S.:《供应链管理》(第六版),陈荣秋译,中国人民大学出版社,2017年版。
46. 沙因·E. H.:《企业文化生存与变革指南》,马红宇译,浙江人民出版社,2010年版。
47. 项目管理协会:《项目管理知识体系指南》,许江林译,电子出版社,2013年版。
48. 雅各布斯·F. R.:《运营管理》(第14版),任建标译,机械工业出版社,2015年版。
49. 陈晓萍等:《组织与管理研究的实证方法》,北京大学出版社,2018年版。
50. 罗胜强:《管理学问卷调查研究方法》,重庆大学出版社,2018年版。
51. 黄炽森:《研究方法入门:组织行为及人力资源的应用》,南京大学出版社,2012年版。

教辅申请说明

　　北京大学出版社本着"教材优先、学术为本"的出版宗旨,竭诚为广大高等院校师生服务。为更有针对性地提供服务,请您按照以下步骤通过**微信**提交教辅申请,我们会在1～2个工作日内将配套教辅资料发送到您的邮箱。

◎ 扫描下方二维码,或直接微信搜索公众号"北京大学经管书苑",进行关注;

◎ 点击菜单栏"在线申请"—"教辅申请",出现如右下界面:

◎ 将表格上的信息填写准确、完整后,点击提交;

◎ 信息核对无误后,教辅资源会及时发送给您;如果填写有问题,工作人员会同您联系。

温馨提示:如果您不使用微信,则可以通过以下联系方式(任选其一),将您的姓名、院校、邮箱及教材使用信息反馈给我们,工作人员会同您进一步联系。

联系方式:
北京大学出版社经济与管理图书事业部
通信地址:北京市海淀区成府路205号,100871
电子邮箱:em@pup.cn
电　　话:010-62767312 / 62757146
微　　信:北京大学经管书苑(pupembook)
网　　址:www.pup.cn